HACIA UNA TEOLOGÍA DEL ANTIGUO TESTAMENTO

HACIA UNA
TEOLOGÍA
—— DEL ——
ANTIGUO TESTAMENTO

WALTER C. KAISER, HIJO

La misión de Editorial Vida es ser la compañía líder en comunicación cristiana que satisfaga las necesidades de las personas, con recursos cuyo contenido glorifique a Jesucristo y promueva principios bíblicos.

HACIA UNA TELOGÍA DEL ANTIGUO TESTAMENTO
Edición en español publicada por
Editorial Vida – 2000
Miami, Florida

©2000 por Editorial Vida

Originally published in the USA under the title:
Toward an Old Testament Theology
© 1978 por Walter C. Kaiser, Jr.
Por Zondervan Publishing House

Traducción: *Gerardo de Ávila, Josefa Fraguela y Edwin B. Morris*
Edición: *Nancy Pineda*
Diseño interior: *Arts Services*
Diseño de cubierta: *Gustavo A. Camacho*

ISBN: 978-0-8297-2208-6

CATEGORÍA: Teología cristiana / General

IMPRESO EN ESTADOS UNIDOS DE AMÉRICA
PRINTED IN THE UNITED STATES OF AMERICA

10 11 12 13 14 ❖ 10 9 8 7 6 5

Para mi esposa,
Marge

'att 'ālît̠ 'al kulānâh

(Proverbios 31:29b)

Contenido

Prefacio

En los estudios del Antiguo Testamento ningún aspecto tiene tantas demandas como la teología. Solo la magnitud y el alcance de esta disciplina fue suficiente para desanimar a la mayoría de los eruditos a ofrecer sus contribuciones antes de visualizar el fin de sus carreras académicas. Tales precauciones debieron resolver el asunto para este escritor. Sin embargo, mientras más leía las teologías de nuestro tiempo, más me inquietaba. Sentí que algunas opciones importantes quedaron desatendidas en el diálogo contemporáneo. Esto fue especialmente cierto en las esferas pendientes de metodología y definición.

Nuestro argumento es que la teología del Antiguo Testamento funciona mejor como una sierva de la teología exegética en vez de su papel tradicional de suplir información para una teología sistemática. El intérprete necesita alguna forma de conseguir fácilmente la teología que se relaciona con el texto que está investigando. Este nuevo papel para la teología bíblica se presenta en la Primera Parte. Si nuestro análisis prueba ser cierto, puede suplir los ingredientes que faltan en el confuso debate entre una clase de teología a.C. meramente descriptiva y una clase impuesta y normativa de teología d.C. Es nuestro argumento que los escritores, mediante referencias explícitas, alusiones y conjeturas inferidas, formen sus mensajes con los antecedentes de una teología acumulada que ellos, sus oyentes y ahora sus lectores, tienen que recordar si van a captar precisamente la profundidad del mensaje que intentaron en un principio. Es por esta razón que hemos tomado partido con el método diacrónico de Gerhard von Rad porque es el que mejor se adapta a las necesidades de la exégesis y el que lleva a cabo la visión original de esta disciplina.

9

También quedaba otro asunto. La búsqueda de la unidad del mensaje del Antiguo Testamento, según se encuentra en su actual forma canónica, da por sentado el nombre de la disciplina: «teología» del Antiguo Testamento y no «teologías», pero casi todos conceden que tal unidad no existe. Si permitimos que antes de hacer nuestras evaluaciones el texto hable por su cuenta, nos gustaría entonces declarar enérgicamente que el elemento de la «promesa» es ese centro que se puede demostrar en cada era del canon.

Es nuestra esperanza que a través de los años esta obra se expanda y refine a medida que los colegas de todas las persuasiones teológicas entren en diálogo con este escritor. Con toda intención hemos entrado en un diálogo conciliador con los eruditos que representan una amplia gama eclesiástica y teológica, con la aspiración de que le devuelvan el cumplido a los que no comparten la postura evangélica de este escritor. Claro, la obra se dirige a más personas que a los profesionales de la disciplina; también está escrita para las necesidades de los pastores, estudiantes universitarios, seminaristas y estudiantes serios del Antiguo Testamento.

Me queda una feliz tarea por hacer: Reconocer la ayuda de muchas personas excelentes que ayudaron en esta obra. Agradezco especialmente el sabático que me concedió la junta de educación de la *Trinity Evangelical Divinity School* [Escuela de la Divinidad Evangélica de la Trinidad] que me permitió comenzar este proyecto en el 1975. Varias personas compartieron la tarea de mecanografiar este manuscrito en alguna etapa de su producción: Georgette Sattler, Jenny Wiers, Donna Brown y Jan Woods. Sin embargo, a mi esposa le debo aun más porque fue mi mayor apoyo y mejor ayudante. Por lo tanto, encomiendo esta obra a la gloria de Dios, agradecido por su gracia en todo lo que se logró en este texto. Es mi deseo que ustedes, los lectores, también encuentren un beneficio en la comprensión e interpretación de la teología del Antiguo Testamento.

Primera Parte

Definición y método

Capítulo 1

Importancia de la definición y la metodología

Desde 1933 la teología bíblica ocupa el lugar de honor en los estudios teológicos. La forma existencialista de esta disciplina conocida como el *Movimiento Teológico Bíblico* fue muy prominente. No obstante, «las grietas en las murallas»[1] de este nuevo movimiento comenzó con la publicación del ahora merecidamente famoso artículo de Langdon B. Gilkey titulado *Cosmology, Ontology, and the Travail of Biblical Language* [Cosmología, Ontología y las dificultades que atraviesa el lenguaje bíblico][2] y el discurso inaugural de James Barr, «Revelación a través de la historia en el Antiguo Testamento y el pensamiento moderno».[3] Los dos ensayos golpearon el corazón del Movimiento Teológico Bíblico al descubrir su postura dividida entre el modernismo y las Escrituras. Gilkey dijo: «Su perspectiva mundial o cosmología es moderna mientras que su lenguaje teológico es bíblico y ortodoxo.»[4] Por lo tanto, el movimiento descartó los milagros bíblicos y las palabras divinas para no ofender los logros modernos,

---

1 Brevard S. Childs, *Biblical Theology in Crisis* [Teología bíblica en crisis], Westminster Press, Filadelfia, PA, 1970, p. 61.

2 Langdon B. Gilkey, «Cosmology, Ontology, and the Travail of Biblical Language» [Cosmología, Ontología y las dificultades que atraviesa el lenguaje bíblico], *Journal of Religion* [Revista de la religión], 41, 1961, pp. 194-205; también publicado en *Concordia Theological Monthly* [Revista mensual teológica Concordia], 33, 1962, pp. 143-54.

3 James Barr, «Revelation Through History in the Old Testament and Modern Thought» [Revelación a través de la historia en el Antiguo Testamento y el pensamiento moderno], *Interpretation* [Interpretación], 17, 1963, pp. 193-205; publicado también en *Princeton Seminary Bulletin* [Boletín del Seminario Princeton], 56, 1963. En el libro de Barr aparece el artículo ampliado: *Old and New in Interpretation* [Lo viejo y nuevo en la interpretación], SCM, Londres, 1966, pp. 65-102.

4 Gilkey, *Concordia*, p. 143.

pero retuvo el lenguaje bíblico y las frecuentes referencias a los «poderosos hechos de Dios» (una frase bíblica, pero además conveniente porque evita la necesidad de mostrar los milagros). Tuvieron que encarar ciertas preguntas. ¿En qué sentido «actuó» Dios en la historia? Y, ¿qué querían decir estos hechos? ¿Fue el lenguaje de la teología bíblica ambigua o fue como una analogía o una referencia directa de las cosas a las cuales apuntó?

Gilkey y Barr concluyeron que en sus treinta años de actividad, el Movimiento Teológico Bíblico quedó en las categorías liberales. Es más, superó muy poco el tipo de liberalismo de Schleiermacher. Aun así, la búsqueda para una tercera alternativa entre la postura tradicional conservadora y la postura agresivamente liberal fue un intento sincero para retener lo que generalmente todos, menos los conservadores, aceptaron como los resultados seguros de las críticas de las fuentes.[5] Esto se hacía sin degenerar en un intelectualismo tan estéril que dejara al pastor local sin un mensaje para predicar. Se establecieron dos revistas para ayudar a unir esta brecha: *Theology Today* [Teología actual] en 1944[6] e *Interpretation* [Interpretación] en 1947.[7] La aportación de estas y otras revistas similares, sumadas a una bibliografía enorme de monografías de esta era, fue tan impresionante como frecuentemente de mucha ayuda.

No obstante, al igual que los dos volúmenes de la teología del Antiguo Testamento de Walther Eichrodt habían dado el comienzo a «la edad de oro» en 1933,[8] así el volumen doble de teología

---

[5] Esta contienda no ha sido concedida por ninguno de los dos lados. Las críticas conservadoras más recientes son: Kenneth Kitchen, *Ancient Orient and Old Testament* [El Oriente antiguo y el Antiguo Testamento], InterVarsity Press, Downers Grove, IL., 1966; Gerhard Maier, *The End of the Historical-Critical Method* [El fin del método histórico-crítico], Concordia, St. Louis, MO, 1977.

[6] «Our aims» [Nuestras metas], *Theology Today* [Teología hoy], 1, 1944, pp. 3-11.

[7] Balmer H. Kelly, «In Retrospect», [En retrospectiva], *Interpretation*, 25, 1971, pp. 11-23.

[8] En la actualidad, dos monografías de E. König (1922) y J. Hämel (1931) y dos artículos de C. Steuernagel (1925) y Otto Eissfeldt (1926) anticiparon la obra de Eichrodt, pero él marcó la pauta y captó la atención de los eruditos en 1933. Para uno de los más amplios análisis de la historia de la teología del AT y una bibliografía completa, véase Robert C. Denton, *Preface to Old Testament Theology* [Prefacio a la teología del Antiguo Testamento], ed. rev., Seabury Press, Nueva York, 1963. Bibliografía actualizada con Wilfrid J. Harrington, *The Path of Biblical Theology* [El camino de la teología bíblica], Gill and MacMillan, Londres, 1963, pp. 405-17.

del Antiguo Testamento de Gerhard von Rad[9] parece ahora estar destinado a marcar su punto culminante y presagiar una reversión ominosa al tipo de estudio de la historia de la religión de Israel. El génesis de esta reversión se puede apreciar cuando von Rad contesta en directo la pregunta sobre el *objeto* de una teología del AT: Es lo que Israel profesó acerca de Yahvé. Estas manifestaciones no eran declaraciones de fe; eran *hechos* mediante los que el pueblo expresó el conocimiento de su relación con Dios. Por tanto, fue imposible escribir una teología del AT; ahora hay *teologías* del AT. Además, la historia verídica de los hechos se tenía que separar de la interpretada que fue la expresión de la fe de Israel, según se observa en los credos, como p.ej. Deuteronomio 25:5-10. Von Rad aseveró que en esta interpretación de la historia, cambiante y retocada, ¡es donde la teología bíblica podría encontrar su objetivo!

Como si demostrar el hecho de que von Rad marcó una línea teológica divisoria, Roland de Vaux preguntó: «¿Será posible escribir una "Teología del Antiguo Testamento"?»[10] Y, Robert Martin-Achard revisó el asunto con *La Théologie de l'ancien tetament aprés les travaux de G. von Rad* [La teología del Antiguo Testamento después del trabajo de G. von Rad].[11] Sin embargo, todos estaban de acuerdo en que había llegado una «crisis».

Algunos fueron incluso más sorprendentes. Por ejemplo, Horace Hummel anunció con audacia: «La "teología bíblica" murió y el IOVC *(The Interpreter's One-Volume Commentary on the Bible)* [El intérprete, comentario bíblico en un volumen], (Nashville, TN, Abington, 1971) es su testigo.»[12]

---

[9]   Los dos volúmenes de von Rad aparecieron en alemán en 1957 y 1960. Las traducciones al inglés aparecieron en 1962 y 1965.

[10] Roland de Vaux, *The Bible and the Ancient Near East* [La Biblia y el Oriente Próximo antiguo], traducido al inglés por Dimian McHugh, Darton, Longman and Todd, Londres, 1971, pp. 49-62.

[11] Robert Martin-Achard, «La Théologie de l'ancien testament après les travaux de G. von Rad» [La teología del Antiguo Testamento después del trabajo de G. von Rad], *Etudes Theologiques et Religieuse* [Estudios teológicos y religiosos], 47, 1972, pp. 219-26.

[12] Horace Hummel, «A Second Rate Commentary [review article]» [Un comentario mediocre (artículo de revista)], *Interpretation*, 26, 1972, p. 341.

J. Christiaan Beker,[13] Brevard S. Childs,[14] B.W. Anderson[15] y Hans-Joachin Kraus se limitaron a llamarlo una crisis.[16]

A estas alturas fue obvio que en la era posterior a von Rad, el movimiento fue indulgente consigo mismo en una gran cantidad de autoanálisis, pero algunos verdaderos problemas metodológicos quedaron sin resolver. Lo que no estaba muy claro era si además señalaba un nuevo comienzo porque la década había traído una nueva lista de contribuidores (¿o serían algunos de ellos contribuyentes atrasados de la era pasada?).

Había una aportación evangélica del teólogo menonita Chester K. Lehman en 1971 titulada *Biblical Theology* [Teología Bíblica], volumen 1, AT. Al año siguiente Walther Zimmirli, alemán y teólogo de la escuela cumplimiento de promesa, aportó su *Gundriss der altestamentlichen Theologie* [Bosquejo de la Teología Antiguotestamentaria], mientras que Georg Fohrer aportó su *Theologische Grundstrukturen des alten Testaments* [Estructuras básicas teológicas del Antiguo Testamento] (1972) que siguió su gran *historia de la Religión Israelita* (edición en alemán, 1969) y sus estudios en la *Historia y Teología del Antiguo Testamento* (alemán, 1969). El erudito católico irlandés W.J. Harrington publicó *The Path of Biblical Theology* [El camino de la teología bíblica] en 1973, y el católico estadounidense John L. McKenzie añadió su *A Theology of the Old Testament* [Una Teología del Antiguo Testamento] en 1974. A estas monografías se debe añadir decenas de artículos de revista que siguen apareciendo.

Por lo tanto, solo es justo preguntar: «¿Dónde quedamos ahora?» Y podemos contestar que entre toda la confusión de la década pasada, algunas cosas se han manifestado con abundante claridad. A pesar de sus más altas esperanzas, la teología bíblica no ha podi-

---

[13] J. Christiaan Beker, «Biblical Theology in a Time of Confusion» [Teología bíblica en un tiempo de confusión], *Theology Today*, 25, 1968, pp. 185-94.

[14] Childs, *Biblical Theology*.

[15] B.W. Anderson, «Crisis in Biblical Theology» [Crisis en la teología bíblica], *Theology Today*, 28, 1971, pp. 321-27.

[16] Hans-Joachin Kraus, *Die Biblische Theologie: Ihre Geschichte und Problematik* [La teología bíblica: Su historia y problemática], Neukirchener Verlag, Alemania 1970.

do volver a exponer ni aplicar la *autoridad* de la Biblia.[17] De cualquier forma, en lugar de aumentar, la autoridad bíblica ha menguado algo durante este tiempo.[18] Por un lado, no ha evadido por completo la crítica de las fuentes ni por el otro lado el historicismo de la historia de las religiones.[19] Tampoco se ha cambiado la teología filosófica por una metodología que rehúse echar una red a priori de clase alguna encima del texto. Recientemente, algunos han jugado con una red de «teología de proceso»,[20] pero siempre ha habido una larga lista de pretendientes filosóficos potenciales esperando en la antesala de la teología bíblica.

Si treinta años de historia nos han enseñado algo, esto es la necesidad desesperada de encontrar una solución a los asuntos, todavía no resueltos, de la definición, metodología y objetivo de la teología del Antiguo Testamento. Desde el comienzo, estos problemas de método y definición han perseguido los pasos de cada teólogo bíblico. Su resolución más que cualquier otra cosa, libraría la disciplina de su esclavitud a las novedades filosóficas del momento y evitaría su captura inminente por un historicismo revivido.

La naturaleza de la teología del Antiguo Testamento

Eichrodt comenzó la «época de oro» con un ataque bien merecido contra el historicismo reinante de sus días. Aseveró que la coheren-

---

[17] James Barr, *The Bible in the Modern World* [La Biblia en el mundo moderno], SCM, Londres, 1973, pp. 1-12; también con el título: «The Old Testament and the New Crisis of Biblical Authority» [El Antiguo Testamento y la nueva crisis de la autoridad bíblica], *Interpretation,* 25, 1971, pp. 24-40.

[18] Véanse los grandes esfuerzos de John Bright, *The Authority of the Old Testament* [La autoridad del Antiguo Testamento], Abingdon, Nashville, TN, 1967; Daniel Lys, *The Meaning of the Old Testament* [El significado del Antiguo Testamento], Abingdon, Nashville, 1967; y James D. Smart, *The Strange Silence of the Bible in the Church* [El silencio extraño de la Biblia en la iglesia], Westminster Press, Filadelfia, PA, 1970, especialmente pp. 90-101.

[19] Pieter A. Verhoef, «Some Thoughts on the Present-Day Situation in Biblical Theology» [Algunos pensamientos acerca de la situación actual de la teología bíblica], *Westminster Theological Journal* [Revista teológica de Westminster], 33, 1970, pp. 1-19.

[20] James Barr, «Trends in Biblical Theology» [Tendencias en la teología bíblica], *Journal of Theological Studies* [Revista de estudios teológicos], 25, 1974, p. 267.

cia interna del Antiguo y Nuevo Testamento «se redujeron, por así decirlo, a un fino hilo de conexión histórica y secuencia casual entre los dos, con el resultado de que una casualidad externa ... lo había sustituido por una homogeneidad que era genuina».[21] Así redujeron el Antiguo Testamento a una colección de períodos con poca o ninguna unidad.

Sin embargo, luego de un siglo, Gerhard von Rad casi había dado la vuelta completa para adoptar la postura que originalmente motivó la reprimenda de Eichrodt. Al separar la intención «kerigmática» o propósito homilético de los varios escritores de los hechos de la historia de Israel, von Rad no solamente había negado cualquier fundamento histórico *genuino* para la confesión de Israel de fe en Yahvé, sino que también cambió el enfoque del estudio teológico sobre la Palabra y obra de Dios a otro sobre los conceptos religiosos del pueblo de Dios. Para von Rad, no había necesidad de fundar el kerigma de la creencia en una realidad objetiva histórica, ni ninguna historia como acontecimiento. La Biblia es, no tanto la fuente de la fe del hombre del AT, como una expresión de su fe.

Además, von Rad opinó que cada época histórica tenía una teología única en sí con tensiones internas, diversidad y contradicciones a la teología de otras épocas del AT. Es más, para él no había una síntesis en la mente de los autores bíblicos ni en los textos, solamente una posible «tendencia hacia la unificación».[22] ¡El historicismo había vuelto! El AT no poseía un eje central ni la continuidad de un plan divino; por el contrario, contenía la narración de la comprensión religiosa de su historia, su intención de hacer real y actualizar los acontecimientos y narraciones anteriores.

Se había trasladado el enfoque y objetivo de la disciplina del estudio de la historia como acontecimiento y la Palabra como revelación a un estudio de la historia de la religión. Von Rad criticó la clase de teología estructural de Eichrodt porque no demostraba que el concepto del pacto era realmente central para el canon de todo

---

[21] Walther Eichrodt, *Theology of the Old Testament* [Teología del Antiguo Testamento], SCM, Londres, 1961, p. 30.

[22] Gerhard von Rad, *Old Testament Theology* [Teología antiguotestamentaria], 2 tomos, Oliver and Boyd, Londres, 1962, tomo 1, p. 118.

el AT. En cuanto a esto, la clase diacrónica de teología de von Rad, que trataba cada época sucesiva en el canon como un armario organizador para la teología bíblica, se acercó más al objeto original de esta disciplina. El problema no fue usar las épocas históricas sucesivas, sino permitir que este uso legítimo de la historia se tragara el total de los intereses de la disciplina.

Cada vez que los intereses históricos comienzan a dominar, la disciplina vuelve a la misma esterilidad que se trató de evitar en el 1931. Deja sin tocar la cuestión de la teología normativa. Cómo argumentó James Barr, tal teología no brinda razones ni criterios para decidir lo que es normativo ni lo que tiene autoridad en el AT, ni como esta norma nueva pudiera ser el fundamento de todas nuestras decisiones teológicas.[23]

No obstante, si von Rad acertaba con su método diacrónico y longitudinal (cortado a lo largo) que hacía caso a la secuencia del AT y su mensaje, Eichrodt también tenía una razón parcial cuando observó que si no había conceptos constantes o normativos a través de aquella historia, ninguna teología era posible.

¿Dónde hallamos estos elementos constantes? Es lamentable, pero a pesar de todas las aseveraciones de lo contrario, fue común la imposición de conceptos teológicos y aun categorías derivadas de una teología sistemática o filosófica. Cuando la teología bíblica histórica-descriptiva (Gabler-Stendahl) cedía a la teología normativa (Hoffmann-Eichrodt), el resultado siempre era un salto ilegítimo en la práctica exegética. Aunque la teología descriptiva quedaba con lo que el texto *significaba*, los que instaron al lector de las Escrituras a buscar lo que el texto *significa* para nosotros hoy lo hicieron basándose en un salto kierkegardiano en la epistemología y exégesis. Las formulaciones normativas brotan de una estructura moderna o de formulaciones de la teología sistemática. Aquel *entonces* del texto antiguo, de pronto se convierte en el *ahora* de las necesidades del lector moderno sin que nadie sepa ni cómo ni por cuál proceso.

En tales modelos la fe moderna y la proclamación contemporánea (*Geschichte* y kerigma) fácilmente toman el lugar de la historia (*Historie*) y exégesis. Y aun en los otros modelos que incluían la

---

[23] Barr, *Bible in the Modern World*, p. 79.

exégesis e historia, la tendencia era convertirse en el fin en sí, llenos de detalles arcaicos y una totalidad fragmentada. La necesidad mayor en este caso era la de llevar a cabo la exégesis del texto individual a la luz de la teología total del canon. Pero, ¿cómo fue este canon? Una vez más se hace aparente la insistencia reiterada de la necesidad de identificar un patrón normativo. Asuntos como estos no fueron inventos del modernismo. Hacía mucho tiempo que también se les había ocurrido a los escritores. La búsqueda de un concepto central y unificador estaba en el corazón de los que recibieron la Palabra divina y que a su vez eran los participantes originales en la secuencia de los acontecimientos del AT. Para ellos, la cuestión de los hechos no era tan importante como el significado, ya que, después de todo, en muchos casos ellos mismos eran los participantes de aquellos acontecimientos que se describían en el texto. El significado y la correlación de los hechos con lo que conocían o desconocían los acontecimientos anteriores o los significados que se pudiera eslabonar a este nuevo acontecimiento eran mucho más importantes. Por lo tanto, debía ser de interés supremo para establecer el enfoque de nuestro estudio el testimonio y registro de todas las interconexiones y las maneras en las cuales la actividad y los mensajes correspondientes pasaron de una a otra figura, generación, país, crisis y acontecimiento clave. Si una búsqueda inductiva del registro del AT brindara un patrón constante de acontecimientos progresivos con significados y enseñanzas en los cuales el receptor fuera consciente de la participación de cada acontecimiento selecto en un conjunto mayor, el camino al progreso de la disciplina habría quedado plasmado.

Esta sería la pregunta: ¿El progreso de la historia involucró enlaces donde cada avance en palabra, acontecimiento y tiempo se relacionó orgánicamente a la revelación previa? La respuesta, por lo menos en principio, debiera ser directa. Tal progreso no necesariamente excluiría las relaciones orgánicas, ya que a menudo el registro del AT insiste en hacer en sí esta clase de conexiones. Muchos rechazarán la veracidad u originalidad de estas conexiones textuales insistiendo en que los «resultados asegurados» de la crítica de fuentes las han eliminado o expuesto a su estado secundario o terciario. Tal vez lo mejor que pudiéramos hacer para tales lectores (en tanto que los evangélicos quedan apartados [!] del discurso teológico) es instarlos a vencer (temporalmente) esta desventaja (con su proclamación de objetividad «científica»), al escuchar al *canon* como testigo canónico de sí mismo. Por nuestra parte creemos que todos los textos deben declararse inocentes de las acusaciones de artificiosidad hasta probar lo contrario mediante claros testigos externos. El texto debe tratarse primero en sus propios términos. A no ser que haya evidencias de lo contrario, todas las imposiciones editoriales designadas por el modernismo deben excluirse de la disciplina cuando se pueden acreditar con la atomización del texto eliminando los adaptadores que alegan ser el depósito de píos y mal aconsejados redactores. Los evangélicos no tienen objeción alguna hacia la crítica derivada de las fuentes verdaderas, sino a las que vienen de las amplias imposiciones filosóficas o sociológicas sobre el texto. La teología bíblica será siempre una especie en peligro hasta que se detengan la metodología torpe de la crítica de fuentes imaginarias, la historia de tradición y ciertas clases de la crítica de forma.

Dicha protesta no se debe igualar superficialmente a un concepto de un desarrollo estancado del registro. Al contrario, insistimos en que si permitimos que el registro bíblico hable en primer lugar sobre sus intenciones, indicaría con claridad el progreso, crecimiento, desarrollo, movimiento, revelaciones irregulares y esporádicas de significados y la selección de hechos, todo en el pleno contexto de las corrientes históricas. Estamos de acuerdo con Père de Vaux en que esta historia no es solo de utilidad homilética; tenía que ser verdadera historia porque de lo contrario dejaría de ser digna de creencia personal y se podría derrumbar internamente debido al gran peso de sus estratagemas. Tomamos prestado un proverbio antiguo: a veces es posible engañar a algunas generaciones, pero es imposible engañar siempre a todo el remanente del pueblo.

Así que había verdadero progreso en la revelación.[24] Sin embar-

---

[24] James Orr trató este problema en sus conferencias en la Universidad Lake Forest: «The Progresiveness of Revelation» [La progresividad de la revelación], *The problem of the Old Testament* [El problema del Antiguo Testamento], Nisbet, Londres, 1909, pp. 433-78. La otra persona que respondió a las obras de John Henry Newman y Adolph Harnack acerca del desarrollo fue Roberto Rainey, *Delivery and Development of Christian Doctrine* [Entrega y desarrollo de la doctrina cristiana], T.&T. Clark, Edimburgo, 1974, pp. 35-73.

go, este progreso no excluía ni unas relaciones orgánicas ni una posibilidad de realizar de vez en cuando una completa maduración de
uno o más puntos de revelación durante esta ruta aceptada de crecimiento. Ni la historia, ni la revelación tenía una taza uniforme rece-
tada de maduración.

Más a menudo el crecimiento fue lento, demorado o incluso
dormido, para que luego de un largo tiempo brotara en una espiga
que nacía del tronco principal. Aunque tal crecimiento, como los
escritores de la Biblia lo cuentan, siempre se relacionó al tronco
principal, un crecimiento epigenético. Es decir, a medida que pasó
el tiempo, había un crecimiento del registro de acontecimientos,
significados y enseñanzas, que giraban alrededor de una médula
fija que aportó vida a la masa entera.

Sin tomar en cuenta si una enseñanza se veía como un sarmien-
to, tronco, rama, raíz u hoja, todo participaba en la vitalidad del or-
ganismo completo. Como tal, cada parte del proceso histórico fue
tan perfecto en calidad como lo fue la totalidad, aunque algunas
partes estaban muy limitadas en su significado, en el todo o en su
duración. Por ejemplo, algunos acontecimientos, significados o enseñanzas venían con una declaración que limitaba su aplicación a
cierta duración de tiempo en la historia. Tal fue la legislación del tabernáculo con las ceremonias que la acompañaron. Fue una copia
hecha de acuerdo al patrón que Moisés vio en el monte Sinaí (Éx
25:9, 40; 26:30; Nm 8:4). Por eso está limitada.

De vez en cuando el progreso histórico permitió una maduración completa de un aspecto del registro y en estos puntos el texto
nos asombra con la manera en que el significado y la enseñanza so-
brepasan la experiencia y los tiempos. Ni los hombres, ni los tiempos controlaban el significado teológico, ¡y tampoco eran la medida de la capacidad divina! Por lo tanto, hay que tener cuidado en
esta esfera a no ser que surja una especie de positivismo teológico
que dicte lo que pudiera o no suceder en el progreso de la revelación. Dios quedó como el Señor soberano incluso en este dominio.
Por consiguiente, la descripción brusca de la creación, la caída y la
primera pareja humana, la extensión de la promesa abrahámica,
el sacerdocio de todo Israel o la descripción de Isaías del nuevo
cielo y la nueva tierra no nos debe sorprender ni juzgarse como

imposible. Solamente la vergüenza de un espíritu moderno demasiado refinado se sentiría obligado por un compromiso previo a un principio filosófico o a una sociología de conocimientos al juzgar estas afirmaciones textuales como imposibles, antes de juzgarlas por los criterios reconocidos de evidencia.

La naturaleza de la teología del AT, como la concebimos, no es meramente una teología que está en conformidad con toda la Biblia, sino es una teología que se describe y está en la Biblia (subjetiva genitiva) y que deliberadamente está unida de una era a otra a medida que todo el contexto previo llega a ser la base de una teología para seguir en cada época.

La estructura está históricamente arreglada y su contenido exegéticamente controlado. El concepto central y unido se encuentra en las descripciones textuales, explicaciones y conexiones.

El método de la teología del Antiguo Testamento

Recientemente aparecieron cuatro clases principales de teologías.

1. La clase estructural describe el bosquejo básico de los pensamientos y creencias en el AT usando unidades que toman prestado de la teología sistemática, la sociología, o principios teológicos escogidos, y entonces traza sus relaciones con los conceptos secundarios (Eichrodt, Vriezen van Imschoot).

2. La clase diacrónica expone la teología de los períodos y estratificaciones sucesivas de la historia de Israel. Tristemente destacaron las tradiciones sucesivas de la fe y experiencia de la comunidad religiosa (von Rad).

3. La clase lexicográfica limita el alcance de su investigación a grupos de hombres bíblicos y su especial vocabulario teológico, p.ej., los sabios, el Elohista, el vocabulario sacerdotal, etc. Gerhard Kittel, ed, y G.W. Bromiley, trad., *Theological Dictionary of the New Testament* [Diccionario Teológico del Nuevo Testamento], 9 tomos, Eerdmans, Grand Rapids, MI, 1964-74; Peter F. Ellis, *The Yahwist: The Bible's First Theologian* [El Yahvista: El primer teólogo de la Biblia], Fides Publishers, Notre Dame, 1968.

4. La clase de temas bíblicos extiende su búsqueda más allá del vocabulario de un término clave. Abarca una constelación de palabras que giran alrededor de un tema clave. (John Bright, *The Kingdom of God* [El Reino de Dios]; Paul y Elizabeth Achtemeier, *The Old Testament Roots of Our Faith* [Las raíces del Antiguo Testamento de nuestra fe]).

La ambigüedad del método es obvia; mientras la clase estructural destaca que una teología debe presentar una fórmula sistemática de ideas religiosas, la clase diacrónica gira en dirección del enfoque de la historia de religiones, insistiendo en que la teología bíblica es una disciplina puramente histórica que registra sin parcialidad las creencias de una comunidad religiosa, y sin tratar de evaluar lo que estos acontecimientos y pensamientos tengan que ver con la verdad religiosa permanente y teología normativa. Por lo general, las otras dos clases lucharon con el mismo asunto básico, pero con un alcance mucho más limitado de canon o ideas bíblicas.

Sin embargo, los dos contrincantes principales del campo de la teología del AT presentaron grandes problemas metodológicos para la clase de teología del AT que se imaginan aquí. La clase estructural bosqueja un programa de estudio tan semejante a la teología sistemática, que es difícil descubrir la utilidad de su misión más allá del valor heurístico para saber lo que parecería una teología sistemática del AT. Pero, ¿cómo serviría esto a las necesidades teológicas o exegéticas de la comunidad de la fe? Y, ¿cuál es la causa de tanto escándalo sobre la terrible imposición de las categorías de la filosofía occidental o la de las grandes confesiones eclesiásticas de la iglesia cristiana si la estructura resultante es solo una concatenación débil de las relaciones entre Dios y el hombre? En tal caso, la teología bíblica no tiene una misión independiente y aporta poco o nada.

Del mismo modo, el modelo diacrónico se vuelve hacia el enfoque de la historia de religión. Aunque suplió un marco nuevo y único del progreso de los acontecimientos y pensamientos mediante los hechos históricos, tiende a satisfacerse con una presentación de carácter puramente descriptivo. Así, mientras la teología bíblica comenzó como una reacción contra la esterilidad de la aproximación a la historia de la religión de Israel, ahora parece que debido a la pobreza de su metodología ha recaído en esta clase de teología. Sin embargo, esto no es un rasgo concomitante que le haga falta al método que esperamos mostrar después.

¿Hay entonces una metodología distintiva para esta disciplina? ¿O a toda la tarea de la segunda mitad del siglo pasado le faltó propósito? ¿Hay un asunto o plan interior, persistente, distinto y característico que distingue el asunto central del AT? Y, ¿ayudará tener este plan expuesto en sus capítulos sucesivos para el currículo teológico o incluso el aprecio del lector general del texto? ¿Llega a ser un sistema o una lógica que se construye dentro del Antiguo Testamento? ¿Rinde este plan evidencias de esperar acontecimientos y significados más allá del canon del AT? Aun más crucial, ¿será posible demostrar, basándose en las afirmaciones y acontecimientos de los participantes originales, que eran conscientes de una corriente seguida de hechos, significados e ideas anteriores y que se sentían obligados a reconocer alguna clase de exigencias permanentes y normativas sobre sus creencias y acciones? Estos son los problemas difíciles de método que en la generación pasada y actual no se pudieron contestar con facilidad, sobre todo cuando se veía la disciplina como la síntesis de todos los «resultados asegurados» del estudio del AT durante los últimos dos siglos. Es lamentable, pero algunos de estos resultados representan una gran esclavitud a los esquemas, sistemas y filosofías como aquellas que la disciplina originalmente trató de evadir en 1933.

Nuestro propósito es distinguir con claridad entre el método de la teología bíblica y el método sistemático y de la historia de la religión. Hay un centro interior o plan que cada escritor bíblico aportaba de manera consciente. Ya es evidente un principio selectivo y está divinamente decretado en la proposición de la revelación rudimentaria de la bendición-promesa divina a todo hombre en cualquier lugar. Este principio se ve al comienzo del canon en Génesis 1–11 y a continuación en Génesis 12–50. En vez de escoger los datos teológicos que nos agradan o que satisfacen alguna necesidad contemporánea, el texto ya estableció sus prioridades y preferencias. Estos puntos nodales se pueden identificar, no por los criterios eclesiásticos o teológicos, sino por patrones tales como: (1) los lugares críticos de las declaraciones interpretativas en la secuencia textual; (2) la frecuencia de la repetición de ideas; (3) la repetición de términos o frases que comienzan a tener un sentido técnico; (4) reanudación de aspectos donde un antepasado lo dejó, a menudo con un campo de referencia más extensa; (5) el uso de categorías de aseveraciones antes usadas que fácilmente se prestan para describir nuevas etapas en el programa histórico; y (6) el principio de organización por el cual señalaban personas, lugares e ideas para la aprobación, contraste, inclusión y significado futuros y presentes.

La tarea de la selectividad no solamente se debe iniciar y guiar por los controles textuales que fijan las intenciones verídicas del autor del AT, sino que a estos hombres también se les debe seguir muy de cerca en su evaluación de todas las conclusiones teológicas que se sacan de estos datos teológicos «escogidos».

Si los juicios de valores, interpretaciones y estimados que los escritores asignan a estos acontecimientos y personas clave en el texto se pudieran borrar, descartar, desatender o reemplazar con los nuestros, seremos los únicos responsables si la autoridad bíblica pareciera también haberse desvanecido bajo nuestros mejores esfuerzos de estudio. La verdad del asunto es que para bien o para mal, aquellos escritores afirmaban que eran receptores de una revelación divina sobre la selección *y* evaluación de lo que se registró. Por lo tanto, todos los teólogos serios necesitan encarar los dos aspectos de esta afirmación y también el hecho de que esta afirmación también fue por medio de la revelación de Dios.

Repetimos, en nuestra metodología propuesta, la teología bíblica recibe la estructura de su enfoque del progreso histórico del texto y su selección teológica y conclusiones de lo que se encuentra en el foco del texto canónico. Así en parte está de acuerdo con el énfasis histórico y secuencia de la clase de teología diacrónica y el enfoque normativo de la clase estructural.

No obstante, hace más que sintetizar o aceptar eclécticamente una nueva combinación de lo que hasta ahora fueron métodos antitéticos. A propósito intenta derivar su teología de las revelaciones exegéticas de las secciones canónicas, o sea, un párrafo o capítulo de resumen, un pasaje clave de enseñanza, un hecho que el pasaje evalúa como estratégico cuando sucedió o en referencias del canon subsiguiente, o un libro o grupo de libros muy bien eslabonados en el asunto, enfoque o mensaje como para crear una unidad explícita. En medio de todos los materiales, acontecimientos y asuntos múltiples y variados, argumentamos que ahí existe un ojo de esta tormenta de actividad. Y este punto de partida lo suple y confirma el *texto* que lo identifica como la esperanza céntrica del canon, preocupación ubicua y medida de lo que es teológicamente importante o normativo. Mientras que el NT se refiere a este tipo de enfoque de la enseñanza del AT como la promesa, el AT lo conoció bajo una constelación de términos tales como promesa, juramento, bendición, descanso y semilla. También se conoció en fórmulas como el dicho tripartito: «Seré su Dios y ustedes serán mi pueblo, estableceré mi morada en medio de ustedes», o la presunta fórmula redentora que aparece esparcida, en parte o por completo, ciento veinticinco veces en el AT: «Yo soy el SEÑOR tu Dios. Yo te saqué de Egipto, del país donde eras esclavo.» También se puede apreciar como un plan divino en la historia que promete bendición universal por la acción de una elección divina de un descendiente humano: «¡Por medio de ti serán bendecidas todas las familias de la tierra!» (Gn 12:3).

La forma pasiva de Génesis 12:3 (también 18:18; 28:14, todos con verbos de forma nifal) es tan crucial que Bertil Albrektson[25] reconoce que si la forma del verbo nifal aquí es pasiva y no reflexiva como la mayoría de las traducciones modernas afirman, el texto explícitamente enseña con una referencia clara que hay un plan divino por el que se elige a Abraham para ser el instrumento de Dios que alcance a todas las naciones de la tierra. Es lamentable, pero se siente obligado a rechazarlo basándose en que esta fórmula aparece en la forma hitpael (una forma normalmente reflexiva) en Génesis 22:18 y 26:4: «Bendígase.»[26]

Sin embargo, por varias razones exegéticas ahora hay que levantar una fuerte protesta. En primer lugar, en Génesis 12:2 la bendición divina ya está fijada en la persona de Abraham: «Y serás

---

[25] Bertil Albrektson, *History and the Gods* [Historia y los dioses], C.W.K. Gleerup Fund, Lund, Suecia, 1967, p. 79.

[26] Para la forma hitpael de este verbo, véanse el Salmo 72:17 y el paralelismo del contexto, pero note la traducción *pasivo* del LXX y Vulgata.

[o «será» en referencia o al nombre de Abraham o a la nación] una bendición.» Por lo tanto, ni él ni la nación son una simple fórmula de bendición; ini tampoco Abraham se estará bendiciendo a sí mismo! Aparte del nifal controversial del versículo 3, Abraham será el medio y la fuente de bendición divina. Así se destinó su misión en el primer juego de promesas del versículo 2 antes de seguir adelante a la otra y más alta declaración de propósito del versículo 3.

Los cinco pasajes en Génesis (con las dos formas verbales nifal e hitpael para «bendecir») se redactan en forma pasiva en los tárgumes Samaritano, Babilónico (Onquelos), Jerusalén (Seudo-Jonatán). En verdad, la interpretación armónica que insiste en rendir los tres nifales con dos hitpaeles está mal informado cuando insiste en un significado reflexivo uniforme para el hitpael porque no es verdad.[27] Así que no es fácil dar por sentado que el sentido del hitpael sea claro y por tanto eche la base para rendir sentido a un «nifal en disputa». El sentido de ambas formas cambió bajo la presión del interés polémico en Rasthi, después Cliracus y ahora la gran mayoría de los lingüísticos y exegéticos. Mientras tanto, el desafío lingüístico de O.T. Allis ha quedado sin refutar y ni siquiera los eruditos contemporáneos lo reconocen. ¡El significado es claramente pasivo y son masivas las implicaciones para la teología bíblica del AT!

El enfoque del registro cae sobre el *contenido* del pacto de Dios que siguió epigenéticamente constante, es decir, el cúmulo de materiales, a medida que pasó el tiempo, giró en torno a un centro fijo que aportó vida a la masa total que surgió. Este contenido fue la palabra dada de bendición y promesa. En aquel entonces fue una declaración garantizada por un juramento divino de que Dios libremente haría o sería algo para una persona en Israel en este momento y lugar y a los descendientes judíos posteriores de forma que Dios pudiera hacer o ser algo a favor de todos los hombres, naciones y naturaleza en general. Los efectos inmediatos de esta palabra fueron las

---

[27] El repaso más definitivo de este problema se encuentra en O.T. Allis, «The Blessing of Abraham» [La bendición de Abraham], *Princeton Theological Review* [Revista teológica de Princeton], 25, 1927, pp. 263-98. Véase especialmente p. 281 donde enumera estos posibles ejemplos de un significado pasivo para la forma hitpael: Génesis 37:35; Números 31:23; Deuteronomio 4:21; 23:9; 1 Samuel 3:14; 30:6; 1 Reyes 2:26; Job 15:28; 30:16, 17; Salmos 107:17, 27; 119:52; Isaías 30:29; Lamentaciones 4:1; Ezequiel 19:12; Daniel 12:10; Miqueas 6:16.

bendiciones divinas (hechos o llegadas de personas) que casi siempre los acompañaron una declaración prometedora de una obra futura o el cumplimiento de una serie de promesas hechas. Así los hombres recibieron y esperaron la promesa, todo en un plan.

Sin embargo, en su composición contenía tal variedad de intereses tales como: (1) bendiciones materiales para toda la humanidad y los animales; (2) una semilla especial para la humanidad; (3) una tierra para una nación escogida; (4) una bendición espiritual para todas las naciones; (5) una liberación nacional de la esclavitud; (6) una dinastía perdurable y un reino que algún día abarcaría el dominio universal; (7) perdón de pecados, y así sucesivamente.

Era imposible esperar que ningún principio impuesto por encima del texto como un «medio de adivinanza abstracta» rindiera tan grande recompensa teológica. Solamente una afirmación textual pudiera haber llamado nuestra atención a tal constelación de términos entretejidos y contenidos como se encuentra en este plan sencillo de Dios que es su promesa. En la historia se puede medir y describir el progreso de esta doctrina. Además, incluiría un patrón propio para una regla normativa y permanente que juzgaría aquel día con las mismas normas con que se juzgarían todos los días, reclamando ser divinamente impuesto a los escritores bíblicos y a todos los lectores subsiguientes de forma simultánea.

El alcance de la teología del Antiguo Testamento

Inevitablemente surge el asunto de los límites de la disciplina. ¿Debe incluir materiales fuera del canon AT? ¿Debe intentar incluir todo el AT en todo sus detalles, o sería posible desarrollar una cobertura equitativa representativa que presente los intereses de una teología de todo el AT?

Para la primera interrogativa argumentamos que el alcance de nuestro estudio se limita estrictamente a los libros canónicos de la colección judía. Agregar a nuestra consideración los libros apócrifos, materiales del Qumrán, textos Nag Hammadi y los escritos rabínicos, debilitaría seriamente el propósito establecido para discutir la *totalidad* de la teología bíblica en una corriente de revelación donde los escritores a propósito aportaron bajo un mandato divino el registro existente de la revelación divina. La posibilidad de descubrir la unidad o centro del AT o su correlación con el NT se pierde para siempre porque la intrusión, de lo que básicamente pertenece a la historia de la religión de Israel, borraría la línea del argumento.

De mayor consecuencia aún es el juicio de Cristo porque de modo decisivo señaló la colección de los libros judíos tal como los conocían en aquel entonces y declaró que ellos hablaban de él. Dicho juicio debía establecerse para todos los creyentes y servir de advertencia a todos los estudiantes de la disciplina para limitar el alcance de sus estudios «teológicos» a este canon. Mientras tanto, un estudio de la historia de religión necesita ampliar el campo de sus estudios para incluir toda la literatura intertestamentaria.

La meta de la teología del AT no es entrar en una discusión laboriosa de cada fragmento de información relacionado con la historia o práctica. Por lo tanto, todos los estudios simplemente historiográficos, religiosos, institucionales o arqueológicos se deben relegar a otras partes del cuerpo teológico.

Esto no quiere decir que haya un «canon dentro del canon», como si fuera la prerrogativa del teólogo dar un estado de preferencia a algunas partes del canon y denigrar otras tachándolas de secundarias o inferiores. Es verdad que *la Biblia* es una palabra en plural que señala el carácter compuesto de los libros que forman un total. Pero esta nomenclatura externa no constituye evidencia alguna para cánones múltiples.

Tampoco se puede usar la presencia de un tema central o un centro material que lleve la línea principal del significado de la narración, como una herramienta divisoria para segregar niveles de la canonicidad, autoridad o valor revelador. Al contrario, si el centro es propio del mismo texto, su autenticación se llevará a efecto al unir todas las partes que apoyan el canon. El desarrollo de sistemas artificialmente divisorios para bifurcar el texto, una vez más implica que el tamiz del estudiante/lector moderno que se usa para cernir todos los textos bíblicos es más exacto y confiable que todas las afirmaciones de los profetas o apóstoles que se pararon ante el consejo divino para recibir lo que registraron. En otras palabras, ¡lo que los lectores modernos niegan a los escritores bíblicos, ahora lo reclaman para sus tamices! No, el texto canónico completo se debe recibir en niveles iguales.

Por lo tanto, todo el texto tiene la misma importancia y viene a ser nuestro juez en vez de nosotros ser su juez. Sin embargo, esto no quiere decir que por la misma razón todo es importante. No todo el texto enseña doctrina. Ni todo el texto da instrucciones éticas; pero el conjunto se presta para formar una unidad total con momentos especiales de sorpresa cuando la línea de la historia o enseñanza adjunta recibe un tremendo avance debido a una nueva palabra u obra de Dios. Así es posible tener unidad sin uniformidad, solidaridad sin una constancia estancada. Había poca o ninguna igualdad en forma, carácter, grado y regularidad de acontecimientos de interdependencia que produjera una armonía de pensamiento, propósito y vida.

Así que la teología bíblica no tiene que repetir cada detalle del canon para ser auténtica y exacta. En efecto, la teología más preferible sería el método que sintetiza los detalles que muchos denominan como «diferentes», a la estructura central teológica del canon para resaltar su validez, distintivos y aportaciones teológicas representativas al material y centro formal de la Biblia.

No negamos que sea posible escribir una especie de teología bíblica basada en secciones particulares de un libro grande de la Biblia (p.ej. Is 40—66) o basada en un grupo de libros que pertenezcan a una etapa histórica de revelación. Sin embargo, este método por secciones siempre supone una totalidad teológica mayor. A fin de cuentas necesitará informarse de todos los antecedentes de la teología en contra de la que se hubiera podido proyectar esta pequeña sección y especialmente en el tema completo del canon. El cúmulo del mensaje total nunca estuvo lejos de la mayoría de los escritores a medida que elegían las palabras o relacionaban sus experiencias con lo que fue su herencia religiosa hasta el momento. Nótese que esto no es el procedimiento usual de la analogía de la fe en la que el NT o la teología posterior permite marcar la pauta para los pasajes anteriores. Por el contrario, es lo que llamaremos la analogía de los antecedentes de la Escritura donde la cronología de la teología anterior se debe revisar para ver si informó a la teología bajo investigación.

Otro punto más: La teología del AT es una disciplina diferente a la del NT. Si bien es cierto que la teología del AT debe señalar los eslabones con la teología del NT al igual que esta debe trazar las raíces que la conectan al AT. Sin embargo, debido a la dificultad de manejar treinta y nueve libros que abarcan un período tan enorme, es mejor presentar la teología bíblica con las dos etiquetas de los dos testamentos. Además, si en primer lugar la teología bíblica es una herramienta exegética y no principalmente una ayuda para construir una teología sistemática como creemos poder argumentar, será más útil si la unidad de la teología bíblica se publicara en dos partes que correspondieran a los dos testamentos. Así que, sin alejarse de cualquiera de los dos testamentos, se puede argumentar que el impacto y la utilidad de la teología serían mayores si se presentaran por separado.

La motivación para formular la teología del Antiguo Testamento

El impulso primordial para construir cualquier teología bíblica ya no es una protesta contra la teología sistemática. No se puede negar que había cierto distanciamiento entre los representantes de las dos disciplinas, aunque era innecesario. Sin embargo, esto sucedió cuando la disciplina buscaba una serie de categorías diferentes a las de los sistemáticos y cuando las dos disciplinas estaban comprometidas a profesar un enfoque normativo de la teología. Ahora que los dilemas de los procedimientos del estudio de la historia de religión están en auge, la necesidad de distinguir entre las dos disciplinas es más urgente que durante el tiempo del pasado conflicto con la teología sistemática.

Aunque dado al interés original de la teología bíblica en las raíces históricas de cómo se desarrolló el mensaje y en la evaluación que aspiraba identificar la colección de juicios normativos que hace el texto mismo, el propósito y papel de la nueva disciplina se debe expresar con términos distintos a los que se emplean ahora. En vez de encontrar esferas comunes con los métodos sistemáticos o históricos, creemos que la teología bíblica es una herramienta gemela de la exégesis. La aplicación más inmediata está en el campo de la hermenéutica. Aquí su aportación ni es competitiva ni simplemente tolerada como una aproximación alternativa a un cuerpo similar de materiales.

El papel de la teología bíblica es tan diferente que si nos faltara, la tarea de la exégesis se convertiría en un historicismo de una descripción a.C. o del primer siglo d.C. El mensaje se ata a los tiempos históricos, encerrado en el *entonces* del acontecimiento con muy poco para aportar al *ahora* de la proclamación o al caso para aplicar al lector u oyente.

Hasta la exégesis pudiera evitar la trampa de historicismo con tales prácticas abominables como son moralizar, alegorizar, sicoanalizar, reinterpretar o espiritualizar el texto luego de haber cumplido con las obligaciones profesionales como es localizar el texto en la situación del espacio y tiempo del escritor. Pero de todas formas pudiera caer en el enfoque muerto que sucede cuando el exégeta e intérprete termina su tarea teniendo verbos analizados, formas irregulares identificadas y enlaces con formas afines anotadas. Por importante que el ejercicio sea, no puede vencer el resultado puramente analítico.

Entretanto, el texto ruega comprensión y que lo pongan en un medio de hechos y significados. Los estudios históricos pondrán al exégeta en contacto con el flujo de sucesos en el espacio y tiempo, y los análisis gramaticales y sintácticos que identificarán la colección de ideas en la sección o período bajo investigación. Pero, ¿qué disciplina pondrá al exégeta en contacto con lo que el escritor descubrió que tenía relevancia perdurable y especial a su día debido a las alusiones explícitas o implícitas de los grandes hechos o evaluaciones teológicas previas a la revelación? Es en este punto preciso donde la teología bíblica hace su aporte distintivo y sin rival.

En cada exégesis exitosa debe haber algún medio para identificar el centro o núcleo del canon. Cuando este patrón distintivo y la semejanza familiar se localiza y recoge del fruto de un sinnúmero de empeños exegéticos que abarcan todo el canon del AT, el exégeta, intérprete, predicador, lector y oyente de los pasajes particulares del texto está entonces capacitado para oír la Palabra normativa de Dios.

Desde luego, es necesario promulgar la advertencia contra todas las imposiciones prematuras de variadas generalizaciones y significados contemporáneos al parecer elevados sobre el texto. No es posible sustituir una teología a medio cocinar por la búsqueda diligente para un principio de unidad que se deriva internamente.

Tales principios se tienen que verificar y justificar. Si no se puede demostrar que sus intereses son los que en verdad están en el progreso del desarrollo de estas «normas acreditadas centralmente», tendrá que abandonarlos para de nuevo comenzar la búsqueda.

La tarea del exégeta termina cuando se localiza el centro adecuado, luego de recorrer los pasos de la exégesis gramática, histórica, sintáctica y cultural y añadir el paso teológico.

La exégesis teológica, cuando se usa con los pasos gramaticales, históricos, sintácticos y culturales, emplearía la analogía de los antecedentes de la Escritura para ayudar al intérprete a hacer una transferencia autorizada del *entonces* del contexto del AT al *ahora* del siglo veintiuno. En contraste con el método que emplea la teología sistemática llamado la analogía o regla de la fe (la cual es una colección de las doctrinas fundamentales de la fe derivadas de los capítulos obvios y principales de la Escritura sin considerar la época cuando aparecieron o cosas semejantes), la analogía de la Escritura limita de manera estricta su uso al núcleo acumulado de la fe que temporal e históricamente precede al texto bajo investigación. Mientras que la analogía o regla de la fe es deductiva y recoge todos los materiales sin tener en cuenta las fechas relativas, la analogía de la Escritura es inductiva y solo recoge los antecedentes de los *contextos* que estaban en la mente del escritor al redactar el nuevo pasaje como lo indica la misma terminología, fórmulas o acontecimientos a los que el contexto añade otro más a la serie.

De acuerdo al lugar en que el exégeta esté trabajando en el canon, usará la teología de las épocas que precedieron a su texto a medida que presenten asuntos análogos o idénticos, palabras clave en común o susciten intereses teológicos similares. Esta es la teología que «informa»[29] el texto y suple el contexto y el mensaje disponible en contra de lo que se le dio a esta nueva revelación.

En lugar de usar el NT o textos e ideas posteriores al AT para interpretar (o peor aún, reinterpretar) el material anterior —un acto de rebelión rotunda contra el autor y su afirmación de haber recibido la autoridad de Dios por lo que informa y dice— instamos al teólogo bíblico a brindar al exégeta una serie de términos técnicos y teológicos acumulados, identificaciones de los momentos interpretativos clave en la historia del plan de Dios para el hombre y el aprecio por el alcance de los conceptos agrupados alrededor del núcleo unificador, todo esto según su progresión histórica en el tiempo.

Asimismo, serían innecesarios los expedientes que tratan de tender un puente a la brecha a.C/d.C. usando la analogía del caso humano[30] o el método de representación del texto en proclamación[31] para contemporizar el mensaje.

El uso estudiado de los resultados de la teología bíblica señalará que el mensaje permanente se funda en los hechos específicos históricos. Así que, la exégesis será el beneficiado principal de los esfuerzos de esta disciplina mientras que de forma menos directa los sistemáticos querrán consultar sus resultados junto con los de la teología exegética, la historia del dogma y la filosofía de la religión.

---

[29] John Bright, *Authority of the Old Testament* [La autoridad del Antiguo Testamento], Abingdon, Nashville, TN, 1967, pp. 143, 170.

[30] Lawrence E. Toombs, *The Old Testament in Christian Preaching* [El Antiguo Testamento en la predicación cristiana], Westminster Press, Filadelfia, PA, 1961, ídem, «The problematic of Preaching from the Old testament» [La problemática de predicar del Antiguo Testamento], *Interpretation*, 23, 1969, pp. 302-14. Toombs dijo: «Hasta el punto que nosotros, los del siglo veinte, compartimos con el hombre antiguo una humanidad en común, sus evaluaciones del caso son potencialmente relevantes a la nuestra», *Íbid.*, p. 303.

[31] Martin Noth, «The Re-Presentation of the Old Testament in Proclamation» [La re-presentación del Antiguo Testamento en la proclamación], *Essays on Old Testament Hermeneutics* [Ensayos sobre la hermenéutica del Antiguo Testamento], ed. Claus Westermann, 2 ed., John Knox, Richmond, VA, 1969, pp. 76-88.

Capítulo 2

Identificación de un centro teológico canónico

Ninguna disciplina ha luchado con más valentía para cumplir con su misión básica, pero con resultados tan decepcionantes, como la teología bíblica del AT. Inherente en su mismo nombre está la suposición de que se puede encontrar una unidad interna que una los diversos asuntos, conceptos y libros del AT. Es lamentable, pero a juzgar por la literatura disponible, la unidad interna o concepto central al parecer queda oculto y quizá sepultado bajo todo el abigarramiento y diversidad de forma y contenido del AT.

Asuntos involucrados

Expuesto con sencillez, el verdadero problema es este: ¿Existe una clave para un arreglo ordenado y progresivo de los asuntos, temas y enseñanzas del AT? Y he aquí la pregunta más crucial y delicada de todas: ¿Eran los escritores del AT conscientes de tal clave a medida que seguían añadiendo a la corriente histórica de la revelación?

La respuesta a estas preguntas literalmente determinará el destino y dirección de la teología del AT. Si dicha clave no se puede demostrar de manera inductiva desde el texto, y si los escritores no escribieron a propósito con tal conciencia, tenemos que contentarnos con hablar sobre las diferentes teologías del AT. Por lo tanto, habrá que abandonar para siempre la idea de una teología del AT. No solo sería necesario reconocer que no se puede encontrar unidad en el AT, sino también se tendrá que abandonar la búsqueda para las legítimas líneas autoritativas de la continuidad con el NT.

Claro, esta última eventualidad no vendrá como una sorpresa para algunos porque ya decidieron que es así. Por lo tanto, aunque retienen la terminología tradicional de la teología del AT, el enfoque de la mayoría de las teologías del AT se cambió de unidad a variedad, de desarrollar líneas de continuidad a las tendencias competitivas de diversidad. Esto también es el juicio de Rudolf Smend. En un importante ensayo donde bosqueja los últimos ciento cincuenta años de la teología del AT, comienza diciendo: «La confianza con que uno ha postulado la existencia de un centro *(Mitte)* del Antiguo Testamento ha menguado cada vez más.»[1]

Hasta los términos con los que nos referimos a este fenómeno siguen siendo difíciles de recordar. La mayoría de los términos se refieren más o menos a un núcleo central de acontecimientos y significados en el AT que brindan alguna clase de centro unificador para la mezcla confusa de detalles. Georg Fohrer habló sobre un *«Mittelpunkt»* [punto céntrico][2] mientras que Rudolf Smend, como ya notamos, eligió el término *«Mitte»* y Günter Klein usó *«Zentralbegriff»* [Significado central].[3] Otros términos incluyen: «el concepto central»,[4] «punto de enfoque» o «idea fundamental».[5]

A pesar de todas las variaciones terminológicas, suena una nota similar en todas ellas. Tal vez la palabra «centro» sea la más útil, pero esta también encierra ciertos problemas. Subraya el deseo que tradicionalmente se encuentra en la teología del Antiguo Testamento de identificar los puntos integrantes en todo el testamento, pero la palabra no indica una edificación histórica lineal de materiales dentro de este «centro». Todavía falta algún término que encierre el aspecto dinámico del crecimiento de la revelación y que además contenga un punto unificador para referirse a esto.

---

[1] Rudolf Smend, «Die Mitte des Alten Testaments» [El centro del Antiguo Testamento], *Theologische Studien* [Estudios teológicos], 101, 1970, p. 7.

[2] Georg Fohrer, «Der Mittelpunkt einer Teologie des AT» [El punto céntrico de una teología del AT], *Theologische Zeitschrift* [Revista teológica], 24, 1968, pp. 161-72.

[3] Günter Klein, «Reich Gottes' als biblischer Zentralbegriff» [El Reino de Dios en el significado central bíblico], *Evangelische Theologie* [Teología evangélica], 30, 1970, p. 642-70.

[4] Walther Eichrodt, *Theology of the Old Testament*, SCM, Londres, 1961, pp. 13-16.

[5] Th.C. Vriezen, *An Outline of Old Testament Theology* [Un bosquejo de la teología del Antiguo Testamento], 2ª ed., Charles T. Branford Co., Newton, MA, 1970, p. 150.

Hasta ahora, dicha palabra no se ha presentado; sin embargo, la idea es lo bastante clara para distintos términos que se aproximan al concepto desde diferentes ángulos. Varias analogías se sugieren para este concepto que combina la unidad con el desarrollo. Un concepto epigenético usa la relación entre la bellota y el roble. Asimismo, la idea central madura mientras que la revelación progresa hacia la era del Nuevo Testamento. Otra analogía utiliza los dobleces sucesivos de un mapa de carretera. De nuevo el énfasis cae sobre la unidad con bastante material para la expansión y el desarrollo. Esta clase de doble enfoque solo puede responder simultáneamente a los requisitos de una *teología* del AT (con la unidad implícita) y los requisitos de una revelación en la *historia* (que brinda desarrollo, progreso y expansión).

La renuencia contemporánea para aceptar un centro

Entre los teólogos bíblicos ha sido tradicionalmente común encontrar las advertencias justificadas en contra de la tan extendida tentación de imponer una red filosófica propia o armadura teológica sobre el testamento. Desde luego, estas estructuras externas no pueden servir como clave al orden sistemático del contenido del A.T. El procedimiento tiene fallas tanto metodológicas como teológicas.

El problema en metodología es que niega la prioridad de los resultados de una exégesis cuidadosa. En vez de derivar inductivamente un centro del testamento, se impone a la carrera, y a menudo con descuido, una red ajena a la forma y contenido del texto. El resultado oscurece el punto de vista del texto; y gran parte del material desfavorable se deja pendiente y fuera del sistema impuesto.

Cuando se une al anterior una complicación adicional, se encara un problema teológico: Las redes ajenas no se reproducen ni derivan autoridad que se hubiera tomado prestada del texto si la forma de la presentación se aproximara más al mismo texto que se investigaba. Los escritores del texto reclamaban poseer intenciones divinas en la selección e interpretación de lo que registraron. Por consiguiente, si la forma y contenido general de la teología bíblica no aspira a reproducir las intenciones del autor en cuanto a la verdad, tal generación de intérpretes necesariamente sufriría una pérdida correspondiente de la autoridad de aquella palabra y la muerte de la confianza de parte de sus descendientes teológicos. Sin embargo, ¿se puede detectar tal centro de los mismos textos? Para algunos, esto puede ser un ejemplo más de algún otro medio moderno «abstracto de adivinanza» para obligar el AT a descargar alguna recompensa teológica agradable (o no tan agradable). Una cosa es condenar de todo corazón los intentos de imponer una clave o sistema encima del AT, y otra cosa es derivar *inductivamente* tal núcleo del mismo testamento. Y es precisamente aquí donde naufragaron la mayoría de las teologías del AT. En un intento de timonear entre el Caribdis de una clasificación cronológica del canon (que, como hemos visto, tristemente no ha rendido más que un tratamiento puramente descriptivo) y el Escila de un arreglo sobre el asunto (que por desgracia también adopta solo las categorías de la filosofía, la teología sistemática o algún sistema de pactos o dispensaciones), trajo como resultado el naufragio en uno u otro de los extremos. ¿Cómo puede una disciplina que por nombre y definición busca el patrón, plano, persona y significado del registro, aceptar una clasificación puramente descriptiva de la información y hechos del texto? Si esta disciplina es solo una ciencia descriptiva, ¿por qué llamarla «teología»? ¿No debe eslabonarse la definición de la teología bíblica con la *naturaleza* de la Biblia?[6] Por otra parte, ¿cómo puede la disciplina tomar las categorías *ab extra* de los sistemáticos y usarlas para desdoblar el patrón de significados según los expresa el canon? ¿No se debe entender el propósito particular de cada narración y proposición de la Biblia a la luz que aporta al conjunto o propósito y mensaje total?

Pero, ¿se puede derivar un solo supuesto propósito de una lectura imparcial del texto? Desde la segunda mitad del siglo dieciocho, los hombres del Siglo de las Luces y sus descendientes intelectuales se vieron obligados como hombres que toman decisiones en las investigaciones a abogar por la multiplicidad, abigarramiento y di-

---

6   A.A. Anderson, «Old Testament Theology and its Methods» [La teología del Antiguo Testamento y sus métodos], *Promise and Fulfillment* [Promesa y cumplimiento], ed. F.F. Bruce, T.&T. Clark, Edimburgo, 1963, p. 8.

versidad de las Escrituras. Por lo general, para ellos no había la posibilidad de una coherencia interna porque creían que las tensiones internas equivalían a contradicciones. Hasta el momento, la misma opinión sigue vigente aun entre los teólogos del NT.[7]

Más recientemente, en los estudios del AT, el peso de las voces prestigiosas de G. Ernest Wright y Gerhard von Rad se han unido a un creciente coro que decidió que no hay un centro unificador en el AT. G.E. Wright juzga que no hay un solo asunto porque no sería «lo bastante comprensivo para incluir toda la variedad de puntos de vistas».[8] Von Rad, no menos definido, asevera que el AT «no tiene un punto de enfoque como el Nuevo».[9] Como ya lo notamos antes, es muy interesante que incluso la seguridad en el NT derrumbó, y también siguió, la pauta del campo del AT.

Gerhard Hasel se unió a la negativa diciendo que el teólogo bíblico «ni puede, ni debe usar un concepto, idea fundamental o fórmula como un principio para ordenar y arreglar sistemáticamente el mensaje kerigmático del AT, ni usarlo como una clave que determine desde el comienzo cómo se presentará el contenido del testimonio del AT».[10] Sin embargo, reconoce libremente que «el objetivo final de la teología del AT es demostrar si hay o no una unidad interna que una las varias teologías, temas longitudinales, conceptos y motivos»[11] aunque sea «una unidad interior escondida».[12]

7   E. Käsermann, «The Problem of a New Testament Theology» [El problema de una teología del Nuevo Testamento], *New Testament Studies* [Estudios del Nuevo Testamento], 19, 1973, p. 242; W.G. Kümmel, *The Theology of the New Testament* [La teología del Nuevo Testamento], Abingdon, Nashville, TN, 1973, pp. 15-17.

8   G. Ernest Wright, «The Theological Study of the Bible» [El estudio teológico de la Biblia], *Interpreter's One Volume Commentary on the Bible* [El comentario de la Biblia en un tomo para el intérprete], Abingdon, Nashville, TN, 1970, p. 983.

9   G. von Rad, *Old Testament Theology*, Oliver and Boyd, 1962, tomo 2, p. 983.

10   Gerhard Hasel, *Old Testament Theology: Basic Issues in the Current Debate* [La teología del AT: Asuntos básicos en el debate actual], Eerdmans, Grand Rapids, MI, 1972, p. 62. Véase también su estudio, «The Problem of the Center in the Old Testament Theology Debate» [El problema del centro en el debate de la teología del Antiguo Testamento], *Zeitschrift für die Alttestamentliche Wissenschaft* [Revista para la ciencia del Antiguo Testamento], 86, 1974, pp. 65-82.

11   Hasel, *Old Testament*, p. 93. P.H. Kelley llegó a la misma conclusión: «Se debe considerar como válida la búsqueda de un tema unificador, si no se reducirá el AT a una colección de fragmentos literarios independientes», «Israel's Tabernacling God» *Review and Expositor* [Revista y expositor], 67, 1970, p. 486.

12   Hasel, *Old Testament*, p. 93.

Con todo, hay que insistir en el asunto: ¿Es la unidad tan opaca? ¿Eran los autores de las Escrituras tímidos o incluso ignorantes en cuanto a un plan maestro divino detrás del curso de los acontecimientos humanos? ¿Desconocían la selectividad del autor y los hechos incluidos o excluidos, y las afirmaciones de tener evaluaciones sobrenaturales de lo que registraron? Algunos protestarán enseguida diciendo que esto hace surgir prematuramente las consideraciones dogmáticas en cuanto a si en verdad Dios se reveló en los escritos humanos. Concedemos que esto se puede interpretar de acuerdo a esta luz. Sin embargo, solo queremos establecer, llegado a este punto, que los escritores *sostuvieron* (y si estamos de acuerdo o no, no es asunto para considerar ahora) que se sentían bajo un imperativo divino. Tenían la obligación santa de decir lo que a menudo iba en contra de sus intereses y deseos personales (cf. la agonía del alma de Jeremías); pero, queriendo o no, tuvieron que hablar.

Aun más, no solo hace una representación imparcial de lo que afirmaban hacer: atribuir el contenido y selección de lo que escribieron a Dios, sino que además contiene numerosas referencias patentes y latentes a un cúmulo de promesas, amenazas, personas y programas que les precedieron. ¡Afirmaban estar en una sucesión directa con estas palabras anteriores y también ser colaboradores en el avance del desarrollo tanto del cumplimiento como de la promesa ampliada para el futuro!

Entonces, ¿cuál fue el medio que usaron para comunicar estas afirmaciones, y por qué la comunidad de eruditos rechazó de pronto la posibilidad de encontrar tal unidad si de manera consciente se afirma como argumentamos aquí? ¿Será posible que la historia bíblica registrada fuera la fuente de significado y unidad teológica?

La historia como el medio del significado

Hasta la década del setenta, el principio[13] que entre los teólogos bíblicos se sostuvo con más reverencia fue que la historia era el

---

[13] G.E. Wright, *The God Who Acts: Biblical Theology as Recital* [El Dios que actúa: La teología bíblica como narración], SCM, Londres, 1952, p. 13; Vriezen, *Outline*, p. 189.

medio principal de la revelación divina en el AT. Lo que se podía conocer sobre Dios, se conocía sobre todo a través de la historia. Con esta elección, los teólogos del AT pudieron realzar la unidad de Israel en contraste con los pueblos vecinos del Oriente Próximo antiguo, quienes invistieron al mundo natural con millares de poderes divinos. Además, si todo salía como esperaban, podían dar la vuelta a la *vergüenza que les daba el punto de vista clásico* que sostenía que la revelación se encontraba en las Escrituras.[14]

Aunque parezca sorprendente, no fue hasta 1967 que la muy reiterada certeza de que la historia era lo más importante, incluso casi el único medio de revelación divina, fue por último sujeto a un análisis completo a la luz de las aseveraciones bíblicas en contraste con las de la literatura comparativa del Oriente Próximo antiguo. Fue Bertil Albrektson el que lo hizo en su libro: *History and the Gods* [La Historia y los Dioses]. Si bien es cierto que James Barr presentó un enérgico desafío a este nuevo axioma de la teología bíblica en su discurso de inauguración de 1962[15] diciendo que la revelación verbal tenía tanto derecho a ocupar el centro del escenario teológico como lo tenía la historia. Barr solo se quejó de que era apologéticamente más conveniente eliminar sin mucho ruido de la atención pública, las partes de la proposición del registro bíblico. Aparte de este descuido importante del sistema bíblico de significados, resultó que después de todo, la revelación no se centraba en la verdadera historia, es decir, en los hechos como «en verdad» sucedieron. En cambio, la arena de los sucesos de Dios en la reconstrucción erudita resultó ser algo menos que los hechos que suceden en tiempo y espacio; pero, como si fuera una compensación por esta pérdida, ¡nos aseguraron que eran «kerimáticamente» más útiles!

Fue von Rad, más que cualquier otro, quien aumentó el contraste entre las dos versiones de la historia israelita. Para él, no había «*bruta facta* alguna [en el AT]; solo tenemos la historia en forma de interpretación, solo en reflexión».[16] Ahora había dos clases de

---

14 J. Baille, *The idea of Revelation in Recent Thought*, [La idea de la revelación en el pensamiento reciente], Columbia University Press, Nueva York, NY, 1956, pp. 62ss.

15 James Barr, «Revelation Through History in the Old Testament and Modern Thought», *Interpretation*, 17, 1963, pp. 193-205.

16 Gerdard von Rad, «Antwort auf Conzelmanns Fragen» [Respuesta a las preguntas

historia: una que se obtiene de las reconstrucciones del método moderno histórico-crítico, la otra de las confesiones de creencias de Israel procedentes del método histórico tradicional. La anterior rinde «la mínima garantía crítica», mientras que la segunda tiende «hacia una máxima teológica».[17]

En esta dicotomía, el viejo fantasma de Emmanuel Kant aún aparece en la academia. Von Rad, como Eissfeldt su predecesor en 1926,[18] logró dividir la realidad en dos partes: había un mundo de fenómenos del pasado (al alcance de nosotros gracias a las investigaciones histórica-críticas), y había un mundo de noúmenos de fe. En Israel, la fe y la teología bíblica no tendría como objeto los hechos reales de Dios en la verdadera historia, sino lo que el pueblo antiguo confesó que sucedió a pesar de las dudas críticas modernas sobre su estado objetivo. Estas confesiones de fe (p.ej., Dt 26:16-19) acerca de un número mínimo de supuestos acontecimientos de la redención pasada de Israel, lo representaron en un culto; y como tal, el «recuento» constituía a la vez el kerigma y la interpretación teológica del AT. De esta forma, esta segunda versión de la historia de Israel naturalmente se sujetó a varias formas de adaptación, reinterpretación, reflexión e incluso actualización.[19]

Mientras tanto, otro grupo de eruditos contendía con igual fuerza por la otra alternativa: fe en los hechos históricos como lo reconstruyó la crítica de las fuentes. Franz Hesse[20] rechazó el caso de von Rad por hacer del nivel de confesión de la historia el objeto de

---

del concilio], *Evangelische Theologie*, 24, 1964, p. 393; *Old Testament Theology* [Teología del Antiguo Testamento], tomo 2, p. 416, según lo citó Gerhard F. Hasel. «The Problem of History in Old Testament Theology» [El problema de la historia en la teología del Antiguo Testamento], *Andrews University Seminary Studies* [Estudios del seminario de la Universidad de Andrews], 8, 1970, p. 29, a quien estoy endeudado en varios lugares en esta sección por su buen análisis. A su vez, él reconoció el análisis penetrante de Martin Honecker, «Zum Verständnis der Geschichte in Gerhard von Rad's Theologie des Alten Testament» [Para entender la historia en la teología del Antiguo Testamento de Gerhard von Rad], *Evangeliscshe Theologie*, 23, 1963; cf. Hasel, *Old Testament*, capítulo 2.

[17] Von Rad, *Theology*, tomo 1, p. 108.

[18] Otto Eissfeldt, «Israelitsch-jüdische Religions-geschichte und alttestamentliche Theologie» [La historia religiosa judeo-israelita y la teología del Antiguo Testamento], *Zeitschrift für die Alttestamentliche Wissenschaft*, 44, 1926, pp. 1ss.

[19] Véase Hasel, «Problem», para documentación de von Rad.

[20] Hasel cita, *Old Testament*, pp. 31-32.

la fe. ¿Cómo una falsa historia podría ser el objeto de la verdadera fe?, preguntó. La fe tiene que descansar en lo que sucedió, concluyó, y solo la crítica-histórica puede contarnos lo que en verdad sucedió y lo que no sucedió en la tradición del AT.

¿Pero qué teorías crítica-históricas? Había al menos tres disponibles: la llamada escuela de Baltimore de William Foxwell Albright y John Bright; el eje de A. Alt y Martin Noth; y G.E. Mendenhall de la Universidad de Michigan. Especialmente cruciales fueron las evaluaciones de estas tres escuelas del «mínimo histórico» de las Eras Prepatriarcales hasta la Era de la Conquista. No quedaba una historia científica de Israel, sobre todo después de usar las premisas que aparecen en el método histórico-crítico.

Roland de Vaux también estaba enérgicamente en desacuerdo con von Rad en cuanto a colocar el objeto de la fe de Israel y el nuestro en un estimado de la historia subjetiva y con frecuencia falible. Su desafío era directo: O la interpretación de la historia que ofrece las Escrituras es verdadera y tiene su origen en Dios, o no merece la fe de Israel ni la nuestra. Además, este punto de vista no solo es poco digno de nuestra atención, sino que es devastador porque asalta el fundamento de toda fe: «la veracidad de Dios».[21]

La solución de Roland de Vaux, como el argumento de Wolfhart Pannenberg, es destacar la relación «interna» o «intrínseca»[22] y la unidad de hechos y sus significados.[23] Para de Vaux, la relación estaba en el Dios que ordenó los hechos y las interpretaciones. Pannenberg, por su parte, destaca el «contexto» del suceso original con la interpretación que lo acompaña.

Coincidimos hasta el punto en que estos dos hombres insistieron en que era legítimo y necesario que la relación de la historia y su significado canónico fueran el punto adecuado para iniciar la teología bíblica. Fue precisamente esta unidad original de los hechos históricos con los significados aplicados en el texto lo que hizo

[21] Roland de Vaux, *The Bible and the Ancient Near East*, trad. Damien McHugh, Darton, Longman and Todd, Londres 1971, p. 57.

[22] *Íbid.*, p. 58.

[23] Wolfhart Pannenberg, «The revelation of God in Jesus Christ» [La revelación de Dios en Jesucristo], *Theology as History: New frontiers en Theology* [Teología como historia: nuevas fronteras en la teología], 3, 1967, p. 127.

posible vencer el dualismo posterior a Kant y las tendencias positivistas de la historiografía moderna. No solo aparecieron nuevos cánones de historia e historiografía que eran antitéticos en sus premisas a toda la fe cristiana, sino una tiranía del particular (aislada del todo) surgió también como un motivo más de preocupación.

Los hechos o declaraciones se veían en su individualidad, unicidad y separación de su contribución al todo o a la multiplicidad del contexto o situación en conjunto. Aunque el acontecimiento retuviera su relación con el todo (que era un caso raro), mañosamente se recortaban las palabras que acompañaban al mismo.

Fue precisamente en esto, más que en cualquier otra cosa, que se perdió la unidad de la Biblia. En vez de comenzar con la organización y el plan reivindicado por los escritores canónicos, echaron encima de los textos un principio de desarrollo natural o una dialéctica hegaliana. La teología resultante desilusionaba por su esterilidad (hasta para el más resoluto de los historiadores modernos), y se llenó el vacío con nuevas categorías de «historia»: existencialista o secular.

A menos que la teología bíblica se librara de la tiranía del particular y los grillos de una red impuesta por el modernismo filosófico-historiográfico que tomara la precedencia encima del texto, no quedaría esperanza para ninguna teología del AT. Ni el mínimo llamado asegurado por la ciencia, ni el máximo armado por la teología nos puede llevar a ningún lugar. Los dos sistemas, o sea en el nombre de la objetividad o de la fe, se colocan encima de los textos. Estos merecen oírse tal y como son y en el conjunto canónico y contexto completo, aunque afirmen ser inspirados o no. Entonces cuando cualesquiera dispositivos de medida de la verdad, factual o validez de la interpretación se aplican (como se debe) al contexto *total* (lo otro que se debe), no deberían estar los que provincianamente reflejen los intereses regionalistas de una generación que tiene una agenda particular a favor *o* en contra de cualquier concepto especial de la vida. En su lugar, todo criterio debe aproximarse al texto como el sistema de jurisprudencia estadounidense: un texto es inocente hasta que se compruebe su culpabilidad mediante el conocimiento de los datos facilitados por las fuentes cuya veracidad de estos puntos se pueda demostrar o que provengan de la misma época general de los textos bajo investigación y tengan un historial de datos buenos.

Dado este enfoque, la historia se puede consultar de nuevo en el contexto total de los tiempos y el contexto de la interpretación que implica. Así se puede concebir la historia como un medio de significado junto con la unidad de su contexto.

¿Mostró la historia bíblica un plan divino? ¿O nos condenaron una vez más a hundirnos en generalidades sobre la importancia de la historia sin el beneficio de un buen estudio inductivo de la terminología o patrón de pensamientos que el texto revela?

Por fortuna, Bertil Albrektson hizo un estudio preliminar de los términos hebreos relacionados con el plan divino en la historia.[24] En su estudio encontró diez pasajes donde *'ēṣâh* (por lo general se traduce como «consejo», pero en estos pasajes también significa «propósito» o «plan») se usó en la forma verbal nominal. Los pasajes son: Salmos 33:10-11; 106:13; Proverbios 19:21; Isaías 5:19; 14:24-27; 19:17; 25:1; 46:10; Jeremías 49:20; 50:45 y Miqueas 4:12. En otros dos pasajes, *maḥᵃšāḇâh* («pensamiento», «propósito») se usa para un plan divino: Jeremías 29:11; 51:29.

Además de estos dos términos, Albrektson añade dos más. Son *mᵉzimmâh* («un plan hostil») en Job 42:2; Jeremías 23:20; 30:24; 51:11 y *derek* («camino») en Salmo 103:7; cf. Éxodo 33:13; Deuteronomio 32:4; Salmo 18:31; Isaías 55:8-9; 58:2.

Cuando Albrektson terminó este estudio, concluyó desilusionado que no había una sola intención divina que pudiera demostrar que Dios tiene un plan fijo para la historia de Israel y para las naciones de un lado al otro del tiempo. Para él, las palabras son imprecisas y con una amplia extensión que se refiere a unas cuantas intenciones divinas, pero no a una en particular. Además, la distribución de los pasajes está bastante limitada puesto que parecen agruparse alrededor de Jeremías, Isaías, Miqueas y Salmos.[25]

Ahora estamos de acuerdo en parte; la mayoría de estos pasajes son una expresión de una aplicación individual de la intención de Dios dada las circunstancias particulares en Israel o las

---

24 Albrektson, *History and the Gods,* pp. 68-77.
25 *Íbid.,* pp. 76-77.

naciones. Pero, ¿sería posible decir esto sobre Miqueas 4:12? ¿No dice el profeta claramente que las naciones paganas no conocen los *pensamientos* de Yahvé; no entienden su *plan*? ¿No sucede esto en el contexto de un plan que simultáneamente involucra a muchas naciones? Asimismo, en el Salmo 33:10 los «planes de las naciones» se ponen en yuxtaposición al plan de Yahvé que «queden firmes para siempre» y «son eternos» (v. 11). Sin duda, esta clase de expresión compromete al escritor a afirmar que Dios tiene planes de largo alcance que va en contra de las maniobras y planes de la comunidad total del mundo.

Quizá la mayor debilidad de Alberktson es adherirse demasiado a un método lexicográfico. Mientras reconoce que el asunto pudiera estar presente, aunque la *palabra* para un plan estaba ausente, no considera una de las mayores afirmaciones hecha en Isaías 40 y los capítulos siguientes. El reto divino se hace sin cesar: «¿Quién es igual a mí? ¿Quién lo anunció desde el principio para que lo supiéramos? ¿Quién lo anunció de antemano, para que dijéramos: "Tenía razón"?» (Is 40:25; 41:26-28; 42:9; 44:7-8, 26- 28; 45; 21; 46:10-11; 48:3-6).

De más importancia aun es la relación entre la afirmación de Dios de anunciar de antemano, mucho antes de que sucediera algo, el curso de los hechos de principio a fin y de que todo esto sucedió según su «plan» y «propósito». El contexto que obvia y explícitamente une estos dos asuntos está en Isaías 46:9-11: «Yo soy Dios ... Yo anuncio el fin desde el principio ... Yo digo: Mi *propósito* [nótese que "propósito" es singular] se cumplirá, y haré todo lo que deseo ... Lo que he planeado, lo realizaré.» Al parecer, Dios está dispuesto a arriesgar todo su carácter y afirmación de ser el Dios único, basándose en que es capaz de decir y declarar el futuro. Los dioses paganos son incapaces de esto. Además, los anuncios de Dios no son comentarios casuales, improvisados, sobre esto o aquello, aquí o allá. ¡Trazan un plan premeditado que encierra el principio y final de todas las partes y la totalidad! Todo sucederá tal y como lo declaró.

Hablar así, aparte de cualquier consideración de un centro unido de la teología del AT, nos remonta al obstáculo original para el estudiante bíblico moderno: ¡predicción! En efecto, Albrektson casi lo dice cuando presenta el versículo clave de Génesis 12:3. Para él la disyuntiva es clara: ¿Repasa Yahvé el pasado en términos de logros hechos cuando dice «*ise bendicen* todas las familias de la tierra!»? ¿O proyecta Yahvé un plan divino para sucesos futuros dentro de una estructura universal donde «*serán bendecidas* todas las familias de la tierra»?[26] El asunto gira alrededor de la traducción de la palabra clave: *nibrᵉkû*. Coincidimos: los resultados de este estudio tienen que ser de mucho interés para todo el progreso de la teología del AT.

Ahora ya adelantamos este punto cuando en el último capítulo dijimos que el sentido pasivo no es solo posible («serán bendecidas todas las familias»), sino que es la traducción que el hebreo requiere y que mejor encaja con las intenciones del autor en cuanto a la verdad. Albrektson libremente concedió que si fuera adecuada la traducción pasiva (y reconoció que así tenía mucho apoyo contemporáneo de O. Procksch, S.R. Driver, G. von Rad y H.W. Wolff), el pasaje declaraba que Dios tenía un plan en el que Abraham era su instrumento escogido para bendiciones divinas que se extenderían a todas las naciones de la tierra.[27]

Sin embargo, muchos intérpretes dan por sentado que la traducción reflexiva («se bendecirán todas las naciones») es la preferida porque el mismo mensaje en la forma pasiva usada en Génesis 12:3; 18:18; 28:14 aparece con la forma hitpael del verbo en 22:18 y 26:4. La conocida forma hitpael, que se argumenta, establece el rango de significados para la forma nifal que está en disputa. Pero es precisamente este procedimiento lo que aquí se disputa. Además de los argumentos lingüísticos del capítulo 1, es interesante notar la redacción pasiva del texto de la Septuaginta al igual que de Hechos 2:25 y Gálatas 3:8, que siguen la versión Septuaginta. Además, Génesis 12:2 dijo que «él» (es decir, Abraham, «ello», la nación) «serás una bendición»; pero deja al versículo 3 que especifica a quién y cómo.

Quizá la evaluación más balanceada de Génesis 12:2-3 aparece en la obra de C. von Orelli sobre la profecía y el reino de Dios.

En primer lugar (vv. 2-3), la bendición divina está adjunta a la

26 *Ibíd.*, p. 78.
27 *Ibíd.*, p. 79.

persona de Abraham, de quién expresamente se dijo *weh⁽ᵉ⁾yēh* *b⁽ᵉ⁾rākâh* [«y él será una bendición»] que no se limita a significar que sería bendecido (Hitzig) ni que su nombre sería una fórmula de bendición, sino lo ensalza como medio y fuente de bendición divina (cf. Pr 11:25: *nephesh berākâh*, un alma que encuentra placer en bendecir y, por lo tanto, es la fuente de donde salen ríos de bendición). En Génesis 20:7 se demuestra cómo Abraham, en virtud de su relación especial con Dios, fue el mediador de bendiciones a los que le rodeaban. Isaías 19:24 y Zacarías 8:13 muestran cómo su pueblo, del mismo modo, daría la bendición divina, la dispensación de la gracia de Dios, al mundo entero. En el pasaje de Génesis 12, el versículo 3 explica el breve dicho del versículo 2 dando a entender que la relación de Dios con los hombres depende de sus actitudes hacia Abraham (cf. 20:7). El Señor tratará bien a los que deseen el bien para Abraham y que reconozcan la gracia divina que se revela en él; por otra parte, también sentirán el desagrado de Dios los que desprecian y desdeñan a quien bendijo Dios. El número singular es importante aquí. Solamente pueden ser pecadores aislados quienes interpretan mal al que es fuente de bendición a todos los que lo rodean, llegando a condenarlo y odiarlo y, al hacerlo, lo hacen también *en él a su Dios*. El mundo en general no dejará de rendir homenaje, y por lo tanto disfrutará el beneficio de esta fuente de bendición ... Tenemos la opinión firme que el nifal aquí [v. 3] tiene *un significado propio, a diferencia de hitpael* (igual que Tuch, G. Baur, Hengstrenberg, Keil, Kautzsch, etc.). A diferencia de la forma piel (48:20) e hitpael, el nifal expresa más la *experiencia objetiva* de la bendición divina. Pero además, donde se emplea la forma hitpael, la porción importante de la palabra al final de la promesa exige un significado mayor que un honor ceremonial. Por lo tanto, la distinción no es material. El acto de bendecir no es un simple formalismo, y por eso también es de gran importancia el nombre de Dios o del hombre que se emplea en la bendición. El anterior [el nombre de Dios] muestra *de quién* se puede esperar el mayor bien, el posterior [el nombre de un hombre] muestra *mediante quién* se puede encontrar y por cuya mediación se puede obtener. Así que, lo que se afirma es cosa importante aun en la forma reflexiva. La buena fortuna de Abraham no será solo proverbial en todo el mundo, sino que en todas las naciones de la tierra se verá que en Abraham se haya el mayor bien y por lo tanto *será el mediador sacerdotal de la salvación entre Dios y el mundo*, ya que la bendición de Abraham

traerá el conocimiento del Dios verdadero hasta a los más leja-
nos y, cuando oren para recibir dicha bendición, usarán el nombre de Abraham, quien prevaleció con Dios. Esto último no lo
harían [orar por la bendición] (hitpael) a no ser que se les hubiera atestiguado (nifal) *la bendición y virtud de su persona y nombre*
[énfasis del autor].[28]

No es asunto nuestro protestar por la universalidad del texto tan
temprano en la historia de la revelación, ni por el anuncio futuro
de su cumplimiento. Únicamente prejuicios filosóficos e históri-
co-críticos pudieron subvertir la intención obvia del autor en estos
dos aspectos. Repito: tomamos el texto por lo que es y asuma que
es inocente hasta que se *pruebe* su culpabilidad. Nada hay en el texto que implique que Génesis 12:2-3 y los pasajes paralelos sean
«retroacciones» de los días de bendiciones de David y Salomón,
como H. Gunkel, W. Wolff y otros lo quieren tener. Al contrario,
David da expresión de su sorpresa y deleite confusos cuando le di-
cen que él y sus hijos iban a ser linaje directo de esta bendición anterior (2S 7:18-20). En su oración de respuesta, David se refiere a
la promesa dada a los patriarcas y repetida en Deuteronomio mos-
trando que ya estaba aceptada como parte de la antigua palabra
de revelación. ¡Esto está lejos de ser una «retroacción» o reevalua-
ción de la fe de los antiguos padres!

Por lo tanto, con respeto declaramos que el plan de Dios se revela allí mismo, en el lugar que Albrektson finalmente rechaza la
posibilidad de que pudiera haber un plan unificador de Dios que
gobernara la historia y en el que además rechaza las evaluaciones
de los autores del texto sobre el significado de estas cosas. El plan
no solamente fue para la historia, sino para toda la teología bíblica.

Antecedente canónico para un centro

Los teólogos del AT perdieron la única travesía segura a través de
estas aguas peligrosas. Este camino debe ser un tema, clave o patrón de organización *inductivamente* derivado y uno que los escri-

---

[28] C. von Orelli, *The Old Testament Prophecy of the Consummation of God's Kingdom Traced in Its Historical Development* [La profecía en el Antiguo Testamento de la consumación del Reino de Dios estudiado en su desarrollo histórico], traducido al inglés
por J.J. Banks, T.&T. Clark, Edimburgo, 1889, pp. 107-8.

tores sucecivos del AT reconocieron de manera abierta y lo agregaron conscientemente durante el despliegue progresivo de acontecimientos e interpretaciones del AT. Si en medio de toda la variedad y multiplicidad del texto, como sostenemos, hay un ojo en esta tormenta de actividad, ¡es necesario demostrar *textualmente* que ese ojo es el punto de partida del canon y reconfirmar *por el texto* en el testimonio unido del canon que este es el asunto ubicuo, la esperanza central y la medida constante de lo que es teológicamente importante o normativo!

Este centro que se deriva del texto, lo que en el NT llegó a conocerse como «promesa» (*epangelia*), se conocía en el AT con una constelación de términos. El término más antiguo fue «bendición». Fue el primer don de Dios a los peces y aves (Gn 1:22) y luego a la humanidad (v. 28).

Para el hombre, esto era más que el don divino de proliferación o «tener dominio». La misma palabra señala cómo todas las naciones del mundo prosperaron espiritualmente a través de Abraham y su simiente; esto también era parte de la «bendición». Es obvio que se tiene que reconocer este término como el primero que se emplea para indicar el plan de Dios.

Aun así, había otros términos. McCurley[29] contó más de treinta ejemplos donde el verbo *diber* (por lo general traducido como «hablar») significa «prometer». Lo que se promete incluye: (1) la tierra (Éx 12:25; Dt 9:28; 12:20; 19:8; 27:3; Jos 23:5, 10); (2) bendición (Dt 1:11; 15:6); (3) multiplicación de la posesión de Dios, Israel (Dt 6:3; 26:18); (4) descanso (Jos 22:4; 1R 8:56); (5) todas las cosas buenas (Jos 23:15); y (6) un trono y dinastía davídica (2S 7:28; 1R 2:24; 8:20, 24-25; 1Cr 17:26; 2Cr 6:15-16; Jer 33:14). Véase también el nombre *dābār* («promesa») en 1 Reyes 8:56 y Salmo 105:42.

A estas «promesas» Dios añadió un «juramento» o «pacto» que hace doblemente segura su palabra inmediata de bendición y su palabra futura de promesa. Ahora la humanidad tenía la palabra

---

[29] Foster R. McCurley, Jr., «The Christian and the Old Testament Promise» [El cristiano y la promesa del Antiguo Testamento], *Lutheran Quarterly* [Trimestral luterano], 22, 1970, pp. 401-10, esp. p. 402, n. 2.

divina y un juramento divino por encima de aquella palabra (véanse Gn 22; 26:3; Dt 8:7; 1Cr 16:15-18; Sal 105:9; Jer 11:5).[30] El caso para este centro, que se deriva por inducción, es aun más amplio que el método por lexicografía o por vocabulario que hemos seguido hasta aquí. También lo abrazan varias fórmulas que resumen la actividad central de Dios en una frase o dos. Típico es lo que llamamos la fórmula tripartita de la promesa. Esta fórmula llegó a ser el gran sello de toda la teología bíblica de los dos testamentos. En Génesis 17:7-8 y 28:21, aparece la primera parte de la fórmula que es: «Yo seré tu Dios, y el Dios de tus descendientes.» Cuando Israel llegó a la víspera de constituirse en nación, de nuevo Dios repitió estas palabras y agregó una segunda parte: «Haré de ustedes mi pueblo» (Éx 6:7). Así Israel se convirtió en «hijo» de Dios, su «primogénito» (Éx 4:22), «mi especial tesoro» (Éx 19:5-6, RVR-95). Por último, en Éxodo 29:45-46 se añadió la tercera parte en relación con la construcción del tabernáculo: «Habitaré entre los israelitas.» Ya está: «Seré tu Dios, ustedes serán mi pueblo, y habitaré entre ustedes.» Esto se repetirá en parte o por completo en Levítico 11:45; 22:33: 25:38; 26:12, 44-45; Números 15:41; Deuteronomio 4:20; 29:12-13; et al. Más tarde apareció en Jeremías 7:23; 11:4; 24:7; 30:22; 31:1, 33; 32:38; Ezequiel 11:20; 14:11; 36:28; 37:27; Zacarías 8:8; 13:9 y en el NT en 2 Corintios 6:16 y Apocalipsis 21:3-7.

Otra fórmula que se encuentra en Génesis 15:7: «Yo soy el SEÑOR, que te hice salir de Ur de los caldeos», se enlazó por otra obra de incluso mayor redención: «Yo soy el Señor tu Dios. Yo te saqué de Egipto» (que se encuentra ciento veinticinco veces en el AT). Otra fórmula más de autopredicción fue: «Yo soy el Dios de Abraham, Isaac y Jacob.» Todas estas fórmulas destacan la continuidad entre el pasado, presente y futuro. Todas son partes del plan singular de Dios que sigue en vigencia.

A medida que el registro progresó, brotó un cúmulo de varias metáforas y términos técnicos. Muchos de estos se enfocaron alrededor del descendiente de David. Era la «semilla», «retoño», «siervo»,

---

[30] Gene M. Tucker, «Covenent Forms and Contract Forms» [Fórmulas de pactos y contratos], *Vetus Testamentum*, 15, 1965, en especial pp. 487-503, para el uso del «juramento» con promesa.

«piedra», «raíz», «león», etc.[31] A menudo el texto daba un vistazo a contextos previos que tenían porciones de las mismas metáforas y términos técnicos.

No obstante, ni el vocabulario ni las fórmulas ni términos técnicos por sí solos prueban un plan unido para el progreso total de la teología en el AT. Por último, para nosotros el énfasis tiene que estar donde mismo estuvo para los escritores: sobre una red de momentos entretejidos en la historia que derivan su significado debido al contenido, alusiones del uno al otro y unidad orgánica. El enfoque del registro recae en el *contenido* y *receptores* de los numerosos pactos de Dios. El contenido quedó epigenéticamente constante, es decir, había un crecimiento (según algunas perspectivas fue un crecimiento esporádico) a medida que pasó el tiempo en torno a un núcleo fijo que aportó vitalidad y significado a la masa que emergía. El contenido fue una «bendición» divina, una «palabra dada», una «declaración», un «juramento» o «promesa» de que el mismo Dios libremente haría algo o sería algo para toda la humanidad, naciones o naturaleza en general.

Por lo tanto, el acontecimiento revelador y la declaración fue a menudo una «bendición» inmediata y una «palabra» o «promesa» de que Dios obrará en el futuro o ya obró en algún hecho o asunto. Dios lo hizo de forma que la historia actual del hombre cobrara significado y por esto, de manera simultánea, también lo da a las generaciones futuras.

Pasajes clave del Antiguo Testamento acerca de la promesa

Dos personajes fundamentales eran, sin duda, Abraham y David. Sus respectivos pactos se registraron por primera vez en Génesis 12:1-3 y 2 Samuel 7:11-16 (cf. 1Cr 17:10-14). La promesa y bendición abrahámicas cautivaron la atención de aquella audiencia original, al igual que la de todos los lectores posteriores, debido a la naturaleza exaltada del contenido y a la mucha repetición de su

---

[31] Dennis C. Duling, «The Promise to David and Their Entrance into Christianity—Nailing down a likely hypothesis» [Las promesas a David y su entrada en el cristianismo: fijar una hipótesis verosímil], *New Testament Studies*, 20, 1974, pp. 55-77.

provisión en Génesis 12–50. Asimismo, la promesa davídica se convirtió en la esperanza radiante de muchos de los escritores profetas y el historiador de las Crónicas.

Tal vez no sea una exageración señalar también un consenso profético sobre el «nuevo pacto» que se anuncia con más prominencia en Jeremías 31:31-34. Si se toma en cuenta la docena y media de referencias al mismo pacto en otros lugares de Jeremías y los otros profetas con el nombre de «pacto eterno», el «nuevo corazón y nuevo espíritu», «pacto de paz» o sencillamente «mi pacto», se amplía la expectativa de una nueva obra de Dios que sigue la pauta de los pactos abrahámicos y davídicos.[32] Como si se subrayara la importancia ya otorgada al nuevo pacto, Hebreos 8 y 10 lo cita en el pasaje más largo de las citas del AT en el NT.

Al parecer, aquí termina el consenso moderno. Sin embargo, cualquier intercambio fiel sobre el punto de vista del canon en cuanto a estas cosas, necesariamente incluirá un estudio de pasajes clave o momentos centrales en la historia de la revelación como lo indican los escritores de la Biblia. De vital importancia son Génesis 3:15; 9:25-27 y 12:1-3.

Génesis 3:15

Sin duda alguna, este pasaje fue hecho como una interpretación central acerca de la primera crisis humana. «La serpiente» (siempre con el artículo y, sin duda, refiriéndose a un título) sufrió la maldición divina «entre [por sobre][33] todos los animales, tanto domésticos como salvajes» que la condenó a arrastrarse sobre el vientre y comer polvo todos los días de su vida.[34] Más allá de la

---

[32] Walter C. Kaiser, Jr., «The Old Promise and the New Covenant: Jeremiah 31:34» [La promesa antigua y el nuevo pacto: Jeremías 31:34], *Journal of the Evangelical Theological Society*, 15, 1972, p. 14, nn. 14-17.

[33] En hebreo *min* es una partícula de distinción y preeminencia, no partitiva («todos los animales»); más bien, es la forma comparativa («encima de los animales»). En esta maldición, se distingue «la serpiente» de las otras creaciones divinas, o sea, los animales, y la señala para mayor represión. Se ve la misma partícula en Jueces 5:24 RVR: «Sobre (*minnāšîm*) las mujeres bendita sea», bendita como ninguna otra mujer. (cf. Dt 33:24).

[34] No es una referencia a la dieta ni locomoción de «la serpiente» sino a su humillación y sometimiento (cf. Sal 72:9; Is 49:23; Mi 7:17). Arrastrarse sobre el vientre se consideraba ser despreciable (Gn 49:17; Job 20:14, 16; Sal 140:3; Is 59:5). También,

maldición había una hostilidad divina: «Pondré enemistad entre tú y la mujer, y entre tu simiente y la de ella.» Entonces viene el pasaje más importante y contencioso: «Él [pronombre personal, no neutro] te herirá en la cabeza, y tú lo herirás en el [su] calcañar» (Gn 3:15, La Biblia de las Américas).

En hebreo el pronombre que se traduce como «esta» es el pronombre personal, independiente, singular, masculino. [En RVR lo traduce por «esta» y NVI por «su simiente». El problema surge porque el hebreo emplea el género que concuerda con el antecedente masculino «simiente» *(zera')* y en español el pronombre con el antecedente femenino «la simiente». Por lo tanto, la contención es que si la traducción del hebreo *hu* tiene que ser «él» o «ellos». La pregunta es: ¿Son las palabras para «simiente» y «él» colectivo o singular?

Esta pregunta, sostenemos, está mal dirigida, sobre todo si la intención divina fue la de designar una entidad colectiva que incluía una unidad personal en una sola persona que iba a obtener la victoria de parte del grupo que representaba. Esta no es una retroacción cristiana del *pesher* o midras neotestamentario, ya que la traducción de las Escrituras hebreas de la Septuaginta se hizo antes del cristianismo. El griego audazmente utiliza el pronombre masculino independiente *autos* que no está de acuerdo con el antecedente griego neutro «semilla» *(sperma)*. R.A. Martin, en una nota brillante sobre este fenómeno, concluyó que de las ciento tres veces que el pronombre masculino hebreo se utiliza en Génesis, «en ninguna de las veces que el traductor lo ha traducido literalmente, violenta el acuerdo en griego entre el pronombre y su antecedente, excepto aquí en Génesis 3:15».[35] Lejos de ser una coincidencia o alguna especie de lapso mental, Martin sostiene que la calidad de la traducción griega del Pentateuco se hizo con mucho más cuidado, en comparación con los otros libros o secciones. Más importante aun es que otras veces en Génesis, donde el traductor tenía que elegir

---

«comer polvo» se usó para referirse a «descender a la sepultura» en el Descenso de Ishtar 5:8; también nótese Amarna E.A. 100:36. Considera que Dios ya había hecho a «los reptiles que se arrastran por el suelo» y los consideró como «muy bueno».

[35] R.A. Martin, «The Earliest Messianic Interpretation of Genesis 3:15» [La interpretación mesiánica más primitiva de Génesis 3:15], *Journal of Biblical Literature*, 84, 1965, p. 427.

entre una traducción literal o un acuerdo entre el antecedente y el pronombre, siempre rechazaba la oportunidad de traducir literalmente como lo hacía en Génesis 3:15. En su lugar, utilizaba con libertad el pronombre femenino o neutro, aunque el pronombre hebreo requería ser masculino para estar de acuerdo con el antecedente gramatical. Esto motiva la extremadamente impresionante decisión de la LXX de violar la regla gramatical en Génesis 3:15, sobre todo cuando se considera que la traducción de la LXX ocurrió dos o tres siglos a.C.

Sin embargo, ¿cuál era la intención del autor hebreo? Se fortalece el caso para la unidad singular del grupo colectivo de descendientes por el sufijo singular que se refiere a la cabeza de la serpiente, *hû' yᵉšûpkā rōʾš*: «Su simiente *te* aplastará la cabeza.» Además, si entendemos bien la frase del autor en Génesis 4:1, Eva pensó que tuvo tal libertador cuando dio a luz a Caín. Dijo: «He adquirido un varón, *aun el Señor*» [traducción del autor]. En el hebreo dice *'e̱t YHWH*. Traducir *'e̱t* por «con» no tiene mucho sentido. Por lo tanto, esto se debe anotar (como Lutero parece sostener en su traducción) la falsa esperanza de Eva de haber recibido alivio inmediato de su castigo con el nacimiento de Caín.

Cualquiera que fuera la decisión sobre Génesis 4:1 (y no es nada decisiva), la historia subsiguiente de revelación a Sem, Abraham, Isaac, Jacob y sus descendientes dejan claro que un hijo representativo seguía siendo la garantía visible para el presente y una prenda para el futuro. También representaba los intereses y fortunas espirituales y materiales de todo lo que se le unió a él.

Génesis 9:25-27

Encontramos que los siguientes comentarios de von Orelli[36] sobre este pasaje están llenos de sincero sentido exegético. Dado que en su mayoría nuestra generación perdió contacto con esta clase de metodología exegética, citaremos extensivamente varias secciones de su tratamiento:

> En vez de bendecir a Sem, el padre anciano [Noé], con una mirada profética al futuro de Sem, bendice (... en el sentido de alabar

---

... [cuando] tiene a Dios por el objeto ...) Yahvé, el Dios de Sem, a quien se ve en unión íntima con Sem. El oráculo de bendición se convierte en una alabanza a quien es la fuente de bendición como él probó ser. El gozo más alto de Sem es tener a este Dios por su Dios. Aquí, por primera vez, según las notas de Lutero, encontramos la combinación genitiva que luego se hacía común. *Dios de un hombre, de una nación,* etc. Por cuanto la humanidad se bifurca en distintas ramas, la deidad universal también se especializa. Para una parte de la humanidad, el Dios verdadero y viviente queda con relación a una posesión mutua.

Sin embargo, el segundo hemistiquio *wᵉyiškōn beʾāhᵒlê šēm* [«Y {él} habitará en las tiendas de Sem», RVR] es difícil. El asunto de más contención es quién se considera ser el sujeto de *yiškōn* [«morar»]. Entre los modernos von Hoffmann, Baugarten, H. Shultz, después del ejemplo de Onquelos y otros expositores judíos, y también Theodoret, tomaron a *Dios* como el sujeto, el cual tendría un sentido atractivo y muy significativo: Jafet gana el mundo más amplio, pero la distinción de Sem consiste en esto: Dios mora en medio suyo. Se usaba *sākēn* en particular para la morada de Dios (Nm 35:34). Los teólogos judíos posteriores dan directamente el nombre de *šᵉkînâh* a su presencia divina que nos recuerda a Onquelos. No pesa la objeción contra esta interpretación cuando sostienen que el paralelismo requiere que Jafet sea el sujeto del versículo, ya que en el versículo anterior se despidió a Sem. Puesto que la maldición de Canaán reaparece, también la bendición de Sem puede reaparecer, y así tendremos este atractivo arreglo: 1. Maldición a Canaán; 2. Bendición del primogénito Sem y su antítesis en la maldición de Canaán; 3. La segunda bendición del medio hermano con un recuerdo de la gran bendición del primero y la maldición del tercero.

Y ahora, a nuestro juicio, von Orelli falla. Continúa:

No obstante, la mayoría de los expositores antiguos y modernos abandonan la referencia de [«morar»] a Dios, como también nos parece debido. No se puede negar que en el primer hemistiquio el énfasis descansa sobre *ypt* [«Jafet» y «ensanchar»], y no sobre Elohim. Por lo tanto, la armonía de estilo se conserva mejor al referir a Jafet lo que sucede después. En el lenguaje empleado, se hubiera notado una relación antitética entre las dos cláusulas (*pero él morará*). En específico, esperamos encontrar el nombre Yahvé al ver que Dios mora en las tiendas de Sem como Yahvé.

La designación plural del lugar [tiendas] también sería extraña
porque en otros lugares Dios siempre mora en su [tienda]. Sin
embargo, esto pudiera explicarse por la generalidad indefinida
del oráculo.

No obstante, von Orelli, a pesar de lo acertadas que sean sus excelentes preguntas, ahora se encuentra en un callejón sin salida
porque, ¿qué pudiera significar tener a Jafet morando en las tiendas de Sem? Von Orelli luchó con las opciones de la siguiente
manera.

Aunque suponiendo que Jafet sea el sujeto, su morada «en las
tiendas de Sem» no lo hace menos difícil. Algunos con tendencias antisemíticas siguen a Justin M. (c. Tryp. 139) y lo entienden
como una ocupación hostil del territorio semítico que presenta
una infracción inexplicable del patrimonio de bendición de Sem
... La morada de esta raza en las tiendas del anterior parecen dar
la impresión, si no de conquista, al menos de un tropel de incon-
venientes para los dos y un extraño contraste con el [«ensancha-
miento»]. No se puede probar que el uso de esta frase denote
una relación pacífica, hospitalaria ... Tampoco se puede favore-
cer una referencia a Sem en esta frase debido al refrán uniforme
en que el *lamo*, [«a él» o «*su* esclavo»] se interpreta como palabra singular.

Por último, von Orelli considera el manejo que J.D. Michailis le
da a «Sem» como un apelativo: «tiendas de *renombre*», en vez de
«tiendas de Sem». Sin embargo, von Orelli también rechaza la ambigüedad que puede causar debido al uso del nombre propio en el
versículo anterior. Después de tan buen comienzo concluye débilmente que los proverbios hebreos tienen predilección para la aso-
nancia, ¡así que el «Dios de Sem» y las «tiendas de Sem» hacen eco
a sonidos similares en hebreo!

Juzgándolo bien, de las dos opciones para el sujeto de «morar»
parece mejor utilizar el sujeto del hemistiquio anterior: Elohim. Esta
es la postura gramatical más lógica. Jafet como sujeto tiene muy
poco sentido y el uso de *Sem* como apelativo parece una idea desesperada. Las objeciones a esto las anticipó von Orelli en lo que dijo
antes de enumerar sus objeciones, excepto por pensar que Yahvé
sea el sujeto de «morar» en vez de Elohim. Pero en defensa de

Elohim, solo podemos notar que la plena revelación de «vivir en tabernáculo» o «morar» y de la naturaleza o carácter de Elohim como Yahvé tenía que esperar la revelación mosaica de Éxodo 6 y 29.

Génesis 12:1-3

Puesto que ya consideramos el contenido e importancia de la frase discutida: «¡Por medio de ti serán bendecidas todas las familias de la tierra!», solo agregaremos aquí que la palabra tiene un sentido de resumen. La «semilla» aún está en el centro de su foco, pero con muchos aspectos nuevos. Repetirse y renovarse tan a menudo en Génesis 13, 15, 17, 22, 24, 26 y 28 también constituye otra razón para que los teólogos del AT lo consideren tan importante.

Más adelante veremos los pasajes de 2 Samuel 7 y Jeremías 31, pero por ahora ya dimos inicio a los puntos elementales que forman el plan singular de Dios. La promesa divina señala una semilla, una raza, una familia, un hombre, una tierra y una bendición de proporciones universales: todas garantizadas, según Génesis 17, como eternas. En aquel propósito está el plan singular de Dios. En aquel plan singular descansa la capacidad de abrazar tanta variedad y abigarramiento que el progreso de la revelación e historia puede engendrar. En la unidad de meta y método se despliega la marcha de acontecimientos que los escritores describen y en una serie de interpretaciones interrelacionadas también proclaman con denuedo el punto de vista normativo de Dios sobre los acontecimientos para aquella generación y las venideras.

Capítulo 3

Desarrollo de un bosquejo para la teología del Antiguo Testamento

Para tratar como se debe los agrupamientos de la teología del AT es necesario saber la secuencia de los hechos históricos en la vida de Israel. La teología de Israel, y la nuestra, se arraiga en la historia. Así que Hebreos 1:1-2 dio continuación a esa secuencia cuando afirmó que «Dios, que en muchas veces y de varias maneras habló a nuestros antepasados en otras épocas por medio de los profetas, en estos días finales nos ha hablado por medio de su Hijo.»

Contrario a la prestigiosa opinión de Gerhard von Rad y su escuela, el AT sí reflejó la historia de Israel según un principio antes anunciado de selectividad.[1] El principio por el cual incluía o excluía sucesos históricos fue la constante declaración profética: «Así dice el SEÑOR.»

Esto estaba muy lejos de ser un asimilativo sincrético de tradiciones que cotejaban mecánica o carismáticamente tradiciones existentes interpretándolas a la luz actual. Por el contrario, había un solo principio, una sola comprensión de toda la revelación que organizaba las cosas para los escritores. Era la «promesa» revelada de Dios en la que él sería la esperanza de todo hombre y haría una obra divina con implicaciones universales.

Dicho énfasis no es el de una imposición exageradamente piadosa impuesta en el texto por una fe posterior cristiana, ni tampoco el resultado que deja la destructiva crítica histórica y literaria como

---

[1] Gerhard von Rad, *Old Testament Theology*, 2 tomos, Oliver and Boyd, Londres, 1962, tomo 1, pp. 116ss.

un mínimo científicamente asegurado. Por el contrario, es la afirmación del mismo canon tal y como existe ahora.

Además, un orden definido de acontecimientos y significados clave aparece en numerosas secciones de los Salmos (136, 105, 78) y los profetas (Jer 2; Ez 16; 20; 23). La narración comienza con la creación o el llamado a Abraham y, por lo general, sigue el mismo patrón de selectividad y énfasis.

La esencia principal de estos hechos, que los escritores del AT escogieron e interpretaron, también aparece en resúmenes breves que Gerhard von Rad designó un credo israelita primitivo: Deuteronomio 26:5-9.

Un arameo errante fue mi padre, que descendió con poca gente a Egipto y allí se convirtió en una nación grande, fuerte y numerosa. Pero los egipcios nos maltrataron, nos afligieron y nos echaron trabajos forzados. Clamamos a Yahvé, el Dios de nuestros padres, y Yahvé nos escuchó y vio nuestra aflicción, nuestro trabajo y la opresión. Yahvé nos sacó de Egipto con una mano poderosa y un brazo extendido. Con gran terror, señales y prodigios nos trajo a este lugar, y nos dio esta tierra, donde fluyen leche y miel.[2]

De forma similar, Josué 24:2-13 repasa gran parte de la misma historia en forma tal que tomó un estado legal cuando todos los ciudadanos de Israel sirvieron de «testigos contra ustedes mismos» (v. 22) en cuanto a la veracidad y significado de esta secuencia histórica de acontecimientos (cf. v. 27).

Aquí es donde descansa la unidad interna de la historia y teología de Israel. Era más que una «fuerte tendencia hacia la unificación»;[3] fue un hecho de la vida y la vida de los fieles. Colgaba del tendedero de la historia, pero contenía cuestiones conceptuales que los escritores decían que no eran de invención propia, sino ideas de Dios. Solo tenían el derecho de interpretar, fijar valores, ver intenciones y señalar significados para los tiempos y el futuro.

Aun así, ¿qué ocurre con la secuencia histórica? ¿Cómo agruparán los hechos? ¿Habrá un tratado conceptual que se pueda tomar

---

[2] *Íbid.*, p. 122.
[3] *Íbid.*, p. 118.

prestado de los sistemáticos para organizar la teología del AT? Y si hay un método de estudio que encaje mejor con las necesidades de un nuevo tipo confiable de teología exegética, que primero señale con cuidado el uso del idioma del escritor a la luz del juego de términos y conceptos que es la herencia de las Escrituras que antecedieron a sus días, ¿cuáles son los puntos divisorios en la historia? Estas son las preguntas que nos proponemos contestar.

Los períodos históricos de la teología del Antiguo Testamento

Al igual que los apóstoles y sus epístolas fueron de muchas maneras los intérpretes de los Hechos y los Evangelios, también la teología del AT, por razones similares, pudiera comenzar con los profetas. No obstante, aun para el fenómeno de la profecía bíblica, la realidad de la historia de Israel siempre estaba presente. La previa actividad libertadora de Dios tenía que reconocerse y confesarse antes que uno pudiera ver de forma más estable y completa la nueva revelación de Dios. Por lo tanto, debemos comenzar donde Dios comenzó: en la historia, la historia verídica, con su geografía, hombres y acontecimientos concomitantes.

Prolegómenos a la promesa: la Era Prepatriarcal

El pacto abrahámico lo encontramos por primera vez en Génesis 12:1-3. Señala el comienzo, tanto de la elección que Dios hace del hombre por medio de quien librará a todo el mundo si la humanidad creyera, como del comienzo de la historia de Israel y la teología.

Por supuesto, Abraham ocupó el lugar central en el clímax de la revelación. Sin embargo, no se deben desperdiciar los momentos que guiaron a esto como insignificantes ni siquiera inexistentes. El texto se mueve a todo lo ancho y largo de la creación al provincialismo y las represiones resultantes de los pecados sucesivos de la humanidad. Aunque también se mueve de la condición problemática tripartita del hombre como resultado de la caída, el diluvio y la fundación de Babel, a la nueva provisión universal de Dios de salvación para todo hombre mediante la simiente de Abraham.

Además, la palabra y concepto clave es la repetida «bendición» de Dios: una «bendición» que al principio solo existía en estado embrionario, pero entretejida con subsiguientes bendiciones y palabras de promesas de la mano de un Dios misericordioso y amoroso. Al principio fue la «bendición» del orden creado. Después fue la bendición de la familia y la nación en Adán y Noé. Génesis 12:1-3 llega al punto culminante con la bendición a Abraham en cinco aspectos incluyendo bendiciones materiales y espirituales.

Además, en el sentido de ser una palabra preliminar a otra palabra, en forma germinativa, estas bendiciones de la revelación de Génesis 1–11, se pudieran llamar un prolegómeno a la promesa.

El espíritu de modernismo ha encontrado serias objeciones al trato directo de Génesis 1–11. Sin embargo, creemos que tales objeciones están mal fundadas e inadecuadamente defendidas. Nuestra postura ha sido considerar los registros de acuerdo a lo que afirman ser hasta que se pruebe lo contrario con evidencia de objetos, epígrafes o hechos evidentes relacionados.[4]

Provisiones en la promesa: Era Patriarcal

Esta época tuvo tanta importancia que Dios la promulgó como el «Dios de los patriarcas» (es decir, «padres»), o el «Dios de Abraham, Isaac y Jacob». Además, se consideraron a los patriarcas como «profetas» (Gn 20:7; Sal 105:15). Al parecer, fue así porque recibieron la Palabra de Dios personalmente. A menudo la palabra del Señor «vino» de manera directa a ellos (Gn 12:1; 13:14; 21:12; 22:1) o Dios se les «apareció» en una visión (12:7; 15:1; 17:1; 18:1) o en la persona del Ángel del Señor (22:11, 15).

La vida de Abraham, Isaac y Jacob dan forma a otro período en la corriente de la historia. ¡Estos tres privilegiados que recibieron la revelación, vieron, experimentaron y oyeron tanto o más durante sus dos siglos de vida que todos los que vivieron en el milenio anterior! Por lo tanto, podemos señalar a Génesis 12–50 como nuestro segundo período histórico en el despliegue de la teología del

---

4   Véase nuestro estudio, «The Literary Form of Genesis 1-11» [La forma literaria de Génesis 1-11], *New Perspectives on the Old Testament* [Nuevas perspectivas sobre el Antiguo Testamento], ed. J.B. Payne, Word, Waco, TX, 1970, pp. 48-65.

AT, igual que hicieron las generaciones posteriores que tuvieron el registro de las Escrituras.

El pueblo de la promesa: Era Mosaica

Dios iba a usar un hijo, (Gn 3:15) nacido de un semita (Gn 11:10-27), con el nombre Abraham, para formar un pueblo y finalmente una nación aparte. Dicho llamado para ser una nación significaba que la «santidad», o separación para Dios, no era una característica opcional. Así que ambos conceptos recibirían mucha atención durante esta era de revelación.

Luego a Israel lo nombraron «un reino de sacerdotes y una nación santa» (Éx 19:6). Con amor, Dios bosquejó los medios morales, ceremoniales y civiles para llevar a cabo su llamado supremo. Esto sucedería en el primer hecho del Éxodo cuando por la misericordia de Dios, Israel fue liberado de Egipto y la posterior obediencia a la fe de Israel de los Diez Mandamientos, la teología del tabernáculo y los sacrificios y otras cosas como las ordenanzas (Éx 21–23) para el gobierno civil.

Toda la cuestión sobre ser un pueblo nuevo de Dios se elaboró en Éxodo 1–40; Levítico 1–27; y Números 1–36. Durante toda esta época, el profeta de Dios era Moisés: un profeta que no tenía igual entre los hombres (Nm 12:6-8). En efecto, Moisés fue el modelo de aquel gran profeta venidero: el Mesías (Dt 18:15, 18).

Lugar de la promesa: Era Premonárquica

Uno de los aspectos de la promesa de Dios que recibió una completa presentación en los hechos históricos y en las páginas de las Escrituras fue la conquista de la tierra de Canaán. La promesa de la tierra como un lugar en el que Dios haría *descansar* su *nombre* ya tenía seis siglos. La antigua palabra dada a Abraham ahora recibiría al menos un cumplimiento seminal. Por lo tanto, Deuteronomio con su enfoque sobre el lugar de descanso (12:8-11) y el libro de Josué con su descripción de la conquista de la tierra, se unieron en concepto y hecho.

Sin embargo, ¿tenemos una unidad clara de la historia que pueda demarcarse con tanta claridad como lo afirmaron las Escrituras en las Eras Patriarcal y Mosaica? ¿Y debe esta historia extenderse a través del período de los Jueces para incluir la teología de las narraciones del arca del pacto de Dios en 1 Samuel 4–7? Estas preguntas no admiten conclusiones decisivas. Los tiempos se han distorsionado y todo parece fluctuante debido a la declinación moral del hombre y lo escasa que son las revelaciones de Dios. En efecto, la Palabra de Dios «escaseó» en aquellos días cuando él habló con Samuel (1S 3:1). Así que, las líneas de demarcación no están tan definidas aunque los temas centrales de teología y los hechos clave fueron históricamente bien registrados.

Nuestro plan, entonces, es dejar un traslapo durante este período de conquista y la ocupación de la tierra. El traslapo está entre el asunto del lugar de descanso y la creciente demanda para un rey que gobernara a un pueblo cansado de estos experimentos con la teocracia como se practicaba en una nación rebelde. En el mejor de los casos, la Era Premonárquica fue un tiempo de transición.

Se evaluaron las historias de Josué, Jueces e incluso Samuel y Reyes desde la perspectiva de las normas de moral de Deuteronomio. Es fácil discernir los puntos de enlace: Deuteronomio 28, 31; Josué 1, 12, 24; Jueces 2; 1 Samuel 12; 2 Samuel 12; 1 Reyes 8 y 2 Reyes 17. La mayoría de los teólogos bíblicos actuales, por lo general, conceden importancia a estos momentos en la historia de la revelación de esta época.

Rey de la promesa: Era Davídica

Lo que Génesis 12:1-3 fue para la Era Patriarcal, 2 Samuel 7 fue para los tiempos de David. Los cuarenta años del reino de David se comparan con la duración de la Era Mosaica, pero es incomparable su importancia para las generaciones venideras.

Como preludio a la historia de este período, las primeras señales de las aspiraciones reales de Abimélec, hijo de Gedeón, la petición de un rey que hace el pueblo durante el tiempo de la judicatura de Samuel (1S 8-10) y hasta el reino de Saúl nos preparan negativamente para el gran reino de David (1S 11–2S 24; 1R 1–2; y los salmos davídicos reales como Sal 2; 110; 132; 145).

La historia y la teología se combinan para destacar los aspectos de una dinastía real continua y un reino perpetuo con un dominio que llegaría a ser universal en extensión e influencia. Sin embargo, cada uno de estos asuntos reales fueron laboriosamente eslabonados a ideas y términos de tiempos anteriores: una «simiente», un «nombre» que «moraba» en un lugar de «descanso», una «bendición» para toda la humanidad y un «rey» que ahora gobernaría un reino eterno.

Vida en la promesa: Era Sapiencial

Los cuarenta años de Salomón se destacaron por la construcción del templo y una ráfaga adicional de revelación divina. En parte, este tiempo se asemeja a los tiempos premonárquicos que por naturaleza es en parte transitivo. Sin embargo, también tenía características propias.

No hay otro período más difícil de relacionar a la teología de todo el AT que el de la literatura sapiencial de esta era que encontramos en los Proverbios, Eclesiastés, Cantar de los Cantares y los salmos sapienciales. No obstante, igual que la ley mosaica dio por sentado y se edificó sobre la promesa patriarcal, también la sabiduría de Salomón da por sentadas ambas promesas abrahámicas y davídicas y la ley de Moisés.

El concepto clave de la Era Sapiencial fue «el temor de Dios», una idea que comenzó en la Era Patriarcal como *respuesta* de la fe que cree (Gn 22:12; 42:18; Job 1:1, 8-9; 2:3). Fue este eslabón el que unió la promesa y la ley dentro de la belleza y plenitud de la vida del hombre aquí y ahora. Lo temporal vino a ser más que una simple existencia; ahora la vida podía tener significado, disfrutarse y unirse a los valores y compromisos eternos.

Día de la Promesa: Siglo noveno

El «Día de la Promesa» es el primero de cinco eras proféticas, cada uno con su énfasis básico que se extiende desde la división del reino en 931 a.C., hasta la situación postexílica.

Puesto que la «casa» de David y el templo de Salomón se establecieron, los asuntos de cada promesa multifacética alcanzó un nivel de desarrollo provisional. El futuro gobernante de Dios ya era visible en el linaje de David y la presencia personal de Dios en medio de su pueblo adorador se dramatizó en el templo.

Por lo tanto, ahora los profetas podían concentrarse en el plan y reinado universal de Dios. Sin embargo, por desgracia, los pecados de Israel también exigieron mucha atención de los profetas. A pesar de todo, mezcladas con esas palabras de juicio se insertaban con persistencia la brillante perspectiva de otro día cuando el reino y dominio eterno de Dios, que se anunció hace mucho tiempo, recibirían su total cumplimiento.

Muchos colocan a Joel y Abdías en el siglo noveno como los más antiguos de los profetas que escribieron. Aunque Abdías se puede colocar en una de tres etapas de la historia de Judá, es probable que la mejor sería la del reinado de Jorán (853–841 a.C.), cuando Edom, junto con los árabes y filisteos, se rebeló contra Judá (2R 8:20-22; 2Cr 21:8-10, 16-17).[5]

Asimismo, es usual colocar las fechas de Joel durante el reinado de Joás de Judá (835–796 a.C.) porque entre la larga lista de enemigos de Israel no se mencionan Asiria, ni Babilonia ni Persia, según cabe presumir porque aún no habían llegado al escenario histórico.[6] Si este reinado es el tiempo general, el libro se escribió al principio del reinado, digamos entre 835–820, mientras aún el sumo sacerdote Joyadá actuaba como consejero del joven rey Joás.

Sin tomar en consideración las fechas de Joel y Abdías, su teología es muy clara: es el día del Señor. Viene el día en el que Yahvé se vindicará con obras tan grandes de salvación y juicio que todos los hombres reconocerán la procedencia divina de las mismas. En aquella hora, Dios cumplirá lo que anticiparon todos los profetas y esperó el remanente fiel.

La plaga de langostas de Joel y la preocupación de Abdías por la falta del amor fraternal de parte de Edom eran motivos para renovar y ampliar la antigua promesa de Dios.

Siervo de la promesa: Siglo octavo

La quintaesencia de la teología del AT culminó durante el siglo

---

[5] Las otras opciones son: (1) durante el reino de Acaz (743-715 a.C.); (2) cuando Edom invadió a Judá (2Cr 28:16-18); y (3) durante la caída de Jerusalén bajo Nabucodonosor en 586 a.C. (2R 25:1-21; 2Cr 36:15-20).

[6] No obstante, es curioso que no se mencionan a los arameos de Damasco ya que *al final* de su reinado impusieron un pesado tributo sobre Joás (2R 12:17-18; 2Cr 24:23-24).

octavo. Incluía las obras de profetas como Jonás, Oseas, Amós, Isaías y Miqueas. Por misericordia, se envió a cada uno más o menos una década antes del juicio avisado contra Damasco, capital de Siria, que cayó en 732 a.c., y Samaria, la capital de las diez tribus del norte de Israel, que cayó en 722 a.c.

Nada puede describir adecuadamente las vertiginosas alturas que cada uno de estos profetas alcanzó en sus escritos. En realidad, «¿con quién compararán a Dios?, ¿con qué imagen lo representarán?» Estas son las preguntas que Isaías formuló a sus contemporáneos y también a nosotros (Is 40:18). Asimismo Miqueas preguntó: «¿Qué Dios hay como tú, que perdone la maldad?» (Mi 7:18). Y Amós anunció que de nuevo Dios levantará «la choza caída de David» (Am 9:11).

Sin embargo, lo que dominó toda la era fue la magnífica miniteología del AT en Isaías 40–66 con su personaje clave: el siervo del Señor de la simiente de Abraham y David.

Renovación de la promesa: Siglo séptimo

Al terminar el séptimo siglo, vino otra sucesión de profetas escritores: Sofonías, Habacuc, Nahúm y Jeremías. De nuevo Nahúm advierte (igual que Jonás un siglo atrás) la destrucción repentina que caería sobre Nínive, ciudad de Asiria (sucedida en 611 a.C.). De forma parecida, los otros tres profetas advirtieron a Jerusalén, la capital de Judá, que la atacaron en 606, 598 y finalmente cayó en 586 a.C. Si los hombres se arrepintieran, podrían salvarse de los horrores y realidades de la destrucción pendiente.

Con todo, la desolación poco prometedora no fue la única palabra para Judá; había la perspectiva gozosa de un pacto renovado para un remanente creyente. Jeremías lo tituló «el nuevo pacto» de Dios y en torno a esto creó en su librito de consuelo (Jer 30–33) un programa para la renovación de todo hombre, nación y naturaleza. Y para Sofonías había más luz sobre aquel día venidero del Señor. Mientras tanto, Habacuc tronó su solución para sus momentos de desesperación y duda: «El justo vivirá por su fe.»

Sin embargo, los asuntos antiguos también estaban claros y presentes de manera prominente en este nuevo avance. Las líneas de continuidad se alargaron especialmente hasta los días en que la fórmula tripartita, que los patriarcas y Moisés oyeran por primera vez, se convirtieran en una total realidad: «Yo seré tu Dios, y ustedes serán mi pueblo, y habitaré entre ustedes.» Así debía ser entonces y en el futuro.

El reino de la promesa: Tiempos del exilio

Durante su exilio babilónico, Daniel y Ezequiel siguieron aclarando aun con mayor claridad cómo sería que «el Buen Pastor» vendría algún día a reinar sobre las doce tribus de Israel reunidas en Canaán. Sí, el Hijo del Hombre vendría en las nubes de los cielos y le sería dado el dominio, gloria y reino donde todo el mundo, naciones e idiomas le servirían. Su dominio sería eterno, no dejaría de ser y su reino sería indestructible. Los reinos terrenales vienen y van, pero el suyo nunca sucumbiría.

Con esta nota real aquellos dos profetas del exilio guiaron a Israel al siglo sexto y a un nuevo día para toda la humanidad. La majestad y el alcance de lo que en el pasado se prometió a Abraham y David fue asombroso.

Triunfo de la promesa: Tiempos postexílicos

Juntos, las historias de Esdras-Nehemías, Ester, Crónicas y las profecías de Hageo, Zacarías y Malaquías forman la última nota de la revelación del canon del AT.

Van desde el desaliento por las condiciones en Israel después del regreso de los setenta años de cautiverio en Babilonia, hasta el triunfo total de la persona, palabra y obra de Dios. Lo que para ellos parecía pequeño e insignificante, en los días de 520 a.C. se conectó directamente en gloria y durabilidad con el final histórico que Dios dará. ¿Era el templo reconstruido pequeño e insignificante a la vista de ellos? Sin embargo, la gloria de *ese* mismo templo será mayor que la del templo de Salomón. Ninguna obra impulsada por los profetas de Dios se podría evaluar solo en términos empíricos. Había una mayor relación de la parte del todo de la definitiva obra total de Dios en la historia. Ahora los hombres tienen que mirar hacia arriba, creer y trabajar. Su rey venía montado en un asno trayendo la salvación (Zac 9:9). Incluso saldría para luchar contra todas las naciones de la tierra, que algún día se reunirán para pelear contra Jerusalén (Zac 14).

Y a fin de restablecer la validez de las raíces de esta visión mesiánica del reino de Dios en la tierra, el cronista utilizó la pasada historia de Israel para ilustrar la normalidad de esta visión siguiendo el patrón de la «casa» de David y el templo y la adoración salomónica.

Así la historia de Israel se alargó, pero las raíces seminales de su teología quedaron intactas mientras la planta llegó a ser un árbol desarrollado por completo con cada nuevo retoño.

Los asuntos clave en cada periodo histórico

La situación es exactamente como Patrick Fairbairn la calculó:

> En este bosquejo que presentamos, sobre todo por la manera feliz en que este se relaciona de principio a fin y que muestra la analogía que hay entre el método que Dios usa para obrar en la naturaleza y en la gracia, solo notamos algunos de los eslabones principales. Cuando examinamos el asunto más detalladamente, descubrimos mucho más del despliegue progresivo de la primera promesa y la interconexión entre ella y las profecías posteriores y la interconexión entre esta y las subsiguientes profecías y de nuevo esta con cada una.[7]

Así que en la creación, a la primera palabra de Dios de la promesa bendición le siguió la palabra embrionaria en Edén que se dio a la simiente de la mujer: Habría una Simiente victoriosa sobre una simiente de Satanás que ataca. Esta palabra se amplía antes de llegar a los tiempos de Abraham, cuando Noé bendice a Sem para que este forme una raza o linaje en cuyas tiendas moraría Dios. Así que, los asuntos clave en este tiempo prepatriarcal fueron «bendición», «simiente» y una raza en medio de la cual «moraba» Dios.

Los patriarcas también recibieron libremente la bendición de Dios en un heredero («simiente»), una herencia («tierra») y un patrimonio («serán bendecidas todas las naciones», el evangelio según Gálatas 3:8).

---

[7] Patrick Fairbairn, *The Interpretation of Prophecy* [La interpretación de la profecía], 2ª ed., T.&T. Clark, Edimburgo, 1856, p. 185.

Al principio, la Era Mosaica destaca a Israel como «hijo» de Dios, su «primogénito». Con el éxodo, Dios llamó a Israel para que fuera ambas cosas: «real sacerdocio y nación santa» para él. Subordinada a esta privilegiada elección suprema, había un llamado al servicio. Israel debía ser santa y limpia. «Santa» significaba que Israel debía permanecer apartada por completo para Dios en cuerpo, alma y vida. «Limpia» quería decir que la llamaba a estar preparada y apta para adorar a Dios. Las instrucciones en cuanto a la debida moralidad se eslabonaban al carácter permanente de Dios y su obra en el éxodo. Asimismo había provisión, mediante un sistema de sacrificios, para restaurar el divino favor de Dios en caso que por cualquier falta humana cometida se violaran las normas morales.

Los asuntos de la Era Premonárquica giran en torno al «descanso» de Dios, el Espíritu de Dios, el arca del pacto y el mandato de amar, temer y servir a Dios con todo el corazón, alma, fuerza y mente.

Para David, esto era una dinastía («una casa»), un «trono» y un «reino». Para Salomón el «temor de Dios» fue el principio de la sabiduría, vida, conocimiento y conducta. Asimismo, el palacio simbolizó la era anterior a la monarquía, sobre todo durante los días gloriosos de David, el templo y la casa edificada por la sabiduría fueron las señales de la era salomónica.

Entonces, los profetas tomaron en secuencia los aspectos del día del Señor, el siervo del Señor, el nuevo pacto, el reino de Dios y el triunfo del plan de Dios.

Sin embargo, todo pertenecía a un solo plan. Paul Caspari lo resumió así:

> Los profetas del Antiguo Testamento forman una sucesión regular; son miembros de una cadena continua, intacta … Por lo tanto, cuando el Espíritu de Dios vino a un profeta y con fuerza lo obligó a profetizar (Am 3:8), naturalmente sucedió en primer lugar, que aquí y allá, algunas veces más y otras menos, vistió lo que el Espíritu le impartió con las palabras de uno u otro de los profetas que había oído o leído. Las palabras de su antepasado profético se adhirieron a su memoria y formaron parte del vocabulario que usó el mismo Espíritu. En segundo lugar, el profeta posterior se adhirió al punto de vista profético del anterior y en

el poder del Espíritu profético ... o lo confirmó de nuevo con una promulgación fresca o lo amplió completándolo.[8]

Y se puede decir lo mismo en cuanto a todo el canon del AT.

La provisión para asuntos únicos

No todo fue una repetición dulce ni una reformulación de las palabras de uno o más de los antepasados del escritor para una situación nueva. Había, como dijo Caspari, «una promulgación nueva» que desarrolla campos de pensamientos casi nuevos por completo dentro del singular marco del plan de la promesa de Dios.

Aunque cada una de estas nuevas ramas de enseñanza a menudo se vinculaba con los antecedentes históricos o respondía al canon acumulado hasta este punto, pero muchas veces eran tan asombrosos por su novedad que amenazaban intentos posteriores para descubrir su continuidad con el canon existente. No cabe duda que el mejor ejemplo de esto es la literatura sapiencial. Era tan dispar y diferente a la revelación que pretendía precederla, que hasta el día de hoy muchos no ven ninguna relación. Por consecuencia, se puede usar como una señal segura de un asunto único e innovador si alguien desea concluir que es novedoso, una rareza disponible.

Segundo, solo en la literatura sapiencial está la ley y su lugar junto la promesa abrahámica-davídica. Sin embargo, de nuevo el texto insiste en sus puntos de continuidad, sobre todo con la Era Patriarcal. Aun así es asombrosa la solidez de la revelación original que desarrolla lo que significa ser el pueblo de Dios. Esto también se tiene que considerar como otro caso clave de un importante y nuevo asunto en la revelación del singular plan de Dios. Por consiguiente, es tan nuevo que muchos cuestionan su continuidad en lugar de considerar sus dotes innovadoras.

Sin embargo, se debe enumerar más que la sabiduría y la ley. Por un lado había un proceso de reducción constante haciendo más específico lo que debía ser el cumplimiento final. Era una especie de elección dentro de la elección, es decir, David, un hombre

---

[8] Como lo cita Fairbairn, *Íbid.*, p. 199.

de la tribu de Judá, de la nación de Israel, de la raza semita, de la simiente de una mujer. Por el otro lado, había una constante expansión y realización de las proyecciones embrionarias en el acontecer, pensar y en la expresión. En este proceso había una constante elevación de los términos técnicos, esperanzas y conceptos del escritor anterior a medida que este seguía con la cadena intacta y continua en los detalles que se iban definiendo en el plan de Dios: Su promesa. No obstante, cada escritor añadía al asunto. Los escritores del AT eran algo más que simples loros; realmente eran participantes en una larga línea de revelación, aunque también eran recipientes *por excelencia* de revelaciones adicionales.

Bosquejo resultante

La forma que emerge de la teología del AT con su base diacrónica de «corte largo» y las implicaciones normativas para la teología exegética o la predicación expositiva es como sigue:

I. **Prolegómeno a la promesa: Era Prepatriarcal**
   A. Palabra de creación
   B. Palabra de bendición
   C. Primera palabra de promesa: Una simiente
   D. Segunda palabra de promesa: El Dios de Sem
   E. Tercera palabra de promesa: Una bendición para todas las naciones

II. **Provisiones en la promesa: Era Patriarcal**
   A. Palabra de revelación
   B. Palabra de promesa
      1. Un heredero
      2. Una herencia
      3. Un patrimonio
   C. Palabra de garantía
   D. Gobernante de la promesa
   E. Dios de la promesa

III. **Pueblo de la promesa: Era Mosaica**
   A. Mi hijo, mi primogénito

    B. Mi pueblo, mi posesión
    C. Real sacerdocio
    D. Nación santa
    E. Ley de Dios
    F. Dios en el tabernáculo

IV. **Lugar de la promesa: Era Premonárquica**
    A. Herencia de la tierra
    B. Descanso de la tierra
    C. Lugar escogido de la tierra
    D. Nombre que mora en la tierra
    E. Conquista de la tierra
    F. Historia profética de la tierra
      1. Arrepentimiento y bendición
      2. Palabra que predice y el cumplimiento del suceso
      3. Un profeta como Moisés

V. **Rey de la promesa: Era Davídica**
    A. Rey prometido
      1. Gobernante usurpador
      2. Gobernante rechazado
      3. Gobernante ungido
    B. Dinastía prometida
      1. Una casa
      2. Una simiente
      3. Un reino
      4. Un Hijo de Dios
    C. Contrato para la humanidad
    D. Reino prometido
      1. El arca y el reino
      2. Los salmos reales y el reino
      3. La sucesión narrada y el reino

VI. **Vida en la promesa: Era Sapiencial**
    A. Temor de Dios
    B. Vida en el Señor
    C. Integración de la vida y verdad en el Señor
    D. Sabiduría del Señor
    E. Felicidad terrenal (eudemonismo) y el Señor

VII. **Día de la promesa: Siglo noveno**
A. Los profetas y la promesa
B. La promesa en el siglo noveno
C. Edom y la promesa: Abdías
D. El día del Señor: Joel

VIII. **Siervo de la promesa: Siglo octavo**
A. Reedificación de la choza caída de David: Amós
B. Amar libremente a Israel: Oseas
C. Misión a los gentiles: Jonás
D. Gobernante de Israel: Miqueas
E. Teólogo de la promesa: Isaías

IX. **Renovación de la promesa: Siglo séptimo**
A. Reconsideración de la misión a los gentiles: Nahúm
B. Día del Señor: Sofonías
C. El justo vivirá por la fe: Habacuc
D. Palabra del Señor: Jeremías

X. **Reino de la promesa: Tiempos del exilio**
A. Reino del Buen Pastor: Ezequiel
B. Éxito del reino prometido: Daniel

XI. **Triunfo de la promesa: Tiempos Postexilicos**
A. Anillo de sellar de Dios: Hageo
B. Héroe conquistador de Dios: Zacarías
C. Mensajero del pacto de Dios: Malaquías
D. El reino es del Señor: Crónicas, Esdras-Nehemías, Ester

Capítulo 4

Conexiones entre épocas históricas de la teología del Antiguo Testamento

Siempre que los teólogos bíblicos identifican algunos términos o categorías clave como un centro teológico para organizar el desarrollo de la teología de cualquier testamento o de los dos (como lo hemos hecho aquí), enfrentan enseguida diversos enfoques en la Escritura. Para algunos, es más que una diversidad de asuntos. La multiplicidad de ideas se suma a nada menos que contradicciones y cambios de opinión entre los escritores sucesivos de las Escrituras. Incluso al tratar el texto equitativamente en su forma canónica final,[1] queda todavía el asunto de la diversidad; y la meta de alcanzar una teología unificada parece imposible por completo.

No obstante, aun después de resolver las evaluaciones más perjudicadas mediante una clase de alta crítica objetiva, quedan cuatro puntos clave de tensión como símbolos de que el AT parece tener una variedad de puntos de vista en vez de un singular tema integrado. Si fuera posible construir puentes encima de estas murallas altas, quizá habría esperanza para todo el proyecto de escribir

---

[1] Evitaremos la discusión que pertenece a la introducción del AT o a la historia de la religión israelita, v.gr., el proceso de la formación del texto, los resultados de la crítica literaria y la crítica tradicional histórica. Basta decir aquí que los evangélicos sí creen y utilizan la crítica alta, crítica de forma, etc. ¡Con lo que no están de acuerdo es con el uso de fuentes imaginarias o hipotéticas (Crónicas y Reyes refieren a muchas fuentes reales, cf. Lucas 1:1-4) y las presuposiciones filosóficas o sociológicas que no pueden resistir la prueba cuando estas se aplican a materias epigráficas de la misma época descubiertas por los arqueólogos, y del mismo estilo y carácter que los textos bíblicos, ya que la antigüedad y autoría de muchos de los textos excavados están asegurados por otras bases! Cf. W.C. Kaiser, Jr., «The Present State of Old Testament Studies» [El estado actual de los estudios del Antiguo Testamento], *Journal of the Evangelical Theological Society*, 18, 1975, pp. 69-79.

una teología del AT con un punto central de enfoque. Los cuatro enlaces críticos son:

1. La «bendición» prepatriarcal y la «promesa» patriarcal
2. La «promesa» patriarcal y la «ley» mosaica
3. «Deuteronomismo» premonárquico y la «promesa» davídica
4. La «teología de la creación» sapiencial y la «promesa» profética

Sin considerar cualquier otra cosa que necesite hacerse como prolegómeno a la teología bíblica, los variados énfasis de estas épocas necesitarán ser prioritarios en cualquier estudio. Una solución verosímil a estos enlaces considerados complejos aportarían una gran parte a la clase de teología que aquí se intenta hacer.

La «bendición» prepatriarcal y la «promesa» patriarcal

Parece haber poca duda en que el tema clave de las narraciones de la creación era la «bendición» de Dios para las criaturas del mar y el aire (Gn 1:22), y para el hombre y la mujer (v. 28). Tampoco es difícil explicar la bendición; era tanto la *capacidad* como los *resultados* para resumir a Pedersen.[2] La creación de Dios debía ser prolífica y abundante en la tierra.

Esta bendición divina siguió en Génesis 5:2 y, después del diluvio, en Génesis 9:1. Sin embargo, la bendición estaba presente aun aparte del uso de la palabra «bendecir» o la fórmula: «Y Dios los bendijo con estas palabras: "Sean fructíferos y multiplíquense; llenen la tierra."» Como Claus Westermann sostiene con razón, la bendición está implícita en lo que llamó el *Heilsschilderung* («retrato de la salvación»).[3] Sostenemos que tales *Heilsschilderungen* están presentes en los pasajes prepatriarcales tales como Génesis 3:15 y

---

2   Johannes Pedersen, *Israel: Its Life and Culture* [Israel: Su vida y cultura], Oxford University Press, Nueva York, NY, 1926-40, p. 182.

3   Claus Westermann, «The Way of Promise Through the Old Testament» [El camino de la promesa a través del Antiguo Testamento], *The Old Testament and the Christian Faith* [El Antiguo Testamento y la fe cristiana], ed. Bernhard W. Anderson, Harper & Row, Nueva York, NY, 1963, pp. 208-9.

9:27. Estas bendiciones se encuentran en concepto, fórmula y hechos divinos.

El vínculo obvio entre Génesis 1–11 y la Era Patriarcal es uno que hace el texto mismo en cinco repeticiones de la «bendición» dada a Abraham en Génesis 12:1-3. Zimmerli[4] y Blythin[5] notaron la asociación de la «bendición» con el aspecto de la «promesa» en el registro patriarcal. No obstante, no llevaron sus observaciones a Génesis 1–11 como lo tenemos ni tampoco notaron que el énfasis cae exactamente donde las dos épocas se unen en el canon: Génesis 12:1ss. La época anterior terminó con la pregunta: ¿Qué se pudiera hacer ahora por las naciones en general que estaban cada vez más alejadas del Dios que las formó y las bendijo con tanta proliferación? Y la respuesta estaba en la forma de otra bendición. Dios presentó a un semita, Abraham. En él, todas las familias de la tierra encontrarían bendición. Es notable que el verbo «bendecir» aparece ochenta y dos veces en las narraciones patriarcales. De esta forma la transición fue suave, continua y deliberada.

Todavía hay más. La bendición seguía explícitamente de padre a hijo en diversas situaciones, como cuando Isaac recibió bendición por amor a su padre (Gn 26:24). Incluso la fórmula de bendecir que se observa en las narraciones de la creación vuelven a aparecer: «Yo soy el Dios Todopoderoso. Sé fecundo y multiplícate. De ti nacerá una nación y una comunidad de naciones» (Gn 35:11).

El concepto de la «bendición» está enlazado con la idea del éxito en una empresa o la prosperidad que da Dios. El verbo ṣâlaḥ *(hiṣṣlîaḥ)*, «hacer prosperar, traer éxito», aparece en Génesis 24:21, 40, 42, 56 paralelamente con *bârak* «bendecir» (Gn 24:1, 27, 31). Dios indicó que su favor estaba por encima de los patriarcas; todo lo que emprendieron tuvo éxito. Por lo tanto, sentimos confianza en asociar estos dos conceptos: «bendecir» y «la promesa» en las dos eras. Aunque en hebreo no existe en específico un

---

4　Walther Zimmerli, «Promise and Fulfillment» [Promesa y cumplimiento], *Essays on Old Testament Hermeneutics* [Ensayos sobre la hermenéutica del Antiguo Testamento], ed. Claus Westermann, edición 2, John Knox, Richmond, VA, 1969, pp. 90-93.

5　Islwyn Blythin, «The Patriarchs and the Promise» [Los patriarcas y la promesa], *Scottish Journal of Theology* [Revista escosesa de la teología], 21, 1968, p. 72.

verbo o palabra para «promesa», la raíz *bârak* en la forma intensiva del verbo hebreo, sirvió muy bien. Entretanto, Dios siguió anunciando los hechos de una futura liberación a la vez que suplicó a la humanidad y a toda la creación con la capacidad y los resultados del éxito de aquel entonces.

Tanto la promesa como la bendición estaban tan unidas que muchos eruditos comenzaron a buscar cómo separar sus orígenes e interés. Sin embargo, nunca ha aparecido una demostración segura de su dicotomización y mucho menos un consenso académico. Basándose en los resultados de la crítica tradición histórica, los eruditos (comenzando con Albrecht Alt) alegan que cada patriarca por separado tuvo un dios de su clan: «El escudo de Abraham», «El temor [o pariente como W.F. Albright lo quería] de Isaac» y «El poderoso de Jacob». Para Alt, «haber elegido a Abraham no tenía nada que ver con Yahvé y la elección de Israel, sino que tenía que ver con la religión de los dioses del Padre».[6] De esta forma había dos elecciones (los patriarcas e Israel) y varios dioses (los tres «dioses del clan» de los patriarcas y el Yahvé de Israel). Asimismo, vinculadas a esta elección divina estaban las promesas de estos dioses que invariablemente enfocaban estos dos asuntos: El aumento de la descendencia del patriarca y su posesión de la tierra de Canaán. Aunque, de nuevo, Alt lo divide todo dando a los patriarcas la primera promesa y declarando que la segunda era una retroacción editorial posterior a la entrada de Israel en la tierra.[7]

Aunque Martin Noth[8] aseveró que las promesas de la tierra y la de los descendientes eran muy antiguas, asignó la mayor prominencia en esta era a Jacob en vez de Abraham. Von Rad[9] también estuvo de acuerdo. Para él, la promesa de dos partes era muy antigua y se originó en la Era de los Patriarcas. Solamente la comprensión

---

[6] Albrecht Alt, «The God of the Fathers» [El Dios de los padres], *Essays on Old Testament History and Religion* [Ensayos sobre la historia y religión del Antiguo Testamento], trad. R.A. Wilson, Doubleday, Garden City, NY, 1968, p. 82.

[7] *Ibid.*, pp. 83-84.

[8] Martin Noth, *A History of Penteteuchal Traditions* [Una historia de las tradiciones del Pentateuco], trad., B.W. Anderson, Prentice-Hall, Englewood Cliffs, NJ, 1972, pp. 54-58, 79-115, 147-56.

[9] Gerhard von Rad, *Old Testament Theology*, 2 tomos, Oliver and Boyd, Londres, 1962, tomo 1, pp. 168ss.

posterior israelita acerca de la tierra prometida fue diferente a lo que los patriarcas entendían que era. Para ellos, explicó von Rad, tenía un cumplimiento inmediato y directo mientras se acomodaban en la tierra; pero más tarde vino a representar el regreso final bajo Josué después de su salida de la tierra.

No obstante, había una profunda tendencia que aún persiste en la erudición moderna para asociar pasajes de «bendiciones» solo con asuntos de descendencia y riquezas, quizá esto era un vestigio rudimentario de la sociedad y las religiones cananeas, mientras que los pasajes de «promesa» se enfocaron en el interés en la tierra.[10]

Sin embargo, ni la promesa ni la bendición se crearon *ad hoc* en forma sincrética de las experiencias culturales o como imitaciones de las religiones que rodeaban a Israel. Los patriarcas aseveraron sin cesar que las promesas venían por revelación divina, revelaciones que, por lo general, comenzaban con: *'âmar YHWH* o *wayyo'mer YHWH* (Gn 12:1; 13:14; 18:13; 31:3). Estas bendiciones no eran, como algunos alegaron, individuales e inmediatas en contraste con las promesas que fueron corporativas y futuras en naturaleza. Por el contrario, las bendiciones-promesas unidas se dirigían a los descendientes del presente y futuro en toda la línea de creyentes que tuvieron un representante individual (p.ej.: Abraham, Isaac, Jacob) como arras o prenda, de lo que Dios haría en el futuro inmediato y lejano. Sin embargo, todos los descendientes estaban corporalmente incluidos en la bendición y la promesa. Cualquier intento de dividir la bendición-promesa descubre lo artificial y subjetivo de estas tretas, ya que el texto en la forma canónica actual grita a voces un «no» a cada artificio como estos.

Por lo tanto, llegamos a la conclusión de que la generosa Palabra de Dios se cumplió en su «bendición» al hombre de las dos épocas: «Sean fructíferos y multiplíquense; llenen la tierra» (Gn 1:28; 9:17; 12:1-3; 35:11) y en su promesa y los varios cuadros de la salvación *(Heilsschilderungen)* en las dos eras. Además, se cumplió en la simiente, raza, tierra y bendición a todas las naciones, reyes, etc. (Gn 3:15; 9:27; 12:2-3; 15; 17). Algunas protestas contrarias de

---

10 Veánse por ejemplo a Blythin, «Patriarchs», p. 70.

los eruditos solamente sirven para probar la eficiencia general de este vínculo.

La «promesa» patriarcal y la «ley» mosaica

Aun más seria era la disyuntiva que apareció entre la ley y la promesa. En este punto, algunos creían que incluso el apóstol Pablo y el escritor de Hebreos se podían citar entre los detractores de la unidad, de la ley y de la promesa, pero aparte de esto, los hechos puros del texto del AT serían suficiente. Sin embargo, de nuevo los enlaces eran tan evidentes en varios puntos que el material patriarcal se hizo injustamente sospechoso de haber recibido retroacciones de materiales desde el momento de la mayor grandeza de todos ellos: la liberación de Egipto que los formó en una nación.

Por ejemplo, tome la fórmula de autorrevelación que se encuentra en Éxodo 20:2 (y alrededor de ciento veinticinco veces en el resto del AT): «Yo soy el SEÑOR tu Dios. Yo te saqué de Egipto.» Una fórmula similar existe en Génesis 15:7: «Yo soy el SEÑOR, que te hice salir de Ur de los caldeos.» Se alegó que había demasiada similitud en la forma como para ser independientes entre sí. Entonces, ¿qué clase de dependencia se asignó? ¡La prioridad de Éxodo 20:2! Pero, ¿por qué no un patrón al revés, sobre todo cuando el texto afirma este patrón? ¿No puede un texto ser inocente hasta que se pruebe la culpabilidad? ¿O siempre debemos dar por sentado que es sospechoso por ser religioso o antiguo?

Asimismo, las indicaciones de una Epifanía divina y los aspectos de reverencia y temor que rodean la acogida de Abraham del pacto en Génesis 15:17 también aparecieron ante Israel cuando recibieron el pacto de Sinaí en Éxodo 19:18. La hornilla humeante y la antorcha encendida de Génesis 15 era análoga con la hornilla humeante y la antorcha encendida de Éxodo 19. El texto dice:

> Cuando el sol se puso y cayó la noche, aparecieron una hornilla humeante y una antorcha encendida, las cuales pasaban entre los animales descuartizados.
>
> *Génesis 15:17*

El monte estaba cubierto de humo, porque el SEÑOR había descendido sobre él en medio del fuego. Era tanto el humo que salía del monte que parecía un horno.

Génesis 19:18

La frase patriarcal «el Dios de mi/su padre» siguió vigente incluso durante la era de Moisés. Cuando Dios llamó a Moisés, dijo:

Yo soy el Dios de tu padre. Soy el Dios de Abraham, de Isaac y de Jacob. Al oír esto, Moisés se cubrió el rostro, pues tuvo miedo de mirar a Dios. *Éxodo 3:6*

Cuando Israel fue librado del faraón, el pueblo cantó:

El SEÑOR es mi fuerza y mi cántico;
 él es mi salvación.
Él es mi Dios, y lo alabaré;
 es el Dios de mi padre, y lo enalteceré.

Éxodo 15:2

Y antes que Moisés se reuniera con su suegro, Jetro, llamaron Eliezer al hijo de Moisés con esta explicación seguida de su nombre:

El Dios de mi padre me ayudó
 y me salvó de la espada del faraón.

Éxodo 18:4

Solo es necesario comparar la misma fórmula en Génesis 26:24; 28:13; y 32:10.

Lo que hizo Dios en el éxodo estaba directamente relacionado (según la afirmación del canon actual) al recuerdo que Dios tenía de su pacto con Abraham, Isaac y Jacob (Éx 2:24; 3:13, 15-16; 4:5; 6:3, 5, 8). Por el momento, la promesa de la tierra fue más prominente: había jurado darlo a los padres (Éx 6:4, 8; 13:5, 11; 32:13; 33:1; Nm 10:29; 11:12; 14:23; 32:11). Sin embargo, los otros elementos de la antigua «bendición» también eran evidentes. Éxodo 1:7, 9 tiene siete enfoques (al contar las expresiones) acerca del rápido y asombroso crecimiento de Israel para la mortificación de los egipcios. Además, estaba el «primogénito», el «hijo» de Dios, en Éxodo 4:22, que también extendió el asunto de la «simiente». De esta manera, el escritor del Éxodo veía el cumplimiento de varias

partes de la antigua promesa de bendición que los patriarcas recibieron. El pacto no quedó en el olvido.

La continuidad de la narración no fue en sí lo más problemático para los teólogos. Era la naturaleza de la materia de los dos pactos. Sinaí impuso mandamientos, requisitos y obligaciones, mientras que los asuntos de Génesis parecían reflejar los dones de la
bendición y la promesa. Esto fue un contraste problemático. ¿Cómo podía relacionarse el contenido de los dos pactos?

Un estudio ampliamente recibido acerca de la estructura literaria del Hexateuco, Gerhard von Rad[11] señaló el credo de Deuteronomio 26:5-9 y credos similares como el de Josué 24:16-18. Notó
que contenían una confesión que se limitaba a los patriarcas primitivos, la opresión en Egipto, el peregrinaje en el desierto y la entrada en Canaán como el corazón de los primeros seis libros del canon. Lo que más se destaca es que los acontecimientos de Sinaí,
que en efecto es el corazón del Pentateuco, no están incluidos en el
credo. Entonces, von Rad llegó a la conclusión que los acontecimientos de Sinaí pertenecían a una tradición e historia aparte, aunque fueran antigua, pero desconectada a la narración del Éxodo y
la experiencia en el desierto. Solo más tarde, durante el exilio, el así
llamado yahvista se atrevió a vincular la ley y el evangelio. De otra
forma, lo del Sinaí quedaba como una leyenda de dudosa historici-
dad y un intruso que separaba los materiales del Kadesh en Éxodo
17, de su continuación en Números 10.

Sin embargo, había una voz fuerte en desacuerdo.[12] Lo más importante fue la clara asociación entre el éxodo con el Sinaí en Éxodo 19:3-8 y 20:2-17. Realmente, si se consideran el contexto total
de dos de los pasajes del credo (mucho menos que el contexto total
de Deuteronomio 26), también vinculaban la liberación de Egipto
con una apelación para acceder a las demandas del pacto sinaítico:

---

[11] Gerhard von Rad, *The Problem of the Hexateuch and Other Essays* [El problema del hexateuco y otros ensayos], trad. E.W.T. Dicksen, McGraw-Hill Co., Nueva York, NY,
1966, pp. 1-26.

[12] Véase el resumen de estos puntos de vista en Herburt B. Huffmon, «The Exodus, Sinai, and the Credo» [El éxodo, Sinaí y el credo], *Catholic Biblical Quarterly* [Publica-
ción bíblica trimestral católica], 27, 1965, pp. 102-3, nn. 6-10.

Josué 24 y 1 Samuel 12.[13] Por lo tanto, el Sinaí no se puede cortar de la historia o teología del éxodo o de la promesa. Aun así, el problema sigue sin solucionarse. ¿Cómo los requisitos de Éxodo 20–Números 10 se pueden integrar, si es posible hacerlo, con las bendiciones y promesas de las eras anteriores? Tal vez el mejor procedimiento sería notar la relación entre el mandato, la promesa y la bendición en la Era Patriarcal. La forma del mandato venía como un imperativo y como una prohibición. De acuerdo a P.V. Premsagar,[14] la lista de Génesis sería así:

12:1 «Deja tu tierra»
13:14 «Levanta la vista y mira»
15:1 «No temas»
15:9 «Tráeme una ternera»
17:1 «Vive en mi presencia y sé intachable»
22:2 «Toma a tu hijo, el único que tienes ... y ve»
26:2 «No vayas a Egipto. Quédate en la región»
26:24 «No temas»
31:3 «Vuélvete a la tierra de tus padres»
35:11 «Sé fecundo y multiplícate»

Aquí el mandato antecede la promesa y bendición. En el Sinaí esto era una implicación y una respuesta natural a la gracia de Dios manifestada en la promesa, sobre todo en el cuadro de la salvación que se haya en el éxodo mismo. Para Abraham, la obediencia no fue una condición del pacto. Sin embargo, en Génesis 22:18 y 26:5 se recalca el deber de la obediencia: «Puesto que me has obedecido ... y cumplió mis preceptos y mis mandamientos, mis normas y mis enseñanzas.» Así que, fue como lo presenta Hebreos 11:8: «Por fe Abraham ... obedeció.» Había que unir la fe a las obras para demostrar su eficiencia y autenticidad.

Además, hay que afirmar que si la promesa era un don de Dios, también lo era la ley. Los salmistas elogiaron este punto de vista

---

[13] Josué 24:25 se refiere a los estatutos, ordenanzas y testigos (vv. 22, 27) y juramentos de aceptación (vv. 16, 21); como sostiene J.A. Thompson, «The Cultic Credo and the Sinai Tradition» [El credo cúltico y la tradición sinaítica], *The Reformed Theological Review* [La revista teológica reformada] 27, 1968, pp. 53-64.

[14] P.V. Premsagar, «Theology of Promise in the Patriarchal Narratives» [La teología de la promesa en las narraciones patriarcales], *Indian Journal of Theology* [Revista india de la teología], 23, 1974, p. 121.

(Sal 1:2; 19:7-11; 40:8; 119). Moisés también expresó esto cuando preguntó retóricamente a Israel: «¿Qué nación tiene dioses tan cerca de ella como lo está de nosotros el SEÑOR nuestro Dios?» o ¿Y qué nación hay ... que tenga normas y preceptos tan justos, como toda esta ley que hoy les expongo?» (Dt 4:7-8). Israel repitió su respuesta tres veces: «Cumpliremos con todo lo que el SEÑOR nos ha ordenado» (Éx 19:8; 24:3, 7). En lugar de reprenderlos por haber aceptado «precipitadamente» un acuerdo tan exigente cuando la promesa y bendición estaban disponibles, el Señor respondió:

> Todo lo que dijeron está bien. ¡Ojalá su corazón esté siempre dispuesto a temerme y a cumplir todos mis mandamientos para que a ellos y a sus hijos siempre les vaya bien!
>
> *Deuteronomio 5:28-29*

Finalmente, la promesa no se oponía a la ley de Dios por las siguientes razones: (1) Tanto la promesa como la ley son iniciativas del mismo Dios del pacto. (2) Lejos de ser un código legalista o una manera hipotética de uno ganarse la salvación, la ley fue el medio para mantener el compañerismo con Yahvé, no la base para establecerlo. (3) La misma ley que demandaba una norma en la vida de santidad, igual al carácter de Dios, también hacía provisión para las faltas bajo la ley mediante el perdón y la expiación de pecado. (4) El contexto de las demandas de la ley era un ambiente de gracia: «Yo soy el SEÑOR tu Dios. Yo te saqué de Egipto.» Este es un suceso del que aun Abraham era en parte consciente en Génesis 15:13-14: «Tus descendientes vivirán como extranjeros en tierra extraña donde serán esclavizados y maltratados durante cuatrocientos años ... y luego tus descendientes saldrán en libertad y con grandes riquezas.» Naturalmente, algunos harán caso omiso a este texto considerándolo como un detalle posterior que fue proyectado hacia atrás para armonizar y allanar la transición. Sin embargo, el texto debe quedar inocente hasta que se pruebe su culpabilidad usando un criterio mejor que la imposición subjetiva de juicios personales. Estas objeciones, en ausencia de prueba alguna, simplemente demuestran que el tropiezo, que se encuentra también en la literatura profética, sigue siendo la afirmación bíblica de poder predecir acontecimientos antes que sucedan.

«Deuteronomismo» premonárquico y la «promesa» davídica

El texto central para la Era Davídica está en 2 Samuel 7. En vez de presentarse como una novedosa interrupción en la historia de la revelación, es un repaso cuidadoso de las declaraciones antiguas en la promesa y en el Sinaí, dándoles un significado para la administración de David. Algunos de los factores de 2 Samuel 7 eran:

9: «Y te he dado *nombre* grande» (RVR) (Gn 12:2, y otros)

10: «Voy a designar un *lugar* para mi pueblo Israel, y allí los plantaré» (Gn 15:18; Dt 11:24ss.)

12: «yo pondré en el trono a uno de tus propios *descendientes* [simiente]» (Gn 17:7-10, 19)

14: «él será *mi hijo*» (Éx 4:22)

23-24: «Estableciste a Israel para que fuera tu pueblo para siempre y para que tú, SEÑOR, fueras su Dios» (Gn 17:7-8; 28:21; Éx 6:7; 29:45; Lv 11:45; 22:33; 25:38; 26:12, 44-45; Nm 15:41; Dt 4:20; 29:12-13; etc.: dos de las tres partes de la fórmula tripartita).

Aun, el mismo plural peculiar del verbo hebreo en 2 Samuel 7:23 fue una alusión a la pregunta idéntica en Deuteronomio 4:7-8: «¿Quién es como tu pueblo, como Israel, una nación singular en la tierra ... quienes Elohim *han ido?*» [trad. del autor]. Así el pacto davídico tiende a absorber las promesas más antiguas hechas para Israel.

Pero, ¿cómo la promesa davídica de 2 Samuel 7 encaja, si es que encaja, con la teología del «historiador deuteronomístico»? Por lo general, los tipos de materiales deuteronomísticos incluían mandatos sobre «guardar los estatutos, mandamientos y juicios» de Dios, andar en «el camino de Yahvé», «con todo tu corazón y alma». La mayoría de los eruditos bíblicos ahora concuerdan con Martin Noth:[15] Los libros de Deuteronomio, Josué, Jueces, Samuel y Reyes demuestran un asombroso diseño unido. La norma para juzgar la historia

[15] Martin Noth, *Überlieferungsgeschichtliche Studien I, Die sammelnden und bearbeitenden Geschichtswerke im Alten Testament* [Estudios de las tradiciónes históricas 1; Las colecciones y arreglos de obras de historia en el Antiguo Testamento], Max Niemeyer Verlag, Tübingen, Alemania, 1943. Si el total del trabajo deuteronomístico es del tiempo del exilio, es dudoso, pero dejamos esta cuestión a resolverse en las introducciones del AT ya que no perjudica las investigaciones aquí.

de Israel durante la conquista y asentamiento en la tierra, los jueces, la monarquía y la monarquía dividida fue Deuteronomio 5–30. Luego se agregaron Deuteronomio 1–4 como una introducción.[16] La estructura de esta historia unificada respiraba las esperanzas y amenazas de Deuteronomio. Sobre todo se deja ver en los comentarios editoriales sobre sucesos y personajes históricos escogidos o en discursos bien colocados de los personajes más prominentes de aquella historia: Josué 1:11-15; Josué 23; 1 Samuel 12; 1 Reyes 8:14-61. A menudo, los escritores interpusieron sus propias evaluaciones cuando faltó un discurso para resumir la teología de la época, por ejemplo: Josué 12; Jueces 2:11-23; y 2 Reyes 17:7-23.

De modo bastante sorprendente, Noth no escogió 2 Samuel 7 como expresión importante del pensamiento de Deuteronomio. Aun von Rad tendía a tratar la historia de David en forma aparte, diciendo que estaba «notablemente libre de adiciones deuteronómicas».[17] Presentó lo que pudo haber llegado a ser otro abismo divisorio. Sugirió que había dos bloques de tradiciones que solo llegaron a fundirse más o menos en su incorporación final en estos libros: la tradición monte Sinaí / Moisés y la tradición monte Sión / David.[18]

Ninguna de estas dos partes reflejan bien el enfoque balanceado de esta sección. Dennis J. McCarthy[19] demostró que 2 Samuel 7 sí actuó como otro de los momentos clave en la historia de Israel. Fue un reflejo teológico de Deuteronomio mediante Reyes. Según McCarthy, Deuteronomio hacía más que suplir la norma para la historia; marcó el patrón para las relaciones literarias posteriores.

Según el buen estudio de McCarthy, hay tres pasajes clave que exponen de forma esquemática tres patrones programáticos (Dt 31; Jos 23; 2S 7) y seis pasajes posteriores que demuestran cómo

---

[16] La unidad de Deuteronomio como una obra del segundo milenio ahora se defiende bien basándose en las notables similitudes de forma entre Deuteronomio y los tratados para vasallos de esta época como son los tratados hititas. Cf. Meredith Kline, *Treaty of the Great King* [El tratado del gran rey], Eerdmans, Grand Rapids, MI, 1963.

[17] Gerhard von Rad, *Studies in Deuteronomio* [Estudios en Deuteronomio], H. Regnery Co., Chicago, IL, 1953, p. 86.

[18] Von Rad, *Theology*, tomo 1, 334ss.

[19] Dennis J. McCarthy, «Second Samuel 7 and the Structure of the Deuteronomic History» [2 Samuel 7 y la estructura de la historia deuteronómica], *Journal of Biblical Literature* [Revista de la literatura bíblica], 84, 1965, pp. 131-38.

Creemos que cada uno de los énfasis de esta historia (sea cumplimiento de palabra,[20] arrepentimiento[21] y obediencia a los mandamientos y estatutos de Señor como clave para una larga vida en la tierra) se puede armonizar con una sola promesa. A este ciclo se le puede agregar la clara identificación de Ernest W. Nicholson de los aspectos monte Sión / David y los materiales monte Sinaí / Moisés en Deuteronomio y la secuencia Josué–Reyes.[22]

Al repasar la evidencia de Nicholson, solo daríamos un revés al flujo de la influencia; fue de Deuteronomio hasta David en vez de la tesis opuesta que Nicholson desarrolló. Nuestra razón es clara: la forma canónica del mensaje lo requiere y esto tiene prioridad hasta que se descubra lo opuesto a la evidencia sustancial. Estos aspectos se pueden tabular como sigue:

1. La obligación de David y de todos los reyes de seguir la «*ley de Moisés*» (1R 2:1ss.; 9:4ss.).

2. Las referencias frecuentes de parte de los reyes davídicos a la elección de Israel, el éxodo y el don de la *tierra* prometida (1R 8:16, 20s., 34, 36, 53; cf. Dt 17:17ss.).

3. El reconocimiento constante de Jerusalén como «el *lugar* que Yahvé escogió» (1R 8:16, 44, 48; 11:13, 32; 14:21; 2R 21:7; 23:27; cf. Dt 12).

4. La importancia de la «teología de nombre» («para hacer *habitar* en él su *nombre*» [RVR, 1911]) para la significación de Jerusalén (1R 8:29; 14:21; 2R 21:7; 23:27; cf. Dt 12).

5. La confianza de que la palabra de Yahvé no deja de cumplirse (Jos 21:45; 23:14; 2R 10:10; cf. Dt 13:1-5 ó 18:15ss.).

6. La apariencia constante de los profetas (p.ej.: Natán, Ahías de Silo, Jehú hijo de Jananí, Elías, Eliseo) quienes hablaban la palabra infalible del Señor, que a Israel y Judá también les enseñaron a cumplir «mis mandamientos y decretos, y

---

[20] Von Rad, *Studies*, p. 78; *Theology*, 1, pp. 339ss.

[21] Hans Walter Wolff, «The Kerygma of the Deuteronomic Historical Work» [La proclamación de la obra histórica deuteronómica], *The Vitality of the Old Testament Traditions* [La vitalidad de las tradiciones del Antiguo Testamento], Walter Brueggeman y H.W. Wolff, Knox Press, Atlanta, GA, 1975, pp. 83-100.

[22] Ernest W. Nicholson, *Deuteronomy and Tradition* [Deuteronomio y la tradición], Fortress Press, Filadelfia, PA, 1967, pp. 107-118.

obedezcan todas las leyes que ordené a sus antepasados, y que les di a conocer a ustedes por medio de mis siervos los profetas» (2R 17:13).

A esta lista, agregaríamos lo más importante de todo:

7. El «descanso» prometido de Deuteronomio y Josué y la medida en que David realizó aquel descanso (Jos 21:43-45; 2S 7:1, 11; 1R 5:4; cf. Dt 12:8-11).

Es claro, se incluía tanto la ley como la promesa en esta historia. Incluso hay un elemento condicional hasta en 2 Samuel 7:11-16 y 1 Reyes 2:4, como ya existía en Deuteronomio 17:18ss. La promesa estaba bien segura y también lo estaba el linaje de David mediante el cual venía la promesa. Sin embargo, no era seguro si los hijos de David eran solo transmisores o también participantes personales de estos beneficios como se experimentaba en sus días, esto solo lo podía determinar la vida de fe y obediencia de ellos.

Por lo tanto, creemos que no había anomalía ni divergencia en las narraciones davídicas e históricas de los libros proféticos anteriores a Josué, Jueces, Samuel y Reyes. Estas se originaron en el ambiente de los discursos de Moisés en Deuteronomio y procedieron como Noth y otros lo indican en los discursos clave de Josué 1; 12; 23; Jueces 2; 1 Samuel 12 llegando a un clímax en 2 Samuel 7 y las réplicas en 1 Reyes 8 y 2 Reyes 17.[23]

La «teología de la creación» sapiencial y la «promesa» profética

Para algunos, la relación más intransigente de todos los enlaces es la teología sapiencial y el resto de la teología del AT. Es tan intensamente individualista y con tan pocos conceptos, términos o fórmulas con otras teologías anteriores o posteriores de Israel, que la mayoría perdió la esperanza de unirla al resto de la teología del AT.

No obstante, creemos que en Génesis 22:12 la clave ya apareció como la actitud de una vida de fe en Abraham: que temía a Dios.

---

[23] Véanse los buenos resúmenes de Carl Graesser, Jr., «The Message of the Deuteronomic Historian» [El mensaje del historiador deuteronómico], *Concordia Theological Monthly*, 39, 1968, pp. 542-51.

Tal fue la manera de vivir de José (Gn 42:18), Job (1:1, 8-9; 2:3) y las parteras para los hebreos durante la esclavitud en Egipto (Éx 1:15-21). La expresión: «temer al Señor Dios» seguía en Éxodo 14:31; 20:20; Levítico 19:14, 32; 25:17; Deuteronomio 4:10; 5:26; 6:2, 13, 24; 8;6; 10:12, 20; 13:4; 14:23; 17:19; 28:58; 31:12-13. En un libro de sabiduría, «el temor del Señor» rápidamente tomó el puesto del lema: «El temor del SEÑOR es el principio *(rê'šît)* del conocimiento; los necios desprecian la sabiduría y la disciplina» (Pr 1:7). Esta clase de temor saludable prolonga la vida y rinde una vida abundante (Pr 10:27; 14:27; 19:23; 22:4) tal y como la ley de Moisés rendía el mismo fruto proveniente de la fe, es decir, vida (Lv 18:5). De modo que un «camino», o como decimos actualmente: un estilo de vida, provenía de esta actitud de reverencia y confianza (Pr 2:19; 5:6; 10:17; 13:14; 15:24) y llegó a ser un verdadero «árbol de vida» (Pr 3:18; 11:30; 13:12; 15:4).

Temer a Dios era «alejarse de la maldad». En una proclamación positiva, temer al Señor era volver a Dios con una vida de fe y confianza. Solo mediante dicho compromiso, el Dios creador del mundo nos puede capacitar para disfrutar actividades que de otro modo serían comunes: comer, beber y ganar el sostén. Entonces se puede realizar la vida en su totalidad, los patrones de su significado, la integración de fe, conocimiento y acción y la trascendencia de la vida (Ec 3:11, 14; 5:7; 8:12; 12:13). De otro modo el hombre estaría en quiebra incapaz de hacer que todo «encaje».

El temor de Dios también se vinculaba a la adquisición de sabiduría (Pr 1:7, 29; 2:5; 8:13; 15:33). Como la sabiduría era una característica de Dios, era su posesión para dar a los que llegaban a tener una relación especial con él. Por la sabiduría creó el mundo (Pr 3:19-20; 8:22-31); ahora la repartirá a todos que le temen.

Pero, ¿qué relación hay entre la sabiduría y la teología posterior de los profetas escritores? Si el temor de Dios se concibió en la teología patriarcal y siguió en los tiempos de Moisés, ¿continuó después? ¡Por supuesto que sí! Suplió muchos de los conceptos usados por algunos de los profetas[24] y tenía un sabor profético tan fuerte

---

24 J.L. Crenshaw, «The Influence of the Wise upon Amós: The Doxologies of Amós and Job 5:9-16, 9:5-10» [La influencia de la sabiduría sobre Amós: Las doxologías de Amós y Job 5:9-16; 9:5-10], *Zeitschrift für die alttestamentliche Wissenschaft*, 79,

que algunos eruditos, sin razones suficientes, señalaron el concepto de la sabiduría y el temor de Dios como una reinterpretación profética de la sabiduría.[25]

Muchas de las técnicas, imágenes o patrones proféticos eran comunes para la literatura sapiencial: el patrón x + 1 de Amós, «por tres ... y por el cuatro» (Amós 1:3, 6, 9, 11, 13, etc., RVR); las preguntas retóricas que se enfocaron en fenómenos naturales (6:12); la secuencia de causa y efecto (3:3-8); los oráculos de los ayes (5:18; 6:1); el uso de Isaías de la alegoría de la viña (Is 5) y la parábola del agricultor (28:23-29); el uso de Jeremías de la frase «recibir corrección» *(mûsar* Jer 2:30; 5:3; 7:28; 17:23; 32:33; 35:13, RVR); y el enfoque de Ezequiel sobre el castigo individual (Ez 18:1ss.; también Jer 31:29-30).[26]

Sin embargo, el lugar en que más directamente se vincularon la doctrina de la promesa de los profetas y la sabiduría fue en la predicción de Emanuel con el espíritu de siete aspectos en Isaías 11:1-2.[27] Este «retoño» *(hoṭer)* que brota de la «raíz» *(gêza')* de Isaí, el padre de David, y «vástago» *nêṣer)* tendría el:

«espíritu de sabiduría y entendimiento,
espíritu de consejo y poder
espíritu de conocimiento y temor del SEÑOR.»

Ya en 2 Samuel 14, 16 y 20, la sabiduría se presentó como una virtud. Reyes y gobernantes la necesitaban si iban a gobernar un pueblo o ciudad (Pr 8:14-16). Sin embargo, la sabiduría también pertenecía al carácter de Dios y originó el temor de él. Así que, es

---

1967, pp. 42-57.

[25] William McKane, *Proverbs* [Proverbios], Westminster Press, Filadelfia, PA, 1970, p. 348. También Norman Habel, «The symbolism of Wisdom in Proverbs 1–9» [El simbolismo de la sabiduría en Proverbios 1–9], *Interpretation*, 26, 1972, 144, n. 24, pp. 143-49.

[26] Para estos y otros ejemplos véanse a J. Lindblom, «Wisdom in the Old Testament Prophets», [Sabiduría en los profetas del Antiguo Testamento], *Wisdom in Israel and in the Ancient Near East* [La sabiduría en Israel y en el antiguo Medio Oriente], editores M. Noth y D. Winton Thomas, E.J. Brill, Leiden, Países Bajos, 1955, pp. 202ss.; David A. Hubbard, «The Wisdom Movement and Israel's Covenant Faith» [El movimiento de la sabiduría y el pacto de fe de Israel], *Tyndale Bulletin* [Boletín Tyndale], 17, 1966, pp 8-10.

[27] A. von Roon sugiere esta conexión, «The Relation Between Christ and the Wisdom of God According to Paul» [La relación entre Cristo y la sabiduría de Dios según Pablo], *Novum Testamentum*, 16, 1974, pp. 207, 212.

más que una relación accidental cuando Isaías 11:1-10 profetizaba que el futuro gobierno de un descendiente davídico tendría esta virtud política de «sabiduría» *(hokmâh),* junto con los otros aspectos sapienciales de «entendimiento» *(bînâh),* «consejo» *('êṣâh),* «poder» *(gᵉbûh),* «conocimiento» *(da'at)* y «temor del SEÑOR» *(yir'at YHVH).* «Él se deleitará en el temor del SEÑOR» (v. 3); ¡esta relación es intencional!

Decimos, entonces, que es posible discernir a los escritores bíblicos haciendo los enlaces entre los varios bloques de materiales y secciones de la historia de Israel. A menudo, el vínculo se hacía en un discurso crítico, en una declaración o en un lema repetido que sirve de fundamento para toda una sección. Por lo tanto, había asuntos importantes que daban continuidad; pero también había cosas nuevas asociadas con las referencias acostumbradas a la bendición repetida, la promesa de simiente, una tierra, una bendición mundial, un descanso, un rey, una dinastía y un Dios que habita con su pueblo.

Todo esto se podía abarcar bajo una bendición global que se llama la promesa. Tal clase de categoría era suficiente como para incluir una gran variedad de libros bíblicos, temas y conceptos. A pesar de casi un coro universal de lo opuesto, la masa de datos ni es intratable ni tampoco imposible. Rinde una teología singular con un plan deliberado de Dios. Además, las Escrituras presentan su propia clave de organización. El AT tiene una unidad interna canónica que une los varios énfasis y aspectos longitudinales. Esto no es una unidad escondida. Está descubierta y a la disposición de todos: La promesa de Dios.

Segunda Parte

Materiales para una teología del Antiguo Testamento

Capítulo 5

Prolegómeno a la promesa: Era Prepatriarcal

La característica de Génesis 1–11 se encontrará en la «bendición» edénica, la de Noé y la de Abraham. Con el anuncio de la promesa de Dios de *bendecir* a todos los seres creados al principio de la narrativa prepatriarcal (1:22, 28), en puntos estratégicos durante su curso (5:2; 9:1) y en su conclusión (12:1-3), se aseguran el tema, la unidad y los perímetros de la teología de Génesis 1–11.

Es lamentable, pero este bloque de material bíblico raramente se ha tratado en su contribución unificada a la teología. Con demasiada frecuencia los teólogos restringen su atención, como observó Claus Westermann,[1] a una discusión de la creación, la caída y el pecado del hombre ante Dios. Sin embargo, la forma canónica del mensaje como lo tenemos en Génesis 1–11 pide del intérprete mucho más que esos pocos resultados. Al hombre se le coloca ante Dios en la caída, pero también está situado en una sociedad y en el estado según los capítulos 4–6. Por otra parte, el hombre era el recipiente de mucho más que su vida y las maldiciones sucesivas.

En cada uno de los once capítulos del Génesis el patrón de los hechos se entreteje tan íntimamente que los exégetas o teólogos no pueden dejarlo de lado. En estructura, exhiben la yuxtaposición de la dádiva de la bendición de Dios con la rebeldía del hombre. La palabra divina de bendición inicia cada tipo de aumento y dominio legítimo; sigue la tragedia central de la sección (el diluvio) y concluye

---

[1] Claus Westermann, *Creation* [Creación], traducido al inglés por J.J. Scullion, Fortress Press, Filadelfia, PA, 1974, pp. 7-31. Su análisis de Génesis 1-11 concuerda en varios puntos con las conclusiones a las que ya yo había llegado independientemente.

en la bendición del evangelio mismo. La rebelión del hombre, por otro lado, es evidente ante todo en las tres catástrofes de la caída, el diluvio y la destrucción de la torre de Babel. Aquí también se presenta la palabra divina; solo que esta es de juicio y no de bendición.

Sin embargo, aun este triple ritmo de bendición y maldición, esperanza y condenación, no agota la estructura básica ni la teología del texto en su totalidad. A la meta de Dios para la historia, mientras estaba marcada por las adiciones de su palabra en importantes coyunturas críticas, se le opuso el rechazo continuo del hombre a esas bendiciones divinas en las esferas de la familia (4:1-16), los logros culturales (vv. 17-24), una doctrina del trabajo (2:15), el desarrollo del género humano (5; 10; 11:10-32) y el estado (6:1-6).

La doble línea del fracaso del hombre y la palabra especial de gracia o bendición de Dios se puede representar de esta manera:

El fallo del hombre		*La bendición de Dios*
1. La caída (Gn 3)	→	a. Promesa de una simiente (Gn 3:15)
2. El diluvio (Gn 6-8)	→	b. Promesa de la habitación de Dios en las tiendas de Sem (Gn 9:25-27)
3. La dispersión (Gn 11)	→	c. Promesa de bendición para todo el mundo (Gn 12:1-3)

Palabra de la creación

Así como comenzó la teología de esta sección, comenzó también el mundo: por la palabra divina de un Dios personal y comunicativo. Diez veces el texto reitera esta declaración inicial: «Y dijo Dios» (Gn 1:3, 6, 9, 11, 14, 20, 24, 26, 29; 2:18). Luego, se representa la creación como el resultado de la palabra dinámica de Dios. Hacer aparecer al mundo en respuesta directa a su palabra fue lo que hizo Jesús de Nazaret cuando sanó a los hombres en respuesta a su palabra. El centurión dijo: «Basta con que digas una sola palabra y mi siervo quedará sano» (Mt 8:8). Así se dijo la palabra aquí y el mundo se formó. Esta afirmación teológica aparece más tarde en los Salmos:

Por la palabra del Señor fueron creados los cielos,
y por el soplo de su boca, las estrellas ...
porque él habló, y todo fue creado;
dio una orden, y todo quedó firme.

Salmo 33:6, 9

No se puede determinar por el texto si se pusieron también en movimiento causas secundarias que afectaran los resultados. Siempre el texto parece implicar una creación mediata (a saber, donde se autoriza o se dota a las fuerzas de la naturaleza o a los materiales existentes para hacer la obra de establecer el orden de la creación; las tres ocasiones son: «Produzca la tierra» [Gn 1:11, RVR]; «Produzcan las aguas» [v. 20]; «Produzca la tierra» [v. 24], en dos o tres ocasiones el versículo siguiente (vv. 21, 25) atribuye las mismas cosas, las cuales parecen estar autorizadas de inmediato para efectuar el nuevo trabajo, directamente para Dios. Solo en Génesis 1:11 puede haber una excepción al representar la obra de Dios como una creación inmediata, ya que el versículo 12 continúa el mismo estilo de discurso. No obstante, eso puede ser todo lo que era: una forma de destacar el recipiente (la tierra o las aguas) de los beneficios de Dios que iban a venir.

Aun así, en general, el método de creación fue tan claro como su origen: fue Dios el que lo creó y lo hizo por su palabra. Sin embargo, la creación verbal hace más énfasis que el método. También destaca que la creación estaba de acuerdo con el conocimiento previo del mundo que Dios tenía porque él habló lo que había pensado y planeado con anterioridad. Asimismo, su designio y función predeterminados de todas las cosas estaban subrayados ya que a menudo puso *nombre* a lo que creó. De este modo la esencia y propósito de su creación se bosquejaron desde su comienzo. Y si nombró estas cosas, las *poseía* porque uno pone nombre solo a lo que le pertenece o sobre lo que recibimos jurisdicción.

A menudo la discusión del período de la creación consume más tiempo y energía de lo que debiera. Por lo general, a la teología no le interesa esta discusión. Sin embargo, la decisión sobre si Génesis 1–2 nos habla de un comienzo absoluto o relativo es central a su interés. Recientemente muchas traducciones modernas prefieren para Génesis 1:1-3 una construcción así: «Cuando ... entonces»:

«Cuando Dios creo ... la tierra estaba sin forma ... entonces Dios dijo.»

Aunque sobre algunas bases gramaticales tal traducción es posible, hay argumentos fuertes contra este análisis. Tanto la puntuación masorética hebrea como las transliteraciones griegas del texto hebreo a las letras griegas, muestran convincentemente que había una historia de interpretación respetable que tomó primero la palabra *bᵉrēšît*, como un nombre absoluto, «en el principio», más bien que como un nombre hebreo lógico, en el principio de la creación.[2] Por ello Génesis 1:1 se declara a favor del comienzo absoluto de todo («cielos y tierra») aparte de Dios.

El uso del verbo *bārā'*, «crear» (Gn 1:1, 21, 27; 2:3-4; 5:1-2; 6:7), no parece ser tan determinante como un comienzo absoluto según algunos esperan que sea. Mientras que el verbo en realidad se reduce a Dios como su único objeto, nunca se usa con relación a crear usando materiales y se traduce en la versión de los LXX con el verbo griego más acentuado para crear *(ktizō)*. También aparece en la narrativa de la creación un uso paralelo para otras dos palabras: *'āśâh*, «crear, hacer» (Gn 1:26-27; cf. también sus paralelos posteriores en Is 41:20; 45:18), y *yāṣar*, «forma, moldear» (Gn 2:7; cf. su uso posterior en Is 43:1; 45:18; Am 4:13). En Isaías 45:18 los tres verbos aparecen en paralelismo, anulando cualquier distinción mayor entre ellos:

> Porque así dice el SEÑOR,
> el que creó *(bārā')* los cielos;
> el Dios que formó *(yāṣar)* la tierra,
> que la hizo *('āśâh)*
> y la estableció *(kûn)*;
> que no la creó *(bārā')* para dejarla vacía [un caos],
> sino que la formó *(yāṣar)* para ser habitada:
> Yo soy el SEÑOR,
> y no hay ningún otro.

---

[2] Para apoyo y argumentos adicionales, véase E.J. Young, *Studies in Genesis* [Estudios en Génesis], Presbyterian and Reformed Publishing House, Nutley, NJ, 1964, pp. 1-14. Véase también el magnífico artículo de Gerhard F. Hasel, «Recent Translations of Genesis 1:1: A Critical Look», [Traducciones recientes de Génesis 1:1: una examinación crítica] *The Bible Translator* [El traductor bíblico], 22, 1971, pp. 154-67.

Sin duda, «crear» no aparece en el principio del orden creativo (Gn 1:1), en la primera aparición de la vida (v. 21) ni con la designación de que el hombre fue hecho a la imagen de Dios (v. 27). Sin embargo, esto no se puede usar para apoyar el punto de vista insostenible de la evolución mecánica con tres interrupciones divinas, como fueron, en la creación de la materia, la creación de la vida y la creación de la *imago Dei*. La evidencia anterior del uso paralelo de los verbos de creación mira a eso.

Concluimos, pues, que Dios inició el proceso de la creación de la nada, excepto su palabra. Habrá que esperar por declaraciones más detalladas hasta Hebreos 11:3 que establece la doctrina de una creación *ex nihilo*, «de la nada», en términos definitivos.

Los «días» de la creación tuvieron su clímax en la creación del hombre y la mujer. Estos fueron el principal interés de nuestro escritor. Con el estilo típico observado a través de todo el Génesis, el escritor pronto traza el cuadro completo cuidando los detalles que solo tenían un interés pasajero antes de tratar en detalle el asunto o personas que le interesaban más. Tanto Adán como Eva fueron creados en el sexto día, pero la duración de ese «día» *(yôm)* y los detalles de cómo fueron creados se encuentran pormenorizados en Génesis 2:4ss. Ahora el lector está enterado de la flexibilidad del autor en el uso de la palabra «día»: ella comparte la misma extensión de significado que tiene en el español moderno. Es igual a la luz del día (1:5); a los días de nuestro calendario que componen el año; (v. 14) y al lapso completo de la creación, o como diríamos, *días* de antaño.

El período de los seis días creadores debe haber durado más de veinticuatro horas porque Adán anheló compañía (Gn 2:20). ¡De seguro que esto necesitó más que el pensamiento ocioso de una tarde! Además, estaba ocupado en la tarea de poner nombre a los animales a medida que crecía su soledad. Finalmente Dios creó a una mujer y todavía era el «día» sexto.

Sobre todo por la influencia de Agustín, la iglesia primitiva (hasta mediados del siglo diecinueve) mantuvo el punto de vista de la mayoría en cuanto a que hubo tres días de creación antes que los días tipo calendario se crearan en el día cuarto (Gn 1:14). Así que el uso que se recomienda aquí no es una proyección moderna hacia el pasado de un texto anticuado que hay que rescatar de una situación embarazosa. Es la enseñanza clara del texto mismo. Algunos de los detalles de lo que siguió a la palabra divina de Génesis 1:26 se suplen ahora en 2:4 y siguientes. Adán no estaba «vivo» *(nepeš ḥayyâh,* literalmente, sino con inexactitud, «alma viviente») hasta que Dios tomó algún polvo de la tierra, le dio forma y sopló en su interior el soplo de vida. Ahora para estar seguros, hay expresiones antropomórficas aquí, pero son figuras de la actividad directa de Dios. La vitalidad del hombre era una dádiva directa de Dios porque antes de eso no estaba «vivo», ¡eso es muy cierto!

También Dios «construyó» *(bānâh)* a Eva, pero en forma tal que se asegurara su consanguinidad con Adán. Ella será «hueso de [sus] huesos y carne de [su] carne» (Gn 2:23). Juntos surgieron de la mano de Dios. El hombre estaba tan ligado a la tierra que así como fuera su suerte, sería la de la naturaleza; y la mujer, de igual modo, estaba ligada al hombre porque fue «sacada del hombre».

Sin embargo, ambos poseían el don más alto que se dio a cualquier orden de la creación: la imagen de Dios. Tanto el hombre como la mujer tuvieron igualmente esta distinción, la más alta asignada hasta ahora a la creación. Solo más tarde en términos precisos en el NT se aclara el contenido de esta imagen (p.ej., conocimiento: Col 3:10; justicia y santidad: Ef 4:24). En la narración de Génesis el contenido preciso de la imagen es menos específico. Lo vemos expresado en conceptos tales como la posibilidad de tener compañerismo y comunicación con Dios, el ejercicio del dominio confiable y el liderazgo sobre la creación propiedad de Dios y, de que en cierta manera aún no especificada, Dios es el prototipo del cual el hombre y la mujer son simples copias, réplicas *(ṣelem,* «tallada o estatua labrada o copia») y facsímiles *(d'mût,* «semejanza»).[3]

---

[3]   La literatura sobre la imagen de Dios es enorme. Algunas de las contribuciones más representativas pero recientes son: D.J.A. Clines «The Image of God in Man» [La imagen de Dios en el hombre], *Tyndale Bulletin* 19, 1968, pp. 55-103; James Barr, «The Image of God in the Book of Genesis—A Study in Terminology» [La imagen de Dios en el libro de Génesis—Un estudio en la terminología], *Bulletin of John Ryland's Library* [Boletín de la Biblioteca John Ryland], 51, 1968, pp. 11-26.

Palabra de bendición

A la palabra de creación le siguió una de bendición. Por consiguiente, a todas las criaturas del mar y del aire se les dotó las capacidades reproductoras y se les encargó una misión divina:

> Y los bendijo con estas palabras:
> «Sean fructíferos y multiplíquense;
> llenen las aguas de los mares,
> ¡que las aves se multipliquen sobre la tierra!»
> *Génesis 1:22*

La humanidad posee esta parte de la bendición con el orden creado que se menciona en el capítulo 22, pero es obvio que una parte adicional de nuestra bendición parece proceder de la dádiva de la imagen de Dios. En los versículos 26 y 28 se usan términos casi idénticos para ampliar una parte de la imagen que fue primordial en la mente de Dios cuando con tanta gracia bendijo a la primera pareja; ellos iban a dominar y someter toda la creación (v. 28).

Por supuesto, la misión divina de «someter» *(kābaš)* y «dominar» *(rādâh)* no era una licencia para que la humanidad abusara de los órdenes creados. El hombre no iba a ser un matón y ley para sí mismo. Sería solo el virrey de Dios y, por lo tanto, tendría que rendir cuentas a Dios. ¡La creación beneficiaría al hombre, pero el hombre sería de utilidad para Dios!

Una vez más llegó la palabra divina de bendición: «Dios bendijo el séptimo día y lo santificó, porque en ese día [él] descansó *(šābat)* de toda su obra creadora» (Gn 2:3). Al día se le llama sábado *(šābāt)* porque en él se conmemora el descanso de Dios *(šābat)* de su trabajo. De este modo la historia tiene la primera de las tres grandes señales que se encuentran en la revelación: (1) el sábado; (2) el «todo se ha cumplido» del Salmo 22:31; Juan 19:30 (la división entre la redención prometida y la redención efectuada); y (3) el «ya todo está hecho» de Apocalipsis 21:6 (¡la división entre la historia y la eternidad!).

Así, Dios santificó el séptimo «día» cómo un memorial perpetuo de la terminación del universo y de todo lo que hay en él. Su «descanso» sería símbolo para el hombre tanto en su propio ritmo de trabajo y cesación de la labor, como para sus esperanzas eternas. Este final fue tan decisivo que el escritor también «para» de repente su narración de los hechos; no concluye con la frase esperada: «Y fue la noche y la mañana el séptimo día.» Todo culminó. Se hizo cada cosa. Todo era «bueno»; en efecto, todo era «muy bueno» (Gn 1:31). Cada función, cada ser y cada bendición necesarias para llevar adelante la vida y sus goces estaban ahora a la mano. Sin embargo, todo ello era una bondad no probada.

Primera palabra de promesa: La simiente

Para probar la obediencia del hombre y libre albedrío de seguir a su Creador, Dios colocó el árbol de la ciencia del bien y del mal en el jardín del Edén con la prohibición de que Adán y Eva no comieran de su fruto. Como tal, el árbol no contenía enzimas ni vitaminas mágicas, solo estaba allí para la posibilidad de la rebelión del hombre contra la sencilla palabra de Dios. Al comer de su fruto, la humanidad «conocería» personalmente, es decir, gustar por experiencia el lado opuesto de todo el bien que experimentaron. La totalidad de la experiencia, tanto el bien como el mal, estarían ahora en su repertorio de sensaciones.

Antes de que se pueda comprender la teología de la caída, se debe añadir otro factor. La serpiente *(hannāhāš)*, esa criatura que era «más astuta que todos los animales del campo» (Gn 3:1) estaba también presente en el jardín. La astucia de la serpiente era en comparación mayor que la de cualquier criatura del campo.[4]

La mayoría sabe que el NT identifica a esta serpiente con Satanás: «Muy pronto el Dios de paz aplastará a Satanás bajo los pies de ustedes» (Ro 16:20); «Así fue expulsado el gran dragón, aquella serpiente antigua que se llama Diablo y Satanás, y que engaña al mundo entero» (Ap 12:9; 20:2); «La serpiente con su astucia engañó a Eva ... ya que Satanás mismo se disfraza de ángel de luz» (2Co

---

[4] El hebreo *mikkōl* se puede tomar en Génesis 3:1, 14 como partitivo «*cualquiera* de las bestias del campo» o como comparativo «*que* las bestias del campo». Sin embargo, en 3:14 todos están de acuerdo en que la misma construcción debe ser comparativa. También el contexto está a favor de nuestra traducción. Véase Paul Haupt, «The Curse on the Serpent», *Journal of Biblical Literature* 35, 1916, pp. 155-62.

11:3, 14). Sin embargo, pocos reconocen que en estos pasajes también se trata a Satanás como serpiente. La forma y figura de Satán deja su apelativo implícito de serpiente, por el nombre de dragón. Tampoco la maldición determina su morfología. Génesis 3:14 solamente dice que su conquista sería tan segura que «te arrastrarás sobre tu vientre» (cf. Gn 49:17; Job 20:14, 16; Sal 140:3; Is 59:5; Mi 7:17). Su despreciable posición y abyecta humildad eran también tan reales que lamería el polvo, o como se dice hoy, «comería el polvo». Ambas frases eran figuras orientales del Oriente Próximo antiguo para referirse a los derrotados; ellos yacían postrados con los rostros a tierra ante los monarcas que los habían conquistado formando a menudo un estrado para sus tronos.[5] Por supuesto que los reptiles no se alimentan de polvo; pero Satán probaría la derrota como resultado de su parte en la tentación. Además, observe con cuidado que Dios ya había creado a «los reptiles» en Génesis 1:24 ¡y había dicho que eran «buenos» (v. 25)!

En el diálogo con la mujer la serpiente habló por sí misma; no era sustituto de algún otro. Tomó partido en cuanto a lo que dijo Dios, incluso sabía las alternativas y posibles eventualidades de su propio conocimiento. Para la mujer era una persona y no uno de los animales porque expresó sorpresa cuando se le dirigió. Sin embargo, se ofendió por la estrecha distorsión que le atribuía a Dios y la libertad limitada que le concedió a la primera pareja. Era exageradamente injusto atribuir a Dios que se les había negado el privilegio de comer de alguno de los árboles del huerto.

No obstante, el engaño efectuó sus trucos y la mujer sucumbió ante la fuerte presión y la astuta argumentación del mismo tentador. Adán desobedeció también, pero sobre un terreno menos extenuativo que el de la mujer. De este modo la primera tragedia de fracaso, de las tres que el escritor seleccionó para reflexión teológica, preparó el escenario para una nueva palabra de bendición divina. Si algo iba a venir de algún lugar, esto sería de Dios.

Era una palabra profética de juicio y liberación dirigida a la serpiente (Gn 3:14-15, a la mujer (v. 16) y al hombre (vv. 17-19). La

---

[5] Cf. Tablillas de El Amarna, E.A. 100:36; Salmo 72:9; Isaías 49:23; Miqueas 7:17.

razón para la maldición se establece en cada caso: (1) Satanás engañó a la mujer; (2) la mujer escuchó a la serpiente; y (3) el hombre
escuchó a la mujer. ¡Ninguno escuchó a Dios!
Como consecuencia la tierra sentiría los efectos de la caída del
hombre. Traería espinas y cardos y también el sudor del hombre.
Los hijos nacerían con dolor y la «sumisión» de la mujer *(t'šûqâh)*,
no su «deseo» por el esposo, resultaría en que él se «enseñorearía»
(māšal) sobre ella. La serpiente, por su parte, encararía la desgracia
de una derrota cierta.

Sin embargo, en medio de la pesada endecha de tristeza y reprensión vino la sorprendente palabra de profética esperanza (Gn
3:15). Una hostilidad divinamente instigada («pondré enemistad»)
entre la persona de la serpiente y la mujer, entre su «simiente» y la
«simiente» de ella, tiene su clímax con la aparición triunfante de un
«él», sin duda una persona representativa de la simiente de la mujer. Él le aplastaría la cabeza a Satán mientras que lo más que la serpiente podría o se le permitiría hacer sería herir el talón de este descendiente varón.

No se reveló enseguida quién iba a ser este descendiente varón.
Quizá Eva pensó que Caín era el tal. Nombró a su hijo Caín diciendo: «¡He tenido un hijo varón, aun el Señor!» (Gn 4:1 [traducción
del autor]); a lo menos esta es una forma de expresar esta enigmática frase. A pesar de cómo se interprete, se equivocó; y el texto bíblico solo recoge sus anhelos y quizá indicaciones de la clara comprensión que tuvo de Génesis 3:15.

Aun así, Dios no guardó silencio. Habló y su palabra profetizó
otro día en el que se efectuaría el cambio total del golpe de estado de
la serpiente como resultado de uno que habló con tanta autoridad.

Más aun, continuó la bendición que Dios prometió a la humanidad. La genealogía de los diez hombres más importantes en el período antediluviano que aparece en Génesis 5 era una evidencia
de esa bendición. Fueron «fructíferos» y se «multiplicaron», como
reafirma Génesis 5:2 cuando dice: «Los creó hombre y mujer, y los
bendijo.» Y así ellos tuvieron «hijos e hijas».

Se bendijo a la humanidad en los campos (Gn 4:1-2) y también
en los avances culturales (vv. 17-22). Además, la selección de los
veinte hombres que nos llevan hasta Abraham trazó el progreso de

esa «simiente» prometida a Eva, así como fueron los agentes de esa bendición para sus contemporáneos.

Mientras tanto, el juicio continuó marcando el relato. Hubo otro aviso de destierro de la presencia inmediata del Señor. Precisamente como se sacaron a Adán y Eva del jardín del Edén, en Génesis 3:23-24, así Caín, el asesino de su hermano Abel, fue condenado a ser «fugitivo y errante en la tierra» (4:12-16).

Ese sentido de presencia fue tan íntimo que, cuando se llevaban las ofrendas al Señor, era el mismo Dios el que inspeccionaba al hombre (Gn 4:4-5) y luego a la ofrenda. Dios valoraba más la condición del corazón del oferente que la dádiva que llevaba. Así fue cómo el celo quebrantó la institución de la familia que trajo como resultado la muerte y la necesaria imposición del juicio.

Segunda palabra de promesa: El Dios de Sem

La segunda crisis de la tierra vino con la subversión de la institución del estado cuando este dirige a un populacho revoltoso para practicar el mal. El orgulloso Lamec ya había comenzado a distorsionar el propósito del gobierno con su tiranía y poligamia jactanciosas (Gn 4:23-24). Nadie podía retarlo ni reprenderlo. Si Dios iba a vengar a Caín siete veces, a Lamec lo vengaría setenta y siete veces.

En medio de la bendición de Dios («los seres humanos comenzaron a multiplicarse sobre la faz de la tierra» [Gn 6:1]), aumentó el mal. Los gobernantes de la época, que adoptaron para sí el título del Oriente Próximo de «hijos de Dios»,[6] autocráticamente comenzaron a tener para sí tantas esposas como querían. Su codicia por un «nombre», esto es, una reputación (v. 4), los condujo a mezclar sus excesos con el abuso de los propósitos de su oficio.

Enojado, Dios dejó de luchar por la humanidad. Su Espíritu no «continuaría contendiendo con los hombres» (Gn 6:3). A tales «poderosos» (v. 4) o aristócratas *(n^epilîm gibborîm)* se les debía parar en su maldad. Los corazones de hombres y mujeres estaban siempre llenos de maldad. De nuevo vendría el asunto de la expulsión, solo que

---

6 Meredith Kline, «Divine Kingship and Genesis 6:1-4» [La monarquía divina y Génesis 6:1-4], *Westminster Theological Journal* 24, 1961-62, pp. 187-204.

de un modo mucho más trágico y final: Dios borraría al hombre de la faz de la tierra (v. 7).

«Pero Noé contaba con el favor del Señor» (Gn 6:8) porque era «un hombre justo y honrado entre su gente» (v. 9). Así que la segunda vez de mayor necesidad que tuvo la tierra, según este texto, fue la liberación, como sucedió en Génesis 3:15 por medio de un decreto de la salvación de Dios. Había un remanente justo, no por accidente ni por cualquier medio de parcialidad. El padre de Noé, Lamec, encontró en Noé, cuando nació, un consuelo para el alivio de su trabajo en la tierra, antes maldita por Señor, ya que tendría la ayuda de Noé (5:29). La referencia a Génesis 3:17 es patente y la unidad de esta sección con los capítulos 3–4 es clara.

La maldad que forzó la mano de Dios no era un destino inevitable para todos los hombres ahora que la caída era un asunto hecho. Hubo hombres justos. Considere a Enoc. «Él caminó con Dios» durante trescientos años, no como un ermitaño en aislamiento, sino como un hombre que crió hijos e hijas (Gn 5:22). Tan complacido estaba Dios con su vida de obediencia y fe que «desapareció» de la tierra; Dios «se lo llevó» (v. 24). El texto maneja con tanta facilidad el asunto de un mortal a quien se lleva a la misma presencia de Dios que nos asombramos que no siga una explicación o advertencia. ¿Sirve el traslado de Enoc como un modelo ejemplar para los hombres del AT, hasta que una revelación posterior llenara la laguna de información? La revelación de este hecho debiera siempre estar disponible si los hombres quisieran ponderar sus implicaciones.

Noé era de esa estirpe. Halló gracia a los ojos del Señor. Noé era «justo» ante el Señor «en [su] generación» (Gn 7:1). Instruido por Dios edificó un arca. Por eso él y su familia experimentaron la salvación de Dios cuando vino el juicio sobre el resto de la humanidad.

La bendición divina de «sean fructíferos y multiplíquense y llenen la tierra» se repite de nuevo, esta vez a Noé, su esposa, sus hijos, sus esposas y a cada ser viviente en la tierra, en el aire y en el mar (Gn 8:17; 9:1, 7). Aquí Dios añadió su pacto especial con la naturaleza. Mantendría «la siembra, la cosecha, el frío, el calor, el verano, el invierno, día y noche» sin interrupción mientras existiera la tierra (8:22). El contenido de estas promesas formó un «pacto eterno entre Dios y cada criatura viviente de toda carne» (9:8, 11, 16) simbolizado por el arco iris en el cielo. Junto con esta nota de la bendición de Dios estaba su rechazo explícito de «maldecir *(gallēl)* la tierra otra vez por causa del hombre» (8:21), un recordatorio de una maldición similar sobre la tierra en Génesis 3:17. Asimismo la referencia a las «intenciones del ser humano» *(yēṣer lēḇ)* en 8:21 recordaban una frase similar que usa la misma palabra *(yēṣer)* en Génesis 6:5. Dada la aparición repetida de tales rasgos se puede asegurar con seguridad que la unidad estructural se extiende desde Génesis 1-11.[7]

La palabra de juicio y salvación alcanzó su punto culminante en lo que ocurrió después de la segunda crisis de la tierra. Vino por medio de Noé después que él supo lo que su hijo Cam hizo cuando dormía bajo los efectos del vino.

La estructura de Génesis 9:25-27 es un verso con secciones de siete líneas divididas en tres partes por el estribillo de la servidumbre de Canaán, un hijo del culpable Cam:

Declaró:
«¡Maldito sea Canaán!
Será de sus dos hermanos el más bajó de sus esclavos»
versículo 25

Y agregó:
«¡Bendito sea el Señor Dios de Sem!
¡Que Canaán sea su esclavo!
versículo 26

¡Que Dios extienda el territorio de Jafet!
¡Que habite en los campamentos de Sem,
y que Canaán sea su esclavo!»
versículo 27

---

7   Véase la discusión informativa de R. Rendtórff, «Genesis 8:21 und die Urgeschichte des Yahwisten» [Génesis 8:21 y la prehistoria de los Yahvistas], *Kirche und Dogma* [Iglesia y dogma], 7, 1961, pp. 68– 81, según lo cita W.M. Clark, «The Flood and the Structure of the Prepatriarcal History», [El diluvio y la estructura de la historia prepatriarcal], *Zeitschrift fur die alttestamentliche Wissenschaft* 83, 1971, pp. 205-10. Rendtorff sostuvo que tanto la edad de la maldición como la historia primitiva concluyeron en Génesis 8:21. Como señaló Clark, Génesis 9:25ss, plantea de nuevo la maldición, pero tiene una aplicación limitada a Canaán, y le sigue una bendición inmediata.

Ahora el asunto clave es este: ¿Quién es el sujeto del verbo «habite» en Génesis 9:27? Estamos de acuerdo con el juicio del tárgum de Onquelos, Filón, Maimónides, Rashi, Aben Ezra, Teodoreto, Baumgarten y Delitzsch que el sujeto es «Dios». Nuestras razones son estas: (1) el sujeto de la cláusula anterior se supone que continúe en la próxima cláusula donde el sujeto está implícito; (2) el uso del complemento indirecto de la línea anterior como sujeto («Jafet») requeriría razones contextuales muy fuertes; (3) el contexto de varios de los capítulos que siguen designa a Sem como el primero en el rango de las bendiciones; y (4) la frase hebrea *weyiškōn beʾohōlê šēm*, «que habite en las tiendas de Sem», a duras penas tiene sentido si se atribuye a Jafet porque a este ya se le concedió la bendición de la expansión.

El plan de la profecía completa parece dedicar la primera estrofa solo a Canaán, la segunda a Sem y Canaán y la tercera a los tres hermanos. Así que, la mejor opción para mantener el balance es considerar a Dios como prometiéndole a Sem una bendición especial. Él habitaría con el pueblo semita. La palabra para «habitar» se relaciona con el concepto posterior de la teología mosaica de la shekiná de la gloria de Dios, en donde la presencia de Dios sobre el tabernáculo se manifestaba por la columna de nube por el día y la columna de fuego por la noche. De aquí que el hombre Sem sería aquel a través del cual la «simiente» prometida con anterioridad vendría ahora. ¿No dijo Dios: «Bendito sea el Señor Dios de Sem» (Gn 9:26)? ¿Y por qué usó esta forma característica? ¿Sería que la bendición y la presencia estaban ligadas? ¿Y pudiera esta ser la última provisión de Dios para la crisis de la tierra?

Tercera palabra de promesa: Una bendición para todas las naciones

La tercera y última crisis en golpear la tierra en este período de mezcla de bendición y maldición fue el esfuerzo concertado que el género humano desplegó para organizar y preservar su unidad alrededor de algún símbolo arquitectónico. Como lo expresaron:

«Hagámonos famosos [literalmente, "nombre"] y evitaremos ser dispersados sobre la faz de la tierra» (Gn 11:4).[8] Aunque la bendición de Dios siguió realizándose en su multiplicación (Gn 11:10-32) y llenura de la tierra como con setenta naciones (10:1-32), los pensamientos de sus corazones se alejaban de nuevo de la gloria de Dios y sus estipulaciones. El juicio de Dios llegó en forma doble al confundir su lengua y al esparcir los pueblos sobre la faz de la tierra. Sin embargo, otra vez el tema del pecado y la maldición estuvo íntimamente relacionado con el divino de gracia y bendición.

En lugar de unir a los hombres alrededor de un proyecto etnopolítico destinado a la glorificación del hombre y sus habilidades para satisfacer las necesidades de una comunidad dispar de naciones, Dios brindó su palabra de bendición una vez más. Esta fue una palabra que culminó todas las bendiciones pronunciadas en la narrativa prepatriarcal. Cinco veces se repite la palabra «bendición» en Génesis 12:1-3. No es de sorprender que esta fuera una palabra dirigida a uno de los descendientes de Sem (cf. 9:27), Abraham. El mismo iba a ser bendecido; por eso iba a ser bendición para todas las naciones del mundo. Lo que las naciones no pudieron lograr con su propia organización y metas se les daría ahora por gracia.

La cantidad de pueblos incluidos en «todas las familias de la tierra» *(mišpᵉḥōt hāᵃḏāmâh)* es la misma que aparece en la lista de las naciones en Génesis 10. ¿No concluye Génesis 10:32: «Estas son las familias de los hijos de Noé» *(mišpᵉḥōt bᵉnê Nōaḥ)?* Luego la promesa fue universal y limitada en su participación, solo por la respuesta de fe, aunque estaba de este modo limitada por la participación de Abraham.

Así la tercera crisis de la tierra se resolvió otra vez con la palabra de gracia del mismo Dios que trató con justicia el pecado. Concluimos que la teología de esta sección es un desarrollo unificado, agrupado y adelantado por la libre palabra de Dios. Comienza con

---

[8] Samuel Noah Kramer, «The Babel of Tongues: A Sumerian Version» [Un babel de lenguas: Una versión de Sumer], *Journal of American Oriental Society* [Revista de la sociedad oriental americana], 88, 1968, pp. 108-11.

una palabra de poder creador; concluye con una palabra de promesa.

Las derrotas de la primera desobediencia del hombre, la distorsión tiránica del poder político y la aspiración arrogante a la unidad sobre bases humanas condujo a los juicios de la caída, el diluvio y la dispersión de la humanidad. Los factores teológicos que se encontraron en cada crisis, los cuales perpetraron el juicio de Dios, fueron los pensamientos, imaginaciones y planes de un corazón malvado (Gn 3:5-6; 6:5; 8:21; 9:22; 11:4). Sin embargo, la palabra salvífica de Dios era igual a cada falta. Junto con el aspecto del pecado y el juicio vino una palabra nueva sobre una simiente (3:15), una raza entre la cual Dios habitaría (9:27) y la bendición de las buenas nuevas ofrecidas a cada nación sobre la faz de la tierra (12:3).

Capítulo 6

Provisiones en la promesa: Era Patriarcal

Con Génesis 12 comenzó un nuevo rumbo en la revelación divina. En esta nueva era hubo una serie de individuos que ahora servían como medios, nombrados por Dios, para extender su palabra de bendición a toda la humanidad. Abraham, Isaac y Jacob, bajo la elección de Dios para servirlo y su llamamiento a una bendición personal y mundial, llegaron a ser señales de una nueva fase en el cúmulo de las bendiciones divinas.

Palabra de revelación

La prominencia asignada a la palabra divina en la Era Prepatriarcal no disminuyó en los tiempos patriarcales; en lugar de eso, aumentó. En efecto, se puede considerar como uno de los rasgos distintivos de Génesis 12:50 porque repetidamente se presentaba a los patriarcas como los frecuentes e inmediatos receptores de distintas formas de la revelación divina.[1] No es de sorprender entonces, que el relato los trate como «profetas» (Génesis 20:7; y más tarde en Sal 105:15), como hombres que tenían acceso inmediato a la palabra y al oído del Dios viviente.

En momentos cruciales en su historia, Dios se dirigió a estos hombres directamente con palabras habladas (Gn 12:1, 4; 13:14; 15:1; 21:12; 22:1) con la fórmula preliminar de «vino a mi palabra del Señor» o el «Señor me dijo». Por lo tanto, no fue solo a Moisés a quien Dios habló claramente «cara a cara» (Nm 12:6-8), sino a Abraham, Isaac y Jacob.

---

[1] P.V. Premsagar, «Theology of Promise in the Patriarcal Narratives» [La teología de promesa en las narrativas patriarcales], *Indian Journal of Theology*, 23, 1974, p. 114.

Aun más asombroso fue que el mismo Señor apareció (lit. «se dejó ver» *[wayyērā']*) por esos hombres en lo que después se ha llamado teofanía (Gn 18:1). La realidad de la presencia del Dios viviente subraya la importancia y autenticidad de sus palabras de promesa, consuelo y dirección. Estas apariciones conocidas también como epifanías, conectaron íntimamente al hombre, Dios y sus propósitos para las personas. Los tres patriarcas experimentaron el impacto de la presencia de Dios en sus vidas (12:7; 17:1; 18:1; 26:2-5, 24; 35:1, 7, 9). Cada aparición de Dios marcó un desarrollo mayor en el progreso de la revelación así como en las vidas de estos hombres. Allí nuevamente él «bendeciría» a los hombres, les daría un nombre nuevo o los enviaría a una misión que implicaría consecuencias mayores para los patriarcas si no para el esquema completo de la teología que seguiría.

Asociada con estas teofanías estaba la manifestación del «Ángel del Señor» (Gn 16:7).[2] La identidad de este Ángel parece ser más que un mensajero angélico de Dios. Con mucha frecuencia recibió el respeto, la adoración y el honor reservados solo para Dios; aunque a él sin cesar se le distinguía de Dios. Su papel y apariencia son todavía más obvios en el período de los jueces; sin embargo, tampoco son pocas las referencias en este período (16:7-11; 21:17; 22:11-18; 24:7, 40; 31:11, 13; 32:24-30; 48:15-16). De este modo, tenía identidad con Dios; ¡aunque también lo envió él! Quizá sería demasiado decir que los patriarcas lo consideraron como equivalente a una Cristofanía. Sin embargo, una cosa es cierta, no era el Dios invisible. Y actuaba y hablaba como el Señor. Al parecer, allí descansó el asunto hasta que la revelación aclaró el enigma.

Durante esta era Dios también habló por medio de sueños *(ḥªlôm*, Gn 20:3; 31:10-11, 24; 37:5-10; 40:5-16; 41:1-32) y visiones *(maḥªzeh, mar'ōṭ*: 15:1; 46:2). La visión era un medio claro de comunicar un conocimiento nuevo a Abraham en un escenario extraordinario en el que era consciente de un panorama completo de detalles (cap. 15). Asimismo, Jacob experimentó una visión similar que le instaba a bajar hasta Egipto (cap. 46). Los sueños, sin embar-

---

2   Véase Aubrey R. Johnson, *The One and the Many in the Israelite Conception of God* [El uno y los muchos en el concepto israelita de Dios], University of Wales Press, Cardiff, Gales, 1961, pp. 28-33.

go, se distribuyeron ampliamente a personas tales como el rey filisteo Abimélec, al tío de Jacob, a Labán, al copero y al panadero egipcios, al faraón y al joven e inexperto José. En tales ocasiones el énfasis estaba en el sueño como tal; su interpretación o revelación no era parte integrante de esta forma que Dios tenía de dirigirse a los hombres y a las naciones.

Palabra de promesa

¡Qué valor tan alto otorgó esta era al carácter innovador y beneficioso de esta palabra! Desde el mismo comienzo de Génesis 12:50, el acento cayó sobre la palabra de promesa y bendición de Dios. Para Abraham esta promesa apareció en cuatro etapas de desarrollo. Estas se encuentran en Génesis 12:1-3; 13:14-16; 15:4-21 y 17:4-16 (quizá también se pudiera añadir 22:15-18).

El contenido de esta promesa era básicamente triple: una simiente, una tierra y una bendición para todas las naciones de la tierra. Si se pudiera seleccionar un énfasis en esta serie, el orgullo de lugar iría como último artículo. En cinco ocasiones separadas se designó a los patriarcas como bendición para todas las naciones: Abraham en Génesis 12:3; 18:18 y 22:17-18; Isaac en 26:3- 4; y Jacob en 28:13-14. En verdad, la bendición a escala mundial era el propósito total de la primera declaración de la promesa en 12:2-3.

Aun antes de que apareciera cualquier vocabulario técnico acerca de entrar en un pacto, Dios prometió entrar en una relación con Abraham que lo beneficiaría tanto a él como a todas las naciones de la tierra. El escritor presentó Génesis 12:2-3 como la sustancia de esa palabra de bendición y promesa.

Primero hubo tres cláusulas cortas dirigidas a Abraham solamente usando la forma alargada del futuro imperfecto del verbo hebreo cohortativo.

1. «Haré de ti una nación grande.»
2. «Te bendeciré.»
3. «Haré famoso tu nombre.»

La tercera expresa algo que sin duda está lleno de ironía. La búsqueda de un «nombre», que es lo mismo que «renombre», «reputación» y aun «superioridad», fue la ambición dominante de aquellos reyes tiránicos llamados «hijos de Dios» en Génesis 6:1-4 y la de los arquitectos de la torre de Babel en Génesis 11:4. Ahora el mismo Dios daría a un hombre sobre su propio terreno lo que otros buscaron con tanto egoísmo, pero fallaron en obtenerlo.

Más aun, el significado de esta tercera cláusula y de las dos anteriores llega a ser claro por primera vez cuando se les añade la siguiente cláusula. Sin duda se le debe tomar como una cláusula resultante. Declara la intención y el propósito divinos de beneficiar a Abraham tan generosamente: «Serás [o para que seas] [o tú puedas ser] de bendición» (Gn 12:2). El hebreo dice simplemente *wehᵉyēh bᵉrākah*. Por consiguiente, se alcanzó una meta preliminar en esta relación que se anuncia de nuevo. Abraham va a ser una gran nación, personalmente será bendecido y recibirá un gran nombre «[*para que* él pueda ser] de bendición».

Pero, ¿a quién? ¿Y cómo Abraham va a ser una bendición? Estas preguntas aparecen contestadas en las tres cláusulas siguientes. Primero, el Señor añadió otras dos promesas en Génesis 12:3, usando otra vez para sus verbos la forma cohortativa del verbo hebreo.[3]

4. «Bendeciré a los que te bendigan.»

5. «Maldeciré a los que te maldigan.»

Aquí no solo Dios continúa la promesa, sino que introdujo una clase completa de personas que respondería a Abraham de diversos modos. Solo entonces se alcanzó el gran final. Esta vez el verbo hebreo se traslada de repente al «tiempo perfecto»[4] en el que de nuevo puede ser solo una cláusula resultante: «¡Por medio de ti serán bendecidas todas las familias de la tierra!»

¡Qué extensión tan vasta estaba ahora incluida en lo que pudo haber sido un intercambio tan trillado y personal entre un solo

---

[3]   E. Kautzsch, *Genesius' Hebrew Grammar* [La gramática hebrea por Genesius], Clarendon Press, Oxford, Inglaterra, 1909, p. 325, dice que una cohortativa después del imperativo expresa resultado o intención. Aquí cabe muy bien intención.

[4]   Estoy en deuda con H.C. Leupold, *Exposition of Genesis* [Exposición de Génesis], 2 tomos, Baker Book House, Grand Rapids, MI, 1968, tomo 1, pp. 411-14, por muchas de las observaciones en este análisis de Génesis 12:2-3.

individuo y su Dios! Por supuesto, la mayoría de los comentaristas competentes permanece escéptica en cuanto a la traducción pasiva de la forma nifal del verbo hebreo,[5] pero dejan de ver que ya la cláusula resultante previa había dicho tanto sin especificar exactamente a quién Abraham iba a ser bendición. El texto es una respuesta tan clara a las necesidades de las multitudes enumeradas en la tabla de las naciones (Gn 10) y la multiplicación del linaje de Sem (cap. 11), que con facilidad se pudiera clasificar como uno de los primeros grandes textos misioneros a escala mundial que aparecen en la Escritura.

Hasta aquí el énfasis estaba en la palabra de bendición de Dios. Había un intento de conectar esta nueva fase de la teología con el énfasis prepatriarcal. Cinco veces Dios prometió su bendición en el corto espacio de dos versículos, pero Abraham iba a ser el centro de atención: iba a ser una gran nación, iba a tener un nombre famoso e iba a recibir la bendición de Dios y de todos los hombres. Hasta ahora, no hubo una referencia directa en Génesis 12:1-3 de una simiente ni de una presencia en las tiendas de Abraham como se prometió en Génesis 1–11. Ni hasta ahora hubo una referencia a un pacto *(bᵉrît:* 15:18), «haría» *(kārat:* 15:18), «daría» *(nātan:* 17:2), «establecería» *(hēqîm:* 17:7, 19, 21) «juraría» a *(nišbaʿ:* 22:16). Como muestran las referencias, eso vendría más tarde en las revelaciones de Dios. Por ahora esta era una relación con un hombre que servía sobre la base de bendición para los pueblos de la tierra. Es sumamente interesante que la verdadera realización de una promesa tal como llegar a tener carácter de nación tuviera que esperar durante varios siglos hasta que Israel fuera liberado de Egipto.

Un heredero

Cuando Yahvé apareció a Abraham, después que el patriarca llegó a Siquén, se revivió la antigua palabra acerca de una «simiente» y ahora se dirigió a Abraham (Gn 12:7). De aquí en adelante la importancia de esta dádiva de un niño que heredaría las promesas

---

[5] Nuestra discusión en la introducción y especialmente nuestra referencia al artículo de O.T. Allis sobre «The Blessing of Abraham» [La bendición de Abraham] el cual contenía un caso lingüístico irrefutable sobre la traducción pasiva de esta nifal. Nadie hasta hoy ha intentado una respuesta a su evidencia.

y las bendiciones llegó a ser uno de los asuntos dominantes en la narrativa prepatriarcal. Aparece en 12:7; 13:15, 16 (bis); 15:13; 16:10; 17:7-10, 13, 16, 19; 21:12; 22:17 (bis), 18; 24:7; 26:3-4 (ter), 24; 28:13-14 (bis); 32:12; 35:12; 48:3-4.

A Eva se le prometió «una simiente» y un individuo varón, al parecer de esa «simiente». Ahora se explica en detalles, con una especificación mayor, el progreso de esa revelación tanto en el aspecto corporativo como en el representativo de esta «simiente» prometida. Abarcaría un número tan grande que, de forma hiperbólica, rivalizaría con las estrellas del cielo y con la arena del mar. Sin embargo, esta simiente sería también otro «hijo», nacido primero a Abraham, cuando perdió toda esperanza de tener hijos y luego a su hijo Isaac y al hijo de Isaac, Jacob.

Una línea de hijos representativos de los patriarcas que fueron considerados como los que constituían el grupo completo armonizaba con la idea seminal ya presentada en Génesis 3:15. Además, en el concepto de «simiente» había dos aspectos: la simiente como *beneficio* futuro y la simiente como los *beneficiarios* presentes de las dádivas temporales y espirituales de Dios. Por consiguiente, «simiente» siempre fue un nombre singular colectivo; nunca apareció como nombre plural (p.ej., como «hijos»). Por eso la «simiente» estaba marcada como una unidad, aunque con una flexibilidad de referencia: ya a una persona o a muchos descendientes de esa familia. Este intercambio de referencia con su solidaridad colectiva implicada, era más que un fenómeno cultural o un accidente de descuido editorial; era parte esencial de su intención doctrinal.

El drama de los obstáculos y frustraciones posibles que pudo haber bloqueado para siempre la intención divina, dio lugar aquí a gran parte de la narración histórica en esta era. Parece que la esterilidad fue la plaga que atacó con tenacidad a tres esposas de los patriarcas: Sara (Gn 16:1; 17:15-21); Rebeca (25:21) y Raquel (30:1). La vejez fue otra amenaza en el caso de Abraham (17:17; 18:11-13). Los monarcas egipcios y filisteos casi roban las esposas de los patriarcas por causa de las mentiras temerosas de cada esposo (12:10-20; 20:1-18; 26:1-11). Sumado a esto vemos los efectos desastrosos del hambre (12:10), la hostilidad filial (32:7-8) y la matanza de los niños llevada a cabo por el faraón (Éx 1:22). Sin embargo, a través de todo ello el significado fue precisamente como Dios lo dijo a Sara en forma de pregunta: «¿Acaso hay algo imposible [en hebreo: *hªyipālē'*] para el SEÑOR?» (Gn 18:14).

Ni siquiera contó el intento de Abraham de preservar esta simiente porque toda la vida de este niño (y de todos los que le siguieron) fue completamente un don de Dios. Por eso cuando Dios «probó» *(nissâh)* la fe de Abraham al pedirle que sacrificara a su único hijo —sí, el mismo sobre el cual descansaba todo el plan y la promesa de Dios— no objetó (Gn 22:1-10). Temió a Dios (v. 12) y creyó que Dios «provee» (vv. 8, 14: *yir'eh)* así fue como él y *el muchacho* pudieron reunirse con el grupo que esperaba al pie del monte Moria (v. 5).

Isaac fue también más que un simple complemento. También corrió un gran riesgo en lo que sucedía. Sin embargo, aprendió a obedecer y confiar en este mismo Señor. Más tarde en su vida, cuando Isaac seleccionó a Esaú para recibir la bendición y cuando sucedían todas las cosas humanamente posibles de salir mal, mientras que los hijos, la madre y el padre conspiraban para llevar adelante la línea de la «simiente», de nuevo Isaac aprendió que el llamamiento y la elección de Dios no eran de intelecto ni trabajo humanos. Dios hizo la selección de su heredero aparte de los intentos humanos absurdos y trágicos de eclipsar el plan divino y su dádiva gratuita.

Una herencia

La promesa de la tierra de Canaán a Abraham, Isaac y Jacob y sus descendientes corrió por estas narrativas como el segundo de los tres aspectos clave (Gn 12:7; 13:15, 17; 15:7-8, 18; 17:8; 24:7; 26:3-5 [pl. «tierras»]; 28:13-14; 35:12; 48:4; 50:24). Génesis 15:18 describió los límites de esta tierra como extendiéndose «desde el río de Egipto hasta el gran río, el Éufrates». Génesis 17:1-8 recalcó que la tierra sería de «posesión perpetua». Y Génesis 15:1-21 explicó que el patriarca poseería la palabra prometida acerca de la tierra, pero él solo gustaría algo de la realidad de estar personalmente en la tierra porque la realidad completa se dilataría hasta «cuatro generaciones» cuando llegara «al colmo la iniquidad de los amorreos» (v. 16).

Desde el primer momento del llamamiento de Dios a Abraham, le habló de esta «tierra» o «país» al que los enviaba (Gn 12:1). Según se dice en los capítulos anteriores, Albrecht Alt estaba equivocado al rechazar la promesa de la tierra como una parte auténtica de la promesa patriarcal. Del mismo modo, Gerhand von Rad no tuvo base para negar que la entrada a la tierra de las doce tribus no era exactamente la misma visión que los patriarcas tuvieron. Solo Martin Noth concedió que ambas cosas, la promesa de la tierra y la promesa de la «simiente» eran parte de la religión patriarcal. La fidelidad al mensaje del texto en la forma canónica como ha llegado hasta nosotros demanda que ambas promesas se traten como partes igualmente auténticas y necesarias al mensaje de Dios a los patriarcas.

La solemnidad de esta oferta de tierra ocurrió en el así llamado pacto de los animales descuartizados (Génesis 15:7-21). Abraham actuó según las instrucciones dadas por Yahvé. Tomó varios animales dedicados a los sacrificios y los dividió en dos. Después de la puesta del sol, «una hornilla humeante y una antorcha encendida pasaban entre los animales descuartizados» (v. 27), y Yahvé hizo el pacto de dar a Abraham y a sus descendientes toda la tierra.

Tal bendición temporal o material no se iba a separar de los aspectos espirituales de la gran promesa de Dios. Ni iba a espiritualizarse ni transmutarse en algún tipo de Canaán celestial de la cual el Canaán terrenal era solo un modelo. El texto era enfático, especialmente en el capítulo 17, acerca de que este pacto iba a ser eterno. Sin embargo, ya en Génesis 13:15 la oferta de la tierra se le daba en su totalidad a Abraham «para siempre». Y cuando Abraham tenía noventa y nueve años de edad, esta promesa se convirtió en un «pacto perpetuo» *(bᵉrît 'ôlām:* 17:7, 13, 19) y la tierra iba a ser por «posesión perpetua» *(ᵃhuzat 'ôlām:* 17:8; también 48:4). La palabra *'ôlām,* «perpetuo», debe añadir algo más al nombre con el que iba porque en el caso del pacto ya había una idea básica de perpetuidad.[6]

---

[6]   Véanse los estudios algo insatisfactorios de E. Jenni, «Das Wort *'ōlām* in AT» [La palabra *'ōlām* en el AT], *Zeitschrift für die alttestamentliche Wissenschaft,* 84, 1952, pp. 197-248; ídem, «Time» [Tiempo], *Interpreter's Dictionary of the Bible* [El diccionario del intérprete de la Biblia], 4 tomos, Abingdon, Nashville, TN, 1964, tomo 4, p. 644;

Las promesas ancestrales se cumplieron en la última coloniza-
ción de la tierra bajo Josué. Esto, a su vez, llegó a ser una señal o
prenda de que el otorgamiento de la tierra completa vendría en el
futuro aunque las ocupaciones anteriores se reconocieran simultáneamente como «exposiciones, confirmaciones y expansiones de
la promesa».[7] Por ello, incluso la conquista de Josué no agotó la promesa de esta tierra como el lugar escogido por Yahvé para su pueblo. Porque así como la promesa de un hijo se amplió para incluir
en esa relación filial a todos los descendientes de los patriarcas,
también hubo aquí un «excedente de población» así como en la
promesa de la tierra.

Un patrimonio

El tercer elemento consagratorio en la promesa fue que Abraham, y en lo sucesivo cada hijo de la promesa, iba a ser la fuente de
bendición; en verdad, serían la piedra de toque de bendición para
todos los demás pueblos. Debían bendecir a todas las naciones de
la tierra porque cada uno era el mediador de vida para las naciones (de Abraham: Gn 12:3; 18:18; 22:17-18; de Isaac: Gn 26:3-4;
y de Jacob: Gn 28:13-14).

Más tarde el apóstol Pablo señalaría esta frase y declararía que
este era el mismo «evangelio» que predicaba. Dicho sencillamente,
las buenas nuevas eran que «por medio de ti [la simiente prometi-
da] serán bendecidas todas las naciones» (Gá 3:8). Así que el em-
brión de las buenas nuevas de Dios podía reducirse a la palabra de
vital importancia: «bendición». Aquel que iba a recibir bendición,
ahora bendeciría en proporciones universales. En contraste con las
naciones que buscaban «hacerse un nombre» para sí mismas, Dios
le dio un nombre a Abraham *a fin de que* pudiera ser el medio de
bendición para todas las naciones.

Sin embargo, se puede preguntar: ¿cómo iban a recibir las naciones esta bendición de la que Abraham o alguno de sus descendientes serían mediadores? El método debía ser el mismo que fue

James Barr, *Biblical Words for Time* [Palabras bíblicas para el tiempo], Allensons, Naperville, IL, 1962, p. 69, n. 1.

7   Jürgen Moltmann, *Theology of Hope* [Teología de la esperanza], Harper & Row, Nueva York, NY, 1965, p. 105.

para Abraham. Por fe: «Abram creyó al SEÑOR, y el Señor lo reconoció a él como justo» (Gn 15:6).

La traducción literal de Génesis 15:6 es simplemente que creyó a Yahvé *(he'mîn ba YHWH)*. Esto, por supuesto, era más que un vago asentimiento intelectual hacia una deidad suprema en general. El objeto de esta fe se encuentra en el contenido de toda la promesa. Como tal, el orgullo de lugar se le dio a la parte de la promesa más antigua y central: la persona del hombre de la promesa simbolizado por ese descendiente varón que habría de venir de la simiente (3:15). En verdad, la primera vez que Dios se encuentra con Abraham, el asunto de la progenie no estuvo incluido específicamente, sino inferido (12:1-3) por la primera cláusula que prometía hacer de Abraham una gran nación. De modo que su confianza estaba en el Señor, sobre todo en el Señor que prometió.

Una vez más le repetiré el resumen de von Orelli acerca de esta relación entre Abraham y la fe de las naciones.

Como el mismo Abraham, en virtud de su relación especial con Dios, fue el mediador de la bendición para los que lo rodeaban, se muestra en Gn 20:7; que su pueblo del mismo modo iba a llevar la bendición divina, la dispensación de la gracia de Dios al mundo entero se ve en Is 19:24; Zac 8:13. En el presente pasaje se explica el contenido de esta breve expresión en [Gn 12:]3, de acuerdo con la cual la relación de Dios con los hombres depende de su actitud con Abraham (cf. 20:7), y el Señor tratará bien a los que le deseen bien y le rindan homenaje a la gracia divina revelada en él; y, por otra parte, hará sentir su indignación contra quien desprecie y desdeñe a aquel a quien Dios bendijo. El número singular aquí es significativo. Solamente pueden ser simples pecadores empedernidos los que sin comprender a quien es manantial de bendición para todos los que lo rodean, lo condenan y odian, y en él a su Dios. El mundo en su totalidad, no detendrá el homenaje y por ello disfrutará el beneficio de esta bendición. Lo último está implicado en las palabras finales [de 12:3] que coronan la promesa ... Aun así, los exégetas no están de acuerdo en si el acto subjetivo de homenaje o el objetivo de bendición divina descansa en el nifal [«será bendito»]. Sin embargo, eso involucra a los otros que siguen de las palabras anteriores.[8]

Dado que en Génesis 15:6 el verbo «creer» es la forma hifil del verbo hebreo *'āman* (cf. el «amén» castellano), Geerhardus Vos señaló el «sentido causativo-productivo»[9] del verbo y de la preposición. Ambos, en sus juicios, mostraron que la fe tenía su origen y objeto en el Yahvé personal. Para Abraham esto significó renunciar a todos sus esfuerzos humanos para asegurar la promesa y depender de la misma persona divina que habló del futuro para obrar en el presente y futuro a fin de cumplir lo que dijo que haría. Por eso Abraham poseyó las promesas de Dios aunque no se hicieron realidad cuando poseyó al Dios de las promesas y a su palabra confiable.

Algunos objetarán una construcción incondicional colocada sobre las promesas abrahámicas. A menudo se citan cinco pasajes como ejemplos de estipulaciones colocadas sobre Abraham: Génesis 12:1; 17:1, 9-14; 22:16; 26:5.

El primero es el imperativo «Deja tu tierra, tus parientes y la casa de tu padre, y vete a la tierra que te mostraré» (Gn 12:1). A este imperativo le siguen dos imperfectos y luego una serie de imperfectos cohortativos en los versículos 2-3. Sin embargo, ¿no significa tal mandato una condición formal en la intención divina de bendecir? Cuando Cleon Rogers admite que allí está definido el elemento condicional, demuestra muy bien que el acento del pasaje está en las cohortativas que recalcaban la intención antes que la obligación y que este tipo de construcción aparece en Génesis 45:18 (donde el énfasis estaba en lo que José intentó hacer por sus hermanos) o Génesis 30:28 (lo que Labán intentó hacer por Jacob) y Génesis 27:3; 1 Samuel 14:12; 28:22; 2 Samuel 14:7.[10] Así que

---

8   C. von Orelli, *The Old Testament Prophecy of the Consummation of God's Kingdom Traced in Its Historical Development*, trad. J.J. Banks, T.&T. Clark, Edimburgo, 1889, p. 107.

9   Geerhardus Vos, *Biblical Theology*, [Teología bíblica], Eerdmans, Grand Rapids, MI, 1954, p. 98. Gerhard von Rad, *Old Testament Theology*, 2 tomos., Oliver and Boyd, Londres, 1962, tomo 1, p. 171, destacó que el objeto de la fe era «algo en el futuro», «el plan de Dios para la historia (Gn 15:5)», y esto es lo que Abraham creyó y «en lo cual se afianzó.»

10 Cleon L. Rogers, Jr., «The Covenant with Abraham and its Historical Setting» [El pacto con Abraham y su contexto histórico], *Bibliotheca Sacra* 127, 1970, p. 252 y n. 61.

el llamamiento a «ir» fue una invitación a recibir la dádiva de la promesa por fe.[11]

Al principio parece que Génesis 17:1-2 impone otra condición: «Vive en mi presencia y sé intachable. Así confirmaré mi pacto contigo.» Una vez más la secuencia es de dos imperativos seguidos por dos imperfectos cohortativos. Por lo tanto, lo que era cierto en 12:1-3 es aplicable aquí también. Además, la promesa se había repetido ya varias veces antes de este tiempo en 12:1-3, 7; 13:14-17; 15:7-21 y 16:10. Por consiguiente, algunos expositores argumentan que la fuerza del verbo traducido «haré» *(w^e'et'nâh)* no significa «ajustar cuentas», sino «hacer vigente» o «efectuar lo que está vigente».[12] El argumento idéntico será aplicable para 17:9-14, donde se pudiera ver la circuncisión como otra condición para la promesa. Sin embargo, el versículo 11 ajusta por completo el argumento: la circuncisión fue una simple «señal» del pacto, no su condición.

Los dos últimos pasajes son más difíciles. Según Génesis 22:16-18 a Abraham se le dijo: «Como *(kî ya'an ªšer)* has hecho esto [has estado dispuesto a ofrecer a tu hijo] ... te bendeciré ... Puesto que *('ēqeb ªšer)* me has obedecido.» La bendición se repite a Isaac en Génesis 26:5: «Porque *('ēqeb ªšer)* Abraham me obedeció y cumplió mis preceptos y mis mandamientos, mis normas y mis enseñanzas.» A nuestro juicio, el condicionamiento no estaba adherido a la promesa, sino solo a los participantes que se beneficiarían de estas promesas perdurables. Si la condición de fe no era evidente, el patriarca se convertiría en un simple transmisor de la bendición sin heredar personal y directamente alguna de sus dádivas. Tal fe debe ser evidente también en una obediencia que procede de la fe. Sin duda, la promesa no se inició ni en el capítulo 22 ni en el 26; ya hacía mucho que se había promulgado. Sin embargo, cada capítulo tuvo un momento crucial de prueba o transición. Además, la elección de Dios no

---

[11] Hans Walter Wolff también concuerda; Walter Brueggemann y Hans Walter Wolff, «The Kerygma of the Yahwist», [El kerigma del Yahvecisto], *The Vitality of Old Testament Traditions*, Knox Press, Atlanta, GA, 1975, p. 47.

[12] Leupold, *Genesis*, tomo 1, p. 514; C.F. Keil y F. Delitzsch, *Biblical Commentary on the Old Testament* [Comentario bíblico sobre el Antiguo Testamento], 25 tomos, Eerdmans, Grand Rapids, MI, tomo 1, p. 223.

solamente tuvo el propósito de bendecir a Abraham y a la nación (18:18), sino también el de encargarle a él y a su casa que instruya «a sus hijos y a su familia, a fin de que *(l'ma'an)* se mantengan en el camino del SEÑOR y pongan en práctica lo que es justo y recto. Así el Señor cumplirá lo que le ha prometido» (v. 19).

La relación es innegable. El deber de obediencia (ley, si lo desea) estaba ligado íntimamente con la promesa como una secuela deseada. Por lo tanto, la transición al tiempo venidero de la ley mosaica no debía ser tan difícil para cualquiera que de manera adecuada escuchó toda la revelación de la promesa en la Era Patriarcal.

Palabra de garantía

A través de todas las narrativas patriarcales corre además otro asunto como parte de la bendición de la promesa. Era simplemente el voto de Dios: «Yo estaré contigo.»

En realidad, la primera vez que se mencionó explícitamente la presencia de Dios es donde el escritor comentó que «Dios acompañó ["estaba con" *('et)*]» el hijo de Agar, Ismael (Gn 21:20). Luego apareció como una palabra en las bocas filisteas de Abimélec y Ficol dirigida a Abraham: «Dios está contigo [con *('im)*] en todo lo que haces» (21:22), y más tarde a Isaac: «Nos hemos dado cuenta de que el SEÑOR está contigo [con *('im)*]» (26:28).

Hay ciento cuatro ejemplos de esta fórmula de la presencia divina en las que se emplean las dos preposiciones hebreas traducidas «con» *('et* y *'im)*] en el Antiguo Testamento. De estos, catorce aparecen en las narrativas de Isaac y Jacob donde se les asegura la presencia de Dios.[13] Dios apareció a Isaac con las palabras consoladoras: «No temas, que yo estoy con *('et)*tigo» (26:24). O como dijo en una aparición anterior: «Vive en este lugar por un tiempo. Yo estaré con *('im)*tigo» (26:3). Para Jacob, fue un sueño de una escalera con la promesa de Dios cuando él partió para Jarán: «Yo estoy con *('im)*tigo» (28:15).

---

13 Horst D. Preuss, *«'eth, 'im»*, *Theological Dictionary of the Old Testament* [Diccionario teológico del Antiguo Testamento], eds. G.J. Botterweck and H. Ringgren: trad. John T. Willis, Eerdmans, Grand Rapids, MI, 1974, tomo 1, pp. 449-63, esp. p. 456.

A esto, Jacob prometió: «Si Dios me acompaña [está con *('im)*migo] y me protege en este viaje ... entonces el SEÑOR será mi Dios» (Gn 28:20-21). De nuevo, cuando Jacob estaba a punto de regresar a Canaán, el Señor le repitió su promesa anterior: «Yo estaré con *('im)*tigo» (31:3). Por consiguiente, Jacob repitió a Labán que en verdad el Señor estuvo con él (31:5; 35:3). De igual modo el hijo de Jacob, José, experimentó la misma presencia divina (39:2-3, 21, 23).[14] Como Jacob fue bendecido y favorecido por el Dios que conocía sus problemas con el tramposo Labán, asimismo José fue rescatado y bendecido por el mismo Señor que estaba al corriente de su cambiante situación en Egipto.

La presencia activa de Yahvé manifestó su carácter, poder y habilidad para cumplir la palabra de promesa varias veces repetida. Era preeminentemente una palabra de relación personal. Por supuesto, Abraham sintió la presencia divina antes de ser puesta en una fórmula teológica de promesa. Por ejemplo, la victoria de Abraham sobre Quedorlaómer en Génesis 14:13-24 ilustra este hecho aunque no aparece la palabra. Asimismo fue el interrogatorio de Abraham a Dios sobre su justicia al tratar con Sodoma y Gomorra (18:23-33); el Juez de toda la tierra haría lo que era bueno. ¿No fue Dios el «escudo» de Abraham y su «muy grande ... recompensa» (15:1)?

Abraham recibió la primera parte de lo que llegó a ser la tantas veces repetida fórmula tripartita de la promesa. Era una promesa divina: «Yo seré tu Dios, y el Dios de tus descendientes» (Gn 17:7). El Dios soberano de todo el universo accedía ahora a llamarse a sí mismo el Dios de Abraham y de su descendencia [simiente]. Allí reposa la esencia de su relación personal. No es de sorprenderse que Santiago subrayara que Abraham «fue llamado amigo de Dios» (Stg 2:23). Su relación fue de amor (18:19), acción (19:29) y bendición en todo cuanto hizo Abraham (21:22).

---

[14] Charles T. Frisch, «God Was With Him: A Theological Study of the Joseph Narrative» [Dios estuvo con él: Un estudio teológico del relato de José], *Interpretation* 9, 1955, pp. 21-34.

Gobernante de la promesa

Como la bendición que Abraham recibió en Génesis 12:1-3; 15 y 17 se le transfirió a Isaac en 26:3-6 y luego a Jacob en un sueño en Betel en 28:13-14 y especialmente en Padán Aram (35:9-12; cf. 46:1-4), así también Judá, el cuarto hijo del patriarca, la recibió con la bendición de Jacob en 49:8-12.

Es cierto que José recibió una doble porción en la herencia ya que sus dos hijos fueron, en un sentido, adoptados por Jacob (cf. *bᵉkōrāt* de 1Cr 5:1), pero Judá llegó a ser el «líder» *(nāgîd)* entre sus hermanos. El hijo mayor, Rubén, perdió su primogenitura porque deshonró el lecho conyugal de su padre (Gn 35:22), Simeón y Leví, el segundo y el tercer hijo de Jacob, fueron dejados de lado por causa de su feroz venganza de los siquenitas (34:13-29). Así el manto del liderazgo cayó sobre Judá.

Como Isaac bendijo a Jacob en Génesis 27:29, así Jacob ahora transmite la misma supremacía sobre sus hermanos a Judá en 49:8. Su valor le haría una tribu principesca y él mantendría su superioridad sobre sus enemigos. Su emblema sería el león real. A él se le dio el cetro *(šēbeṭ)* y el bastón *(mᵉhōqēq*: 49:10) de mando.

Sin embargo, ¿cuál es el significado de la frase «hasta que venga Siloh» (RVR) (*'ad kî yāgō šîlōh)*? De nuevo la opinión de von Orelli merece atención cuidadosa.

> El contexto por una parte, por la otra las autoridades más antiguas al respecto de la interpretación, nos llevan a nuestra traducción. *Sᵉloh* era la interpretación que se ofreció desde la antigüedad, y la LXX tradujo esto de forma neutral: *heōs ean 'elthē ta apokeimena autō* [hasta que lleguen las cosas guardadas para él]. En vez de este sujeto neutro abstracto tomamos el sujeto personal dominante dondequiera aquí y traducimos: *hasta que él llegue a lo que le pertenece*, esto es, *a lo que es suyo*, su posesión descrita en la secuela. Cf. especialmente con la bendición de Moisés a Judá en Dt 33:7, *wᵉ'el 'ammô tᵉbî' ennû* [«hazlo volver a su pueblo»]. Como campeón de las otras tribus, desplegará una energía incansable hasta que haya ganado su territorio sin restricción; y entonces no solamente le honrarán las tribus de Israel, sino que las otras naciones también se inclinarán ante su gobierno.[15]

---

[15] Von Orelli, *Prophecy*, pp. 121-22. Las recensiones de Luciano y de Orígenes de la

De la última frase de Génesis 49:10, a saber, «quien merece la obediencia de los pueblos» *(w³ lô yiqq³hat 'ammîm),* continuó:

[Pueblos] no se puede aplicar solo a los israelitas ... sino que debe referirse a un gobierno nacional más general, el que según 27:29 es parte de la herencia de Jacob y será la porción especial de Judá.[16]

Por lo tanto, no es injustificado que Ezequiel o los intérpretes judíos y cristianos posteriores consideraran esta como otra adición a la doctrina de la simiente. Ni tampoco estaba fuera de límite la alusión de Ezequiel en 21:27: «Hasta que venga aquel a quien le asiste el derecho, y a quien le pediré que establezca la justicia.»[17] El hombre de la promesa tendría un éxito sobrecogedor; reinaría sobre todos los pueblos de la tierra porque era su derecho y destino hacerlo así. Además, ¡vendría de la tribu de Judá en Israel!

El Dios de la promesa

En las narrativas patriarcales había una serie de nombres para Dios. El er El Olam, «Dios eterno» (Gn 23); El Elyon, «el Altísimo» (14:18-20, 22), o Yahvé Yireh, «Yahvé proveerá» (22:14). Sin embargo, el nombre El Shaddai se usaba con más frecuencia, era más

---

LXX interpretan *heōs an elthē apokeitai,* «hasta que él, a quien ella está reservada, venga».

[16] *Ibíd.* Véase W. Gesenius, *Hebraisches und Aramaisches Handworterbuch* [Manual de palabras hebreas y arameas], edición 17, F. Buhl., ed., Leipzig, Alemania, 1921, p. 596. Él concluyó que *'ammim* nunca se usa exclusivamente para Israel; se refiere a todos los pueblos o pueblos fuera de Israel.

[17] Para un estudio más extenso, cf. W.L. Moran, «Genesis 49:10 and its use in Ezequiel 21:32» [Génesis 49:10 y su uso en Ezequiel 21:32], *Bíblica,* 39, 1958, pp. 405-25. Él vocalizaría «Siló» como *šey* y *lôh* y cambia *yābô'* por el hifil *yûbā':* «hasta que se le traiga tributo y el pueblo le obedezca». Moran rechaza correctamente la interpretación *šîlu(m)* como un supuesto cognado acadio que significa «Príncipe, gobernante, rey» (que no ocurre en el acadio, pp. 405-409) y la interpretación de la Ciudad de Siló (la cual nunca se deletrea *šylh* en hebreo, pp. 410-11), pero también rechaza *šelo* (pp. 409-10, 14-16) porque el sujeto implícito no puede ser el «báculo» o el «cetro» ya que esto arruina el paralelismo. (Orelli, por supuesto, tomó el sujeto personal como dominante para toda la sección.) Además, es muy improbable que lo haya escrito *šellô hô'* y *še* como un pronombre relativo, dado que es un rasgo del dialecto del norte. (En respuesta a estos dos últimos problemas, llamamos la atención al paralelo entre *welô* y *šîloh* en las dos líneas paralelas y al uso de *še* en contextos no necesariamente del norte o posteriores.)

importante y se traducía usualmente como «Dios Todopoderoso» (17:1; 28:3; 35:11; 43:14; 48:3; cf. También 49:25: *'eṭ* Shaddai). El Shaddai se usa unas treinta veces en el libro de Job, comenzando con Job 5:17. Esto no es inesperado porque el prólogo y el epílogo de ese libro tienen credenciales muy claras para colocar los sucesos de Job en la Era Patriarcal. Algunos de estos indicadores son: (1) la riqueza de Job lo sitúa en la clase de los grandes ganaderos (Job 1:3, 10) como fue cierto también con Isaac (Gn 26:13-14; cf. 30:29-30); (2) el hecho de que él ofreciera sacrificios a favor de sus hijos (Job 1:5; 42:8) solo se puede comparar a las Eras Patriarcal o Prepatriarcal; (3) el dinero que se usaba *(qᵉśîṭâh:* Job 42:11) es el mismo que se menciona en los tiempos de Jacob (Gn 33:19; cf. Jos 24:32; (4) la longevidad de Job (más de ciento cuarenta años, o cinco generaciones, Job 42:16) es comparable a la de José, ciento diez años y tres generaciones (Gn 50:23); y (5) la muerte de Job (42:17) se describe exactamente con los mismos términos que la de Abraham (25:8) y la de Isaac (35:29).

Sin importar lo que los eruditos decidan a la larga de lo que es el significado de El Shaddai («sustentador» o «Dios de la Montaña»),[18] el patrón de uso es claro en las seis referencias patriarcales y en la mayoría de las treinta o más referencias en Job. Este nombre destaca el poder y fortaleza de Dios; así lo traduce la LXX en Job como *ho pantokrá tōr,* el «Todo Soberano» o «Todopoderoso». Como lo dijo Gerhardus Vos,[19] El Shaddai destacó la obra sobrenatural de su gracia. Cuando subyugó la naturaleza y la forzó a llevar adelante su plan de salvación, El Shaddai indicó la habilidad de Dios para dominar la naturaleza. De ese modo se vinculó su obra en la creación y ahora su obra arrolladora en la historia para llevar a cabo su plan.

Además de estas seis referencias en Génesis y las treinta y una en Job, este nombre divino aparece en otros tres lugares en el Pentateuco (Éx 6:3; Nm 24:4, 16) cuatro veces en los Profetas (Is 13:6;

---

[18] Del ugaríta *ṭdy,* «montañas», o de *šd,* «pecho»; contrasta con *śd,* «campo».

[19] *Theology,* pp. 95-96. Él notó la conexión con Isaías 13:6 y Joel 1:15 entre shaddai y el verbo hebreo *šādad,* «subyugar, destruir». Cf. Frank M. Cross, «Yahvé and the God of the Patriarchs» [Yahvé y el Dios de los patriarcas], *Harvard Theology Review* [Revista teológica de Harvard], 55, 1962, pp. 244-50.

Jl 1:15; Ez 1:24; 10:5), y en Salmos 68:15 [Heb]; 91:1) y Rut (1:20-21). Juntos se ajustan al tenor general de este nombre y su uso en la Era Patriarcal; Dios es omnipotente y un gran soberano que puede actuar y lo hará en beneficios de quienes ama y que son llamados de acuerdo con su propósito.

De este modo la teología de esta sección se entrelazaba alrededor de esa *palabra* de lo alto, su *bendición* a una simiente escogida y la *garantía* de la presencia divina que aseguraba la certeza del heredero prometido, la herencia y el patrimonio e incluso el éxito presente de los patriarcas. Todo ello era una palabra de aliento de Dios.

Esos hombres fueron tan bendecidos que los beneficios también alcanzaron a sus vecinos. Por ello Labán decía que Yahvé lo bendijo a causa de su proximidad con Jacob (Gn 30:27, 30). Del mismo modo faraón recibió bendición por su cercanía con José (39:5).

Quizá este mismo concepto de proximidad física estuvo involucrado en el acto de comunicar la bendición de padre a hijo como H. Mowvley sugirió.[20] Antes de colocar la raíz del verbo bendecir *(brk)* como lo hizo Gesenius en la raíz *prq*, «quebrar», a saber, el doblez o la quebradura de las rodillas de uno cuando se dan gracias o se rinde homenaje, él siguió a J. Pedersen, von Rad y Procksch quienes tradujeron el verbo *bārak* como «colocarse sobre las rodillas de». (José pudo haber colocado a sus hijos sobre las rodillas de Jacob, Génesis 48.) Así Isaac tocó y besó a Jacob cuando le impartía su bendición (Gn 27:27). Así Labán besó a sus nietos y los bendijo (31:55). De igual modo, el que luchó con Jacob le tocó la coyuntura de la cadera (32:25-32).

Tan importante como el acto, sin embargo, fue la palabra de bendición. Esta comprendía muchas cosas: una predicción, la misma dádiva que resultaba de la bendición (Gn 33:11), una capacidad dada por Dios para asegurar el cumplimiento de la promesa (17:16; 24:60), la recompensa de la prosperidad (15:1), la paz del Señor (26:29) y nada menos que la presencia del mismo Dios (26:3, 28).[21]

---

[20] H. Mowvley, «The Concept and Content of "Blessing" in the Old Testament», *Bible Translator* 16, 1965, pp. 74-80.

[21] *Íbid.*, pp. 78-79.

La confianza de los patriarcas en que sobrevivirían la muerte, aun si los métodos o medios reales se dejaron sin discutir, aparecían con las otras bendiciones de la era. Abraham creyó que el Dios todopoderoso podía librar a su hijo de la misma muerte en Génesis 22. Tenía tanto derecho para esto como Gilgamesh lo tuvo para su amigo Enkidu o el mito de Tammuz para la vegetación muerta. Por esta razón el texto patriarcal siempre distinguió cuidadosamente el hecho de que cada patriarca se «reunía con su pueblo» desde el acto del entierro en la «tumba» (Gn 25:8-9; 35:29; 37:35; 49:29, 31, 33). Ni la relación continua con Dios ni la asociación con ellos se cancelaba después de la muerte porque repetidamente se identificó, el Dios personal y viviente, como «Dios de Abraham, de Isaac y de Jacob» (Éx 3:6 cf. Mr 12:26; Lc 20:37).[22] No es de extrañarse que el salmista con seguridad expresara que los hombres continuaban disfrutando el compañerismo con Dios más allá de la tumba (Sal 16:10; 49:15; 73:24). Asimismo, Job sostenía en 14:14 que el hombre disfrutaba la misma esperanza de «retoñar» otra vez como los árboles caídos (Job 14:7).[23]

---

[22] Para una discusión completa, véase James Orr, *Concepción cristiana de Dios y el mundo, Apéndice al discurso 5*, Editorial CLIE, Terrasa, España, (pp. 200-210 en el original en inglés, Eerdmans, 1947); Patrick Fairbairn, *The Typology of Scripture* [La tipología de las Escrituras], 2 tomos, Zondervan, Grand Rapids, MI, 1963, tomo 1, pp. 343-59.

[23] Véase nuestra amplia discusión en el capítulo sobre la teología de la sabiduría.

Capítulo 7

Pueblo de la promesa: Era Mosaica

A pesar de los cuatrocientos años de silencio que separaron los tiempos patriarcales de la Era Mosaica, la teología apenas perdió su continuidad. Por ejemplo, el breve resumen de la familia de Jacob concluyó en Éxodo 1:7 con siete palabras que a propósito se agruparon una encima de la otra. Estas daban evidencias del cumplimiento de la promesa de Dios en cuanto a que su descendencia fue «fructífera», «había aumentado en gran manera», se había «multiplicado» y «desarrollado sobremanera fuerte». Era una alusión clara a la bendición prometida en Génesis 1:28 y 35:11.

Sin embargo, la simiente era ahora más que una simple familia; era un pueblo, una nación. Allí reside la nueva distinción para esta era. Y los actos llenos de gracia de Dios eran más que una colección de intervenciones personales de individuos seleccionados. Toda la nación debía reafirmar los actos de Dios como su confesión: «Yahvé liberó a su pueblo de Egipto.» Sin embargo, todo ello se remonta a la misma garantía consoladora: «Yo estaré contigo», porque ese era el nombre y el carácter de Dios. Su nombre era «Yo Soy», esto es, Yahvé, el Dios que estaría dinámica y eficazmente presente cuando se le necesitara y los hombres le llamaran.

El amor leal y la gracia segura de este Dios que hace pactos y es fiel a sus promesas, dominaron la transición entre estas edades. Escuchó los clamores de Israel en Egipto y su interés en ellos y su acción a su favor se recapitularon como un «recordatorio» de su pacto con Abraham, Isaac y Jacob (Éx 2:24). El Dios de la liberación era uno y el mismo del «Dios de tus padres» (3:13); «el Dios de Abraham, el Dios de Isaac, y el Dios de Jacob» (vv. 15-16).

Dios le apareció antes a Abraham, Isaac y Jacob en el carácter y naturaleza de El Shaddai, pero ahora se manifestaría a sí mismo como Yahvé (Éx 6:3) al libertar a Israel y guiarlo hasta la tierra que juró dar a los patriarcas (6:8; 33:1). Toda esta actividad divina podía colocarse de nuevo bajo un solo concepto: era un «memorial» de su pacto (6:5).

De aquí que el autor de Éxodo conectara directamente los períodos de los patriarcas y del éxodo; el pacto sinaítico para él era teológica e históricamente una continuación de la promesa a Abraham. Antes que tratar a Egipto y a Sinaí como una interrupción a las promesas anteriores, sus necesidades vinieron a ser nuevas oportunidades para otra manifestación de la lealtad divina de Dios a sus promesas repetidas a menudo.

Mi hijo, mi primogénito

Los doce hijos de Jacob y los dos hijos de José se multiplicaron hasta llegar a ser una gran nación durante la esclavitud egipcia. Después de cuatrocientos treinta años de esclavitud (Éx 12:40), los hijos de Jacob tuvieron bastante; clamaron a Dios pidiendo ayuda.

La ayuda vino en la persona de Moisés y en las maravillosas intervenciones y palabras del Señor. El primer acto de Moisés como el recién nombrado vocero del Dios viviente fue categóricamente el de ordenar al faraón: «Israel es mi primogénito ... Deja ir a mi hijo» (Éx 4:22-23). Yahvé ahora había de verse como «padre» por lo que hizo: Trajo a la vida a Israel como nación, la crió y dirigió. Eso es paternidad. Así Moisés razonó en su discurso final a Israel: «¿No es [el Señor] tu Padre, que te creó, quien te hizo y te estableció?» (Dt 32:6).

El texto usa el singular con toda intención para la comunidad de Israel. Cuando el AT se refiere a los israelitas en individual, usa el plural (p.ej.: «Ustedes son hijos del Señor vuestro Dios» [Dt 14:1]). Sin embargo, el individuo israelita era también un «hijo de Dios» precisamente porque era miembro del pueblo escogido.

Mientras es cierto que en el Oriente Próximo antiguo era común que los monarcas dijeran que eran hijos de un dios u otro y sobre todo en Egipto, donde el faraón se creía provenir de la unión sexual entre el dios y la reina. Israel evitó con mucho cuidado cualquier idea de una relación filial divina. Sin embargo, cuando Dios usó la designación «mi primogénito», no era un epíteto improvisado ni una licencia poética. Era una parte integral del llamamiento de Dios y la liberación israelita de Egipto.

El vínculo filial de Israel expresó una relación:[1] Israel era el hijo de Yahvé, pero no simplemente en el sentido de *ciudadano* de una nación, un miembro de un sindicato de artesanos, ni un *discípulo* de un maestro. La palabra hebrea *ben*, «hijo», se puede entender en contextos diversos en todos estos sentidos. Aquí, sin embargo, era una relación familiar: un pueblo que compuso la familia de Dios. Israel no era una familia en un sentido adoptado o nada más que étnico, político o una unidad social. Antes bien, era una familia formada, salvada y guardada por Dios el «Padre» de esta familia.

Como hijos verdaderos, Israel debe imitar a su Padre en sus actividades. El hijo debe aspirar a ser todo lo que es el Padre (p.ej.: «Sed santos como yo soy santo» [Lv 19:2], *passim*). El hijo, por su parte, debe respetar los deseos del Padre y mostrar su respeto y gratitud al hacer lo que el Padre le manda. El Padre, demuestra su amor en su cuidado tierno y en sus tratos leales con su hijo.

Por lo general, el título «primogénito» *(b⁽kôr)* significa el primer hijo que nace (p.ej., Gn 25:25) o que abre el vientre (Éx 13:2). En sentido cedido, como se usa aquí, denota «primero en rango», «primero en preeminencia». Como tal, a los que reciben este título se le otorgan derechos especiales y honores de heredero.

Los derechos de primogenitura se reemplazaban cuando se designaba a otro hijo como el «primogénito». Lo que descansaba previamente en la posición, ahora se removía y asentaba en la gracia. Así pasó con Jacob cuando se le puso el nuevo nombre Israel. Esaú fue el primero en posición según su nacimiento, luego Jacob (Gn 25:25-26); pero Jacob fue el que recibió el favor de Dios y la sorpresa de que se le llamara su «primogénito». Asimismo, Efraín fue el segundo hijo de José, pero Jeremías lo reconoció como el «primogénito» de Dios (Jer 31:9).

Los intérpretes y teólogos del AT no siempre aprecian la

---

[1]   Estoy en deuda con Dennis McCarthy por muchas de las ideas aquí: «Israel, My First-born Son», [Israel, mi primogénito], *The Way* [La vía], 5, 1965, pp. 183-91.

importancia tanto del significado como de los conceptos de solidaridad colectiva en los términos «mi hijo» y «mi primogénito». «Simiente» es un término colectivo que apareció por primera vez en Génesis 3:15 como una persona representativa tanto del grupo completo identificado con él, como con la persona representativa última o final que habría de venir. Así «mi hijo» y «mi primogénito» actúan en la misma capacidad dual. Eran términos colectivos que representaban e incluían a Aquel que habría de venir y a los muchos que ya creían en él.

Por lo tanto, los lectores del NT no se deberían sorprender cuando se usan los mismos términos para referirse a Jesús, el Mesías. A él también se le llamó por los que llegaron a ser por aquel entonces términos técnicos. A él también lo sacaron de Egipto y a él se le dio el mismo término característico «mi hijo» (Mt 2:15 cf. Os 11:1). Más aun, era el «primogénito», *prōtotokos* (Ro 8:29; Col 1:15, 18; Heb 1:6; Ap 1:5). Y compartió con todos los creyentes el título *prōtotokoi* como ocurrió en el AT para todo Israel (Heb 12:23). La continuidad de términos, identidades y significados a través de los dos testamentos es más que un simple accidente. Es una evidencia notable de un programa singularmente planeado y de un pueblo de Dios único y unificado.

Mi pueblo, mi posesión

Israel era más que una familia o que el hijo de Dios; Israel llegó a ser también una *gôy,* «nación» (Éx 19:6). Este hecho se mostró primero cuando el Señor le dijo a Moisés en la zarza ardiente: «He visto la aflicción de mi pueblo que está en Egipto» (3:7). Este título lo repitió Moisés al faraón en la demanda categórica de Dios: «Deja ir a mi pueblo» (Éx 5:1; 7:14; 8:1, 20; 9:1; 10:3). El que se le llamara un «pueblo» *('am)*[2] significaba que era un grupo social étnico con suficiente fuerza y unidad para que se le considerara como una totalidad corporativa. Con todo, estaba tan íntimamente ligado a Yahvé que él los llamó «mi pueblo».

---

[2] Contraste nuestras conclusiones con las de Richard Deutsch, «The Biblical Concept of the "People of God"» [El concepto bíblico del «Pueblo de Dios»], *Southeast Asia Journal of Theology* [Revista de teología del sureste de Asia], 13, 1972, pp. 4-12.

La lealtad de Yahvé para con su pueblo se hizo evidente en los sucesos de las plagas, el éxodo y el viaje por el desierto. Israel se iba a librar de la servidumbre a faraón para que pudiera servir al Señor. Sin embargo, cuando el monarca egipcio se negó sin cesar a ceder a las demandas de Yahvé, el poder del Señor (llamado «el dedo de Dios» en Éxodo 8:19 [cf. Éx 31:18; Sal 8:3; Lc 11:20]) se desató en grados crecientes de severidad contra faraón, su pueblo, sus tierras y bienes. Sin embargo, el objetivo no era un simple castigo como desquite por la obstinación del faraón. Las plagas tuvieron un propósito salvífico para Israel y para Egipto. Estaban destinadas a convencer al faraón que en verdad Yahvé habló y que se le debía temer y obedecer; Israel no tuvo otra opción ni tampoco los egipcios.

¿Era este un Dios patriota e injustamente parcial hacia Israel en detrimento de la economía de los egipcios? ¡En manera alguna! El texto insiste en que sus plagas tuvieron también una apelación evangelística para los egipcios. Cada catástrofe se produjo para que «ustedes [los egipcios] puedan conocer que yo soy el Señor en medio de la tierra» (Éx 8:22); «que [tú] puedas saber que no hay otro como yo en toda la tierra» (9:14; cf. 8:10); «para mostrarte el poder de [Dios] para que [su] nombre se declare a través de toda la tierra» (9:16); y «que [tú] puedas saber que toda la tierra pertenece al Señor ... [y que puedas temer a] la presencia de Jehová Dios» (vv. 29-30).

Los dioses egipcios no eran dioses realmente. Solo Yahvé era Dios; y lo era en toda la tierra, no solo en el territorio de los patriarcas de Harán o Canaán. Su nombre y su poder deben publicarse por toda la tierra de modo que todas las naciones puedan «temerle» esto es, «creer en él». Y así lo hicieron algunos egipcios. Varios de los siervos de faraón «temieron la palabra de Yahvé» (Éx 9:20) e hicieron lo que mandó Moisés. Sin duda, esa es la explicación para «la multitud mixta» que dejó Egipto con Israel (12:38). Incluía a los gentiles que llegaron a «conocer», es decir, a experimentar en persona al Señor Dios de toda la tierra.

Aun después de la liberación milagrosa en la noche de la Pascua, muchos egipcios aún se mantenían firmes en su curso temerario de enfrentamiento directo con este Dios incomparablemente grande.

La oferta de gracia permaneció con paciencia abierta mientras ellos perseguían a Israel cuando este cruzaba el mar. Ellos «sabrán que yo soy el Señor» (Éx 14:4) aun cuando ese Dios recibió alabanza y gloria de Israel por su poderosa victoria sobre faraón, sus carrozas y sus jinetes (v. 18).

El efecto sobre Israel fue sobrecogedor. Después que vio lo que Dios finalmente hizo contra los imperiosos egipcios, «temieron al Señor, y creyeron en el Señor y en su siervo Moisés» (Éx 14:31). Juntos cantaron:

> Tu diestra, Señor, reveló su gran poder;
> tu diestra, Señor, despedazó al enemigo.
>
> *Éxodo 15:6*

> ¿Quién, Señor, se te compara entre los dioses?
> ¿Quién se te compara en grandeza y santidad?
> Tú, hacedor de maravillas,
> nos impresionas con tus portentos.
>
> *Éxodo 15:11*

La libertad de todo Israel se debió al amor leal *(ḥeseḏ*: Éx 15–13) que Yahvé tenía por su pueblo. Otros pueblos oyeron y temblaron, pero el pueblo de Dios a quien él compró *(qānâh*: 15:16) vio la «salvación del Señor» *(yᵉšûʿaṯ YAWH*: 14:13). La manipulación humana se excluyó claramente; esta fue la «liberación» de Dios (3:8; 6:6). Él era el «pariente-redentor» *(gôʾel*: 6:6) de Israel, el que con milagros y un «brazo extendido» los tomó y los llamó «mi pueblo» (v. 7).

En la última noche de Israel en Egipto se explicó este hecho en la ceremonia de la Pascua que celebraron. Ese rito iba a celebrarse cada año junto con la explicación acreditada que se encuentra en Éxodo 13:14-16. Se debe explicar a las generaciones venideras que «el Señor mató a todos los primogénitos en Egipto, tanto de los hombres como de los animales. Por ello, usted dirá, yo sacrifico al Señor todos los varones que primero abren el vientre; pero a todos los primogénitos de mis hijos yo los redimo *(pāḏâh)*» (v. 15).

Así Israel constituyó un «pueblo». En efecto, Éxodo 12:3 lo llama una «congregación» *(ʿēḏâh)* por primera vez cuando comenzó a prepararse para la comida de la Pascua en cada familia. Abraham llegó a ser numeroso; en verdad, se convirtió ahora en una nación grande y los dos extraordinarios actos redentores de Dios, la Pascua y el Éxodo, subrayan la realidad de este nuevo cumplimiento.

Lo más sorprendente de todo fue el rango que tenía Israel como «la elección o la posesión atesorada» *(s^egûlâh*: Éx 19:5) de Dios. Sin embargo, ¿qué hizo a Israel tan valioso y qué quiere decir la frase con exactitud? El significado de este término especial lo aclaró Moshe Greenberg, quien señaló su equivalente acadio *sikiltum*[3] y C. Virolleaud, quien apuntó el ugarítico *sglt*, que tradujo *proprieté*. La raíz básica de este término era *sakālu*, «apartar una cosa o una propiedad».[4] Era lo opuesto de la propiedad real, como bienes raíces, que no se pueden mover. La *s^egûlâh*, de Dios, por otra parte, era su tesoro *móvil*. Luego, el valor de Israel venía del amor y afecto que le otorgó Dios. Israel llegó a ser su propiedad.

Más adelante, en Deuteronomio, a Israel se le llama «santo» *(qādôš)*, así como una «posesión atesorada». Sin embargo, estos pasajes estuvieron siempre vinculados con el concepto de «pueblo» *('am*: Dt 7:6; 14:2; 26:18-19; también sin *s^egûlâh*: 14:21; 28:9); de aquí que se preserve el mismo punto. Israel era el tesoro inconfundible de Dios, apartado para un propósito definido.

Con esto tenemos un cuarto término nuevo para referirnos a Israel en pie ante un Dios que lo escogió y llamó, no individual sino colectivamente, lo cual le da completo significado de ser parte de un pueblo y nacionalidad. El concepto total se pudiera reducir a una simple frase: «Te tomará como mi pueblo» (Éx 6:7). Esa afirmación llegó a ser la segunda parte de una fórmula tripartita: «Seré tu Dios y tú serás mi pueblo.» Solo faltaba ahora la tercera parte: «Y habitaré en medio de ti.» Eso vendría de un momento a otro.

De modo que, ¿quien era este Dios y quién podría comparársele? (Éx 15:11). Moisés y Miriam celebraron la respuesta, después de la liberación en el Mar Rojo, en un canto que magnificaba la incomparable grandeza de Dios. Su liberación de Egipto (15:1-12),

---

3 Moshe Greenberg, «Hebrew *s^egûlā:* Acadian *sikiltu*» [Hebreo *s^egûllā:* Acadia *sikiltu*], *Journal of American Oriental Society* 71, 1951, pp. 172ss.

4 Según lo cita Moshe Weinfeld, «The Covenant of Grant in Old Testament and Ancient Near East» [El pacto de concesión en el Antiguo Testamento y antiguo Medio Oriente], *Journal of American Oriental Society* 90, 1970, pp. 195, n. 103.

la cual era señal de su ayuda futura cuando entraran a Canaán (vv. 13-18), demostró su indisputable soberanía sobre el hombre, las naciones y la naturaleza: «El Señor reinará por siempre y para siempre» (v. 18).

Pocos pasajes son más centrales para la discusión del nombre[5] y carácter de Dios que Éxodo 6:2-8. La distinción entre su aparición a los patriarcas como El Shaddai y su manifestación a Moisés ahora como Yahvé *(YHWH)* ha continuado siendo una fuente de conjeturas y debates eruditos. Sin duda, los patriarcas no desconocían el nombre Yahvé porque el mismo aparece en todas las narrativas del Génesis más de cien veces. Lo que destaca Éxodo 6:3 eran los dos verbos reflexivos nifal, *wā'erā'* («me mostraré») y *nôda'tî* («no me hice conocer») y la preposición hebrea *b^e* («por») antes de El Shaddai y por implicación, antes de Yahvé.

Esta preposición conocida como una *beth essentiae* debe traducirse «como» y significa que «Dios se mostró a sí mismo a Abraham, a Isaac y a Jacob *en el carácter* de (es decir, con los atributos acompañantes de) El Shaddai; pero *en el carácter de mi nombre* Yahvé no me revelé a ellos». Entonces, el nombre revelaba el carácter, las cualidades, los atributos y la esencia de la persona así designada.

Tal análisis de Éxodo 6:3 se puede confirmar al examinar 3:13. Cuando Dios prometió ir con Moisés cuando estuviera ante faraón y el pueblo, Moisés preguntó: «Supongamos que me presento ante los israelitas y les digo: "El Dios de sus antepasados me ha enviado a ustedes." ¿Qué les respondo si me preguntan: "¿Y cómo se llama?"»

Como Martin Buber[6] y otros han notado, el interrogativo «qué» *(mâh)* ha de distinguirse de «¿quién?» *(mî)*. El último solo preguntaba por el título o designación de una persona, mientras que *mâh*, sobre todo cuando se conectaba con la palabra «nombre», buscaba saber las cualidades, el carácter, los poderes y habilidades que residían en ese nombre.

[5] Véase W.C. Kaiser, Jr., «Name» [Nombre], *Zondervan Pictorial Encyclopedia of the Bible* [Enciclopedia pictórica de la Biblia por Zondervan], 5 tomos, Zondervan, Grand Rapids, 1975, tomo 4, p. 364.

[6] Martin Buber, *Kingship of God* [La dignidad real de Dios], Harper & Row, Nueva York, NY, 1967, pp. 104-6, 189-90; también J.A. Motyer, *The Revelation of the Divine Name* [La revelación del nombre divino], Tyndale, Londres, 1956, pp. 3-31.

Así, la respuesta llegó de modo terminante. Su nombre era «Yo soy el Dios que estaré allí» (Éx 3:14). No era tanto una designación ontológica ni estática del ser como «yo soy el que soy»; era más bien una promesa de una *presencia* activa y dinámica. Como Dios se reveló a los patriarcas en su control sobrenatural de la naturaleza, ahora Moisés y el hijo de Yahvé, Israel, conocerían su presencia en una experiencia de día en día como nunca antes se le conoció. Más adelante, en Deuteronomio, esto se desarrollará en una teología completa del nombre. El nombre llegó a representar la presencia del mismo Dios en vez de experimentar los simples efectos de su presencia en la naturaleza.

Sacerdotes reales

Esta única posesión atesorada estaba destinada a ser un sacerdocio real compuesto por la congregación completa. A Israel, el primogénito de las naciones, se le dio el rango de hijo, liberado de Egipto como si hubieran sido llevados sobre alas de águilas y hechos ministros para beneficio de ellos mismos y de las naciones. Éxodo 19:3-6 anuncia este papel de mediador:

Anúnciales esto al pueblo de Jacob;
Declárale esto al pueblo de Israel:
«Ustedes son testigos de lo que hice a Egipto,
y de que los he traído hacia mí
como sobre alas de águila.
Si ahora ustedes me son del todo obedientes,
y cumplen mi pacto, serán mi propiedad exclusiva
entre todas las naciones.
Aunque toda la tierra me pertenece,
ustedes serán para mí un reino de sacerdotes y una nación
santa.»

Todo el mundo pertenecía al Señor; pero en medio de las naciones él colocó a Israel. Le dio una tarea especial. Pocos han captado el significado de este texto mejor que Charles A. Briggs:

Tenemos un desarrollo posterior de la segunda profecía mesiánica [Gn 9:27] en que la habitación de Dios en las tiendas de Sem llega a ser el reino de Dios como el gobernante del reino de Israel.

El reino de Dios es un reino de sacerdotes, una nación santa. Tiene un ministerio sagrado de sacerdocio, tanto como de soberanía con referencia a las naciones del mundo. Como santos, los israelitas son los súbditos de su santo rey, y como sacerdotes lo representan y sirven de mediadores con las naciones. Así se revela el tercer aspecto del pacto con Abraham. El asunto más importante para Abraham fue la simiente prometida, el asunto esencial para Jacob fue la tierra prometida. Ahora, cuando Israel era una nación, separada de los egipcios y entrando en las relaciones de nación independiente con las demás naciones del mundo, el asunto esencial llegó a ser qué tipo de relación iba a asumir. De una parte tenían a Dios como su rey y de la otra a las naciones y antes que todo el lado positivo de esa relación. Esto se representa en nuestra promesa: como un ministerio de la realeza y del sacerdocio. Eran un reino de sacerdotes, un reino y un sacerdocio combinados en la unidad de la concepción, sacerdotes reales o sacerdotes reyes.[7]

Briggs señaló que el término «reino de sacerdotes» *(mamleket kōhᵃnîm)* era más un nombre completo que una construcción de relación del caso genitivo. En efecto, los términos estaban combinados tan íntimamente en su unidad que Israel iba a ser al mismo tiempo sacerdote rey y también real sacerdocio. Esto era cierto para cada uno en la nación como un todo de la misma manera que todos habían estado incluidos en la calidad de hijos.[8]

Recientemente William Moran [9] argumentó de manera convincente que «reino de sacerdotes» no es sinónimo para «una nación santa». Era una entidad separada. Más adelante, *mamleket* significaba en ocasiones «rey» (1R 18:10; Is 60:11-12; Jer 27:7-8; Hag 2:22), sobre todo en pasajes en prosa tales como Éxodo 19.

Para Moran, el estilo del pasaje era notablemente personal. Comenzó en el versículo 3 «a los hijos de Israel» *(libᵉnê yiśrā'ēl)* y

7   Charles Augustus Briggs, *Messianic Prophecy* [Profecía mesiánica], Charles Scribner's Sons, New York, NY, 1889, p. 102.

8   *Ibíd.*, pp. 102-3, n. 2.

9   William L. Moran, «A Kingdom of Priests» [Un reino de sacerdotes], *The Bible in Current Catholic Thought* [La Biblia en el pensamiento católico actual], ed., John L. McKenzie, Herder & Herder, Nueva York, NY, 1962, pp. 7-20, esp. 14-16. Véanse algunas revisiones ligeras de Moran en B.S. Childs, *The Book Of Exodus* [El libro del Éxodo], Westminster Press, Filadelfia, PA, 1974, p. 367; cf. p. 342, n. 6 y p. 374, n. 6.

concluyó en el versículo 6 «a los hijos de Israel» *('el b'nê yiśrā'ēl)*. En el mensaje dirigido al pueblo, versículos 4-6, la primera y la última cláusulas se introdujeron con el enfático «tú» *('atem)*. Otras repeticiones de referencias a personas recalcan el tratamiento personal profundo en el pacto de Éxodo 19:3-6: *('eṭkem, bis)*, «a mí» *(lî, ter)*, y la aliteración «aunque todo me pertenece» *(kî lî kol, K-L-K-L)*.

La naturaleza distintiva y el rango especial que se le da a esta nación, la posesión personal de Dios, *s'gûlâh,* estaban involucrados en su sacerdocio universal. Serían los mediadores de la gracia de Dios a las naciones de la tierra, aunque en Abraham «todas las naciones de la tierra serían benditas».

Por desgracia para el pueblo, declinaron el privilegio de ser un sacerdocio nacional en preferencia a la representación bajo Moisés y Aarón (Éx 19:16-25; 20:18-21). Por lo tanto, el propósito original de Dios se retrasó (no desechado ni en derrotado para siempre) hasta los tiempos del NT, cuando el sacerdocio de todos los creyentes se proclamó de nuevo (1 P 2:9; Ap 1:6; 5:10). Con todo, el papel de Israel de ser el agente escogido por Dios para ministrar a las naciones no fue revocado.

El pueblo sintió intensamente la magnificencia y santidad de la presencia de Yahvé en el trueno de su voz y en el efecto iluminador de su presencia que dejó al mundo natural en convulsiones sísmicas. Así que le rogaron a Moisés que se llegara a Dios en su nombre y recibiera lo que él les iba a comunicar. De ese modo Moisés se convirtió en el primer levita al representar al pueblo.[10] Más tarde, por autoridad divina, Moisés consagró a Aarón y a sus hijos para oficiar ante el altar (Éx 28:1). Otras tareas vinculadas con el santuario y el culto se le dieron a toda la tribu de Leví después que probaron su fidelidad durante el incidente del becerro de oro (Éx 32:25-29).

Sin embargo, la escena completa fue un suceso sin precedentes en los anales de los hombres. Moisés interrogó al pueblo en Deuteronomio 4:32-34 acerca del encuentro original con Dios en el Sinaí:

---

[10] Sin embargo, nótese que allí aparentemente habían sacerdotes antes de esta nueva provisión (Éx 19:22, 24).

¿Qué pueblo ha oído a Dios hablarle en medio del fuego, como lo has oído tú, y ha vivido para contarlo? ...

Desde el cielo te permitió escuchar su voz ... y en la tierra te permitió ver su gran fuego ... El Señor amó a [tus] antepasados.

Sin embargo, ahora Moisés había oído la voz de Dios; y los sacerdotes, Aarón y sus hijos los levitas, debían ejecutar la obra de mediación. La naturaleza representativa del sacerdocio levítico se hizo más gráfica en Números 3:12-13. Por cada hijo recién nacido en toda familia israelita, se consagraba a Dios un levita en lugar de la muerte de ese primogénito. Antes que completar las consecuencias lógicas implicadas en la muerte y sacrificio al Señor de cada primogénito para demostrar que toda la tierra es propiedad de Yahvé, esta legislación hizo un alto en esa inferencia en el caso del primogénito de hombres y mujeres. En su caso Dios se complació en proveer a los levitas como sustitutos. De igual modo, el sumo sacerdote representaba a todo el pueblo porque llevaba los nombres de todas las tribus de Israel en el pectoral cuando entraba al santuario (Éx 28:29).

A Aarón se le dio este sacerdocio en «estatuto perpetuo» (Éx 29:9) y se renovó a Fines (Nm 25:13). Es importante notar que el oficio, el sacerdocio, se aseguró eternamente, no el de individuos particulares ni de familia. Así que no se abrogó cuando más tarde pasó temporalmente de los descendientes de Fines a la línea de Itamar. Una vez más la conclusión es la misma: la promesa permanece para siempre, pero la participación en las bendiciones dependió de la condición espiritual del individuo.

Una nación santa

En Éxodo 19:6, se le dio a Israel otro título. Iba a ser una nación, pero no como la serie de naciones ordinarias que no conocían a Dios. Israel sería una nación santa. Sin embargo, esta promesa se conectaría con la respuesta y preparación del pueblo para la teofanía. Tales requisitos eran una «prueba», según Éxodo 20:20.

—No tengan miedo —les respondió Moisés—. Dios ha venido a ponerlos a prueba, para que sientan temor de él y no pequen.

¿Era este pacto un cambio deliberado del pacto promisorio de los patriarcas a un pacto condicional en el que «la obediencia era la condición absoluta de la bendición»?[11] ¿Estaba Dios descontento con la respuesta del pueblo que prometió «Todo lo que el Señor ha dicho haremos» (Éx 19:8; 24:3, 7)? ¿Podría interpretarse esto como un «paso hacia abajo» y un «error» equivalente a «rechazar los tratos llenos de gracia de Dios con ellos»?[12] ¿Cuál era la relación del «si» en las declaraciones (Éx 19:5; Lv 26:3ss.; Dt 11:13ss.; 28:1) y el mandamiento «Sigan por el camino que el SEÑOR su Dios les ha trazado, para que *(ľ ma'an)* vivan, prosperen y disfruten de larga vida en la tierra que van a poseer» (Dt 5:33)?

El contraste implícito en estas preguntas era muy agudo para el texto. Si la supuesta naturaleza obligatoria de este pacto demostrara ser las nuevas bases para establecer una relación con el Dios del pacto, debían probar que es posible demostrar que se puede aplicar esa misma lógica a las declaraciones condicionales que se consideraron en el capítulo sobre la teología patriarcal.[13]

El «si» es reconocidamente condicional. ¿Pero condicional a qué? Había una condición, en este contexto, para la posición inconfundible entre todos los pueblos de la tierra, su papel de mediador y su rango como nación santa. En síntesis, ello podía disminuir, estorbar o negar la experiencia de santificación y ministerio de Israel hacia otros; pero no podría afectar su elección, salvación ni la herencia presente y futura de la promesa antigua. Israel debía obedecer la voz de Dios y prestar atención a su pacto, no «para» *(ľ ma'an:* cláusula de propósito) vivir y hacer que las cosas fueran bien, sino «con el resultado que» *(ľ ma'an:* cláusula resultante)[14] experimentara una vida auténtica y le fuera bien (Dt 5:33).

---

11 James Freemen Rand, «Old Testament Fellowship with God» [El compañerismo con Dios en el Antiguo Testamento], *Bibliotheca Sacra,* 109, 1952, p. 153. Note C.I. Scofield, *Biblia anotada por Scofield,* Spanish Publications, Dousman, WI, (p. 20 de la Biblia en inglés, 1909): «La dispensación de la promesa terminó cuando Israel precipitadamente aceptó la Ley» (Éx 19:8).

12 Rand, «Fellowship», p. 155.

13 Véanse Génesis 18:17ss.; 22:18; 26:5.

14 Esta partícula hebrea se usa para indicar una consecuencia inevitable tanto como indicar un propósito; véase S.R. Driver, *A Treatise on the Use of Tenses in Hebrew* [Un tratado sobre el uso de tiempos gramaticales en Hebreo], 4a edición, Clarendon Press, Oxford, Inglaterra, 1906, p. 200.

Israel debía estar separado y ser santo; debía estar separado y ser diferente a cualquier otro pueblo sobre la faz de la tierra. Como pueblo elegido o llamado habiéndose formado ahora como una nación bajo Dios, la santidad no era un rasgo opcional. Israel tenía que ser santo porque su Dios, Yahvé, era santo (Lv 20:26; 22:31-33). Como tal, no podría consagrarse de allí en adelante a ninguna otra cosa o persona (27:26), ni entrar en algunas relaciones rivales (18:2-5).

La vida eterna o vivir en los beneficios de la promesa no estaba ahora condicionado por una nueva ley de obediencia.[15] Ni Levítico 18:5 lo hizo así cuando dijo: «Observen mis estatutos y vivirán por ellos.» Andrew A. Bonar estaba equivocado cuando comentó este versículo:

> Pero si, como muchos piensan, en este lugar vamos a tomar la palabra [sic] vive por ellos, como significando «vida eterna para ser conseguida por ellos», el alcance del pasaje es, las leyes de Dios son tan excelentes y cada detalle especial de estas leyes, que *si un hombre fuere a guardar estas siempre y perfectamente,* el mismo hecho de guardarlas sería vida eterna para él. Y las citas en Romanos 10:5 y Gálatas 3:12 parecerían determinar que este es el único y verdadero sentido aquí [cursivas de Bonar].[16]

Sin embargo, esta opinión deja de lado los siguientes puntos:

1. Levítico 18 comienza y termina (vv. 2, 20) con la siguiente composición teológica: «Yo soy el Señor tu Dios.» Así que el guardar la ley aquí era la gran evidencia de que ya el Señor era en verdad su Dios.

2. En lugar de imitar las costumbres de los paganos que los rodeaban, el feliz privilegio de Israel sería manifestar *la vida*

---

[15] Para partes del argumento siguiente y detalles más extensos, véanse W.C. Kaiser, Jr., «Leviticus and Paul: "Do This and You Shall Live" (Eternally?)», [Levítico y Pablo: «Quien practique estas cosas vivirá» (¿eternamente?)], *Journal of the Evangelical Theological Society,* 14, 1971, pp. 19-28.

[16] Andrew A. Bonar, *A Commentary on Leviticus,* [Un comentario sobre Levítico], 1846, edición reimpresa, Banner of Truth Trust, Londres, 1966, pp. 329-30. También está de acuerdo Charles L. Feinberg, *The Prophecy of Ezequiel* [La profecía de Ezequiel], Moody Press, Chicago, IL, 1969, p. 110: «La obediencia hubiera traído vida física y espiritual, y temporal y eterna» (véase Dt 4:40; 5:16).

que ya había comenzado en fe por la observancia de las leyes de Dios.

3. «Esas cosas» que Israel debía hacer eran los estatutos y juicios del Señor que contrastaban agudamente con las costumbres y ordenanzas de los egipcios y de los cananeos.

4. El mismo punto hecho en Levítico 18:5 lo realizará Moisés más tarde en Deuteronomio 16:20 y Ezequiel en Ezequiel 20:11. G.A. Cooke lo sintetizó así:

La mente antigua se fijaba en los actos externos como reveladores del estado interior. Mientras que la mente moderna va directamente a la condición interna.[17]

Patrick Fairbairn tenía una opinión similar:

Es obvio que ni Moisés ni Ezequiel quisieron decir que la vida de la que se habla, que comprende todo lo que en realidad es excelente y bueno, iba a *adquirirse* mediante tal conformidad con los decretos del cielo; pues la vida en ese sentido ya era de ellos... Al hacer estas cosas vivieron en ellas; pues la vida de este modo tiene su debido ejercicio y nutrición y estaba en condiciones de disfrutar los múltiples privilegios y bendiciones aseguradas en el pacto. Y la misma cosa se puede decir de los preceptos y ordenanzas del [NT] evangelio: un hombre vive la vida de fe más alta solo cuando camina en conformidad con estos; pues aunque obtiene la vida por un simple acto de fe en Cristo, no puede ejercitarla, mantenerla y disfrutarla sino con relación a las instituciones y requisitos del evangelio [cursivas de Fairbain].[18]

5. Una de las maneras de «hacer» la ley era reconocer la imperfección de la vida de uno y así hacer un sacrificio por la expiación de nuestro pecado. Así, Levítico 18:5 no era una oferta hipotética de vida eterna como recompensa por guardar la ley perfectamente. ¡La misma ley se responsabilizaba y hacía

---

[17] G.A. Cooke, *The Book of Ezequiel* [El libro de Ezequiel], I.C.C., T.&T., Clark, Edimburgo, 1967, p. 199.

[18] Patrick Fairbain, *An Exposition of Ezekiel* [Una exposición de Ezequiel], Sovereign Grace Publishers, Evansville, IL, 1960, pp. 215-16.

provisión para los que la quebrantaban en el gran sistema de sacrificios que era una parte de ese pacto de ley!

6. Además, el pueblo no se precipitó al decir en Éxodo 19:8: «Cumpliremos con todo lo que el Señor nos ha ordenado.» Es por ello que en Deuteronomio 5:28-29 el Señor habló en términos brillantes de aprobación: «Ojalá su corazón esté siempre dispuesto a temerme y a cumplir todos mis mandamientos» (cf. 18:18).[19]

Nótese bien que *aun* el pacto sinaítico se inició por el amor, la misericordia y la gracia de Yahvé (Dt 4:37; 7:7-9; 10:15, *passim*). Cuando Israel quebrantó la ley de Dios, no perdió el derecho a heredar la promesa ni a transmitir la promesa a sus hijos como más tarde lo hicieron los patriarcas de la línea real davídica. Aun el incidente del becerro de oro no puso fin a la fidelidad de Dios (Éx 32). Ello solo destacó la necesidad de la obediencia para los que habían declarado haber experimentado la gracia de la liberación de Dios en el éxodo y la verdad que el Señor Dios es «clemente y compasivo, lento para la ira, y grande en amor y fidelidad» (Éx 34:6).

La ley de Dios

Ninguna fórmula apareció con mayor insistencia en este período que «Yo Yahvé» o «Yo Yahvé vuestro Dios» (Lv 18:5, 30; 19:2, 4, 10, 12, 14, 16, 18, 25, 28, 30-32, 34, 37; 20:7-8, 24, 26, *passim*) y esa era la base para cualquiera y todas las demandas puestas sobre Israel. Su Señor era Yahvé, el Dios que estaba dinámicamente

---

[19] Fíjese también en J. Oliver Buswell, *A Systematic Theology of the Christian Religion* [Una teología sistemática de la religión cristiana], Zondervan, Grand Rapids, MI, 1962, p. 313: «Las palabras, *en autē* [Ro 10:5] y las palabras correspondientes en Gálatas 3:12, *en autois,* donde el mismo pasaje del Antiguo Testamento [Lv 18:5] se cita, no se debiera construir como instrumental, sino como locativo, indicando la esfera o límite de vida de un hombre pío... Obviamente Moisés no está describiendo los medios de obtener la vida eterna, sino los límites dentro de los cuales se debe vivir una vida terrenal santa.» *The New Scofield Reference Bible,* E. Schuyler English et al., editores, Oxford University Press, Nueva York, NY, 1969, p. 95, dice ahora: «El "sí" del v:5 es la esencia de la ley» y de aquí que «la razón fundamental de por qué la "ley no hace nada perfecto" (Heb 7:18-19; compárese Ro 8:3).» Creemos que todavía no comprenden la idea. Aun la observación añadida acerca del orden tampoco es adecuada: «Para Abraham la promesa precedió a lo que se le requería; en Sinaí el requisito precedió a la promesa. En el nuevo pacto se sigue el orden del pacto con Abraham (véase Heb 8:8-12).»

presente. Además, era santo; por lo tanto, Israel no tenía otra opción en la materia del bien y del mal si iba a disfrutar de compañerismo constante con aquel cuyo verdadero carácter no toleró ni toleraría el mal.

Para ayudar a la joven nación recientemente liberada de siglos de esclavitud en los privilegios y responsabilidades de la libertad, Dios les dio su ley. Esta sencilla ley tenía tres aspectos o partes: la ley moral, la ley civil y la ley ceremonial.[20]

La ley moral

El contexto de las demandas morales de Dios era doble: «Yo soy el Señor tu Dios», y «Yo te saqué de Egipto, del país donde eras esclavo» (Éx 20:2). Por consiguiente, el patrón de medida de la moral para decidir lo que era verdadero o falso, bueno o malo, se fijó en el impecable e inquebrantable carácter santo de Yahvé, el Dios de Israel. Su naturaleza, sus atributos, carácter y cualidades ofrecieron la vara de medir para todas las decisiones éticas. Sin embargo, del mismo modo allí había un ambiente de gracia: el acto de libre amor de la liberación de Egipto. Israel no necesitó guardar la ley para librarse de Egipto. Por el contrario, dado que Israel recibió su redención tan extraordinariamente, no podía rechazar con facilidad el peso de la obligación.

Si alguien duda que la gracia estaba en el primer término de la ley, debe reflexionar con cuidado en la secuencia del Éxodo, el viaje a Sinaí, la clemencia hacia Israel durante su peregrinación en el desierto y su perdón a los cultores del becerro de oro, idólatras y alocados sexualmente.

La forma de la ley moral, sobre todo como aparece en los Diez Mandamientos (Éx 20:2-17; Dt 5:6-21), era sobrecogedoramente negativa. Sin embargo, esto no tiene nada que ver con el tono ni el propósito de esa ley. En realidad era más fácil expresar la restricción a un creyente en pocas palabras porque su libertad era muy

---

20 Para una defensa de la ley singular de Dios teniendo partes con «más peso», véase a W.C. Kaiser, Jr., «The Weightier and Lighter Matters of the Law: Moses, Jesus, and Paul» [Los asuntos de la ley más ligeros y de más peso: Moisés, Jesús y Pablo], *Current Issues in Biblical and Patristic Interpretation: Studies in Honor of Merrill C. Tenney* [Asuntos actuales en la interpretación bíblica y patrística: Estudios en honor a Merrill C. Tenney], ed. G.F. Hawthorne, Eerdmans, Grand Rapids, MI, 1975, pp. 176-92.

vasta. Además, de cualquier modo toda moralidad tiene dos lados: cada acto moral es al mismo tiempo un refrenamiento de un modo contrario de acción y la adopción de su opuesto. No haría diferencia si la ley hubiera sido expuesta negativa o positivamente. Además, cuando se prohibía un mal, como matar, esa ley no se cumplía cuando los hombres solo se abstenían de arrancar violentamente la vida a su prójimo. Solo se «guardaba» cuando las personas hacían todo lo que estaba a su alcance para ayudar al prójimo a vivir. La vida humana se veía como valiosa dado que la humanidad se hizo a la imagen de Dios, y así la vida se basa en el carácter de Dios. Por ello se debe preservar la vida humana y realzarla, ¡ambas cosas! No puede uno rehusar hacerlo tampoco, es decir, negarse a preservar o tratar de mejorar la vida del prójimo. La inactividad en el terreno moral nunca será un cumplimiento de la ley; eso sería equivalente a un estado de muerte. De Israel se requería más que refrenarse de hacer algo prohibido.

El Decálogo, sin embargo, contenía tres declaraciones positivas: «Yo soy el Señor tu Dios» (Éx 20:2); «Acuérdate del sábado» (v. 8); y «Honra a tu padre y a tu madre» (v. 12). Para cada una de estas tres declaraciones, que tienen infinitas formas verbales, las otras siete estuvieron subordinadas sucesivamente.[21] Estos tres mandamientos positivos presentan tres esferas de responsabilidad del hombre:

1. La relación del hombre con su Dios (Éx 2-7)
2. La relación del hombre con la adoración (vv. 8-11)
3. La relación del hombre con la sociedad (vv. 12-17).

En la primera esfera de responsabilidad, al hombre se le dijo que amara a Dios con una veneración interna y externa apropiadas. La segunda esfera declaró la soberanía de Dios sobre el tiempo del hombre, mientras que la tercera trataba de la santidad de la vida, el matrimonio, la propiedad, la verdad y los deseos internos.[22]

---

[21] J.J. Owens, «Law and Love in Deuteronomy» [Ley y amor en Deuteronomio] *Review and Expositor,* 61, 1964, pp. 274-83.

[22] Para más detalles, véase W.C. Kaiser, Jr., «Decalogue» [Decálogo] *Baker's Dictionary of Christian Ethics* [El diccionario Baker de la ética cristiana], ed. C.F.H. Henry, Baker Book House, Grand Rapids, MI, 1973, pp. 165-67.

La ley ceremonial

La misma ley que hizo demandas tan altas a la humanidad, también ofreció un elaborado sistema de sacrificios en el caso de que hubiera un fallo en alcanzar esas normas. Sin embargo, ese era solo uno de los tres cabos que corresponden a la ley ceremonial. Uno tiene que tomar nota del tabernáculo con su teología del Dios «que habita» (véase más adelante el desarrollo de este punto) y la teología de la impureza y la purificación.

Para comenzar con la última, se debe insistir que el «inmundo» no se igualaba en la mente del escritor con lo que estaba sucio ni prohibido. La enseñanza de esta sección de la Escritura *no* era que la limpieza venía después de la santidad. Eso puede ser bueno, pero la palabra del texto era pureza interior no limpieza exterior.

Para decirlo simplemente, limpio (puro) significaba que el adorador estaba *calificado* para encontrarse con Yahvé; inmundo significa que carecía de las calificaciones necesarias para venir ante el Señor. Esta doctrina estaba íntimamente ligada a la enseñanza de la santidad: «Sed santos» urgía el texto una y otra vez, porque «Yo el Señor tu Dios soy Santo». De igual manera, santidad en su aspecto positivo era *integridad:* una vida dedicada por entero a Dios y apartada para él.

Muchas de las acciones básicas de la vida lo dejan a uno sucio. Algunas de ellas a menudo son inevitables (tales como atender a un muerto o dar a luz), pero de ningún modo lo hacen a uno inmundo. En vez de usar esta palabra como su rúbrica para enseñar higiene o normas sanitarias, Moisés la usó para fijar en la mente del adorador «lo más allá» en el ser y la moralidad de Dios cuando se le compara con los hombres.

¿No le dijo Dios a Moisés que se quitara las sandalias de sus pies porque el terreno que pisaba era santo? ¿Y por qué es esto así? ¿No era la actitud interna del corazón de Moisés una preparación suficiente para encontrar a Dios como era debido? ¡Es obvio que no! La preparación adecuada para la adoración conduce también a actos externos que incluyen toda la persona, no solo su corazón. Mientras que el lugar de honor se le da a un corazón sincero y arrepentido, la humanidad aún debía tener un panorama total cuando se preparaba para encontrarse con Dios. Era radicalmente diferente a los hombres en general.

Sin embargo, no se dejó sin remedio a los transgresores. El compañerismo con Dios se condicionaba solo a la fe en él y en lo que prometió; si se quebrantaba por el pecado, se rectificaba por el perdón de Dios sobre la base de un rescate según lo ordenaba Dios. El principio era: «La vida de la carne está en la sangre, y te la he dado sobre el altar para hacer expiación por vuestras almas» (Lv 17:11). Por eso Dios mismo brindó los medios para tratar con el pecado en el sistema de sacrificios.

No todos los sacrificios resolvían el problema de la interrupción del compañerismo entre Dios y el hombre. Algunos como los de paz y las ofrendas de compañerismo eran tiempos preciosos de compartir unos con los otros las dádivas de Dios en su presencia. Sin embargo, otros, como las ofrendas del todo quemadas, ofrendas por el pecado u ofrendas por la culpa, se ofrecieron específicamente por la interrupción causada por los dañinos efectos del pecado.

El perdón no era ni podía ser barato precisamente como el perdón humano necesitaba que alguien pagara si la realidad del perdón iba a ser más que una frase hecha. De la misma manera el perdón divino necesitaba lo mismo. Y ese pago estaba involucrado en la teología de la expiación (la raíz hebrea es *kpr)*.

Hay cuatro palabras básicas hebreas que usan *kpr:* un «león», una «aldea», «calafatear» o untar un barco con brea como en el arca de Noé y «redimir» usando un sustituto. Es esta cuarta raíz de *kpr, kipper* es la que nos interesa aquí.

Algunos argumentan que la cuarta palabra se relaciona con la tercera, «calafatear» y con las palabras cognadas del Oriente Próximo que significan «cubrir». Aun así, el uso del hebreo es diferente. La forma del nombre indicaba con claridad que siempre se refería a un sustituto de una u otra clase (p.ej. Éx 21:30; 30:12; Nm 35:31-32; Sal 49:8; Is 43:3-4).[23] De aquí que el verbo denominativo signifi-

---

[23] Leon Morris, *The Apostolic Preaching of the Cross* [La predicación apostólica de la cruz], Eerdmans, Grand Rapids, 1955, MI, pp. 160-78; y J. Hermann, «Kipper and Kopper», *Theological Dictionary of the New Testament* [Diccionario teológico del Nuevo Testamento], 9 tomos, Gerhard Kittel, ed., y G.W. Bromiley, trad., Eerdmans, Grand Rapids, MI, 1965, tomo 3, pp. 303-10. Hermann concluyó diciendo: «Sería inútil negar que la idea de la sustitución está presente hasta cierto punto», p. 310.

cara «liberar o pagar rescate de alguien por un sustituto». El hombre, por su pecado contra Dios, debe su misma vida como multa a Dios; pero Dios dispuso que la vida de los animales sirviera a ese fin hasta el tiempo en que el Dios-hombre diera su vida como el único sustituto apropiado y final.

¿Cuántos pecados se podían expiar en Israel con tal sistema? Todos los pecados de debilidad o imprudencia se podían expiar tanto si se cometieron a sabiendas o inconscientemente. Levítico afirmaba que la ofrenda por violación era por pecados tales como mentir, robar, cometer fraude, perjurio o libertinaje (Lv 6:1-7). Y en el gran Día de Expiación *(Yom Kippur),* se perdonarían «todos» los pecados de «todo» Israel de «todo» aquel que en verdad se hubiera arrepentido («afligido sus almas» [Lv 16:16, 21, 29, 31]). En verdad, la frase más constante en las instrucciones para los sacrificios levíticos era la seguridad de que: «Y será perdonado» (Lv 1:4; 4:20, 26, 31, 35; 5:10, 16; 16:20-22). Así que, la antigua pero falsa distinción entre consciente, es decir, «pecados cometidos deliberadamente» e inconsciente, es decir, como se ha explicado, pecados cometidos por ignorancia de lo que la ley decía sobre la materia, es injustificada. Los pecados inconscientes *(biš°gāgâh)*, o mejor aun, pecados por «error» incluían todos los pecados que brotan de la debilidad de la carne y de la sangre. Aunque los pecados de Números 15:27-36, el pecado de «altiva mano» *(b°yād rāmâh)*, era llanamente el de rebelión contra Dios y su Palabra. Así que Números 15:30-31 explica: «El que peque deliberadamente ofende al Señor por haber despreciado la palabra del Señor.» Esto es lo que el Nuevo Testamento llama la blasfemia contra el Espíritu Santo o el pecado imperdonable. Era alta traición y rebelión contra Dios con el puño en alto: ¡una huelga contra el cielo! Sin embargo, esto no se iba a colocar en la misma clase de pecados como el asesinato, el adulterio u otros semejantes. La traición o blasfemia contra Dios era mucho más seria. Atacaba al mismo Dios.

Si todos los pecados, excepto la revolución imperdonable contra Dios, eran perdonables, ¿qué parte tenían los sacrificios y cuán eficaces eran? Subjetivamente eran muy eficaces.[24] El pecador

---

[24] Para comprender partes de este argumento, recibí gran ayuda de Hobart Freeman,

recibía alivio completo. Sus pecados eran perdonados sobre la base de la palabra de un Dios fiel y del sustituto aprobado por Dios. Por supuesto, la eficacia también dependía del estado interno del corazón del pecador (Lv 16:29, 31; y más tarde Sal 50:10-13; Pr 21:27; Is 1:11-14; Jer 6:20; 7:21; Os 5:6; 6:6; Am 5:25; Mi 6:6-7). Y obtenía alivio de la pena y el recuerdo de sus pecados. En el Día de la Expiación había dos machos cabríos para indicar dos partes del mismo acto: uno se mataba como el sustituto de modo que se pudieran perdonar los pecados y el otro se llevaba lejos *(ᵃz*: «macho cabrío»; *'azal*: «llevar lejos», Lv 16:26) para representar el hecho que esos mismos pecados fueron perdonados en el sentido que Dios nunca más los recordaría en contra de Israel.

No obstante, aun no se había resuelto objetivamente el pecado del hombre. La sangre de los toros y machos cabríos nunca podría quitar ni remover el pecado y ni el AT lo pretendió (Heb 10:4). Estos eran animales sustitutos, no personas; de aquí que pudieran ser solo símbolos de ese sacrificio real que aún no había llegado. Así en el medio tiempo hubo un «pasar por alto» *(parēsis*: Ro 3:25) de los pecados del AT sobre la base de la palabra declarada de Dios hasta que él más tarde brindara su propio y final sustituto, quien era un hombre verdadero, pero sin pecado.

La ley civil

Hasta donde concierne a la teología, este aspecto de la ley de Dios era una mera aplicación de la ley moral a partes seleccionadas de la vida de la comunidad, sobre todo donde era más probable que se desarrollaran tensiones. La verdadera justicia y santidad de parte de los jueces y gobernantes debía medirse por las demandas del Decálogo. Así pues, la ley civil ilustraba su práctica en los varios casos o situaciones que enfrentaba el liderazgo durante la Era Mosaica.

«The Problem of Efficacy of Old Testament Sacrifices» [El problema de la eficacia de los sacrificios del Antiguo Testamento], *Bulletin of Evangelical Theological Society,* 5, 1962, pp. 73-79.

El Dios que habita

El hecho singular más importante en la experiencia de esta nueva nación de Israel era que Dios vino a «tabernaculizar» *(šākan)*, o «habitar», en su medio. En ninguna parte esto aparece más claro que en Éxodo 29:43-46 donde se anunció en relación con el tabernáculo:

> Y donde también me reuniré con los israelitas. Mi gloriosa presencia santificará ese lugar. Consagraré la tienda de reunión y el altar ... Habitaré [«tabernaculizaré»] entre los israelitas, y seré su Dios. Así sabrán que yo soy el Señor su Dios, que los sacó de Egipto para habitar entre ellos. Yo soy el Señor su Dios.

Ahora la triada estaba completa. Una de las fórmulas de la promesa repetida con más frecuencia sería:

> Yo seré tu [su] Dios;
> Tú [ellos] serás mi pueblo.
> Y yo habitaré en medio de ti [ellos].

En su primer anuncio, la habitación de Dios se relacionaba con el tabernáculo. Es más, uno de los nombres de la tienda (santuario de Dios) era *miškān,* que se relaciona claramente con el verbo *šākan:* «habitar en una tienda, habitar, tabernaculizar». Por lo general, el hebreo prefería usar *yāšab,* «sentarse, habitar» cuando hablaba de una habitación permanente, y así lo hacía dondequiera que hablaba de Yahvé habitando en el cielo. Sin embargo, como señaló Frank Cross, invariablemente cuando el texto señalaba la presencia de Yahvé habitando con los hombres en la tierra o en el tabernáculo y más tarde en el templo, el verbo era *šākan.*[25] Así aparecería, aun como Cross sugirió, que estos dos verbos contrastaban la trascendencia divina *(yāšab)* con la inmanencia divina. Y en el caso del tabernáculo, era el lugar donde él tendría su morada temporal. Israel iba a tener un sentido nuevo de «intimidad» y presencia activa de Dios.

La única excepción a esta distinción se encuentra en el uso de

---

[25] Frank, M. Cross, Jr., «The Priestly Tabernacle» [El tabernáculo sacerdotal], *The Biblical Archaeologist Reader* [Lectura del arqueólogo bíblico], ed., David N. Freedman and G. Ernest Wright, Anchor Books, Garden City, NY, 1961, pp. 225-27.

yāšaḇ y sus derivados para expresar el hecho que Dios estaba «entronizado» o sentado en el trono,[26] especialmente en el uso de este verbo en relación con la pieza central del mobiliario en el tabernáculo: «El que reina entre los querubines» (1S 4:4; 2S 6:2; 1Cr 13:6; Sal 99:1; Is 37:16). El arca del pacto de Dios con su asiento de la misericordia o propiciatorio, en la que los querubines se extendían sobre ella, fue la más íntima de todas las expresiones de la cercanía de Dios a su pueblo. Éxodo 25:22 comenta:

> Yo me reuniré allí contigo en medio de los dos querubines que están sobre el arca del pacto. Desde la parte superior del propiciatorio te daré todas las instrucciones que habías de comunicarles a los israelitas.

La teología del tabernáculo se iba a formar en la declaración de propósito de Éxodo 25:8. «Me harán un santuario, para que yo habite *(šāḵan)* entre ustedes.»[27] Sin embargo, su característica central en la teología de la expiación y en la teología de la presencia divina era el arca del pacto de Dios.

La divina presencia de Yahvé era tan central e importante en la Era Mosaica, que se usan otras cuatro formas para hablar de ella: la «faz», la «apariencia» o «la presencia» del Señor *(pānîm)*; su «gloria» *(kāḇôḏ); el «ángel del Señor» *(mal'aḵ YHWH); y su «nombre» *(šēm)*. Éxodo 33 es el pasaje que conecta la mayoría de estos aspectos de la presencia divina.[28] Allí Moisés le pidió a Dios que le mostrara su «gloria» (v. 18) para que él pudiera estar seguro que el «rostro», es decir, su «presencia» (vv. 14-15), iba de veras delante de él. Dios accedió a esta petición de hacer pasar todo su «bien» delante de Moisés y allí proclamó delante de Moisés el «nombre» Yahvé (v. 19). Mientras esperaba, lo protegió la «mano» de Dios «en una hendidura de la roca» y Moisés verificó la realidad de la

---

[26] *Íbid.*, p. 226.

[27] Para más detalles véase R.R. Clements, *God and Temple: The presence of God in Israel's Worship* [Dios y templo: la presencia de Dios en la adoración de Israel], Fortress Press, Filadelfia, PA, 1965, pp. 35ss. y Gerhard von Rad, *Old Testament Theology*, 2 tomos, Oliver and Boyd, Londres, 1962, tomo 1, pp. 234-36. Él arguye que la habitación permanente de Dios estaba unida al arca mientras que la *mô'ēd,* «reunión con Dios», estaba vinculada con la tienda.

[28] H. Kelly, «Israel's Tabernacling God» [El Dios de Israel que tabernaculiza], *Review and Expositor,* 67, 1970, pp. 488-89.

presencia de Dios cuando vio las «repercusiones» («mi espalda», *ªhōrāy)* de la radiante (gloria) presencia de Dios después que pasó frente a él (vv. 21-23). Del ángel que acompañaría a Israel, la promesa fue también clara. Éxodo 23:20-21 declara:

Date cuenta, Israel, que yo envío un ángel delante de ti, para que te proteja en el camino y te lleve al lugar que te he preparado. Préstale atención y obedécelo. No te rebeles contra él, porque va en representación mía y no perdonará tu rebelión [pues mi nombre está en él (RVR-95)].

Era el mismo que se menciona en Éxodo 32:34 como «mi ángel [el cual] irá delante de ti». Si el nombre, es decir, el carácter, la naturaleza o los atributos, de Dios estaba «en él», ¿podría haber sido menos que el Verbo no encarnado tabernaculizado entre ellos? En verdad, la presencia de Dios estaba con Israel y él les daría su «descanso» (Éx 33:14). En tal promesa Dios firmó su nombre, así como lo hizo en Éxodo 29:46: «Yo soy el Señor.»

La teología de esos días se mueve alrededor de tres conceptos dominantes: redención (de Egipto), moralidad y adoración. Como lo expresó Bernard Ramm:

Al hombre redimido se le llama a la moralidad; al hombre moral se le llama a la adoración. El redimido muestra su arrepentimiento en la calidad de su vida moral; muestra su gratitud en su adoración.[29]

[29] Bernard Ramm, *Salida, los caminos de Dios,* Editorial CLIE, Terrassa, España (p. 148 del original en inglés, 1974).

Capítulo 8

Lugar de Promesa: Era Premonárquica

El espíritu y la teología de Deuteronomio se extendieron más allá de los confines de los días finales de la Era Mosaica o aun del contenido de una simple obra. Deuteronomio sirvió como introducción a la mayoría, si no a todos, los profetas primitivos: Josué, Jueces, Samuel, Reyes. La tesis de Martin Noth, a la que nos referimos en el capítulo 4, considera a Deuteronomio hasta 2 Reyes como una obra original, la cual pretendió escribir una historia de Israel desde Moisés hasta el exilio y la interpreta desde el punto de vista de la teología. Esta interpretación fue una de las contribuciones más penetrantes a los estudios del A.T. en este siglo. Si se tratara de la obra de un autor que escribió la mayor parte de Josué–2 Reyes después que pasaron las sombras de la caída de Samaria en 721 a.C. y la caída de Jerusalén en 586 a.C., es otro asunto. Sin embargo, puede haber poco debate en cuanto a la motivación teológica básica y al tono profético general de estos libros.

La relación íntima entre Deuteronomio y los libros de Josué hasta 2 Reyes, a los que los eruditos se deleitan en llamar la obra de un historiador deuteronómico, se puede ver por todas partes. La principal de estas similitudes es la fraseología deuteronómica de la cual Moshe Weinfeld ha hecho una lista muy detallada.[1]

Además de la influencia del lenguaje y estilo, Deuteronomio contribuyó también a la tradición teológica básica. De acuerdo con

---

[1] Moshe Weinfeld, *Deuteronomy and the Deuteronomic School* [Deuteronómio y la escuela deuteronómica], Clarendon Press, Oxford, Inglaterra, 1972, Apéndice A, pp. 320-59. Véase también la lista de S.R. Driver, *A Critical and Exegetical Commentary on Deuteronomy* [Un comentario crítico y exegético sobre Deuteronomio], Charles Scribner's Sons, Nueva York, NY, 1916, pp. lxxviii-lxxxiv.

Gordon J. Wenham,[2] los libros de Deuteronomio y Josué están liga-
dos teológicamente por cinco temas dominantes recurrentes: (1) la
guerra santa de la conquista; (2) la distribución de la tierra; (3) la
unidad de todo Israel; (4) Josué como sucesor de Moisés; y (5) el
pacto. Cada uno de estos cinco temas aparece en el primer capítulo
de Josué: guerra santa (vv. 2, 5, 9, 11, 14); la tierra (vv. 3-4, 15); la
unidad de Israel (vv. 12-16); el papel de Josué (vv. 1, 2, 5, 17); y el
pacto (vv. 3, 7-8, 13, 17-18).[3]

Aun hay más. En estos libros la tradición del pacto de Abra-
ham-David está conectada con el pacto sinaítico-mosaico. Por ejemplo, David y su sucesor reconocieron su obligación de obedecer la
«ley de Moisés», de guardar los estatutos, mandamientos y ordenanzas de Dios escritos allí, para que ellos pudieran prosperar en
todo lo que hicieron y establecieron (1R 2:1-4; 9:4-5). En efecto,
Salomón pidió a Dios libremente basándose en las obras antiguas
de Dios en el éxodo y la dádiva de la tierra prometida a esa generación (1R 8:16, 20, 34, 36, 53).

Sin embargo, uno de los asuntos más inmediatos que vinculaban las tradiciones patriarcales y mosaicas con los profetas primitivos de Josué–2 Reyes era la frecuente referencia al *lugar* que Yahvé escogería o que ya había escogido para que su nombre habitara.
Íntimamente unido a este concepto estaba el asunto del «descanso», la «herencia» que iba a ser la posesión de Israel cuando entra-
ra en la tierra. En la Era Premonárquica emergen estos dos énfasis
como los dos temas teológicos dominantes.

Aun así, la teología de los profetas primitivos es más que una
simple colección de temas deuteronómicos. Para estos profetas primitivos (lo que otros llaman la historia deuteronómica de Josué-Jue-
ces-Samuel-Reyes), había, como señaló Dennis J. McCarthy,[4] tres declaraciones programáticas que dominan tanto la historia como la

---

[2]   Gordon J. Wenham, «The Deuteronomic Theology of the Book of Joshua» [La teolo-
      gía deuteronómica en el libro de Josué], *Journal of Biblical Literature*, 90, 1971, pp.
      140-48.

[3]   *Ibid.*, p. 141.

[4]   Dennis J McCarthy, «II Samuel 7 and the Structure of the Deuteronomic History» [2
      Samuel y la estructura de la historia deuteronómica], *Journal of Biblical Literature*,
      84, 1965, 131-38.

teología desde el éxodo hasta el exilio; Deuteronomio 31, Josué 23 y 2 Samuel 7. Estos tres pasajes vienen de tres de los momentos más cargados de emoción en la historia de Israel: el canto de despedida de Moisés (Dt 31), el último discurso de Josué (Jos 23) y el inesperado anuncio que se le hizo a David cuando estaba considerando la construcción de la casa de Dios (2S 7). Estas tres declaraciones clave subrayan el énfasis profético para los momentos más cruciales en la historia y la teología de Israel en boca de los voceros de Dios. Sin embargo, a estos tres pasajes le siguieron otros seis con discursos muy bien situados por los actores principales de esta historia (Jos 1:11-15; 1S 12; 1R 8:14-61) o el propio juicio y resumen del escritor acerca de esos tiempos (Jos 12; Jue 2:11-23; 2R 17:7-23). En efecto, dos pasajes se combinaron con cada uno de los tres textos programáticos. El patrón que resulta es como sigue:

I. **Deuteronomio 31**
   A. Josué 1
   B. Josué 12

II. **Josué 23**
   A. Jueces 2:11-23
   B. 1 Samuel 12

III. **2 Samuel 7**
   A. 1 Reyes 8
   B. 2 Reyes 17

Mientras que esta estructura nos ayudará a comprender todo el plan teológico en los profetas antiguos (Josué–2 Reyes), esta no puede formar el progreso total de la teología para toda la historia subsiguiente de Israel, desde el éxodo hasta el exilio, porque se abandonaría mucho, como sucede con la teología de sabiduría y los profetas posteriores. Ni su adopción aquí resta valor al asunto ya descubierto en las Eras Prepatriarcales, Patriarcal o Mosaica. El tema de los últimos discursos de los dos más grandes líderes de Israel, Moisés y Josué, tuvieron su centro en el cumplimiento momentáneo de esa promesa anunciada desde la antigüedad: una tierra, un descanso y un lugar escogido por Yahvé (Dt 31:2-3, 5, 7,

11, 20, 23; Josué 23:1, 4-5, 13, 15). Estos tres temas dominaron la transición desde la era de Moisés a la Era Premonárquica.

Herencia de la tierra.

El escritor de Deuteronomio repite sesenta y nueve veces la promesa de que Israel un día «poseería» y «heredaría» la tierra que se le prometió. De manera esporádica, vinculó explícitamente esta promesa con la palabra que recibieron Abraham, Isaac y Jacob (Dt 1:8; 6:10, 18; 7:8; 34:4). Es por ello que Israel estaba forzado a relacionar la inminente conquista de Canaán bajo Josué con la promesa de Dios y no con algunos sentimientos de superioridad nacional.

A la tierra de Canaán y también al pueblo de Israel se les llamó la «herencia» *(nah°lâh)* de Yahvé (1S 26:19; 2S 21:3; 1R 8:36) o su «posesión» *(°huzzâh,* Jos 22:19; *y°ruššâh,* 2Cr 20:11). Desde que Éxodo 19:5 llamó a Israel la «atesorada posesión» *(s°gûlâh),*[5] de Yahvé: ellos se convirtieron en un «pueblo atesorado» apartado de todos los pueblos de la tierra (Dt 7:6; 14:2; 26:18) y un «pueblo de la herencia» *('am nah°lâh,* Dt 9:26, 29; 32:8-9; 1R 8:51, 53; 2R 21:14).[6] Así Israel llegó a ser el pueblo prometido y Canaán llegó a ser la tierra prometida.

En Deuteronomio la tierra se convierte en un área de especial atención. A la tierra se le llama repetidamente una dádiva de Yahvé en unas veinticinco referencias. (Dt 1:20, 25; 2:29; 3:20; 4:40; 5:16 *passim).* Y esta dádiva era la misma tierra que se le había prometido a los «padres» (Dt 1:8, 35; 6:10, 18, 23; 7:13; 8:1; 9:5; 10:11; 11:9, 21; 19:8; 26:3, 15; 28:11; 30:20; 31:7, 20-21, 23; 34:4). Resulta difícil de comprender el porqué von Rad confunde

---

5   La palabra inglesa «peculiar» de la versión autorizada (KJAV) se deriva del latín *pe-culiaris* y esa de *peculium,* un término técnico que significa propiedad privada y el cual se le permitía poseer a un niño o a un esclavo. En Alalak, el cognado *sikiltu* es la «posesión atesorada» del dios. Estoy en deuda con J.A. Thompson por este material, *Deuteronomy,* InterVarsity Press, Downers Crove, IL, 1975, pp. 74-75, n. 1.

6   Cf. J.Hermann, «*Nah°lâh* and *Nāhal* in the Old Testament» [*Nah°lâh* y *Nāhal* en el Antiguo Testamento], *Theological Dictionary of the New Testament* [Diccionario teológico del Nuevo Testamento], 9 tomos, Gerhard Kittel, ed., y G.W. Bromiley, traductores, Eerdmans, Grand Rapids, MI, 1965, tomo 3, pp. 769-76. También Patrick D. Miller, Jr., «The Gift of God: The Deuteromomic Theology of the Land.» [El don de Dios: la teología deuteronómica de la tierra], *Interpretation* 22, 1969, pp. 451-61.

el asunto y dice que dado que la tierra pertenece a Yahvé, «es ahora muy claro que esa nación es de un orden totalmente diferente al de la promesa de la tierra a los patriarcas primitivos».[7] Su línea de argumento no resiste la afirmación directa del texto. Sin duda, el hecho que Yahvé es el verdadero dueño de la tierra no es señal de sincretismo con los rasgos de la religión cananea. Mientras que Baal pudo considerarse como el Señor de la tierra y el dador de toda bendición en la religión cananea pagana, Yahvé era el Señor de toda la tierra. Su palabra creadora, para usar una frase magnífica de Von Rad, lo estableció. Por consiguiente, no había dos puntos de vista sobre la herencia de la tierra. Solo podía ser de Israel porque primero ella era la tierra de Yahvé y él la daba a quien quisiera por todo el tiempo que quisiera. ¿No comenzó Deuteronomio con la misma observación acerca de algunos de los anteriores habitantes de Transjordania? El Señor desposeyó y destruyó a los emitas, los horeos y zamzumitas (Dt 2:9, 12, 21) y sus tierras se les dieron divinamente a Moab, Edom y Amón, así como Israel recibió de la misma manera a Canaán de sus manos. La comparación con Israel se hizo en ese mismo contexto: «Tal como lo hará Israel en la tierra que el Señor le va a dar en posesión» (Dt 2:12).

Se está de acuerdo en que Levítico 25:23 dijo: «La tierra es mía (dice Yahvé); y ustedes no son aquí más que forasteros y huéspedes.» ¿Pero hubo un malentendido con la promesa hecha a los patriarcas de que poseerían la tierra? Nunca en la historia de Israel tuvo este su propio derecho definitivo a la tierra, al terreno o suelo en el sentido que ahora le damos a la palabra; siempre Yahvé se la concedió como un feudo en el que pudieran cultivar y vivir en ella todo el tiempo que le sirvieran. Pero esta tierra, como el mundo entero, pertenecía al Señor, y así también la abundancia que en ella había y el pueblo que vivía en ella. Esa fue la lección que se le enseñó a faraón con las plagas («Así sabrás que la tierra es del Señor» [Éx 9:29]) y a Job («¡Mío es todo cuanto hay bajo los cielos!»

---

7   Gerhard von Rad, «The Promised Land and Yahveh's Land in the Hexateuch» [La tierra prometida y la tierra de Yahvé en el Hexateuco], *The Problem of the Hexateuch and Other Essays* [El problema de la Hexateuco y otros ensayos], traductor: E.W. Truemen Dicken, McCraw-Hill, Nueva York, NY, 1966, p. 88; ídem, *Old Testament Theology*, 2 tomos, Oliver and Boyd, Londres, 1962, tomo 1, pp. 296-301.

[41:11]) y luego en el Salmo 24:1 y en ese gran comentario sobre el pacto davídico, el Salmo 89:11.

Von Rad estaba muy interesado en que la palabra «herencia» *(naḥᵃlâh)* se usaba con persistencia para señalar las tierras tribales, pero que ahora en el Hexateuco a toda la tierra se le llamaba la «herencia» de Yahvé.[8] Sin embargo, había ejemplos de su uso en la tierra completa. J. Hermann[9] señaló que el trabajo de Josué era guiar a Israel para que tomara la tierra completa como una «herencia», o en la forma verbal, «heredar» (Dt 1:38; 3:28; 31:7; Jos 1:6: la forma hiphil del verbo *(naḥᵃlâh)*. Por supuesto, el énfasis estaba en cada tribu. Tenían que estar separadamente satisfechos y hacer su parte para recibir su participación *(ḥebel:* Jos 17:5, 14; 19:9) «porción» *(ḥēleq:* Dt 10:9; 12:21; 14:27; 18:1; Jos 18:5, 7, 9; 19:9) o «lote» *(gôrāl:* Jos 14:2; 15:11; 16:1; 17:1; 18:11; 19:1, 10, 17, 24, 32, 40, 51).

Antes de esto los patriarcas poseían solo una pequeña parte de la tierra, un lugar para ser enterrados, como una anticipación del cumplimiento de lo que vendría. Así, en sentido real, «Canaán era la tierra de su peregrinación» (Gn 17:8; 28:4; 36:7; 37:1; 47:1; Éx 6:4). Los patriarcas poseían sobre todo la promesa, pero no la realidad total de la misma.

La tierra era una dádiva, pero Israel tenía que «poseerla» *(yāraš);* por ello la aceptación de la dádiva tenía una acción correspondiente, una acción militar. Estas dos naciones, como Miller[10] señaló, se colocaron lado a lado en la expresión «la tierra que Yahvé te da para que la poseas» Dt 3:19; 5:31; 12:1; 15:4; 19:2, 14; 25:19). La soberanía divina y la responsabilidad humana fueron ideas complementarias antes que parejas antitéticas. A lo que Dios les dio se le podía llamar solamente una «buena tierra» (Dt 1:25; 3:25; 4:21-22; 6:18; 8:7, 10; 9:6; 11:17) de la misma forma en que su obra en la creación recibió su palabra de aprobación. Era una tierra que «fluía leche y miel» (Dt 11:9; 26:9, 15; 27:3; 31:20).[11]

---

8   *Ibíd.*, pp. 82, 86.
9   Hermann, *«Nah lâh»*, p. 771.
10 Miller, «Cift», p. 454.
11 J.A. Thompson, *Deuteronomy*, pp 120-21, nótese que esta misma frase aparece en el *Cuento egipcio de Sinuhe* (ANET, 18-25, líneas 80-90, cuatro veces en Éxodo (3:8,

«En todos los aspectos la herencia prometida era un regalo delicio-
so: propiedad de Yahvé y alquilada a Israel en el cumplimiento
parcial de su palabra de promesa. En esta tierra, Israel iba a ser bendecida (Dt 15:4; 23:20; 28:8; 30:16), pero el énfasis especial se co-
locaba en la bendición del terreno (28:8). Así la «bendición» de
Dios llegó a ser otra vez uno de los conceptos que conectan la teología de los períodos primitivos con la Era Premonárquica.

Descanso en la tierra

Una de las nuevas provisiones añadidas a la revelación expandida
del tema de la promesa fue la provisión del «descanso» para Israel.[12] Este descanso era tan especial que Yahvé lo llamaría su descanso (Sal 95:11; Is 66:1). Fue precisamente este aspecto de la
promesa el que brindó un vínculo clave entre el final del libro de
Números y el tiempo de David: los dos textos en los extremos
opuestos del período siendo Deuteronomio 12:9-10 y 2 Samuel
7:1, 11.

En ninguna otra parte en las promesas patriarcales «descanso»
(mᵉnûḥâh) apareció como una de las futuras bendiciones de Dios a
los padres o a Israel. Sin embargo, cuando apareció por primera
vez en Deuteronomio 12:9, uno deduce que pudo haberse conocido en la tradición del pueblo:

17; 13:5; 33:3), Levítico (20:24), cuatro veces en Números, (13:27; 14:8; 16:13-
14), cinco veces en Deuteronomio (véase arriba).

12 Para un desarrollo de las ideas en esta sección, véase W.C. Kaiser, Jr., «The Promise
Theme and the Theology of Rest» [El tema de la promesa y la teología del descanso],
Bibliotheca Sacra, 130, 1973, pp. 135-50. Véase también a Gerhard von Rad, «The-
re Remains a Rest For the People of God: An Investigation of a Biblical Conception»
[Queda todavía un descanso para el pueblo de Dios: Una investigación de un concepto bíblico], *Hexateuch and Essays* pp. 94-102. Un nuevo enfoque del Nuevo Testamento al problema está en E. Käsemann, *Das Wandernde Gottesvolk* [El pueblo erra-
bundo de Dios], Vandenhoeck und Ruprecht, Göttingen, 1957; J. Frankovski,
«Requies, Bonum Promissum populi Die in VT et in Judaismo (Heb 3:1–4:11)»
[Descanso: La buena promesa de Dios al pueblo en el AT y en el judaísmo (Heb
3:1–4:11)], *Verbum Domini* 43, 1965, pp. 124-49; O. Hofius, *Katapausis: Die Vors-
tellung vom Endzeitlichen Ruheort im Hebräerbrief* [Descanso: El concepto del lugar de
descanso de los últimos tiempos en los escritos hebreos], J.C.B. Moohr, Tübingen,
1970; David Darnell, Rebellion, Rest and the Word of God; An Exegetical Study of
Hebrews 3:1–4:13» [Rebelión, descanso y la Palabra de Dios: Un estudio exegético
de Hebreos 3:1–4:13], (Tesis para el doctorado de filosofía, Duke University, 1974;
y Elmer H. Dyck, «A Theology of Rest» [Una teología de descanso], Tesis para el
M.A., Trinity Evangelical Divinity School, 1975.

Pues todavía no han entrado en el reposo *(mᵉnûḥâh)* ni en la herencia *(naḥᵃlâh)* que les da el Señor su Dios.

Aun así, se debe notar que a Moisés se le prometió «reposo» *(nûaḥ)* tan temprano como aparece en Éxodo 33:14 cuando condujo a Israel fuera de Egipto. Más tarde, en Deuteronomio 3:20, otra vez se le promete a Moisés que el «reposo» *(nûaḥ)* vendría pronto a todos sus compatriotas cuando poseyeran la tierra de Canaán. Estas dos palabras son cognadas del término en Deuteronomio 12:9. En verdad, la raíz hebrea *nûaḥ*, «descanso», suplía la mayoría de las palabras para el concepto de descanso. Dondequiera que el radical hiphil de esta raíz le seguía la preposición *lᵉ*, «a, para», más una persona o grupo, usualmente asumía una posición técnica. Así, en unos veinte ejemplos de *hēnîaḥ lᵉ* era un lugar dado por el Señor (Éx 33:14; Dt 3:20; Jos 1:13, 15; 22:4; 2Cr 14:5); una paz y un respiro de los enemigos que los rodeaban (Dt 12:10; 25:19; Jos 21:44; 23:1; 2S 7:1, 11; 1R 5:18 (5:4); 1Cr 22:9, 18; 23:25; 2Cr 14:6; 15:15; 20:30; 32:22 (¿interpretación probable?); o una cesación de tristeza y fatiga en el futuro (Is 14:3; 28:12).

Asimismo, el nombre *mᵉnûḥâh*, «lugar de reposo» o «descanso», vino a asumir una posición técnica. En la bendición de Jacob a Isacar, a la porción de tierra que se le dio se le llamó «un lugar de reposo» (Gn 49:15). Hasta donde podemos ver, este uso aún no era técnico. Sin embargo, las fuertes asociaciones de un «reposo» geográfico, espacial y material en textos subsiguientes como Deuteronomio 12:9; 1 Reyes 8:56; 1 Crónicas 22:9; Isaías 28:12 y Miqueas 2:10 no se pueden negar. Este «descanso» era un «lugar» en el que Yahvé «plantaría» a su pueblo a fin de que pudieran vivir sin que se les perturbara de nuevo.

Aun hay más que geografía en este «reposo». El reposo estaba donde se detenía la presencia de Dios (en las peregrinaciones en el desierto: Nm. 10:33) o donde él habitó (1Cr 28:2; Sal 132:8, 14; Is 66:1). Sin duda fue por eso que David recalcó el aspecto de creencia y confianza como las bases para entrar en el descanso en el Salmo 95:11. La condición no era automática.

Con el tiempo, «reposo» significaría la calidad de vida en la tierra de la herencia cuando se ocupara. El mismo Yahvé le daría el reposo a Israel en la tierra (Dt 3:20; 12:10; 25:19). Así Josué 21:44-45 resumió la promesa y su realidad:

El SEÑOR les dio descanso en todo el territorio, cumpliendo así la promesa hecha años atrás a sus antepasados. Ninguno de sus enemigos pudo hacer frente a los israelitas, pues el SEÑOR entregó en sus manos a cada uno de los que se le oponían. Y ni una sola de las buenas promesas del SEÑOR a favor de Israel dejó de cumplirse, sino que cada una se cumplió al pie de la letra.

Sin embargo, esto solo da como resultado un acertijo. Si Josué cumplió con el descanso prometido, ¿qué afirmaba 2 Samuel 7:1, 11 si venía, como vino, de un tiempo posterior? Y, ¿cómo después a Salomón se le pudo llamar un «hombre de descanso» (1Cr 22:9; 1R 8:56)? ¿Cómo, también, vamos a comprender los aspectos espirituales y materiales del descanso? La solución a estos asuntos se puede encontrar en el punto de vista del AT en relación con el cumplimiento. Solo algunas generaciones recibieron su parte de todo el plan de Dios. Esto sirvió enseguida como una confirmación parcial de la palabra que Dios había dicho desde hacía mucho tiempo y de su cumplimiento, en parte, en esa ocasión. Esto, a su vez, actuó de manera simultánea como un medio de relacionar esa palabra a su cumplimiento final o climático dado que este tipo de cumplimiento a plazos periódicos casi siempre eran partes de ese suceso final. ¡De ahí que hubiera un solo significado en la mente del autor aunque podía saber o experimentar cumplimientos múltiples de ese significado simple! No se debía pensar en la promesa como que se le dio su efecto final aun en el aspecto de la tierra.[13] De aquí que «descanso» fuera más que la entrada y división de la tierra a todas las tribus; iba también a ser una condición final que prevalecería en la tierra. Así que después que Israel entró en la tierra, se le advirtió que solo debía disfrutar la calidad de vida que Dios deseó si obedecían sin cesar sus mandamientos (Dt 4:10; 12:1; 31:13). Antes que se pudiera decir que la promesa se cumplió, era así mismo importante hasta qué punto se le daba a Israel la tierra.

---

[13] En una relación diferente, véase a von Rad, *Theology*, Tomo 2, p. 383.

Eso fue la forma en que Esteban lo expresó en su discurso en Hechos 7:4-5.

Dios lo trasladó a esta tierra ...
No le dio herencia alguna en ella ...
pero le prometió dársela en posesión
a él y a su descendencia.

El énfasis de Josué 21:43-45 estaba todavía en la palabra prometida que no le falló a Israel, ni podría fallarle. Aunque era otra cosa si Israel mantenía el privilegio de permanecer en la tierra. Israel tenía que elegir entre la vida y la muerte, entre el bien y el mal. Escoger la vida y el bien era «obedecer» un mandamiento que sintetizaba todos los demás: Amarás al Señor tu Dios. La presencia del condicional «si» no allanó el camino para una «declinación de la gracia a la ley»[14] más que lo que hizo para los patriarcas o para la generación de Moisés, ¡mucho menos cuando el pacto con David estaba por venir! Así pues, la promesa de la herencia del reposo de Dios estaba protegida aun en el caso de pecados posteriores por los descendientes que recibirían la misma: El reposo no era un cheque en blanco en el que las generaciones futuras pudieran deslizarse de las normas de Dios apoyados en los laureles de sus padres. Esta promesa iba a ser solo de ellos si se la apropiaban por fe, ese fue el beneficio espiritual e inmediato del «descanso».

En ese cumplimiento final, el Dios del descanso —cuya casa de «reposo» *(m°nûḥâh)* contenía el arca del pacto del Señor y su estrado (1 Cr 28:2), la edificó el «hombre de reposo» a quien Dios le dio respiro de todos sus enemigos (1 Cr 22:9)— tomaría de nuevo su descanso en su templo en la futura Era Mesiánica (Sal 132:14; cf. 2 Cr 14:6), en «aquel día el Señor volverá a extender su mano para recuperar al remanente de su pueblo» (Is 11:11). Es en este contexto una serie de Salmos (93-100), designados de diversos modos como: «salmos apocalípticos», «salmos teocráticos» (Delitzsch), «salmos mileniales» (Thorluck), «cantos del milenio» (Binnie), «grupos de salmos mileniales» (Herder), «salmos de la segunda venida» (Rawlinson), «salmos de entronizamiento» (Mowinckel) o «salmos

---

[14] Como lo sugirió von Rad, «Promised Land» [Tierra prometida], *Hexateuch and Essays*, p. 91.

reales» (Perowne) representan al Señor como rey que reina sobre todos los pueblos y tierras (Sal 93:1; 96:10; 99:1), y el Salmo 95 eleve la oferta de entrar de nuevo en el reposo de Dios. Para el salmista, esa antigua oferta de descanso se ató a la larga con los acontecimientos del segundo advenimiento. Al parecer, todos los demás descansos fueron solo un «anticipo», depósito, del descanso del sábado final que se esperaba en el segundo advenimiento.[15]

Un lugar escogido en la tierra

Una de las frases que se han debatido más calurosamente en la teología de Deuteronomio es la así llamada centralización de la adoración por sacrificio en un solo santuario en Jerusalén. Este principio fue el punto de partida y piedra angular para todas las demás deducciones hechas en el sistema wellhausiano de crítica literaria.[16] La afirmación era que los requisitos de Deuteronomio fueron un avance claro sobre la ley del altar del sinaítico «Libro del Pacto»:

Háganme un altar de tierra,
y ofrézcanme sobre él sus holocaustos
y sacrificios de comunión, sus ovejas y sus toros.
Yo vendré al lugar donde les pida invocar mi nombre,
y los bendeciré.   *Éxodo 20:24*

Es decir, la ley sinaítica limitó el uso de los sacrificios solo a los lugares santificados por la presencia divina, los lugares en el que Dios señaló que se debía recordar su nombre porque él se había reunido con su representante o pueblo en ese lugar.

Sin embargo, ¿estaba Deuteronomio revocando estas direcciones sinaíticas cuando le ordenó a Israel buscar al Señor:

En el lugar [sitio] donde él decida habitar (Dt 12:2, 11, 21; 14:23-24; 15:20; 16:2, 6, 11; 26:2)

o

El lugar que Yahvé elegirá (Dt 12:14, 18, 26; 14:25; 16:7, 15-16; 17:8, 10; 18:6; 31:11; Jos 9:27)?

---

[15] Véase a W.C. Kaiser, «Promise Theme», pp. 142-43. Véase también nuestra discusión de Hebreos 3:7–4:13 en pp. 145-49 en el mismo artículo.

[16] J. Wellhausen, *Prolegomena to the History of Israel*, [Prolegómeno a la historia de Israel], traducción, J.S. Plack y A. Menzies, T.&T., Clark, Edimburgo, 1885, p. 368.

Tanto las leyes de Deuteronomio como las de Éxodo insistían que el Señor, no el hombre, debía señalar y escoger el lugar del sacrificio. Los sacrificios no se podían ofrecer «en el lugar que te plazca» (Dt 12:13).[17]

Y cuando se investiga el contexto de Deuteronomio 12 el contraste no es entre muchos altares de Yahvé y otro tal altar, sino entre los altares erigidos a otros dioses cuyos nombres se deben destruir y ese «lugar» donde habitará el nombre de Yahvé (vv. 2-5). Así, en vez de revocar la legislación sinaítica, Deuteronomio edifica sobre ella. Nuevamente oímos de un «lugar» *(māqôm)* en el que Yahvé «hará que se recuerde su nombre» (o «habitará»), donde se puedan ofrecer los sacrificios y ofrendas, y donde habrá bendición como resultado de ello.[18]

La atención de los eruditos, sin embargo, se enfoca en el artículo y número del nombre en la expresión «el lugar» en Deuteronomio 12:5, 14. Oestreicher argumentó que el artículo era distributivo y no restrictivo, y la carencia de un artículo en la expresión «en una de tus tribus» (v. 14) era para que se le diera un significado general debido a una expresión análoga en el caso del esclavo fugitivo en Deuteronomio 23:16[17].[19] Así que la traducción de Deuteronomio 12:14 sería:

> En cada lugar el cual Yahvé escogerá en cualquiera de tus tribus.

El número singular en la expresión «el lugar» denotaría una clase y no una simple localidad como lo hizo en Deuteronomio 23:16.

Sin embargo, E.W. Nicholson no estuvo de acuerdo con esta analogía. El sujeto de la ley de Deuteronomio 23:16 era una *clase* de persona, esclavos fugitivos que buscaban asilo, mientras que el

---

[17] *Kol hammāqôm;* (cfr, Gén 20:13; Dt 11:24; Jos 1:3), M.H. Segal, *The Pentateuch: Its Composition and Its Authorship* [El Pentateuco: su composición y autoría], Magnes Press, Jerusalén, 1967, p. 87, n. 17.

[18] Como sostuvo G.T. Manley, *The Book of the Law* [El libro de la Ley], Tyndale Press, Londres, 1957, p. 132.

[19] Th. Oestreicher, «Dtn xii 13f. im Licht von Dtn xxiii:16f.» [Dt 12:13s. a la luz de Dt 23:16ss.], *Zeitschrift für alttestamentliche Wissenschaft,* 43, 1925, pp. 246-49. Deuteronomio 23:16 diría: «Él [el esclavo] habitará contigo *en cualquier lugar* que él escoja dentro de cualquiera de tus puertas» [cursivas del autor].

sujeto de la ley en Deuteronomio 12:5-7 era Yahvé. Más aun, el número singular de «lugar» es extraño si el escritor quiso decir «en los lugares los cuales Yahvé escogerá en sus tribus».[20] Los argumentos de Nicholson que se oponen a los de Oestreicher probablemente son adecuados. Aun así, todavía esto no apoya una hipótesis de centralización. El asunto no era un altar de Yahvé contra muchos altares de Yahvé, nada se dice sobre este aspecto. Era solo sobre la intención de Yahvé de poner su nombre en un lugar, aun sin nombre, después que el pueblo llegara a Canaán. En efecto, Deuteronomio 27:1-8, con su mandato de edificar un altar sobre el monte Ebal, hace surgir una grieta fatal en la teoría del altar centralizado. «Manifiestamente manda a hacer eso que se supone que la ley prohibe, y para hacer las cosas peores, usa las mismas palabras de Éxodo 20:24 las cuales se supone que Deuteronomio revoque.»[21]

A lo sumo, Deuteronomio enseñó que Yahvé seleccionaría un lugar en Canaán después que ayudara a «heredar» la tierra y a encontrar «reposo» (Dt 12:10-11), de la misma forma en que él lo hizo en el pasado. «Haría habitar su nombre» en el lugar de su elección. Esta promesa unió la teología de Emanuel y la gloria de la shekiná de las Eras Patriarcal y Mosaica. Y precisamente como Dios eligió a un hombre de entre toda la humanidad, Abraham, y una tribu entre los doce hijos de Jacob, Judá, así ahora escogería un lugar en una de las tribus en el que morara su nombre. Allí tendría su habitación (12:5) y allí vendría a adorarle Israel. Funcionaría en muchas formas como lo hizo el tabernáculo durante tanto tiempo.

El nombre que habita en la tierra

Hay otras tres expresiones teológicamente importantes que

---

[20] E.W. Nicholson, *Deuteronomy and Tradition* [Deuteronomio y tradición], Fortress Press, Filadelfia, PA, 1967, pp. 53-54. Cf. p. 53, n 1, para una lista de todos los que desafían su exégesis. A esto añada Manley, *Book*.

[21] Manley, *Ibid.*, p. 134; cf. también James Orr, *The Problem of the Old Testament* [El problema del Antiguo Testamento], J. Nisbet & Co, Londres, 1909, pp. 174-80; Gordon J. Wenham, «Deuteronomy and the Central Sanctuary» [Deuteronomio y el santuario central], *Tyndale Bulletin* 22, 1971, pp. 103-18, esp. pp. 110-14.

están relacionadas con la promesa del «lugar». Ellas son frases donde Yahvé promete:

1. «Hacer habitar *(sakan)* su nombre allí» (Dt 12:11; 14:23; 16:2, 6, 11; 26:2).

2. «Poner *(śîm)* su nombre allí» (Dt 12:5, 21; 14:24; 1R 9:3; 11:36; 14:21; 2R 21:4, 7; 2Cr 6:20; 33:7).

3. «Que mi nombre pueda estar allí» (1R 8:16, 29; 2R 23:27).

De este material se ha hecho demasiado cuando algunos, siguiendo a von Rad, hacen esta «teología del nombre» una sustitución para la antigua «teología de la gloria» en la que nada más está el mismo Yahvé presente en el arca del pacto, sino que ahora solo su nombre está presenté.[22] Von Rad mismo señaló, sin embargo, que el «nombre ya estaba presente en Éxodo 20:24 y en Éxodo 31. El «nombre» aquí, como en la teología que antecedió, se mantuvo por el ser total, el carácter y la naturaleza de la misma forma en que se usaba el nombre en la prohibición dada en Sinaí en cuanto a tomar el *nombre* del Señor en vano. Tampoco Roland de Vaux pudo estar de acuerdo con von Red. Estas tres frases significaron «reclamar la propiedad».[23] Mientras que es cierto que «la santa habitación de Dios» *(m^e'ôn qōḏeš*: Dt 26:15) y su «lugar de morada» *(m^ekôn šeḇeṯ*: 1R 8:30, 39, 43, 49) esté en el cielo, la anterior expresión se encontró también en el Canto del Mar (Éx 15:17) en paralelismo con el «santuario» del Señor.

El punto parece ser que Dios es trascendente en que su morada permanente *(yšḇ, šḇṯ)* está en el cielo; aunque él es inminente en que habita *(škn)* en la tierra (Éx 25:8; 29:45; Lv 26:11; Nm 16:3) en su gloria, ángel, nombre y ahora en un «lugar» que elegirá (Dt 12:5). No hay evidencia de que ni Deuteronomio ni Moisés rechazaran en alguna forma la así llamada concepción dialéctica de la morada divina. El cielo no es el lugar de habitación exclusivo de Dios: él se puede «sentar» o «entronizar» allí, pero también «ta-

---

[22] Gerhard von Rad, *Studies in Deuteronomy*, Henry Regnery Co., Chicago, IL, 1953, pp. 38-44.

[23] Como lo citó Weinfeld, *Deuteronomy*, p. 194, n. 2.

bernaculizó» sobre la tierra. Y Deuteronomio agregó a la lista de las manifestaciones de sí mismo a Israel, el lugar en que él haría que su nombre (su persona) habitara. De lo que Dios es dueño, lo posee abiertamente poniéndole su nombre o «llamándolo».

La conquista de la tierra

A Yahvé se le conoció como un «Hombre de guerra» después de su celebrada victoria en el Mar Rojo (Éx 15:3). Aun antes de que hubiera un rey que los guiara, el Señor salía como Jefe del ejército de Israel (Jue 5:5, 13, 20, 23) y en Deuteronomio se dieron reglas en decretos legales explícitos para tales guerras.

1. Las leyes de batalla (20:1-15).
2. Las leyes sobre hermosas mujeres cautivas (21:10-14).
3. La destrucción de los santuarios cananeos (12:1-4).
4. La exterminación de los habitantes anteriores (20:16-20).
5. La purificación para la batalla (23:9-14).
6. La guerra con Amalec (25:17-19).

Estas leyes se ilustraron en Josué 1–11 donde este tipo de guerra se detalló en cuatro descripciones completas:

1. La conquista de Jericó (Jos 6).
2. El segundo ataque contra Hai (Jos 8).
3. La campaña del sur (Jos 10).
4. La campana del norte (Jos 11).

Otras dos descripciones recogen el fracaso de Israel al llevar adelante este tipo de guerra.

1. Primer ataque contra Hai (Jos 7).
2. El trato desaprobado con los gabaonitas (Jos 9).

Gerhard von Rad denominó estas batallas como «guerras santas».[24] En verdad, fueron «las guerras de Yahvé» (1S 18:18;

---

[24] Von Rad, *Studies*, pp. 45-59; ídem, *Der heilgige Krieg im alten Israel* [La guerra santa en el antiguo Israel], Zwingli Verlag, Zurich, 1951; Gordon J. Wenham, «The Deuteronomic Theology of the Book of Joshua» [La teología deuteronómico en el libro de Josué], *Journal of Biblical Literature* 90, 1971, pp. 141-42.

25:28); por ello, tales batallas no las iniciaron ningún líder o grupo sin consultar antes al Señor (1S 28:5-6; 30:7-8; 2S 5:19, 22, 23). Después que Yahvé aseguraba a Israel que la batalla era suya, se tocaban las trompetas y corría el grito: «El Señor ha entregado el enemigo en nuestras manos» (Jue 3:27; 6:3; 7:15; 1S 13:3). La guerra comenzó con la promesa de Yahvé de que tendrían éxito y con la exhortación a pelear con valentía. Israel debe solo confiar y no temer (Jos 1:6, 9; 6:2; 8:1; 10:8; 11:6). Entonces los hombres se «consagraban» al Señor porque su misión los apartaba de toda actividad mundana (1S 21:6; 2S 11:11). Yahvé iba al frente del ejército y habitaba en el campamento (Dt 23:14; Jue 4:14) y «peleaba» a favor de Israel (Dt 1: 30). El líder militar del ejército, aunque a veces dotado de poderes, en última instancia dependía del Señor porque podía salvar con pocos o con muchos (Jue 7:2ss; 1S 13:15ss.). Esto lo recalca vívidamente la visión de Josué del «Comandante de los ejércitos del Señor» que estaba parado con una espada en la mano listo para la acción (Jos 5:13-15). En el clímax de la batalla, Yahvé enviaba terror o pánico *(mᵉhûmâh, hāmam)* a los corazones de los enemigos dando como resultado su derrota (Jos 10:10; Jue 4:15; 1S 5:11; 7:10, *passim*).

En este tipo de guerra nadie debía tomar despojos porque todo estaba bajo «prohibición» *(hērem = hāram,* «exterminar totalmente», Dt 20:17; 2:34; 3:6; 7:2). Ello era de propiedad exclusiva del Señor; por lo tanto, estaba totalmente destinado a su destrucción (Jos 6:17-27; 1S 15:3). Lo que no se podía quemar, como el oro, la plata o el hierro, se debía colocar en el santuario de Dios. Lo «prohibido» era precisamente lo opuesto a la ofrenda voluntaria del todo quemada en la que el oferente de forma voluntaria cedía un animal completo en un acto de sumisión total (Lv 1; cf. Ro 12:1-2). Aquí, después de mucha espera y sufrimiento divinos, Dios pidió que todo lo que le pertenecía en primer lugar: la vida, las posesiones, las cosas de valor, se le entregaran como ofrenda involuntaria del todo quemada. Esto incluía más que una simple destrucción; era un «castigo religioso» que significaba «la separación de la esfera profana y la liberación en el poder de Dios».[25] Dios predijo a

Abraham que él esperaría «hasta que la iniquidad de los amorreos» estuviera «completa» (Gn 15:16). Y así lo hizo... ¡seiscientos
años! Ahora Josué cumplía esa palabra.

La teología de este tipo de conquista destacó el modelo de prioridad del mandato divino y la fidelidad con la cual esa palabra divina se llevó a cabo. Cuando los hombres fueron responsablemente
obedientes, Dios estuvo presente de manera soberana; por ejemplo, en la campaña del sur en Israel: «El Señor mandó del cielo una
tremenda granizada» (Jos 10:11) porque «el Señor estaba pelean-
do por Israel» (v. 14). Sin embargo, cuando Israel «no consultó al
Señor» (Jos 9:14) o cuando intentó atacar a Hai en el momento del
pecado de Acán, quien robó a Dios del botín de Jericó que estaba
«destinado a destrucción» y dejó una nube de contaminación moral sobre todo el pueblo (7:11, 13, 19), los resultados fueron catas-
tróficos y desgraciados.

Historia profética en la tierra

Más allá del cumplimiento de la promesa de la tierra a Abraham
con su conquista, distribución, reposo y lugar previstos para que el
nombre de Dios habitara, estaba otro elemento teológico mayor
en Deuteronomio y en los profetas primitivos. Esta fue la estructura que se encuentran en Josué hasta 2 Reyes y que se mencionó en
este capítulo anteriormente. En el caso del libro de los Jueces el significado y la importancia de las narrativas se encuentra en un ciclo
familiar de apostasía, castigo, arrepentimiento, compasión divina,
un libertador y un período de reposo en la tierra. Este ciclo se establece primero en Jueces 2:11–3:6, pero después sirve como un
bosquejo para la experiencia de varias generaciones. El punto teológico más importante, como Carl Graesser, hijo,[26] observó, es que

York, NY, 1970, 1, p. 55 cf. también con G.R. Driver, «Hebrew homonyms» [Homó-
nimos hebreos], *Vetus Testamentum Supplements* 16, 1967, pp. 56-59, quien ve dos
raíces detrás de *ḥērem: grm,* Acadio *ḥaramu* «cortar, separar», y *ḥrm,* árabe *ḥarama,*
«prohibido, declarado, ilícito.»

[26] Carl Graesser, Jr., «The Message of the Deuteronomic Historian» [El mensaje del historiador deuteronómico], *Concordia Theological Monthly,* 39, 1968, p. 544, n. 10.
Para una lista completa del lenguaje «deuteronómico», véase S.R. Driver, *Introduction to the Literature of the Old Testament,* [Introducción a la literatura del Antiguo
Testamento], Meridian Books, Nueva York, NY, 1956, pp. 99-102. Véase también

las frases, los conceptos y los énfasis teológicos son los del libro de Deuteronomio. Compare:

Jueces 2:11 con Deuteronomio 4:25; 6:3
Jueces 2:12 con Deuteronomio 4:25; 6:14
Jueces 2:14 con Deuteronomio 6:15

El impacto de Deuteronomio sobre Jueces 2:11-14 era precisamente tan grande como lo fue sobre Josué 1:2-9 donde, según Graesser, «más de cincuenta por ciento» de ese discurso «era una reproducción, palabra por palabra, de los versículos en Deuteronomio».[27] Comprare:

Josué 1:2 con Deuteronomio 5:31
Josué 1:3-4 con Deuteronomio 11:24
Josué 1:5 con Deuteronomio 11:25; 31:6
Josué 1:6 con Deuteronomio 31:23
Josué 1:7-8 con Deuteronomio 5:32
Josué 1:9 con Deuteronomio 31:6

Sin embargo, ¿cuál fue la clave o el concepto organizador que hizo de esta historia más que un recuento aburrido de un fallo constante? ¿Qué utilidad hubo en esas narrativas detalladas para esos días y mucho menos para las futuras generaciones? Creemos a Hans W. Wolf que identificó muy bien esa pieza perdida de teología en la doctrina del arrepentimiento.[28]

Arrepentimiento y bendición

Jueces 2:7 comenzó con una nota ominosa: «Mientras vivió Josué, el pueblo sirvió al Señor.» Sin embargo, de allí en adelante la historia fue la misma: «Hicieron lo que ofende al SEÑOR ... abandonaron al SEÑOR ... y siguieron a otros dioses ... [entonces] el SEÑOR se enfureció contra los israelitas ... y los entregó en manos de invasores que los

---

Weinfeld, *Deuteronomy* [Deuteronómio], Apéndice A, pp. 320-59 y S.R. Driver, *Commentary on Deuteronomy* [Comentario sobre Deuteronomio], Charles Scribner's Sons, Nueva York, NY, 1916, pp. lxxviii-lxxxiv.

[27] *Íbid.*, p. 545, n. 19.

[28] Hans Walter Wolff, «The Kerygma of the Deuteronomic Historical Work» [El kerigma de la obra deuteronómica histórica], *The Vitality of Old Testament Traditions*, coautores Walter Brueggemann y Hans W. Wolff, John Knox Press, Atlanta, GA, 1975, pp. 83-100.

saquearon» (Jue 2:11-12, 14). Entonces «clamaron al SEÑOR» (Jue 3:9; 4:3 cf. también con 1S 12:19). La miseria encontraría finalmente una voz y, en su desesperación, Israel «volvería» *(sub)* al Señor. Las bases para este mandamiento se encuentran en Deuteronomio 30:1-10. Tres veces se repite la frase «volverse» (vv. 2, 8, 10). «Si vuelves al SEÑOR tu Dios con todo tu corazón y con toda tu alma», Dios bendecirá a su pueblo otra vez.

El uso profético más antiguo del término «arrepentirse», «volverse» al Señor, aparece en 1 Samuel 7:3.

> Si ustedes desean volverse *(šaḇîm)* al SEÑOR de todo corazón, deshágance de los dioses extranjeros y de las imágenes de Astarté. Dedíquense totalmente a servir solo al SEÑOR, y él les librará del poder de los filisteos.

Wolff encontró en 1 Reyes 8:46ss, «el vínculo más impresionante» con Deuteronomio 30:1-10, sobre todo en la frase poco común «volverse, arrepentirse» *(hēšîḇ 'el lēḇ*: Dt 30:1b y 1R 8:47a; cf. también con 1S 7:3). Dos veces durante su oración de dedicación del templo, Salomón oró que Dios fuera misericordioso con Israel si este se arrepentía y «se volvía» a él (1R 8:46-53).

De la misma manera 2 Reyes 17:13 sintetizó el mensaje «por medio de todos los profetas y videntes». Era simplemente «arrepentíos» *(šuḇû)*:

> ¡Vuélvanse *(šuḇû)* de sus malos caminos! Cumplan mis mandamientos y decretos, y obedezcan todas las leyes que ordené a sus antepasados, y que les di a conocer a ustedes por medio de mis siervos los profetas.

Se pudo haber usado la misma palabra como el premio más alto dado a cualquier rey de Israel. Del rey Josías se dijo en 2 Reyes 23:25:

> Ni antes ni después de Josías hubo otro rey que, como él, se volviera *(šāḇ)* al SEÑOR de todo corazón, con toda el alma y con todas sus fuerzas, siguiendo en todo la ley de Moisés.

Fue fiel al tipo davídico; aunque también fue fiel a los mandamientos sinaíticos. Aquí no hubo dualidad. Fue una y la misma cosa. En efecto, tan marcadamente diferentes en cuanto a moralidad y religión fueron las vidas de los reyes de Israel y de Judá que David y Je-roboán llegaron a ser modelos de piedad e impiedad respectiva-mente. A cada rey del norte se le condenó porque anduvo en todos los «pecados que Jeroboán [hijo de Nabat] cometió e hizo cometer a los israelitas» (1R 14:16; 15:26, 30, 34; 16:26; 22:52; 2R 3:3; 10:29, 31; 13:2, 6; 14:24; 15:9, 18, 24, 28; 23:15; cf. también 1R 12:30; 13:34; 2R 17:21-22). De cualquier buen rey de Judá se dijo: «Si andas por mis sendas como lo hizo tu padre David» (1R 3:3, 14; 11:4, 6, 33, 38; 14:8; 15:3, 5, 11; 2R 14:3; 16:2; 18:3; 22:2).

De todos los reyes de Israel y Judá, solo Ezequías y Josías reci-bieron una felicitación incondicional mientras que otros seis: Asá, Josafat, Joás, Amasías, Uzías y Jotán recibieron una felicitación mo-derada. Los demás, sin cesar se burlaban de los mandamientos y con orgullo se negaban a arrepentirse.

El arrepentimiento era la base para cualquier buena obra de Dios después de un tiempo de fracaso. Y el resultado de ese arre-pentimiento era el «bien» *(ṭôḇ)* que Dios les haría. Walter Bruegge-mann[29] señaló este aspecto de la «bondad» como paralelo al «arre-pentimiento» señalado por Wolff. Para él, era un término relativo al pacto. Para hablar «bien» o «debidamente» *(ṭôḇ* en todo lo dije-ron (Dt 5:28; 18:17) fue para Israel honrar un tratado formal o una obligación de pacto (cf. con los únicos otros dos ejemplos, 1S 12:23; 1R 8: 36 y quizá 1R 8:20:3).[30]

Sin embargo, en un sentido más extenso, Israel era también el recipiente del «bien». Como tal, «bien» funcionó como un sinóni-mo de *šālôm*, «paz», en su sentido más amplio y total, como lo ob-servó Brueggemann, mientras que en Deuteronomio 30:15 «bien» era sinónimo de «vida».[31] Así cada bendición (un término teológico viejo para este tiempo) estaba incluida en la buena vida que comprendía la misma vida (Dt 5:16, 33; 6:18, 24); longevidad (4:40; 5:16; 22:7); la tierra (5:16, 33; 6:18); y el aumento y

---

[29] Walter Brueggemann, «The Kerygma of the Deuteronomic Historian», *Interpretation* 22, 1968, pp. 387-402.

[30] *Íbid.* p. 389, nn. 6, 7, se refiere a los tratados arameos donde *ṭôḇ* aparece.

[31] *Íbid.*, p. 391.

multiplicación de la familia (6:3). Israel iba a «obedecer» para que Yahvé pudiera hacerle «bien» (12:25, 28; 19:13; 22:7).

En el mismo texto en que Wolff encontró su triple llamamiento programático al «arrepentimiento» (Dt 30:2, 8, 10), Brueggema halló dos ofertas divinas para hacer a Israel «más próspero *(tôb)* y numeroso que [sus] padres» (vv. 5, 9). Esta bondad sobrepasó a la simple descripción y se movió a la categoría de promesas y confesión. La tierra dada a Israel era «una buena tierra» (Dt 8:7-l0), Israel debía «*alabar* [bendecir] al Señor su Dios por la tierra *buena* que te habrá dado» (nótese también la palabra de promesa sobre la tierra en Dt 1:8, 25; 6:10, 18).

La misma palabra de bondad y bendición se pudo ver en la casa de David la cual hizo lo «bueno» cuando Saúl rehusó hacerlo (1S 16:16; 20:7, 12, 31). Con todo, David fue capaz de hacer lo «bueno» porque Yahvé se lo concedió: «Así que cuando el SEÑOR le haya hecho todo el bien que le ha prometido» (1S 25:30; cf. 1R 8:66). Por tanto, la promesa clave a David en 2 Samuel 7:28, la cual era «perdurar» (ocho veces en ese capítulo aparece el adverbio «siempre»), se le llamó su «buena [palabra]» a [su] siervo». Todo lo relacionado al bienestar del reino de David se pudo sintetizar en esta palabra «bueno» (2S 2:6).

De este modo «arrepentimiento» lo contrarresta otro aspecto: a Israel se le ofreció la bendición, la promesa y la seguridad de Dios. Este balance impidió al teólogo, como comentó bien Brueggemann, encontrar en Deuteronomio solo ley, obediencia, juicio, maldición y arrepentimiento; allí estaba también la fidelidad y bendición de Dios a un pacto y a una palabra de la que él no renegaba.[32]

Palabra profética y hecho cumplido

Los historiadores proféticos especialmente encontraron «buena» la palabra de Dios. Sus palabras se cumplieron en la historia: «Y ni una sola de las buenas promesas del SEÑOR a favor de Israel dejó de cumplirse, sino que cada una se cumplió al pie de la letra» (Jos 21:45; 23:14; 1R 8:56; 2R 10:10). Puesto que esa palabra no

---

[32] *Ibid.*, p. 38.

era una palabra «vacía» *(rēq)* ni «falta» de poder (Dt 32:47) una vez pronunciada, alcanzaba su meta.

Tal serie de «buenas» palabras pronunciadas por los profetas se podían haber puesto en otro sistema completo para otro aspecto del único plan sencillo de Dios que abarcó aquellos días de la entrada a la herencia prometida, al reposo y al lugar donde él pondría su nombre. Gerhard von Rad[33] fue el que señaló este hilo de profecía y cumplimiento a través de los historiadores proféticos. Cada palabra divina de predicción divina que los profetas hablaron tenía su hecho histórico correspondiente. Su lista incluyó:

Palabra de creación

Promesa:	Asunto:	Cumplimiento:
2 Samuel 7:13	Salomón, el constructor del templo	1 Reyes 8:20
1 Reyes 11:29-36	División del reino	1 Reyes 12:15
1 Reyes 13:1-3	Contaminación del altar de Betel por Josías	2 Reyes 23:16-18
1 Reyes 14:6-16	Desarraigo del reino de Jeroboán	1 Reyes 15:29
1 Reyes 16:1-4	Desarraigo del reino de Baasa	1 Reyes 16:12
Josué 6:26	Maldición sobre la reedificación de Jericó	1 Reyes 16:34
1 Reyes 22:17	Muerte de Acab en batalla	1 Reyes 22:35-38
1 Reyes 21:21	Juicio de Acab y su familia	1 Reyes 21:27-29;
2 Reyes 1:6	Enfermo Ocozías, morirá	2 Reyes 1:17
2 Reyes 21:10-16	Los pecados de Manasés traerán desastre	2 Reyes 23:26; 24:2
2 Reyes 22:15-20	Josías escapará de inminentes días malos	2 Reyes 23:29-30.

Esta teología de la historia acentuó la prioridad de la palabra creadora de Dios. Las diez tribus del norte sellaron su suerte con la apostasía de Jeroboán (1R 14:16). Todavía, por causa de la palabra prometida a David por Yahvé, Judá siguió viviendo (1R 11:13, 32, 36). Yahvé quería dejar «una luz en Jerusalén» (1R 15:4), una alusión obvia a la casa de David y a la promesa (2S 21:17; Sal 132:17; cf. 2S 14:7).

Después que David dijo estas palabras a su hijo Salomón: «Y el SEÑOR cumplirá esta promesa ... nunca faltará un sucesor tuyo en el trono de Israel» (1R 2:4), Salomón realizó el cumplimiento de esa bendición en su propia vida (1R 8:20, 25), la cual también Yahvé la

---

[33] Von Rad, *Studies*, pp. 74-91.

confirmó directamente a Salomón (1R 9:5). Más tarde Isaías (55:3 RVR) reflexionó en ellas y la llamó esta «buena» palabra, «las misericordias firmes a David *(ḥaseֿ deֿ Dāwiḏ)*. De este modo, incluso las palabras antiguas de bendición y promesa se renovaron, ampliaron y cumplieron. Como von Rad lo expresó: «Los profetas cambiaron la marcha de la historia con una palabra de Dios.»[34]

Un profeta como Moisés

Cada referencia hecha a la simiente prometida a través de las Eras Prepatriarcal, Patriarcal y Mosaica, fueron genéricas en carácter; representaron la redención futura como la «simiente» de la mujer, la raza de Sem, la «simiente» de Abraham, la tribu de Judá y el reino de Israel. Sin embargo, cuando Moisés predijo en Deuteronomio 18:15-19 que Yahvé le había dicho: «El Señor tu Dios levantará entre tus hermanos un profeta como yo», la pregunta era ahora: ¿Quiso decir un único «profeta» singular, una idea colectiva o genérica? Y, ¿era este «profeta» otra figura mesiánica?

A simple vista, por el contexto uno puede esperar a un solo profeta individual que procede de Israel y se comparaba con Moisés. Sin embargo, el oficio profético no se transmitía a los sucesores de Moisés como ocurría con la línea de David. Antes bien, el ministerio y persona de Moisés estuvieron fuera de la clase usual de profetas porque a él se le puso sobre toda la casa de Dios (Nm 12:7). También ejerció las funciones sacerdotales antes que se instituyera el sacerdocio aarónico (Éx 24:4-8). Más aun, cada uno de los oficios paralelos de «juez» (Dt 17:8-13), «rey» (vv. 14-20) y «sacerdote» (18:1-8) eran colectivos y genéricos, no individuales en el contexto inmediato.

Por ello concluimos que esta promesa es también genérica. Moisés reconoció que su trabajo era incompleto; con todo, pudo ver a otro profeta que a diferencia de él mismo completaría el ministerio de instrucción y revelación de Dios. Este profeta que vendría, sería (1) israelita, «de tus hermanos» (Dt 18:15, 18); (2) «como» Moisés (vv. 15, 18); y (3) autorizado a declarar la palabra de Dios con autoridad (vv. 18-19). Tal expectación era de común conocimiento

---

[34] Von Rad, *Theology*, 1:342.

aun antes de los días de Jesús. Felipe encontró a Natanael y le anunció: «Hemos encontrado a Jesús de Nazaret aquel de quien escribió Moisés en la ley y de quien escribieron los profetas» (Jn 1:45). Del mismo modo concluyó la mujer samaritana que Jesús era el «profeta» (4:19, 29); y la multitud cerca del mar de Galilea exclamó: «En verdad este es el profeta, el que ha de venir al mundo» (6:14). De la misma manera Pedro citó nuestro pasaje en su discurso en el templo y lo aplicó a Jesús (Hch 3:22-26), como lo hizo Esteban (7:37).

Resumen

La clave para la teología de este período permaneció en la herencia de la tierra y el «reposo» al que Israel entró por fe. Además, en ese mismo «lugar» Yahvé haría que su nombre habitara. Y la historia de Israel estaría señalada por el «bien» si se «arrepentía» y recibía la «buena» palabra profética enviada por Dios en aquellos momentos cruciales de su historia.

La estructura interna para la narración de cómo Israel triunfó o dejó de entrar completamente en ese «reposo» se encuentra en la historia profética con sus declaraciones programáticas y sus comentarios interpretativos puestos en las bocas de oradores clave. En esta secuencia fue la palabra de Dios a través de sus mensajeros la que guió el camino. El pueblo siguió en obediencia o en arrepentimiento, o en un completo fracaso. Con todo, la promesa de Dios continuó sobreviviendo en la casa de David a pesar de la ineptitud presente en todas partes.

Capítulo 9

Rey de la promesa: Era Davídica

En 2 Samuel 7, la promesa de Dios a David tiene que estar entre los momentos más brillantes de la historia de la salvación. Solo se iguala en importancia y prestigio a la promesa que Abraham recibió en Génesis 12 y más tarde a todo Israel y Judá en el nuevo pacto de Jeremías (Jer 31:31-34). Por consiguiente, este segmento de cuarenta años en las narraciones de los historiadores proféticos (Josué a 2 Reyes) merece un trato aparte aunque básicamente se ubica en las obras de los primeros profetas.

Sin embargo, hay mucho más material de texto que considerar que un simple capítulo como 2 Samuel 7 o comentarios posteriores como el Salmo 89. En nuestro análisis diacrónico de la teología y en nuestro deseo de ubicar la teología bíblica como una ayuda básica más bien para la teología exegética que la teología sistemática, será necesario incluir lo siguiente de la Era Davídica: (1) lo que los eruditos después de Leonard Rost[1] llamaron «la narración de sucesión» (1S 9–20 y 1R 1–2, es decir, lo que queda de la historia de David excluyendo 1S 16–31 y 2S 1–8: 21–24); y (2) los salmos reales (Sal 2; 18; 20; 21; 45; 72; 89; 101; 110; 132; 144:1-11). Además, como David y el arca del pacto estaban tan íntimamente unidas en la teología, este capítulo también analizará (3) la «historia del arca» (1S 4:1–7:2) y la experiencia trascendental en la vida de David cuando trasladó el arca a Jerusalén (1S 6).

---

[1] Leonhard Rost, *Die Überlieferung von der Thronnach-folge Davids* [La tradición de la sucesión al trono de David], W. Kohlhammer Verlag, Stuttgart, Alemania, 1926.

El rey prometido

Deuteronomio 17:14-20 expuso cuidadosamente lo siguiente:

> Cuando tomes posesión de la tierra que te da el SEÑOR tu Dios, y te establezcas, si alguna vez dices: «quiero tener sobre mí un rey que me gobierne, así como lo tienen todas las naciones que me rodean», asegúrate de nombrar como rey a una de tu mismo pueblo, una que el SEÑOR tu Dios elija.
>
> *Versículos 14-15*

De modo que tener rey, como tal, no estaba ajeno al plan de Dios. Solamente tenía que esperar la hora propicia y la selección de Dios. Hasta este punto, el gobierno de Israel fue lo que Josefo denominó una «teocracia»,[2] en la cual la soberanía y el poder pertenecían a Dios. ¿No cantó Israel durante el éxodo: «¡El SEÑOR reina por siempre y para siempre!» (Éx 15:18)? Sin embargo, ¿cuándo se establecería el reinado prometido bajo un sistema teocrático?

El gobernante usurpador

Entretanto, sucedieron varios falsos comienzos. Gedeón recibió una oferta de «gobernar» *(māšal)* a los israelitas luego de su impresionante victoria sobre los madianitas (Jue 8:22). No solamente sería su gobernante, sino que la oferta era de naturaleza hereditaria: «Y después de ti, tu hijo y tu nieto.» Gedeón rehusó todo esto y en su lugar afirmó el principio: «Solo el SEÑOR los gobernará» (v. 23).

El hijo de Gedeón, sin embargo, no fue tan renuente. Después de la muerte de su padre, Abimélec se convirtió en rey de Siquén (Jue 9:15-18). Este usurpador (que así sería, si Yahvé hubiera sido el verdadero rey), hijo de una esclava, tomó un nuevo nombre (8:31). Martin Buber[3] dice que «dar un nombre» nunca se usa con relación a dar un nombre al niño cuando nace; por el contrario, siempre se usa el verbo «llamar». Esta expresión significa «dar un nombre nuevo» (cf. 2 R 17:34; Neh 9:7). Si Gedeón le dio un nombre nuevo, lo hizo cuando rechazó la oferta de ser rey, declarando

---

[2] Flavio Josefo, *Against Apion* [Contra Apión], 2. 16. pp. 164-66.

[3] Martin Buber, *Kingship of God* [La monarquía de Dios], 3a edición, rev. y ampliada, trad. Richard Sheimann, Harper & Row, Nueva York, NY, 1967, p. 74.

que su padre Dios era su rey; de este modo *Abi*, «mi padre», es *melek̦*, «rey». Aun así, la expresión de Jueces 8:31 también se la puede traducir: «Le nombraron» o incluso: «Él se nombró», «imi padre [antes que yo] fue —en realidad— un rey!»

En Jueces 9:6, la ironía se destaca con claridad donde la raíz de la palabra *mālak̦*, «ser el rey o reinar», aparece dos veces: «coronar como rey a "padre-rey"». El experimento terminó en tragedia para Abimélec y su «reino».

El gobernador rechazado

La generación de Samuel tampoco fue más sabia al exigir un rey antes del tiempo debido (1S 8:4-6). Partieron de la falsa base de que Dios no tenía poder para ayudarlos ya que Samuel estaba viejo y sus hijos corruptos (vv. 1-3). Esto fue otro rechazo al reinado de Dios (8:7; 10:19). El caso afligió mucho a Samuel (8:6).

A primera vista, la oposición de Samuel parece extraña a la luz de la promesa de Deuteronomio 17:14-20 donde se dieron instrucciones acerca de cómo actuar cuando el pueblo quisiera un rey. Sin embargo, la oposición tanto de Samuel como de Yahvé fue una condenación del espíritu del pueblo y de sus motivos para pedir un rey: querían ser «como todas las naciones» en cuanto a tener un rey (8:5, 20). También fue una expresión tácita de incredulidad en el poder y presencia de Dios: querían un rey que marchara al frente de ellos cuando fueran a la guerra (v. 20).

Dios, bondadosamente, accedió a las peticiones del pueblo después que Samuel hizo todo lo posible para advertirles cuáles serían sus responsabilidades al tener un rey (1S 8:10-19). Consiguieron lo que pidieron: Saúl. Y este llevó a cabo la tarea que Dios le asignó:

> Lo ungirás como gobernante de mi pueblo Israel, para que lo libre del poder de los filisteos. Me he compadecido de mi pueblo, pues sus gritos de angustia han llegado hasta mí.
>
> *1 Samuel 9:16, cf. 10:1*

Así fue. A dondequiera que Saúl volvía su mano, tan potente era el poder de Dios en él, como un líder lleno del Espíritu, que salía victorioso contra cada nación con la que peleaba (1S 14:47; cf. 2S 1:17-27 en el lamento de David). Saúl también erradicó toda clase de superstición y ocultismo que prohibía la ley de Moisés (1S 28:9) y hasta pareció ser cuidadoso en cuanto a los detalles de asuntos levíticos como comer sangre (14:34). Era el hombre que «Dios ha escogido» (10:24) y «ungido» (10:1).

Aun así, ¿qué pasa con la perpetuidad del reinado? En ninguna parte se le prometió a Saúl ni a Samuel que la oferta era la de un gobierno hereditario; no obstante, 1 Samuel 13:13-14 demuestra que existía la posibilidad:

> El SEÑOR habría establecido tu reino sobre Israel para siempre, pero ahora te digo que tu reino no permanecerá. El SEÑOR ya está buscando un hombre más de su agrado, pues tú no has cumplido su mandato.

No habría nada insólito en esta oferta, si no hubiera habido una promesa, puesto que de la tribu de Judá venía un gobernante y precisamente en Génesis 49:10 había tal promesa. Los símbolos del oficio, un cetro y el bastón de mando, no se apartarían de Judá hasta que llegue la persona a quien legítimamente le pertenecen. ¿Cómo puede el Señor ofrecer a Saúl un reino eterno, sobre todo cuando era de la tribu de Benjamín? Sin duda, algún día Israel tendría un rey porque esto se aclaró en Números 24:17 y Deuteronomio 17:14. Israel pudo haber hecho algunos comienzos falsos o incluso prematuros. Sin embargo, aquí es el Señor el que dice, en retrospectiva, que el reino hubiera sido sempiterno... y allí está la dificultad.

La solución a esta dificultad no se encuentra en un hecho al parecer traicionero de Samuel que, en contra de lo que declaran las Escrituras, se suponía que sin ayuda de nadie destituyera a Saúl y en su lugar eligiera a David. Este asunto en particular tampoco se puede resolver culpando exclusivamente al pueblo por haber elegido un rey como querían (1S 12:13) porque Saúl también fue el que Yahvé eligió (9:16; 10:1, 24; 12:13). Patrick Fairbairn fue el que más se acercó a la solución de este asunto:

> Después de solemnemente amonestar al pueblo por su culpa al pedir el nombramiento de un rey de acuerdo a *sus* principios mundanos, se les permitió elevar uno de ellos al trono ... Y para aclarar el propósito divino de este aspecto manifiesto a todos los que tenían ojos para ver y oídos para oír, el Señor les permitió

que la elección cayera primero en quien, como representante de la sabiduría y proeza terrenal, estaba poco dispuesto a regir en subordinación humilde a la voluntad y autoridad celestial y que, por lo tanto, lo suplantó otro que debía actuar como representante de Dios y llevar distintivamente el nombre de «su siervo».[4]

De este modo se esbozó la lección permitiendo que Dios mostrara al hombre que él era el rey supremo y que cualquier gobierno debía actuar bajo su autoridad. Así que la elección cayó temporalmente en Benjamín (10:20) en lugar de Judá. Saúl fue incomparable[5] a todos los demás porque solo él, a excepción de todos los otros, fue el hombre que Dios escogió según Samuel (v. 24). Su estatura (v. 23) fue una señal, pero la elección divina fue lo que le hizo en verdad incomparable.

Sin embargo, a fin de cuentas se desconoce si Dios pudo haberle dado a Saúl el «reino» que llegó a conocerse como las diez tribus del norte que más tarde se apartaron para dárselas a Jeroboán y que solo se guardó «una tribu» (¡nótese que a Judá y Benjamín se les conoció como *una* tribu!) para su siervo David, quien siempre tendría una lámpara en Jerusalén, la ciudad que Dios escogió para poner su nombre (1R 11:33-37).[6] Una cosa sí se sabe: Durante toda la era de los jueces, Efraín siempre estaba resentido, listo para desafiar o apartarse de las otras tribus a la más leve provocación (Jue 8:1; 12:1). Por consiguiente, desde mucho tiempo atrás se gestaba una división. Sin embargo, todo esto sugiere lo que tal vez hubiera ocurrido si Saúl hubiera sido obediente a Dios.

La monarquía permisible estaba sujeta a ciertas restricciones, como lo previó Deuteronomio 17:14-20. El pueblo no debía nombrar a alguien que Dios no escogió y el rey no debía actuar de acuerdo a su voluntad o placer personal; debía gobernar según la

---

4   Patrick Fairbairn, *The typology of the Scripture* [La tipología de las Escrituras], 2 tomos, Zondervan, Grand Rapids, MI, 1963, Tomo 1, pp. 121-22.

5   Para un estudio de esta fórmula de incomparable, véanse a C.J. Labuschagne, *The Incomparability of Yahveh en the Old Testament* [Lo incomparable de Yahvé en el Antiguo Testamento], E.J. Brill, Leiden, Países Bajos, 1966, pp. 9-10.

6   J. Barton Payne, «Saul and the Changing Will of God» [Saúl y la voluntad cambiante de Dios], *Bibliotheca Sacra*, 129, 1972, pp. 321-25. Payne distingue entre la voluntad permisiva de Dios y su voluntad directiva que permitió que Saúl fuera el primer rey. Pero dejó de vincular Génesis 49:10 y 1 Samuel 13:13b a este estudio.

ley de Dios. De este modo Israel todavía gozaba de una teocracia de cierta índole con el rey gobernando como virrey de Yahvé, el soberano celestial.

Es común entre los nuevos eruditos dividir las narraciones sobre la institución de la monarquía en dos fuentes básicas: una a favor de la monarquía (1S 9:1-10; 11:1-11, 15; 13:2–14:46), y otra posterior con raíces en Deuteronomio y con una perspectiva antimonárquica (1S 7:3–8:22; 10:17-27; 12:1-25). Más recientemente, Hans-Jochen Boecker[7] mostró que es demasiado simple señalar 1 Samuel 8 y 12 como antimonárquico. Estos pasajes dan una aceptación más condicional a la monarquía como institución de Dios, pero se debe sobre todo a que encierran un mayor peligro de apostasía.

Estos capítulos no son más antimonárquicos que la fábula de Jotán en Jueces 9:7-21. De acuerdo al cuidadoso análisis de Eugene H. Maly,[8] esta fábula contiene una caricatura de Abimélec, el aspirante al reinado, y una descripción figurativa de la destrucción inminente que esperaban los habitantes de Siquén. Lo que era despreciable en el reinado del espino (Abimélec) y el fuego predicho que brota del espino para destruir a los de Siquén no fue una condenación general contra la institución de una monarquía, sino una crítica dirigida a los que eran tan insensatos que buscaban protección de este rey inútil. En otras palabras, el enfoque estaba en las reacciones humanas y no propiamente en la institución.

Un gobernante ungido

Cuando se rechazó a Saúl, Dios buscó a un hombre «conforme a su corazón» (1S 13:14, RVR); y eligió a David, hijo de Isaí. Primero lo ungió el profeta (1S 16:13); después lo ungieron como rey de Judá (2S 2:4); y por último lo ungieron como rey de todo Israel (2S 5:3). Al igual que Saúl se le reconoció diez veces como el «ungido del SEÑOR» *(māšîaḥ YHWH,* 1S 24:6[7], 10[11]; 26:9, 11, 16, 23; 2S 1:14, 16), también David ahora está «ungido» y «entonces el Espíritu del Señor vino con poder sobre David, y desde ese día estuvo con

[7]   Según le cita Bruce C. Birch, «The Choosing of Saul at Mizpah» [La elección de Saúl en Mizpa], *Catholic Biblical Quarterly,* 37, 1975, pp. 447-48, n. 4.

[8]   Eugene H. Maly, «The Jotham Fable—Anti-Monarchica?» [La fábula de Jotán: ¿Antimonárquica?], *Catholic Biblical Quarterly,* 22, 1960, pp. 299-305.

él» (1S 16:13). A David también se le llamó diez veces el «ungido del SEÑOR». Cuando el aceite para ungir se empleaba en la adoración, simbolizaba el Espíritu divino; pero en la consagración real, señaló el don que Dios da de su Espíritu para ayudar al rey de Israel a administrar su gobierno. El ungimiento señaló a David como el receptor y representante de la majestad divina. Saúl también recibió el «Espíritu de Dios» (1S 11:6), igual que los jueces anteriores desde Otoniel hasta Samuel. Sin embargo, cuando Saúl se apartó del Señor, después de un principio brillante al librar a Israel de los filisteos (1S 9:16; 14:47), se convirtió en un gobernador inepto por completo debido a la pérdida del don que da el Espíritu para gobernar el pueblo.

El título «el ungido» solamente se usaba para referirse al rey, aunque se usó dos veces en el Salmo 105:15 para transferírselo a los patriarcas y una vez para referirse a Ciro, quien tenía un llamado divino para gobernar (Is 45:1; cf. 1R 19:15). Luego la palabra vino a ser el título para aquel gran personaje davídico que vendría a completar el esperado reino de Dios. En total, el nombre «ungido» aparece treinta y nueve veces en el Antiguo Testamento. Veintitrés para referirse al título del rey reinante en Israel.[9]

Esto significa que queda un saldo de nueve pasajes donde «el ungido» hace referencia a alguna persona venidera, que casi siempre se identifica como el linaje de David (1S 2:10; 2:35; Sal 2:2; 20:6; 28:8; 84:9; Hab 3:13; Dn 9:25-26). El rey de Yahvé gobernaría sobre su reino eterno en la tierra; y simultáneamente fue el Hombre escogido en la línea de sucesión con derecho a sentarse en el trono de David como el representante de Dios. Aunque este término no fue el más claro ni el más empleado en el Antiguo Testamento, su uso lo fijó como el que mejor cabía, con preferencia entre todos los demás títulos, para describir al Rey esperado, el Mesías.

La dinastía prometida

Si embargo, algo más que la monarquía estaba en juego. Seguida a la promesa dada a Abraham, debía figurar la palabra de bendición

---

[9] Además de las tres excepciones mencionadas, «ungido» también fue empleado para referirse a los sacerdotes levíticos. (Lv 4:3, 5, 16; 6:22 [15]).

que se derramó sobre David. El pasaje clásico del AT que trata esta nueva añadidura a la promesa y el plan de Dios, siempre en aumento, era 2 Samuel 7 con un duplicado en 1 Crónicas 17 y un comentario en el Salmo 89.[10] Era el relato de cómo David se ofreció para construir una «casa» o templo para el Señor y la revelación que Natán recibió de Dios con la contraproposición de que él no permitiría que David la construyera. En su lugar, ¡Yahvé haría una «casa» de David (2S 7:5-11)!

La crítica histórica y literaria no siempre ha estimado conveniente tratar 2 Samuel 7 de forma uniforme, ni mucho menos comprensiva. Tal vez la evaluación más drástica del texto vino de R.H. Pfeiffer,[11] quien presentó la acusación de que la mente del autor estaba «aturdida», su texto «oscuro, enredado», «mal escrito», lleno de una gramática mala y estilo cansoso, llena de «repeticiones *ad nauseum*» y «tonterías frailunas». Opinó que todo el capítulo era un comentario rabínico de fines del siglo cuarto a.C. basado en el Salmo 89, ¡sin valor literario o histórico!

Mientras otros, como Hermann Gunkel, revocaron la dirección de dependencia literaria declarando que el Salmo 89 era una expansión poética y libre de 2 Samuel 7. Sin embargo, John L. McKenzie y C.J. Labuschagne[12] eligieron un término medio diciendo que tanto el escritor del libro histórico como el del salmo sacaron sus textos de una fuente original común. Y contrario a los que consideran 2 Samuel 7:13 como una «añadidura deuteronómica», este versículo no solo se debe considerar como genuino, sino que precisamente es el eje alrededor del cual gira toda la teología del pasaje.

---

[10] Para más detalles acerca de lo que sigue, véanse a W.C. Kaiser, Jr., «The Blessing of David: A Charter for Humanity» [La bendicion de David: un contrato para la humanidad], *The Law and the Prophets* [La Ley y los profetas], John Skilton, ed., Presbyterian and Reformed Publishing House, Filadelfia, PA, 1974, pp. 298-318.

[11] R.H. Pfeiffer, *Introduction to the Old Testament* [Introducción al Antiguo Testamento], Harper & Row, Nueva York, NY, 1953, pp. 368-73.

[12] John L. MacKenzie, «The Dynastic Oracle: II Samuel 7» [El oráculo de la dinastía: 2 Samuel 7], *Theological Studies* [Estudios teológicos], 8, 1947, p. 195; C.J. Labuschagne, «Some remarks on the Prayer of David in II Samuel 7» [Algunos comentarios acerca de la oración de David en 2 Samuel 7], *Studies on the Book of Samuel*, [Estudios acerca del libro de Samuel], Stellenbosch, Sudáfrica, 1960, p. 29. Para detalles acerca del problema sinóptico en estos textos, véase nuestro ensayo: «Blessing of David», pp. 300-303.

Una casa

Se puede demostrar que en el Medio Oriente antiguo la construcción de un templo estaba estrechamente vinculada al establecimiento de un reino. El buen estudio de F. Willesen[13] demuestra esta clase de relación. De modo que, de acuerdo a 2 Samuel 7:13, Yahvé primero tenía que establecer «la casa» de David antes de construir un templo. La construcción del templo solamente podía ser la terminación y coronación de la creación del reino de Yahvé. Este mismo énfasis en la necesidad de la obra de Dios de establecer el reino dándole prioridad antes que a la construcción de la casa de adoración, también se puede ver en 7:11c donde el «te» está enfáticamente en el lugar del texto hebreo: «Pero ahora el SEÑOR *te* hace saber que será él quien *te* construya una casa.» (Compare esto con «él», es decir Salomón, y el verbo «construir» en 7:13a y 5b.) El contraste, entonces, fue entre un reino que los hombres establecen y uno totalmente hecho por Yahvé.

Dios prometió hacer de David una «casa» *(bayit)*. Sin embargo, ¿qué puede significar esto? *Bayit* se refiere a más que una residencia; era también una familia: padres, hijos y parientes. Por ejemplo, Dios mandó a Noé a entrar en el arca con «toda tu casa» (Gn 7:1, RVR) y obviamente no entró con un edificio de su residencia; y Jacob ordenó «a su familia [casa, *(bayit)*]» a deshacerse de todos los dioses extraños (35:2). Más tarde todas las tribus se dividirían en «casas» (grupos grandes por familia, Jos 7:14, RVR), y la posteridad de una familia, rey o dinastía se llama «casa» en hebreo (Éx 2:1; 1R 11:38; 12:16; 13:2, RVR).

En 2 Samuel 7 el significado «dinastía» por «casa» sería muy apropiado, sobre todo en vista de que la expresión «tu casa y tu reino durarán para siempre delante de mí» (v. 16) solo significaría que la dinastía de David reinaría para siempre. Esta era la nueva añadidura al plan de la promesa: Todo lo que se ofreció a los patriarcas y a Moisés, ahora se ofrecía a la dinastía de David. Aunque esto no es todo, perdurará en el futuro (v. 19).

En 2 Samuel 7, ocho veces Yahvé promete hacer de David una

---

[13] F. Willesen, «The Cultic Situation of Psalm 74» [La situación cúltica del Salmo 74], *Vetus Testamentum*, 2, 1952, pp. 289ss.

casa (vv. 11, 13, 16, 19, 25, 26, 27, 29), sin contar las veces que utilizó ideas paralelas que usan otros términos. Los versículos 12, 16, 19, 26 y 29 explican que la «casa» de David era un linaje de descendientes que el Señor le daría en perpetuidad. Por lo general, los monarcas se preocupaban por la duración de su reino, una vez que lograban imponer una paz después de logros militares (cf. Nabucodonosor en Dn 2). Sin embargo, a David no le preocupaba esto. Su «dinastía», trono y reino estarán eternamente seguros; el Señor así lo estableció.

Un descendiente

Aunque la palabra descendiente [simiente] figura solo una vez en 2 Samuel 7:12, esta promesa de una dinastía que tendría una larga línea de descendientes fue un recordatorio de una palabra similar a Abraham. «Simiente» [que en las Biblias a veces se traduce como «descendiente»] tiene un significado colectivo de «posteridad» igual que en Génesis 3:15; 12:7; 13:15. Aun así, la simiente simultáneamente señaló a la única persona que representaba el grupo entero y que también servía como una prenda de toda la línea de descendientes venidera. De modo que la «simiente» de David construiría el templo (2S 7:13), queriendo decir el individuo, Salomón. Aunque al mismo tiempo la casa eternamente perdurable nunca le faltará un descendiente para el trono de David. En una expresión en 2 Crónicas 22:10, Atalía quería extirpar «todo la descendencia [simiente] real de la casa de Judá» *(kol zera' hammamlāḵâh)*.

Un reino

Como ya vimos, una parte en la promesa de la era de los patriarcas y el éxodo fue que Israel tendría «reyes» (Gn 17:6, 16; 35:11; cf. 36:31), incluyendo un «reinado» (Éx 19:6; Nm 24:7) y un soberano (Nm 24:19). Y ahora, de acuerdo a 2 Samuel 7:23-24, 26-27, se le asigna este reino a David y su familia.

No era que Dios abdicó de su gobierno ni que su reino terminó; dado que el reinado de David recién anunciado estaba tan estrechamente vinculado con el reino de Dios del que más tarde se dijo que el trono y el reino davídicos pertenecían a Dios. Primera de Crónicas 28:5 dice: «[El Señor] escogió a mi hijo Salomón para que se sentara en el trono real del SEÑOR y gobernara a Israel.» Segunda de Crónicas 13:8 se refiere al «reino del SEÑOR» y 2 Crónicas 9:8 dice que Dios «te ha puesto en su trono para que lo representes como rey». Ya en 1 Samuel 24:6 y 2 Samuel 19:21 al rey se le llamó «el ungido del SEÑOR». De este modo la teocracia y el reino davídico, en virtud de su lugar especial en el pacto, se consideraron como una sola cosa. Estaban tan inseparablemente eslabonados que sus destinos en el futuro eran idénticos.

Se puede obtener más información acerca del reino en los salmos reales (2, 18, 20, 21, 45, 72, 89, 101, 110, 132, 144) y los salmos escatológicos o salmos de entronización (47; 93–100). Pero por ahora, en 2 Samuel 7 se le dice a David que el reino era irrevocable y eterno (v. 13, 16 bis, 24, 25, 26, 29 bis).

Un hijo de Dios

Particularmente sorprendente fue el anuncio divino: «Yo seré su padre, y él será mi hijo» (2S 7:14). Ahora «Padre» tiene que haber sido un título que David usó con naturalidad para referirse a Dios porque nombró a uno de sus hijos, Absalón, «mi Padre (Dios) es paz». Ya Moisés había enseñado lo mismo a Israel cuando preguntó: «¿Acaso no es tu Padre, tu Creador?» (Dt 32:6).

Tampoco el concepto de hijo carecía de antecedentes teológicos en el pasado. Todos los israelitas eran hijos o primogenitura de Dios (Éx 4:22; 19:4). Es interesante notar que «todo el vocabulario diplomático en el segundo milenio se arraigó en la esfera familiar».[14] Así que fue muy apropiado usar este vocabulario en este pacto con David.

Lo novedoso fue que Yahvé ahora trata a los hijos de David de manera que hace recordar las promesas patriarcales y mosaicas. Esto fue más que la filiación divina titular característica del Medio Oriente: «hijo de dios x»; fue una dádiva divina y no una jactancia humana. También particularizó la palabra antigua dada a Israel (como «primogénito» de Dios) que ahora se podía aplicar a la simiente de David (Sal 89:27). De forma totalmente única, David

---

14 Moshe Weinfeld, «The Covenant of Grant in the Old Testament and in the Ancient Near East» [El pacto de concesión en el Antiguo Testamento y en el antiguo Medio Oriente], *Journal of the American Oriental Society*, 90, 1970, p. 194.

podía llamar a Dios «mi Padre» (v. 26) porque cada descendiente de David quedaba ante Dios como hijo. Con todo, no dice que un hijo de David en particular llegará a realizar pura o perfectamente este concepto elevado de filiación divina. Sin embargo, ahora si alguien cualificara para este puesto, también tendría que ser hijo de David.

Un contrato para la humanidad

Lo que Dios prometió a David no era algo inconexo ni novedoso con relación a las bendiciones previas. Ya había un largo desarrollo de teología que podía informar o aportar al pacto de David. Entre los aspectos familiares que ya conocía David, en 2 Samuel 7, en esta palabra dirigida a él estaban:

1. «Te he dado nombre grande» (1S 7:9, RVR; cf. Gn 12:2, etc.).
2. «También voy a designar un lugar para mi pueblo Israel, y allí los plantaré» (2S 7:10; cf. Gn 15:18; Dt 11:24-25; Jos 1:4-5).
3. «Yo pondré en el trono a uno de tus propios descendientes, y afirmaré su reino» (2S 7:12; cf. Gn 17:7-10, 19).
4. «Él será mi hijo» (2S 7:14; cf. Éx 4:22).
5. «Estableciste a Israel para que fuera tu pueblo para siempre, y para que tú, SEÑOR, fueres su Dios» (2S 7:23-24; cf. Gn 17:7-8; 28:21; Éx 6:7; 29:45; Lv 11:45; 22:33; 23:43; 25:38; 26:12, 44-45; Nm 15:41; Dt 4:20; 29:12-13; *passim*).
6. La unicidad de Yahvé (2S 7:22; cf. Éx 8:10; 9:14; 15:11; Dt 33:26; Sal 18:31 [32]; 89:6 [7]; 8 [9]; *passim*).
7. La unicidad de Israel (2S 7:22; cf. Éx 1:9; Nm 14:12; Dt 1:28-31; 5:26; 7:17-19; 9:14; 11:23; 20:1; 33:29; *passim;* y en especial el verbo plural en el hebreo de 2S 7:23, RVR: «¿Y quién como tu pueblo, como Israel, nación singular en la tierra? Porque [fueron] Dios para rescatarlo por pueblo suyo», una cita intencional de Deuteronomio 4:7-8 con la misma peculiaridad gramatical hebrea).[15]

---

[15] Para una lista de 24 similitudes presuntas entre deuteronomio y 2 Samuel 7, véanse

8. El uso excepcional de «Adonai Yahvé» (2S 7:18-19 bis, 22, 28–29), que no vuelve a aparecer en Samuel ni en las Crónicas. Probablemente el significado especial de este nombre, que solo aparece cinco veces antes que esto, lo identificó R.A. Carlson,[16] quien notó que Dios usó este nombre cuando prometió «simiente» a Abraham en Génesis 15:2, 8. El uso repetido de este nombre en 2 Samuel 7 es demasiado notable como para ser casual.

Por lo tanto, la bendición de Abraham se extendió a una bendición a David: «Dígnate entonces bendecir a la familia de tu siervo, de modo que bajo tu protección exista para siempre» (2S 7:29). Sin embargo, David se quedó completamente asombrado cuando de pronto reconoció lo que había recibido en esta propuesta alternativa. Al sentir la solemnidad e importancia del momento, entró en la presencia de Dios y ofreció una oración que se puede bosquejar como sigue:

1. Acción de gracias por el favor de Dios para él *ahora* (vv. 18-21)

2. Adoración por la obra de Dios a favor de Israel en el *pasado* (vv. 22-24)

3. Ruego a Dios por el cumplimiento de la promesa en el *futuro* (vv. 25-29).

En el versículo 19 viene el punto sobresaliente de la oración después que David protestó en el versículo 18 diciendo que personalmente no era digno de un honor tan grande y singular. En efecto, preguntó: «¿Qué hay de singular en mí? y ¿qué hay en mi familia que sea tan especial?» La respuesta que esperaba era: «¡Nada!» Es obvio que sintió que la bendición de Dios excedió por mucho lo que

---

Frank M. Cross, Jr., *Cannanite Myth and Hebrew Epic* [Mito cananeo y epopeya hebrea], Havard University Press, Cambridge, MA, 1973, pp. 252-54.

16 R.A. Carlson, *David the Chosen King: A Tradio-Historical Approach to the Second book of Samuel* [David el rey escogido: Un enfoque tradicional-históricoo a 2 Samuel], traductores Eric y Stanley Rudman, Almqvist y Wiksell, Estolcolmo, Suecia, 1964, p. 127. Los otros cinco casos de «Adonai Yahvé» están en Deuteronomio 3:24; 9:26; Josué 7:7; Jueces 6:22; 16:28. Nótese el contenido de la promesa en cada oración. En Reyes el nombre doble solamente ocurre en 1 Reyes 2:26; 8:53 y «Adonai» aparece en 1 Reyes 3:10, 15; 22:6; 2 Reyes 7:6; 19:23.

merecía. Y entonces en el versículo 19 añadió con más asombro todavía: «Como si esto [la bendición mencionada sobre mí y mi familia] fuera poco, SEÑOR y Dios, también has hecho promesas a este siervo tuyo en cuanto al futuro de su dinastía.»

Enseguida vienen las palabras del 19b: «¡Tal [este] es tu plan [ley] para con los hombres!» *(wezō't tôrat hā'āḏām)*. ¿Qué clase de oración forman estas palabras? ¿Era una oración interrogativa o exclamativa? Dado el contexto y las formas paralelas de *wezō't tôrat* más una genitiva en el AT,[17] tiene que ser una exclamación. Ninguna otra cosa cabe en esta secuencia unida a los versículos 20ss.

Entonces, ¿qué será el «este»? El antecedente tiene que ser la *sustancia* del oráculo y no la forma que estas grandes palabras llegaron a David. El asunto no es que David estuviera preguntando: «¿Es esta su manera acostumbrado para dirigirse a los hombres como yo?» Esta clase de interpretación comete dos errores: (1) prefiere ver las palabras como pregunta; y más seria, (2) insiste en traducir la palabra «ley» *(tôrâh)* con un significado completamente anómalo de «costumbre», «manera» o «estado» como lo hacen las Biblias en inglés *Authorized Version, New American Standard Bible*, y *New English Bible*. Estas son las palabras que se usan para traducir palabras hebreas como:*ḥōq, mišpāṭ*, y *gôrāl*.

Como concluyó Willis J. Beecher:

> «Este» lógicamente debiera significar, por el contexto, la revelación que en el pasaje trata con «la simiente» de Abraham, Israel y David, quien debe existir y reinar para siempre, el hijo de Jehová, el rey de Jehová y el canal de bendición de Jehová para todas las naciones.[18]

Asimismo, C.F.D. Erdmann instó que:

> Tiene que ser el *contenido* de las palabras del Señor acerca del futuro de su casa que lo conmueve... no el hecho *que* el Señor se dignó para con él ... sino *lo que* Él le ha hablado ... Esto es la divina Torá o receta ... para las pobres criaturas humanas.[19]

---

[17] Véase nuestro artículo: «Blessings of David», p. 311.

[18] Willis J. Beecher, «Three Notes» [Tres notas], *Journal of Biblical Literature*, 8, 1887, p. 138.

[19] C.F.D. Erdmann, *The Books of Samuel* [Los libros de Samuel], en J.P. Lange, *A*

¿Cómo entonces se debe entender la palabra *tôrâh*? Por lo general, *tôrâh* es «enseñanza»; viene de la raíz verbal *yārâh*, «dirigir», «enseñar» o «instruir». De los doscientos veinte ejemplos de este nombre del AT, solamente en diecisiete casos indica cualquier otra cosa excepto la ley de Dios.[20] La «ley del hombre» no puede traducirse «ley de *Adán*» ya que no aparece ninguna referencia a Adán ni a un pacto con este en ninguna parte de la Era Davídica. Tampoco se puede representar como «la ley *del Hombre*», es decir del Señor Dios, porque este uso se desconocía hasta esta época. Ninguna de estas traducciones servirá.

Como el «este» de 2 Samuel 7:19b se refiere al *contenido* de la promesa que con paciencia se traza en las palabras de Natán y ya que esta promesa se extendía a propósito a «todas las naciones de la tierra» desde el principio que en las revelaciones patriarcales, concluimos que la mejor traducción es: «Este es el contrato para la humanidad.»

Es posible que Henri Cazelles[21] encontrara la expresión cognada precisa al «contrato para la humanidad» de David cuando en 1958 señaló el término acadio *tērit nišē*. Tradujo la frase acadia como un oráculo: *«qui fixe le destin des hommes»* o «el decreto concerniente a la humanidad en general».

¡Precisamente como en nuestro pasaje! David, dándose cuenta que acababa de recibir una dinastía, dominio y reino, exclama con un gozo incontenible: «¡Y este es el Contrato para toda la humanidad, oh Señor Dios!»[22] De este modo el plan antiguo de Dios sigue en pie, pero ahora podría involucrar a un rey y un reino. Una bendición de este tipo también involucrará el futuro de la humanidad.

Commentary on the Holy Scriptures [Un comentario sobre las Sagradas Escrituras], 12 tomos, Scribner, Armstrong & Co., Nueva York, NY, 1877, tomo 3, p. 434.

[20] Para documentación, véase nuestro artículo: «Blessing of David», p. 313, nn. 48 y 49.

[21] Henri Cazelles, «Review of Roland de Vaux's *Les Institutiones de L'ancien Testament»*, [Repaso de *Las Instituciones del Antiguo Testamento* de Roland deVaux], *Vetus Testamentum*, 8, 1958, p. 322; ídem, «Shiloh, the Customary Laws and the Return of the Ancient Kings» [Siló, las leyes tradicionales y la vuelta de los reyes antiguos], *Proclamation and Presence*, [Proclamación y presencia], John T. Durham y J.R. Porter, editores, John Knox Press, Richmond, VA, 1970, p. 250.

[22] Para un estudio del pasaje paralelo en 1 Crónicas 17:17, que tiene tres disimilitudes, véase a W.C. Kaiser, Jr., «Blessing of David», pp. 315-16.

Un reino prometido

Seis veces se declaró que el reino de David era eterno (2S 7:13, 16, 24, 25, 26, 29). Sin embargo, ¿constituía esta dádiva un cheque en blanco con una validez ilimitada?[23] M. Tsevat, junto a un sinnúmero de comentaristas, no acepta el enfoque sobre la naturaleza irrevocable o incondicional como parte del pasaje original. En su lugar prefiere tratar como norma el aspecto de lo condicional que recalca la cláusula y necesidad de lealtad y fidelidad según aparece en 2 Samuel 7:14-15; 1 Reyes 2:4; 8:25; 9:4-5; Salmo 89:30-37 [31-38]; 132:11-12.

Aun así, el mismo David reflexionó sobre esta promesa en 2 Samuel 23:5 y lo llamó un «pacto eterno» *(berît 'ôlām)*. Sus palabras precisas fueron: «Dios ha establecido mi casa; ha hecho conmigo un pacto eterno, bien reglamentado[24] y seguro.» El mismo pensamiento lo repite David en el salmo real (21:6-7 [7-8], RVR) donde se regocijaba porque Dios lo ha «bendecido para siempre» y «la misericordia [amor pactado] del Altísimo, no será conmovida».

El Salmo 89:28-37 [29-38] también comentó la inmutabilidad de este pacto eterno. Será para «siempre» (28-29, 36-37): «como los días de los cielos» (29, RVR), «como el sol» (36) y la «luna» (37). Dios dice: «No violaré mi pacto ni me retractaré de mis palabras» (34). «¡He jurado por mi santidad, y no voy a mentirle a David!» (35).

No obstante, la discusión a favor de la condición todavía está en vigor. ¿No sería posible romper *(pārara)* este pacto? Y aunque el pacto con Abraham también era «eterno» (Gn 17:7, 13, 19), sin embargo, «el varón incircunciso ... será eliminado de su pueblo por quebrantar mi pacto» (v. 14). También los habitantes de la tierra podían quebrar «el pacto eterno» posterior (Is 24:5) y un Israel adúltero menospreció «el juramento» (el pacto) de Dios hasta el punto de quebrantar *(lehāpēr)* el pacto eterno (Ez 16:59, 63).[25]

---

[23] Matitiahu Tzevat, «The Steadfast House: What was David Promised in 2 Samuel 7:11b-16?» [La casa firme: ¿Qué le había prometido a David en 2 Samuel 7:11b-16?], *Hebrew Union College Annual* [Anual de la universidad de la Unión Hebrea], 34, 1963, p. 73.

[24] *Ibíd.,* p. 74 acerca de la traducción de «bien reglamentado [en cada detalle]».

[25] Para un estudio de la evidencia y opiniones contrarios, véase Marten H. Woudstra,

La solución a estos aparentes quebrantos, frustraciones e invalidaciones del pacto era el mismo para las cláusulas «si» que preocupaban a Tsevat y otros: «Si tus hijos cumplen con mi pacto y con los estatutos que les enseñaré, también sus descendientes te sucederán en el trono para siempre» (Sal 132:12; cf. 2S 7:14b-15; 1R 2:4; 8:25; 9:4-5; Sal 89:30-33). El «quebranto» o condición solo se puede referir a una invalidación *personal* e *individual* de los beneficios del pacto, pero no puede afectar la transmisión de la promesa a la línea de descendientes. Por eso Dios podía firmemente confirmar su fidelidad y la perpetuidad del pacto con David a pesar de los pillos subsiguientes que aparecerían en su linaje. En este último caso, Dios los censura, pero no reprocha su nuevo pacto abrahámico-davídico (cf. Jer 31:32; Heb 8:8).

Esta misma forma de invalidación personal de pactos aparece en las nuevas investigaciones sobre tratados promisorios de concesiones de tierra de los heteos y neoasirios. M. Weinfeld[26] ha vinculado las concesiones reales hechas a Abraham y David con las concesiones de «tierra» y «casa» (dinastía) en la política hetea, siria y palestina. Demostró que una concesión incondicional estaba explícitamente protegida contra cualquier pecado de los descendientes del recipiente. En estos tratados la concesión de «tierra» o dinastía se puede postergar o perder individualmente; sin embargo, tenía que pasar al próximo en el linaje en vez de pasar a alguien fuera de la familia específica. Así fue en el caso de David: pueden haber pillos, pero la bendición nunca se revocaría de la familia; así fue un «pacto eterno».[27]

«The Everlasting Covenant in Ezequiel 16:59-63» [El pacto eterno en Ezequiel 16:59-63], *Calvin Theological Journal* [La revista teológica Calvin], 6, 1971, pp. 27-28, 31-33.

26 Weinfeld, «Covenant of Grant» [Pacto de concesión], pp. 189-96. Nótese sus observaciones brillantes incluso acerca de la condición presunta en el Pacto mosaico, p. 195.

27 Más recientemente H. Neil Richardson, «The Last Words of David: Some Notes on II Samuel 23:1-7» [Las últimas palabras de David: Algunas notas sobre 2 Samuel 23:1-7], *Journal of Biblical Literature*, 90, 1971, pp. 259, 263. Richardson siguiendo F.M. Cross, Jr. (aunque ambos precavidamente) encuentra un nombre para Él [Dios] en 2 Samuel 23. Lo traduce: «Su pacto el Eterno me ha dado». Pero esto es una sugerencia muy improbable a la luz de lo desmañado que queda la expresión y la ausencia del nombre divino «Él» como se encuentra en Génesis 21:33.

El arca y el reino

No hay nada más íntimamente ligado con la presencia y el poder de Yahvé que el arca del pacto. Se puede apreciar esto especialmente en la «historia del arca» de 1 Samuel 4:1–7:2. Sin embargo, 2 Samuel 6 también recalca la importancia del arca para el reino que David estaba a punto de recibir y que se detalla en el próximo capítulo. La introducción del arca a Jerusalén, un enclave políticamente neutral cerca de la frontera entre Judá y las tribus del norte, fue importante para establecer la extensión del reino, sobre todo Israel.

El nexo entre David, el reino y lo que la mayoría se complace en denominar el culto, no constituye un argumento a favor de una monarquía sagrada.[28] Esto se puede apreciar mejor al seguir el desarrollo de la narración acerca del arca.

Éxodo 25:10-22 registra el proyecto de fabricar el arca, y Éxodo 37:1-9 narra la construcción por Bezalel. Durante la peregrinación en el desierto, el arca del pacto del Señor iba delante de Israel para buscar un lugar de descanso durante el recorrido de tres días (Nm 10:33-34). Tan importante fue esta «caja» (*ᵃrôn*; cf. el ataúd de José en Gn 50:26 y cofre de Joyadá en 2 R 12:9ss [10ss.] y 2Cr 24:8ss.) que el «Cantar del arca» igualó su presencia con la presencia de Yahvé:

> Cada vez que el arca se ponía en marcha, Moisés decía: «¡Levántate, SEÑOR! Sean dispersados tus enemigos; huyan de tu presencia los que te odian.» Pero cada vez que el arca se detenía, Moisés decía: «¡Regresa, SEÑOR, a la incontable muchedumbre de Israel!»
>
> *Números 10:35-36*

Por otra parte, cuando Israel se atrevió a lanzar un ataque por su cuenta, y sin «el arca del pacto del Señor», fue rotundamente derrotado (Nm 14:44). Aun así, la nación tuvo éxito cuando acompañó la marcha de Israel para pasar el Jordán (Jos 3–4) y alrededor de Jericó (Jos 6). Solo la pecaminosidad de Israel podía frustrar su eficiencia.

---

[28] Para una refutación de la monarquía sagrada, véanse Arthur E. Cundall, «Sacral Kingship—the Old Testamente Background» [La monarquía sagrada: el contexto del Antiguo Testamento], *Vox Evangelica*, 6, 1969, pp. 31-41.

Cuando quitaron el arca de Siló y los filisteos se la llevaron (1S 4–5), la única conclusión posible fue: Icabod, se fue la gloria de Dios. Sin embargo, la presencia de Dios fue demasiado potente para los filisteos; así que devolvieron el arca a Bet Semes sin sufrir más juicio (1S 6) después que una plaga visitó cada ciudad de los filisteos donde estuvo el arca en este medio tiempo. Uza fue reprimido cuando impulsivamente se tiró para sostener el arca que se tambaleó cuando David comenzó a traerla a Jerusalén (2S 6). En este caso, los hombres eran conscientes del método prescrito para tratar la santidad de Dios. Por lo tanto, les cayó mayor condenación que a los filisteos que tocaron el arca y en su ignorancia usaron una carretilla para transportarla (1S 6).

La cumbre de los relatos es 2 Samuel 6 y el Salmo 132, donde la función e importancia del arca se relacionan estrechamente con la presencia de Yahvé. En las palabras de von Rad: «Donde está el arca, Yahvé siempre está presente.»[29] Pero, ¿en qué sentido estaba Dios presente? ¿Era el arca: (1) un testigo de esta presencia, (2) una garantía de esta presencia, (3) una promesa o prenda de su presencia, (4) un domicilio de la deidad, (5) idéntica con Yahvé, o (6) una extensión y representación de su presencia?[30] Básicamente fue una promesa o prenda de su presencia porque esta no fue automática ni mecánica. Así es solamente al «asirlo creyéndolo»[31] como pronto aprendió Israel en 1 Samuel 4:1–7:2. El arca no era una simple cuestión de la santidad derivada de las cosas. El Señor no estaba contento con un enfoque exclusivo en las cosas ni tampoco en lo interno. Ambos aspectos eran importantes: el interior y el exterior.

El sitio en que Yahvé se entronizó estaba asociado con el arca y el

---

[29] Gerhard von Rad, *Old Testament Theology*, 2 tomos, Oliver and Boyd, Londres, 1962, tomo 1, p. 237.

[30] Para obtener documentación, véanse a Henton Davis, «The Ark of the Covenant» [El arca del pacto], *Annual of the Swedish Institute* [Anuario del Instituto Sueco], 5, 1966-67, pp. 43-47. También véase R.E. Clements, *God and the Temple* [Dios y el templo], Fortress Press, Filadelfia, PA, 1965, pp. 28-39 y Marten H. Woudstra, *The Ark of the Covenant From Conquest to Kingship* [El arca del pacto de la conquista hasta la monarquía], Presbyterian and Reformed Publishing House, Filadelfia, PA, 1965, pp. 13-57.

[31] La frase «grasped believingly» es de Woudstra, *Íbid.*, p. 46.

lugar de expiación *(kappōret)*. Su nombre fue «SEÑOR Todopoderoso que reina entre los querubines» (2S 6:2; cf. 1S 4:4; 2 R 19:15; 1Cr 13:6). Woudstra concluye que este nombre, si se usa en relación con el arca, señala la «omnipotencia, majestad y gloria» de Dios.[32] Este nombre habla a la vez de la naturaleza de su condescendencia, del carácter de su morada entre nosotros y de la realidad de su persona.

Por lo tanto, cuando David llevó el arca dentro de una tienda de campaña sagrada (2S 6:17) en espera de la construcción del templo, se movió para establecer el reino que le otorgó Dios. Los dos aspectos, a saber, el arca y el reino de David, son los temas del Salmo 132 que celebra el juramento dado a David y el júbilo o canto del arca: «Levántate, SEÑOR; ven a tu lugar de descanso ... Por amor a David, tu siervo» (Sal 132:8-10).

Los Salmos reales[33] y el reino

Los salmos reales están empapados de la ideología de la dinastía davídica y dan por sentado la promesa y juramento que recibió de Dios. Forman una unidad que se centran en el rey davídico que, como hijo de Yahvé, mora en Sión, la ciudad escogida, gobierna el pueblo de Yahvé y es heredero de la promesa.

El Salmo 2 contrasta la hostilidad de las naciones contra el Señor y su Mesías y la respuesta de Dios a ellos en forma de la investidura de su hijo, el rey davídico.

«He establecido a mi rey sobre Sión, mi santo monte.»
Yo proclamaré el decreto del SEÑOR:
    «Tú eres mi hijo», me ha dicho;
    «hoy mismo te he engendrado.
Pídeme, y como herencia te entregaré las naciones;
¡tuyos serán los confines de la tierra!

Salmo 2:6-8

Como hijo de Dios, reclamó gobernar al mundo. Lo que aquí está a

---

[32] *Íbid.*, p. 77.

[33] El intercambio más temprano acerca de «Die Königspsalmen» [Los Salmos reales] aparecieron en 1914 by Hermann Gunkel. En 1933 Gunkel y Begrich publicaron el estudio más completo: *Einleitung in die psalmen* [Introducción a los Salmos], ed. J. Begrich, Vandenhoeck & Ruprecht, Göttingen, Alemania, 1933, pp. 140-71. Véase ahora Keith R. Crim, *The Royal Psalms* [Los Salmos reales], Richmond, John Knox Press, VA, 1962.

la vista no es la eternidad de la dinastía de David, sino la conclusión triunfante de la relación filial que Dios estableció entre la persona del linaje de David y Dios. C. von Orelli explicó esta monarquía personal como sigue a continuación.[34]

En estas palabras [v. 7] [Dios] lo reconoció como una pertenencia muy íntima para él, invistiéndolo con una monarquía personal a Dios. El «yo te he engendrado» es más fuerte que el simple «tú eres mi hijo», para sugerir que el rey mesiánico recibió desde arriba una vida enaltecida. Conferir esta dignidad estaba ligada, en el caso del orador, a un punto definido en tiempo respecto a lo que decía. El «hoy» fue su cumpleaños mesiánico, ya fuera que en este día recibiera el oficio externamente o si fuera que en este día le revelaran la grandeza interior mediante un mensaje profético o por inspiración personal.

Siglos más tarde, Pablo señalará que el «hoy» en la vida del Mesías fue el día de la resurrección (Hechos 13:30-33). Este es el día cuando fue «designado con poder Hijo de Dios» (Ro 1:3-4).

El Salmo 18 y la prosa paralela de 2 Samuel 22 representan la victoria y el triunfo de David en una bella combinación de la teofanía de Sinaí (vv. 7-15) y un invencible Rey David (vv. 31-46). Como resultado, el nombre de Dios se exalta ante las naciones y el pacto se mantiene guardado para siempre (Sal 18:47-50).

Los Salmos 20 y 21 parecen estar emparejados como una petición (20:4) y respuesta (21:2). El ruego para la victoria del Salmo 20 tiene respuesta con el regocijo y acción de gracias en las numerosas bendiciones del Salmo 21. La derrota del enemigo fue tan rotunda que la escala de los hechos sobrepasó el poder de cualquier rey y una vez más sugiere la presencia del Mesías (Sal 21:9b-12).

En el Salmo 45:6 al davidiano se le llama «Elohim». Los jueces de Israel representaron a Dios y se les llamaron «Elohim» porque la solemnidad de comparecer ante un juez es comparable con comparecer ante Dios (Éx 21:6; 22:8-9, 28; cf. Sal 82:1, 6). Sin embargo, el Salmo 45:6 atribuyó más al rey que Éxodo a los jueces:

---

[34] C. von Orelli, *The Old Testament Prophecy of the Consummation of God's Kingdom Traced in Its Historical Development* [Exposición del desarrollo histórico de la profecía del Antiguo Testamento de la consumación del Reino de Dios], trad. J.J. Banks, T.&T. Clark, Edimburgo, 1889, p. 161.

Tu trono, oh Dios, permanece para siempre;
el cetro de tu reino es un cetro de justicia.

El puesto del rey no solo se identificó con la Deidad, ¡sino la misma persona del rey y su dinastía que gobernará como Dios para siempre! (Nota vv. 2, 16-17.) En el Salmo 89:26-27 se dirigía al davidiano como «hijo» de Dios, su «primogénito» y «la primicia» [«el más excelso», RVR] *('elyôn*, «Altísimo» cuando se aplica a Dios). Asimismo en el Salmo 45 por metonimia, ahora se llama el trono Elohim. Lo que Dios representa en el cielo, David fue nombrado a ser como símbolo y prenda del reino de Dios en la tierra. El lenguaje humano parece estar al borde de romper todos los límites cuando describe esta relación filial única entre un hombre y Dios.

El texto hebreo rehúsa suavizarse como la mayoría de las traducciones contemporáneas insisten en hacer (ejemplos de traducciones en inglés: RV, RSV, NEB, pero no el JB ni NASB) [El RVR en español retiene el sentido inescrutable del hebreo: «Por tanto, te ungió Dios, el Dios tuyo» (Sal 45:7b, RVR).] Los escritores del NT no perdieron de vista el impacto de este versículo en Hebreos 1:8-9.[35] ¡El misterio de este pasaje es que el «Dios» a quien el salmista se dirige es él mismo nombrado por Dios!

El Salmo 72 recalca la justicia, bendición, perdurabilidad y extensión mundial del reino davídico.[36] Las palabras de 2 Samuel 23:1-7 sugieren el retrato del Salmo 72:6-7 del rey justo como el sol y la lluvia para sus súbditos. A medida que florecen, también prospera lo ilimitado de su reino. Las bendiciones reales de los versículos 16-17 traen a la mente la teología de Génesis y las bendiciones de Moisés en Levítico 26 y Deuteronomio 28.

El comentario más detallado acerca de 2 Samuel 7 se encuentra en el Salmo 89, otro salmo real. Luego de comentar extensivamente acerca del pacto de David en los versículos 3-4, 19-37, los versículos 38-51 lamentan la caída de la monarquía y ruegan que Dios siga siendo fiel a su promesa a David. El Salmo 101, otro

---

[35] Véase el fino clásico, Oswald T. Allis, «Thy Throne, O God is For Ever and Ever» [Tu trono, oh Dios, es para siempre y por siempre], *Princeton Theological Review*, 21, 1923, pp. 236-66.

[36] Véase Roland E. Murphy, «A Study of Salm 72(71)» [Un estudio sobre el Salmo 72 {71}], Tesis para su doctorado en filosofía, Catholic University of America, 1948.

salmo real, también pide la dirección de Dios para el gobernante elegido por Dios.

Uno de los Salmos más citado en el NT es el salmo real 110. Aquí el salmista combina el sacerdocio y la realeza en el Mesías. Antes, se constituyó toda la nación como un reino de sacerdotes y una nación santa. Ahora la monarquía davídica se constituye de un rey-sacerdote según el orden de Melquisedec cuya vida e historia están en paralelo con el antiguo hombre de la promesa, Abraham. El cetro conquistador en las manos de un nuevo davidiano cumplirá con las profecías de Balaam, a saber, el reino conquistador aplastará todos sus enemigos.

David se detuvo un día para reflexionar en la gran victoria que Dios le dio al viejo hombre de la promesa, Abraham, cuando se enfrentó a los cuatro reyes mesopotámicos (Gn 14) y ganó la batalla. En camino a casa, solo hizo un alto para pagar sus diezmos al sacerdote de Salem (¿Jerusalén?). Y al pensar en esto, David también se sintió renovado (Sal 110:7) como si hubiera bebido de un arroyo de agua fría. Esta promesa también le pertenecía y, por lo tanto, conocía el resultado de sus batallas, reino y dinastía como lo fue para Abraham.

El Salmo 132 combina la llegada del arca a Jerusalén con el juramento que Dios hizo a David sobre su dinastía. En 2 Crónicas 6:41-42, que cita los versículos 8-10, se demuestra que este Salmo estaba en uso en el tiempo de Salomón en la dedicación del templo y que el arca había terminado su larga travesía. Ahora el reino sí estaba establecido por Dios porque el templo se terminó y la prenda de la presencia de Dios estaba en el templo de Salomón.

El último salmo real es el 144 que sustancialmente se asemeja al Salmo 18. Después de recordar el patrón de la liberación por Dios, David cantará un «cántico nuevo» en la era venidera (Sal 96:1; 98:1; 149:1; cf. Ap 5:9; 14:3).

Es dudoso que estos salmos retraten, como pensó H.J. Krause, un festival real en Sión con una procesión representando la entrada de Yahvé en Jerusalén para conmemorar el traslado del arca. Lo mismo se puede decir en cuanto a la escuela Uppsala y Sigmund Mowinckel con sus «salmos de coronación» que están mal traducido para leer «Yahvé se ha *hecho* rey» (Sal 47; 93; 96–99) en vez de la traducción correcta: «Yahvé reina.» Sin embargo, no hay nada sustancial en estos puntos de vista que afecten la teología de estos Salmos. Más importante aun es que lo que le pasa al rey, pasa al pueblo. Sus vidas están totalmente ligadas las unas a las otras. Cuando actúa con fidelidad y justicia, el resultado es prosperidad y bendición (Sal 18; 45:6-7; 101). Sin embargo, cuando Dios rechaza al rey, también el pueblo sufre el rechazo. Entonces el rey vino a ser el canal de las bendiciones y juicios de Dios. Así será con el último David o el nuevo David; excepto que su reino no tendrá límites y será justo, equitativo y lleno de cada perfección.

La narración de la sucesión y el reino

Como se indicó antes en este capítulo, Leonhard Rost convenció a la mayoría de los eruditos de que 2 Samuel 9–20 y 1 Reyes 1–2 forman una «historia de la corte» en la que los dos primeros capítulos de 1 Reyes son clave para la obra completa. Se opinaba que Salomón sucedió a David en vez de sus hermanos mayores Amnón, Absalón y Adonías porque Salomón no imitó el pecado de David con Betsabé como lo hicieron ellos.[37]

Jackson[38] encontró que este propósito (la justificación del reino de Salomón) fue muy limitado para motivar la inclusión de esta sección en los oráculos de Dios a Israel, debido a que 1 Reyes 3–11 detalló muchos fracasos en la vida de Salomón. (¿Pudiera el «editor final» [?] ser tan descuidado e ingenuo?) Y aunque el texto en su diseño interno hace resaltar una «delineación de carácter» para usar la fina frase de Jackson, hay aquí mucho más que una exposición acerca del carácter moral de la familia de David.

Es una «historiografía teológica» como von Rad lo denomina y

[37] Para algunas de las aportaciones más importantes de esta bibliografía, véanse a Jared J. Jackson, «David's Throne: Patterns in the Succession Story» [El trono de David: Patrones en la historia de la sucesión], *Canadian Journal of Theology* [Revista canadiense de teología], 11, 1965, pp. 183-95; R.N. Whybray, *The Succession Narrative* [La narración de la sucesión], Allenson, Inc., Naperville, IL, 1968; James W. Flanagan, «Court History or Succession Document?» [¿Historia de juicio o documento de sucesión?], *Journal of Biblical Literature*, 91, 1972, pp. 172-81.

[38] Jackson, *Íbid.*, p. 185.

el principio de la «operación de la profecía de Natán».[39] Aunque el ungido cayó en la trampa de su lascivia, la rebeldía de su lascivia lo humilló, las revueltas de su propia familia lo avergonzaron y otros lo maldijeron, sin embargo, la garantía de Dios todavía lo sostuvo. No era tanto «cómo David mantuvo un control legítimo sobre el reino de Judá e Israel» como Flanagan decía con algunos comentarios interesantes acerca de las narraciones,[40] sino de qué manera Yahvé controlaba el destino humano para sus propósitos. Es cierto, solo había tres declaraciones explícitas sobre la intervención de Yahvé:

Sin embargo, lo que David había hecho le desagradó al SEÑOR.

2 Samuel 11:27

Betsabé le dio un hijo, al que David llamó Salomón. El SEÑOR amó al niño.

2 Samuel 12:24

Esto sucedió porque el SEÑOR había determinado hacer fracasar el consejo de Ajitofel ... y de este modo llevar a Absalón a la ruina. (Posiblemente este es el versículo clave de todo el documento.)

2 Samuel 17:14

Aunque, como demostró Ronald Hals para el libro de Rut,[41] aquí también la teología de la intervención de Dios era más a menudo implícitamente real que explícita. Y todo giraba alrededor del plan de Dios para el trono y el reino de David. En medio de la tragedia humana y el fracaso, el inexorable propósito de Dios siguió adelante.

---

[39] Von Rad, *Theology*, tomo 1, p. 316.

[40] J.W. Flanagan, «Court History», p. 173.

[41] Ronald Hals, *Theology of the Book of Ruth* [La teología del libro de Rut], Fortress Press, Filadelfia, PA, 1969, pp. 3-19.

Capítulo 10

Vida en la promesa: Era Sapiencial

Por lo general, los eruditos judíos y protestantes solo consideran a Job, Proverbios, Eclesiastés y Cantares como libros sapienciales, mientras que la erudición católica añade los extracanónicos de Eclesiástico (Ben Sira) y la Sabiduría de Salomón. Ambos grupos también añaden a estos cuatro (o seis) libros un número de salmos. El criterio para distinguir los salmos sapienciales puede dividirse en dos categorías: formal (estilo literario) y temática (contenido). Si usamos los estudios de Roland E. Murphy,[1] Sigmund Mowinckel[2] y R.B.Y. Scott[3], los diferentes estilos de salmos sapienciales pueden organizarse de la siguiente manera: (1) estructura alfabética como los salmos acrósticos; (2) dichos numéricos, por ejemplo, «tres cosas ... y una cuatro»; (3) dichos «benditos» ('ašrê); (4) dichos «mejores»; (5) comparaciones, amonestaciones; (6) discursos de padre a hijo; (7) el uso de vocabulario sapiencial y giro de frases; y (8) el empleo de proverbios, símiles, interrogantes retóricos y palabras como «escuche». Ejemplos de temas sapienciales son: (1) el problema de retribución; (2) la división entre los justos y los impíos; (3) exhortaciones a confiar en el Señor; (4) el temor del Señor; y (5) la meditación en la ley escrita de Dios como fuente de deleite.

Al usar ambos criterios, el formal y el temático, los siguientes

---

[1] Roland E. Murphy, «Psalms» [Salmos], *Jerome Biblical Commentary* [Comentario bíblico Jerónimo], 1 tomo, Raymond E. Brown, Joseph A. Fitzmyer, y Roland E. Murphy, eds., Prentice-Hall, Englewood Cliffs, NJ, 1968, p. 574; ídem, «The Classification of Wisdom Psalms», *Vetus Testamentum Supplement* 9, 1963, pp. 156-67.

[2] Sigmund Mowinckel, «Psalms and Wisdom» [Salmos y sabiduría], *Vetus Testamentum Supplement* 3, 1955, pp. 204-24.

[3] R.B.Y. Scott, *The Way of Wisdom* [El camino de la sabiduría], Macmillan Co., Nueva York, NY, 1971, pp. 193-201.

salmos pueden clasificarse con facilidad como sapienciales: 1; 37; 49 y 112. A estos se pueden añadir 32; 34; 111; 127; 128 y 133. Si se usa también la meditación en la ley de Dios, los Salmos 119 y 19:7-14 también se pueden incluir. Quizá el Salmo 78 con su invitación a «escucha pueblo mío mi ley» y sus formas proverbial *(māšāl)* y enigmática *(ḥîdôt)* (v. 2) también lo estimen para clasificarlos en los salmos sapienciales. De esta manera concluimos que los salmos 1; 19b; 32; 34; 37; 49; 78; 111; 112; 119; 127; 128 y 133 pertenecen a la categoría sapiencial con los cuatro libros sapienciales.

En los últimos cuarenta años, la mayoría de la investigación de la literatura sapiencial versó en la relación de los escritos sapienciales de Israel y sus vecinos egipcios y mesopotámicos. Sin embargo, ocurrió otro bien recibido desarrollo. Algunos se han encargado de descubrir la relación entre sapienciales y creación,[4] entre sapienciales y Deuteronomio,[5] y entre sapienciales y los profetas.[6]

La literatura sapiencial fue en verdad el recipiente del legado teológico de los tiempos mosaicos y la historia profética de los primeros profetas. El mejor argumento para una clara relación entre estas eras (aunque en un orden inverso de dependencia por el que argumentamos aquí) fue el estudio de Moshe Weinfeld «The Wisdom Substrata in Deuteronomy and Deuteronomic Literature».[7]

---

[4] Walther Zimmerli, «The Place and Limit of Wisdom in the Framework of the Old Testament Theology» [El lugar y límite de la sabiduría en la teología del Antiguo Testamento], *Scottish Journal of Theology,* 17, 1964, pp. 146-58.

[5] Moshe Weinfeld, «Wisdom Substrata in Deuteronomy and Deuteronomic Literature» [Substrato de sabiduría en Deuteronomio y la literatura deuteronómica], *Deuteronomy and the Deuteronomic School* [Deuteronomio y la escuela deuteronómica], Clarendon Press, Oxford, Inglaterra, 1972, pp. 244-74; véase también Erhard Gerstenberger, «Covenant and Commandment» [Pacto y mandato], *Journal of Biblical Literature,* 84, 1965, pp. 38-51, esp. pp. 48-51.

[6] William McKane, *Prophets and Wise Men,* SCM, Londres, 1965; también véase nuestro capítulo 4 para más discusión sobre estos asuntos.

[7] Weinfeld, «Wisdom Substrata», pp. 244-45. En nuestro orden, Deuteronomio es claramente un documento del segundo milenio con el mismo diseño en su totalidad como tiene el *gattung* literario de tratados de vasallos heteos. Cf. M. Kline, *Treaty of the Great King* [Tratado del gran rey], Eerdmans, Grand Rapids, MI, 1962; Kenneth Kitchen, *Ancient Orient and Old Testament,* InterVarsity Press, Downers Grove, IL, 1964; R. K. Harrison, *Introduction to the Old Testament* [Introducción al Antiguo Testamento], Eerdmans, Grand Rapids, MI, 1969. Weinfeld ofrece los nombres de otros eruditos que creyeron que Deuteronomio influenció la literatura sapiencial, «Wisdom Substrata», p. 260, n. 4. Él menciona entre otros a A. Robert, «Les attaches

Para Weinfeld, la presencia de líderes y magistrados que eran «hombres capaces y temerosos de Dios, que amen la verdad y aborrezcan las ganancias mal habidas» (Éx 18:21), «hombres sabios, inteligentes y experimentados» (Dt 1:13-17 cf. Nm 11:11- 30) corresponde bien con las cualidades requeridas del líder en la literatura sapiencial. Así, en Proverbios 8:15-16 fue que a través de la sabiduría «reinan los reyes y promulgan leyes justas los gobernantes». Weinfeld indica que aun la fraseología encontrada en el nombramiento de los jueces en Deuteronomio 1:9-18; 16:18-20, en particular, «juzgan con imparcialidad» se ve otra vez solo en Proverbios 24:23; 28:21.

Algunos de los principales paralelos que Weinfeld enumeró para Deuteronomio y sapiencial fueron:

1. «No añadan ni quiten palabra alguna a esto que yo les ordeno» (Dt 4:2; cf. 12:32 [13:1].

   «Toda palabra de Dios es digna de crédito ... no añadas nada a sus palabras» (Pr 30:5-6).

2. «No reduzcas el límite de la propiedad de tu prójimo» (Dt 19:14; cf. 27:17).

   «No cambies de lugar los linderos antiguos que establecieron tus antepasados» (Pr 22:28; cf. 23:10).

3. «No tendrás en tu bolsa dos pesas diferentes, una más pesada que la otra *('eben wā'āben)* ... una más grande que la otra *('êpâh we'êpâh)* ... Tendrá pesas y medidas justas *('eben še lēmâh)* ... Porque él aborrece a quien comete tales actos de injusticia»[8] (Dt 25:13-16).

   «Pesa falsa y medida falsa *('eben wā'āben)* son abominación a

---

littéraires bibliques de Prov. i-ix» [Las literaturas bíblicas adjuntas a Proverbios 1–9], *Revue Biblique* 43, 1934, pp. 42-68, 172-204, 374-84; 44, 1935, pp. 344-65, 502-25. O. E. Oesterley, *Wisdom of Egypt and the Old Testament* [Sabiduría de Egipto y el Antiguo Testamento], Society for Promoting Christian Knowledge, Londres, 1927, pp. 76ss.

8   La expresión «abominación al Señor» aparece, según Weinfeld, «Wisdom Substrata» p. 268, cuatro veces en *La enseñanza de Amenemope*, (14, 2-3; 13. 15-16; 15. 20-21; 18. 21-19. 1). En Deuteronomio aparece en 7:25-26; 12:31; 17:1; 18:9-12; 22:5; 23:18; 24:4; 25:13-16; 27:15 y en Proverbios en 3:32; 11:1, 20; 12:22; 15:8-9, 26; 16:5; 17:15; 20:10, 23.

Jehová (Pr 20:10, 23, RVR); «mas la pesa cabal *('eben
šᵉlēmâh)* le agrada» (Pr 11:1, RVR).

4. «Si ... le haces una promesa al SEÑOR tu Dios, cumple fielmen-
te lo que le prometiste» (Dt 23:21-24).

«No te apresures, ni con la boca ... al proferir ante Dios palabra alguna ... cumple tus votos» (Ec 5:1-5).

5. «No sean parciales en el juicio» (Dt 1:17; cf. 16:19).

«No es correcto ser parcial en el juicio» (Pr 24:23; cf.
28:21).

6. «Seguirás la justicia y solamente la justicia, para que puedas
vivir» (Dt 16:20)

«El que va tras la justicia y el amor halla vida» (Pr 21:21; cf.
10:2; 11:4, 19; 12:28; 16:31).

Estos, desde luego, son solo el principio. Sin embargo, ilustran el
punto que la literatura sapiencial no se sacó conceptual ni teológicamente de material que juzgamos ser anterior a la época sapiencial. La influencia sapiencial también se va más allá de su día a la
era de los profetas. En parte este desarrollo ya se vio en el capítulo
cuatro.

Sin considerar cuán lejos se esparció ni en qué dirección esa influencia se diseminó, el punto clave es: ¿Qué rúbrica teológica o término especial trajo a la promesa y la ley a unirse con lo sapiencial?
Creemos que ese concepto fue «el temor de Dios/Señor».

El temor del Señor

El temor del Señor, más que cualquier otra frase, eslabonó la promesa patriarcal con ley y sabiduría. Hans Walter Wolff argumenta
el mismo punto,[9] al menos por parte de esa revelación basada en
su visión de las fuentes, cuando observa:

La palabra normativa de Dios desde el monte Sinaí a todo Israel
está dirigida hacia el mismo objetivo que él estableció para los
patriarcas: temor de Dios, el cual produce obediencia a través
de la confianza en la promesa de Dios (Gn 22).

---

[9]   Hans Walter Wolff, *The Vitality of the Old Testament Tradition*, Walter Brueggemann
      y Hans W. Wolff, eds., John Knox Press, Atlanta, GA, 1975, p. 75.

Wolff pasa a trazar, mediante algunos materiales patriarcales y mosaicos, lo que considera uno de los temas dominantes: el temor a Dios. Esto aparece en la Era Patriarcal como la respuesta de la fe del creyente Abraham en Génesis 22:12 cuando voluntariamente ofrece a Dios a su hijo Isaac; en la respuesta creyente de José (Gn 42:18); y especialmente como la divinamente aprobada calidad de vida evidenciada en Job (1:1, 8-9; 2:3).

En la Era Mosaica, el visible temor a Dios se incrementa. Las parteras estaban entre los que temieron a Dios (Éx 1:17). Correspondientemente, «los israelitas se hicieron más fuertes y más numerosos» (v. 20) y las familias de las parteras prosperaron (y una vez más el texto subraya la razón) «por haberse mostrado temerosas de Dios» (v. 21). También Israel temió a Dios en el éxodo (Éx 14:31). Es más, si ese temor permaneciera siempre delante de ellos, no pecarían (20:20). Puesto que el Señor era el Dios de Israel, este siempre debiera temerle (Lv 19:14, 32; 25:17, 36, 43) y así viviría.

No obstante, fue Deuteronomio el que hizo el temor a Dios el punto focal de interés (4:10; 5:26; 6:2, 13, 24; 8:6; 10:12, 20; 13:4; 14:23; 17:19; 28:58; 31:12-13). Este temor no fue el misterioso sentimiento sobrecogedor de concentración mental, sino el resultado de escuchar, aprender y responder a la Palabra de Dios (4:10; 8:6). En Deuteronomio, el temor del Señor iba mano a mano con cumplir «los mandamientos», «lo ames» y «le sirvas con todo tu corazón» (cf. esp. 10:12-13; 13:5). Así que temerlo era amarlo, permanecer fiel a él y servirlo (10:20; 13:4-5).

Temer a Yahvé era someterse uno mismo a él en fe como hicieron algunos egipcios (Éx 9:20, 30; cf. la «gente de toda laya» que dejó a Egipto con Israel en 12:38). Además, ¿no había Salomón orado por «todos los pueblos de la tierra» que habrían de «conocerá tu nombre … y tendrá temor de ti» en 1 Reyes 8:43?

Sin embargo, uno también tiene que aprender a cómo temer a Yahvé (Dt 4:10; 14:23; 17:19; 31:12-13; Sal 34:11[12]. Este temor era el principio rector de cada aspecto de la vida y por «todo el tiempo que viva en la tierra» (Dt 4:10; 5:26; 14:23; 31:13; Pr

23:17[10]. Esto incluye obediencia, amor, lealtad y adoración del creyente, como concluye R.N. Whybray.[11] Así le dijo Abdías a Elías, «que yo, su servidor, he sido fiel al SEÑOR desde mi juventud» (1R 18:12).

Cuando venimos a los libros y salmos sapienciales, el temor del Señor viene a ser la esencia del conocimiento y sabiduría de Dios. A pesar de que esta frase aparece apenas más de dos docenas de veces aparte de las formas sufijas tales como «tu temor» o las declaraciones verbales, sus ubicaciones son extremadamente estratégicas y frecuentemente sirven al propósito total para escribir algunos de estos libros. En Proverbios 1:7 funciona como el tema para todo el libro, mientras que en Eclesiastés 12:13, 14 funciona como la suma total del argumento de todo el libro (cf. también Ec 7:18; 8:12). De igual modo en Job 28:28 se culmina de manera espectacular todo el poema sobre sabiduría, el cual en sí mismo estuvo localizado como el centro de todo el tormentoso debate. Antes que ver a Job 28 como la inserción de una interrupción en la corriente del argumento entre Job y sus amigos, debe verse como el intento del escritor de dar a sus lectores una reveladora perspectiva en medio de tanto discurso vacío de divina sabiduría. Así que, en tres de los cuatro libros sapienciales el temor de Dios/Señor fue de importancia crítica para su comprensión.

Además de su presentación como el lema del libro de Proverbios, el «temor del Señor» aparece trece veces más en ese libro: 1:29; 2:5; 8:13; 9:10; 10:27; 14:26-27; 15:16, 33; 16:6; 19:23; 22:4 y 23:17. Además de esto, uno también debe considerar las formas verbales en 3:7; 14:2; 24:21 y 31:30.

Tal temor fue el «principio» *(rē'šît,* Pr 1:7) del conocimiento, el «primer principio» *(tᵉhilâh,* 9:10) de sabiduría. Cuando los hombres estaban debidamente relacionados con Dios, estuvieron en una relación idónea para entender los objetos y el mundo mismo.

---

[10] Véase la discusión de Weinfeld «the Fear of God» [temor de Dios], «Wisdom Substrata», pp. 274-81; Gerhard von Rad, *Wisdom in Israel,* [Sabiduría en Israel], Abingdon, Nashville, TN, 1972, pp. 65-73; Bernard J. Bamberger, «Fear and Love of God in the Old Testament» [Temor y amor a Dios en el Antiguo Testamento], *Hebrew Union College Annual,* 6, 1929, pp. 39-53.

[11] R. N. Whybray, *Wisdom in Proverbs* [Sabiduría en Proverbios], SCM, Londres, 1965, pp. 96-97.

Cuando los hombres temían al Señor, también evitaban el mal (Sal 34:11, 14; Job 1:1, 8; 2:3; 28:28). En realidad, odiaban el mal (Pr 3:7; 16:6) y caminaban en rectitud (14:2) y no en iniquidad (16:17). El resultado de este tipo de vida fue un incremento en longevidad (10:27), riquezas y honor (22:4), y seguridad y protección (14:26; 19:23). La relación de bendición y vida santa con el temor de Dios no era accidental.

En los Salmos también se podían identificar con facilidad a los creyentes temerosos de Dios de los que no temían a Dios. Estas eran las personas consagradas y rectas en la congregación del Señor (Sal 34:7, 9[8, 10], también en los salmos no penitenciales como 25:12, 14, 33:18; 103:11, 13, 17; 145:19). Es hombre que guarda la ley de Dios y medita en ella de día y de noche (19:7-14; 112:1; 119:33-38, 57-64). Alaba el nombre de Yahvé (22:22-23) y el favor de Dios reposa en él (33:18; 103:13; 147:11).

Eclesiastés también se une para crear un punto similar: Dios creó al hombre de tal manera que aparte de un conocimiento personal del Dios viviente, v.g., un temor de él, cualquier otra cosa sería inadecuada (Ec 3:14). Sin embargo, le iría bien a los que temieran a Dios (8:12) y vendrían victoriosos después de tomar posesión de la verdadera sabiduría mientras rechazaban el mal (7:18). Aun la adoración de estos hombres reflejaría su condición de temerosos de Dios (5:1-7). En efecto, esto era la integridad y totalidad de estos hombres y mujeres: temerían a Dios y guardarían sus mandamientos. Ese era todo el propósito de escribir Eclesiastés (12:13).

Puede, entonces, decirse con certeza que el temor del Señor fue el concepto predominante y principio teológico organizador en la literatura sapiencial. Fue la respuesta de la fe a la divina palabra de promesa y bendición tal como actuó en los días de Abraham y Moisés.

Sin embargo, aquí hubo mucho más que una simple respuesta de fe, creencia, obediencia y adoración. Era el acceso a la comprensión y disfrute de la creación.[12] Una de las bendiciones de Dios fue su obra de creación; ¡esto también fue parte de su obra en la historia! Cierto, no tiene relación directa con el proceso redentor en

---

[12] Zimmerli, «Place and Limit», pp. 146-58.

Israel, pero aun así fue una de sus palabras y obras de bendición: en todo sentido de la palabra, una dádiva de gracia a la humanidad. Y la misma sabiduría con la que formó el mundo en un principio, la ofreció a las personas como su sabiduría. Sin esta, la humanidad estaba destituida de liderazgo eficaz y en bancarrota en su apreciación y comprensión de Dios, el hombre y las cosas. Es más, la vida misma quedaba sin sentido y vacía de gozo y satisfacción. Pero cuando el temor del Señor dirigía el camino, la vida era una bendición de Dios.

Vida en el Señor

La relación entre el temor del Señor y la vida está explícitamente afirmada en los siguientes versículos de Proverbios:

> El temor del SEÑOR prolonga la vida,
> pero los años del malvado se acortan.
>
> *10:27*

> El temor del SEÑOR es fuente de vida,
> y aleja al hombre de las redes de la muerte.
>
> *14:27*

> El temor del SEÑOR conduce a la vida;
> da un sueño tranquilo
> y evita los problemas.
>
> *19:23*

> Recompensa de la humildad y del temor del SEÑOR
> son las riquezas, la honra y la vida.
>
> *22:4*

Tal como Levítico 18:5 aconsejó a todos los que su Dios era el Señor: «Todo el que los practique vivirá por ellos», de la misma forma los libros sapienciales continúan el tema. Señalan que: (1) la obediencia es la senda [o camino] que conduce a la vida (Pr 2:19; 5:6; 10:17; 15:24); (2) la enseñanza del sabio y el temor del Señor son una «fuente de vida» (13:14; 14:27); y (3) sabiduría, rectitud y una lengua apacible son un «árbol de vida» (3:18; 11:30; 13:12; 15:4).

Ese fue el mensaje de la ley de Moisés. Como Israel recibió la gracia y redención de Dios, se instó al pueblo a «observar» y a «

hacer» todos los nuevos mandamientos del Señor «para que vivas» (Dt 8:1). Tal vida no era solo una cosa material, sino que tenía raíces y metas espirituales. El hombre no podría vivir solo de pan, sino de toda palabra que procede de la boca de Dios (v. 3). Así Israel tiene puesto delante la vida y la muerte: se le instó a escoger la vida (30:15, 19). Esto lo harían amando al Señor su Dios, obedeciendo su voz y «sé fiel a él, porque de él depende tu vida» (v. 20).

Resolver el problema de la relación entre Sinaí y la promesa era resolver la relación de sabiduría con promesa.[13] Como observa Roland E. Murphy, los judíos de esa era habrían identificado estos temas de sabiduría de «el temor del Señor», «justicia», «entendimiento» y «honestidad» «con los ideales morales expresados en la Ley».[14] Así, poniendo la confianza personal de uno en el que se prometió que vendría (como Abraham hizo en Gn 15), era igual a estar entre los que «temieron al Señor». Incluido con esta decisión inicial de entregarse uno al Dios que prometió un heredero (la «Simiente»), una herencia (la tierra), un legado (en tu simiente serán benditas todas las naciones de la tierra) estaba el subsiguiente estilo de vida de obediencia a la palabra y mandamientos de Dios. El resultado o fruto de esta confianza y obediencia podría ser resumido en una palabra: «vida». Por definición, entonces, temer a Dios era apartarse del mal y escoger el camino de la vida. Todo orgullo, arrogancia, lenguaje corrupto y conducta descarriada tenía que descartarse de la vida del hombre que temía al Señor (Pr 3:7; 8:13; 14:2; 16:6; 23:17).

---

13 Véase provisionalmente Walter C. Kaiser, Jr., «The Law of the Lord: Teaching the Path of Life» [La Ley del Señor: Enseñar el camino de Vida], *The Old Testament in Contemporary Preaching* [El Antiguo Testamento en la predicación contemporánea], Baker Book House, Grand Rapids, MI, 1973, pp. 49-69, 118ss. Coert Rylaarsdam, *Revelation in Jewish Wisdom Literature* [Revelación en la literatura sapiencial judía], University of Chicago, Chicago, IL, 1946, p. 23, también señala las instrucciones de los padres atadas alrededor del cuello (Pr 6:20-22; 7:3) como similar a la función de la ley como una guía en Deuteronomio 6:4-9; asimismo, «el recto» poseerá la tierra como herencia (Pr 2:21; 10:30, cf. Dt 4:21, 38; 15:4; 19:10; 21:23; 24:4; 25:19; 26:1). Alfred von Rohr Sauer incorrectamente sostuvo que la sabiduría y ley fueron unidas más tarde en Esdras, «Wisdom and Law in Old Testament Wisdom Literature» [Sabiduría y la Ley en la literatura sapiencial del Antiguo Testamento], *Concordia Theological Monthly*, 1972, p. 607.

14 Roland E. Murphy, «The Kerygma of the Book of Proverbs» [El kerigma del libro de los Proverbios], *Interpretation* 20, 1966, 12.

Vida y verdad integradas en el Señor

El mayor caso jamás hecho por la unidad de toda la verdad, la llamada secular y sagrada, se encuentra en Eclesiastés. El punto total de Salomón fue positivo, no negativo o un punto de vista simplemente naturalista. Seis veces aparece el asunto del temor a Dios (3:14; 5:7; 7:18; 8:12bis, 13) antes que el gran final a su total argumento culmine en 12:13: «El fin de este asunto es que ya se ha escuchado todo. Teme, pues, a Dios y cumple sus mandamientos; porque esto es todo *(kol hā'āḏām)* para el hombre».

Ninguno ha dado un ensayo más programático sobre este libro que J. Stafford Wright.[15] En su punto de vista, Eclesiastés 3:11 fue uno de los versículos clave:

Todo lo hizo hermoso en su tiempo; y ha puesto eternidad *[hā'ōlām]* en el corazón de ellos, sin que alcance el hombre a entender la obra que ha hecho Dios desde el principio hasta el fin.

El hombre, por sí mismo, señala el canónigo Wright, no era capaz de poner juntas las piezas del rompecabezas de la vida: secular o sagrado. Sin embargo, deseaba con ansias saber cómo hacer caer todo en su lugar porque tenía un vacío tan grande como la eternidad que creó Dios, deseando satisfacción en ese ser que se creó a la imagen de Dios. La «vanidad de vanidades» de Eclesiastés, entonces, no era que la vida era aburrida, llena de futilidad, vacíos, ni la frustrante conclusión que nada era digno de vivir por ello. ¡No! Más bien «vanidad» *[heḇel]*[16] era simplemente que la vida en sí misma no podía ofrecer la llave a su propio significado ni podía realmente liberar a la persona. Ninguna parte del buen univer-

---

[15] J. Stafford Wright, «The Interpretation of Ecclesiastes» [La interpretación de Eclesiastés], originalmente publicada en *Evangelical Quarterly*, 1964, y ahora a través de su bondadoso permiso está reproducido en una antología que el escritor de este trabajo compiló y está ahora convenientemente disponible en *Classical Evangelical Essays in Old Testament Interpretation* [Ensayos evangélicos clásicos acerca de la interpretación del Antiguo Testamento], Baker Book House, Grand Rapids, MI, 1972, pp. 133-50.

[16] Theophile J. Meek contiende que «en este pequeño libro, *heḇel* parecería estar usada en por lo menos cinco diferentes sentidos: "fútil" (más frecuente, por ejemplo, 1:2) "vacío" (6:12), "triste" (6:4), "sin sentido" (8:14), y "transitorio" (11:10)». Véase su artículo, «Translating the Hebrew Bible» [Traducir la Biblia hebrea], *Journal of Biblical Literature* 79, 1960, p. 331.

so de Dios en otra manera podía brindar alguna solución que abarcara por completo la verdad, el conocimiento y la vida. Solo cuando uno viene al temor de Dios empieza a percibir la unidad de verdad, conocimiento y vida (cf. Ec 7:14 y 8:14). La vida se delineó a propósito en tan rígidos contrastes como vida y muerte, gozo y dolor, pobreza y riqueza para que el hombre entendiera que aparte de una relación de total entrega («temiendo») a tal Señor, nada nunca tendría sentido, ni podría tenerlo jamás.

Otto Zocler respondió frontalmente las acusaciones de epicureísmo, ateísmo y hedonismo:

En un tiempo inclinado al abandono de la fe en el santo y justo gobierno de Dios del mundo, él [el escritor de Eclesiastés] se aferra a tal fe con tierna constancia y defiende el sabio gobierno del Eterno y Omnipotente Dios contra todas las frívolas burlas de los necios (2:26; 3:20ss.; 5:1; 5:17-19; 8:14; 9:1-3, comparar 2:13; 4. 5; 10:2ss., 10:13, 14) ... Nunca se cansa de señalar la justa retribución del futuro como un motivo del temor de Dios, la principal e inclusiva virtud del sabio (3:14-17; 5:6; 6:6, 10; 8:12ss.; 10:9, 12-14) y recomendar inamovible constancia en el llamado particular como el mejor juicio ... (comparar 2:10; 3:22; 5:17-18; 8:15, etc.).[17]

Una vez más la relación con la ley era obvia: temer a Dios y guardar sus mandamientos estaban estrechamente vinculados. El consejo dado en este libro se aplicaba a las más prácticas situaciones de la vida, pero su objetivo era recomendar el mismo nivel de rectitud ordenado en la ley de Moisés. Su propia contribución al desarrollo expansivo de ese mismo centro de verdad era que el temor al Señor era tanto el principio como la esencia de una vida verdaderamente integrada. No había un duro divorcio entre lo secular y lo sagrado, la fe y el conocimiento, el aprendizaje y la creencia, la fe y la cultura.

Gerhard von Rad también castiga como es debido a los que, como William McKane, aplicarían un patrón evolutivo de la sabiduría al sugerir que la primera sabiduría fue al principio básicamente

---

17 Otto Zockler, *Proverbs of Solomon* [Proverbios de Salomón], en J.P. Lange, *A Commentary on the Holy Scriptures*, 14 tomos, Scribner, Armstrong & Co., Nueva York, NY, 1877, tomo 10, p. 17.

secular y entonces se «bautizó» y se hizo teología en la religión de Yahvé. Con relación a un pasaje como Proverbios 16:7-12, von Rad dice que en él las «experiencias del mundo» alternan con «experiencias de Yahvé»: «Sería locura presuponer alguna clase de separación, como si en un caso el hombre de objetiva percepción hablara y en el otro el creyente en Yahvé».[18] Sin embargo, von Rad cedió algo. Mientras señala que el llamado de la sabiduría fue siempre uno divino, aunque se expresó en un universo secular y aparte de lo sagrado, insiste que este llamado divino «no se legitima a sí mismo por la historia salvadora, sino de la creación».[19] Así, concluye que los maestros de sabiduría no estaban del todo interesados en:

> Buscar un orden del mundo ... Uno no puede en ningún sentido hablar de un orden del mundo como realmente existiendo entre Dios y el hombre ... Los maestros se mueven en una dialéctica que es fundamentalmente incapaz de ofrecer solución, hablando por un lado de reglas válidas y por otro de acciones divinas con fines específicos.[20]

Aun así, esta negación desprende sabiduría del resto del Antiguo Testamento y sus manifiestos objetivos. Aunque puede concederse que la creación juega un mayor papel que antes en teología,[21] debe a la vez reconocer el interés de los escritores bíblicos de integrar todo esto.

Introducir el tópico de la integración de verdad, hecho y entendimiento es apelar a la unidad de la verdad hecha posible por el Dios que creó un *UNI*-verso. Así, la base doctrinal para cualquiera de las normas de la verdad y el carácter se fundan, al fin y al cabo, en una doctrina de la creación y la persona del Creador. Además,

---

[18] Gerhard von Rad, *Wisdom in Israel*, Abingdon, Nashville, TN, 1972, p. 62. Cf. William MacKane, *Prophets and Wise Men*, Allenson, Inc., Naperville, IL, 1965, p. 47. H. Carl Shank hizo algunas críticas similares a tales dicotomías gracia-naturaleza como las que se encuentran en los comentarios de Leupold, Delitzsch, Hengstenberg o las notas de Scofield. Véase su artículo, «Qoheleth's World and Life View as Seen in His Recurring Phrases», *Westminster Theological Journal* 37, 1974, pp. 57-73, esp. pp. 60-65, donde él propone una dicotomía fe-vista en su lugar.

[19] Gerhard von Rad, *Old Testament Theology*, 2 tomos, Edimburgo, Oliver and Boyd, 1962, tomo 1, p. 452.

[20] Von Rad, *Wisdom in Israel*, p. 107.

[21] Véase Zimmerli, «Place and Limit», p. 146-58 «La sabiduría piensa resueltamente dentro del marco de una teología de la creación», p. 148.

tiene que señalarse con respeto que la sabiduría tiene tanto un lugar en la historia entre Dios e Israel como el monte Sinaí y el pacto mosaico. Después de ver el lugar de uno es encontrar la función del otro. Israel, como todas las criaturas aquí abajo, tenía que temer al único Dios verdadero, Yahvé. Las normas universales tenían que ser las prescritas en la ley de Dios (Sal 19; 119; Ec 12:13) y los proverbios sobre «vida», «conocimiento», «entendimiento» y «temor de Dios». Por consiguiente, una comprensiva cosmovisión y un total disfrute de la vida era imposible aparte del reconocimiento del Creador, el mismo Dios que dio sus mandamientos. Recuerde, esta misma prioridad de «temer a Yahvé» era exactamente lo que Deuteronomio demandó; solo que era un requisito previo para guardar la ley y una vida auténtica. La sabiduría y la ley reflejaban respuestas apropiadas del auténtico creyente en la promesa.

Sabiduría procedente del Señor

La sabiduría no existe separada de la fuente de la sabiduría. Por tanto, no puede saberse ni aplicarse aparte del «temor del Señor».

La sabiduría tiene que encontrarse en Dios y en ninguna otra parte; y a menos que la búsqueda de la sabiduría lleve al hombre a sus rodillas en sobrecogimiento y reverencia, reconociendo su propia incapacidad para hacerse sabio por sí mismo, la sabiduría permanece para él un libro cerrado.[22]

Por lo menos cinco pasajes en Proverbios asocian sabiduría con el temor del Señor (1:7, 29; 2:5; 8:12-14; 15:33). El temor del Señor hace a un hombre deleitarse en sabiduría e instrucción (1:7), recibir consejo y reprobación (vv. 29-30) y escuchar la sabiduría, entendimiento y el conocimiento de Dios (2:1-6).

Sin duda, el pasaje clave de enseñanza sobre sabiduría es Proverbios 8. Este capítulo puede bosquejarse de la manera siguiente:

A. Excelencia de la sabiduría (Pr 8:1-21)

   1. En su apelación (vv. 1-3)

   2. En su verdad (vv. 4-12)

---

[22] Lawrence E. Tooms, «Old Testament Theology and the Wisdom Literature» [La teología del Antiguo Testamento y la literatura sapiencial], *Journal of Bible and Religion* [Revista de Biblia y religión], 23, 1952, p. 195.

3. En sus amores y odios (vv. 13-16)
4. En sus dones (vv. 17-21)
B. Orígenes de la sabiduría (Pr 8:22-31)
  1. En su existencia antes del mundo (vv. 22-26)
  2. Su activa participación en la creación (vv. 27-31)
C. Bendiciones de la sabiduría (Pr 8:32-36)
  1. Admonición concluyente (vv. 32-33)
  2. Bendición prometida (vv. 34-36).

En esta discusión, el versículo 13 es central con su afirmación de que «quien teme al SEÑOR aborrece lo malo; yo aborrezco el orgullo y la arrogancia, la mala conducta y el lenguaje perverso». Sin embargo, McKane no puede aceptar el versículo 13a como aparece. Repite en su comentario sobre Proverbios[23] el argumento que desarrolló en su *Prophets and Wise Men*,[24] es decir, ¡que «el temor de Yahvé no es un ingrediente original de la antigua sabiduría», sino más bien una «reinterpretación profética» e «impuesto» a los antiguos sabios para darle más de un sabor yahwista!²⁵ En respaldo a este intento de reinterpretar el pasaje de Proverbios, se declaró que Proverbios 8:12-14 dependió de Isaías 11:1s., que habló de

---

[23] William McKane, *Proverbs: A New Approach* [Proverbios: Una nueva perspectiva], Westminster Press, Filadelfia, PA, 1970, p. 348. Arguye que el versículo 13a «interrumpe la suave transición de los vv. 12 a 14».

[24] McKane, *Prophets*, p. 48s.

[25] Norman Habel, «The Symbolism of Wisdom in Proverbs 1-9» [El simbolismo de la sabiduría en Proverbios 1—9], *Interpretation*, 26, 1972, p. 144, n. 24, pp. 143-49, incorrectamente alegan una división interna similar entre «antiguos [empíricos] materiales de sabiduría» y «reinterpretaciones Yahvistas» como está ilustrado en Proverbios 2:1-19 donde los versículos 9-11 y 12-15 ilustran lo anterior y los versículos 5:8, 16-19 el proceso de reinterpretación. Pero el esquema aparece débilmente respaldado por la exégesis y el patrón impuesto. Además está forzado sobre el texto y la secuencia del texto sin ninguna evidencia. Parecería que mientras los eruditos bíblicos sostuvieron por décadas que la posición histórica de la literatura sapiencial tiene que seguir el supuesto desarrollo literario de todas las otras naciones —poema, narrativa y sapiencial. La literatura sapiencial tenía que venir después de la literatura profética y más precisamente después de Ezequiel debido al predominante factor de elementos como el de la recompensa personal. Pero ahora, desde 1924, con el descubrimiento y publicación de los antiguos textos sapienciales egipcios se han visto obligado a abandonar bastante ese punto de vista. Los eruditos se están retirando a una nueva línea de defensa que da lugar para que los antiguos «empíricos dichos sapienciales» sean puestos primero en orden cronológico pero que también restringen los dichos sapienciales teológicos a posteriores reinterpretaciones de tipo profético. Tales desesperadas tácticas debieran ser obvias a todos aquellos que controlan y trabajan con datos del Oriente Próximo y con la literatura sapiencial bíblica.

un espíritu *(rûaḥ)* de sabiduría *(ḥokmâh)* y entendimiento *(bînâh)*, un *rûaḥ* de consejo *('ēṣâh)* y de poder *(gᵉbûrâh)*. Aunque, si puede demostrarse que Proverbios sea en su mayoría salomónico[26] y se demuestra que todas las reclamaciones evolutivas son infundadas como señalamos antes, la sabiduría puesta a disposición de la humanidad y reyes en Proverbios fue la misma con la de las asociadas cualidades que se encontraron en descripciones proféticas del mesiánico rey que vendría.

Según Proverbios 8:12, la sabiduría estaba en casa con la prudencia y la guió con facilidad. Su poder intelectual incluía todos los planes cuidadosamente estudiados. Brindó consejo, entendimiento y energía para llevar a cabo los deberes conferidos a reyes, nobles, príncipes y gobernadores de la tierra.

Su prioridad temporal la acentuó el uso de estas diez palabras: El «principio» de obra de Dios, *rēʾšît* (Pr 8:22), la «primera» de sus obras de «antiguo», *qedem... mēʾāz* (v. 22), «desde la eternidad», *mēʾôlām* (v. 23), «tuve la primacía», *mēroʾš* (v. 23 RVR-95), «desde el principio» *miqqadmê* (v. 23 RVR95), «cuando no era» *bᵉʾên* (v. 24), «antes que las montañas fueran formadas» *bᵉṭerem* (v. 25), «antes» las colinas, *lipnê* (v. 25), «o lo primero» del polvo ... fue hecho, *wᵉrōʾš* (v. 26). Tres verbos más describen la manera en que ella vino a la existencia: El Señor «me creó» *qānānî* (v. 22), «yo nací» *nissaktî* (v. 23) o si desde *nāsîk* («príncipe»), «yo fui comisionada» y «yo fui traída» *ḥôlāltî* (v. 24).

Ya que Proverbios 8:22-31 era una expansión de Proverbios 3:19, el cual declara que «Yahvé fundó la tierra con sabiduría, con entendimiento él estableció los cielos», la discusión sobre el término *'āmôn* en el versículo 30 no necesita ser difícil. Sin volver a vocalizar el texto a *'āmûn* (qal, participio pasivo de *'āman*, «mamar», de ahí «mamante, niño»), podemos traducirlo: «Yo estuve al lado de él, el Maestro Artesano.»[27] Así que la sabiduría dice que estuvo presente en la creación; en realidad dijo que actuó como uno de los medios por los que Yahvé creó el mundo. Por lo tanto, *'āmôn* estuvo en aposición al pronombre que representa a Yahvé; la sabiduría

---

27 Así argumenta Mitchell Dahood, «Proverbios 8:22-31: Translation and Commentary» [Proverbios 8:22-31: Traducción y comentario], *Catholic Biblical Quarterly* 30, 1968, pp. 518-19.

aparece como uno de los rasgos clave manifestados en esa creación.

Nada de esto sugiere una hipóstasis[27] o un origen mitológico[28] de la sabiduría. Sin embargo, Whybray concluye lo siguiente:

> Los términos usados para describir el origen de la sabiduría son metafóricos, no mitológicos, y la sola palabra que puede interpretarse como hablando de su actividad *['āmôn]* en la creación no va en esencia más allá de la declaración de 3:19. Todo lo que se dice aquí sobre ella puede interpretarse con naturalidad como perteneciendo propiamente a la personificación poética de un atributo de Yahvé.[29]

Así la relación o asociación (no, sin embargo, el completo equivalente) de «el temor del Señor» con sabiduría denota la intrínsecamente naturaleza religiosa de cualquiera y toda sabiduría. Una vez más podemos ver que el hombre orgulloso de sí mismo nunca podría entender ni recibir el consejo prudente. Esto tiene que empezar con una relación personal con el Señor, la esencia de lo cual continúa a informar todo el pensamiento, vida y actuación de ese hombre. Por consiguiente, así como el atributo de la santidad de Dios ofreció la regla o norma para la teología mosaica, el atributo de la sabiduría de Dios brindó la norma para todo el que se relaciona a ella en «el temor del Señor».

Eudemonismo y el Señor

Muchos de los dichos de sabiduría a primera vista parecen revelar una suerte de materialista y crudo pragmatismo, o sea, parecen inculcar obligaciones morales solo por amor al bienestar o felicidad de la persona. Sin embargo, tal interpretación de «motivo de

---

[27] Helmer Ringgren, *Word and Wisdom: Studies in the Hypostatization of Divine Qualities and Functions in the Ancient Near East* [Palabra y sabiduría: Estudios en la hipóstasis de las calidades y funciones divinas en el Oriente Próximo antiguo], Hakan Ohlssons Boktryckery, Lund, Suecia, 1947.

[28] Así Mitchell Dahood, «Proverbs 8:22-31», p. 521; W.F. Albright, «Some Canaanite-Phoenician Sources of Hebrew Wisdom» [Algunas fuentes Canaanea-fenicia de sabiduría hebrea], *Wisdom in Israel, Vetus Testamentum Supplement* 3, E.J. Brill, Leiden, Países Bajos, 1955, pp. 1-15.

[29] Whybray, *Wisdom*, p. 103.

beneficio» equivoca la verdadera intención del autor en declaraciones tales como estas:

La justicia libra a los justos,
pero la codicia atrapa a los falsos.
Proverbios 11:6

Las manos ociosas conducen a la pobreza;
las manos hábiles atraen riquezas.
Proverbios 10:4

En su lugar, el sabio era el que observaba un plan divino y un orden establecido en todas las cosas. Así la prosperidad y las bendiciones no se buscaban como fines en sí mismos, como si el sabio hiciera arbitrariamente del éxito un nuevo ídolo. Al contrario, según el pronunciamiento de Dios de «bueno» en Génesis 1, los sabios aprobaban el trabajo, las cosas y la rectitud misma como «buenas» y autovindicadoras. Se recompensaban la diligencia, la obediencia a las leyes de Dios y el trabajo honesto, pero ni el objetivo ni el motivo se encontraban en la bendición y recompensa mismas. El plan de Dios abarcaba cada hecho de la vida (Ec 3:1–5:20). Fue Dios el que hizo cada cosa bella en su tiempo (3:11), cada una con su propósito. Mientras que «el hombre propone», según Proverbios 16:1, «y Dios dispone». El hombre puede planear sus caminos, «pero sus pasos los dirige el SEÑOR» (16:9; 19:21; 20:24; 21:2). Al fin y al cabo, no es el hombre el que gana su recompensa; es Dios el que recompensa[30] a cada hombre según sus obras (24:12), y que basa en los principios de su «buena» obra en la creación y en su carácter.

Cierto, al parecer hay iniquidades por fuera y el orden divino no siempre es transparentemente obvio. Sin embargo, la adversidad o aflicciones no estaban siempre ni tampoco eran necesariamente malas (Ec 7:1-15), así como la prosperidad y el éxito material no eran constantes ni siempre eran en sí un bien (6:1-12). Además, a menudo el orden y propósito divinos pueden permanecer escondidos y desconocidos, aunque buenos hombres como Job traten de

---

[30] Véase la revisión de la reciente literatura sobre la idea de retribución en el AT con cuatro aspectos de retribución en el libro de Deuteronomio por John G. Gammie, «The Theology of Retribution in the Book of Deuteronomy» [La teología de retribución en el Libro de Deuteronomio], *Catholic Biblical Quaterly*, 32, 1970, pp. 1-2.

descubrirlos. Solo en el discurso de Eliú viene a ser evidente que Dios usaba el sufrimiento como un instrumento (*mûsār*)[31] de enseñanza y un método para «abrir los oídos de Job» (Job 33:16; 36:10, 15).

Mientras tanto, el Predicador habla a favor de la eliminación del desaliento, lo que parece ir en contra del plan de Dios (Ec 9:1–12:8). Aun los llamados aspectos mundanos de la vida como comer, beber y disfrutar los beneficios del sueldo de uno se describen como «dádivas» de Dios (2:24; 3:13; 5:18-20; 8:15; 9:9). No obstante, no hubo nada inherentemente bueno en el hombre que fuera capaz por sí mismo de disfrutarse, ni incluso su existencia mundana, separado de Dios (2:24; 3:12). Esta capacidad de ser feliz, bendecido y aun de disfrutar de la comida, las bebidas, las riquezas, posesiones, la esposa, era en el orden divino un don de arriba.

En Cantar de los Cantares se celebra el último don mencionado dedicando todo el libro al mismo. Además, si Salomón es el autor de esta obra (como dice el texto que aparece Cnt 1:1; 8:12), la entrada a este trabajo puede hacerse a través de otra pieza del mismo escritor: Proverbios 5:15-21. Ahí en una alegoría de fidelidad matrimonial, compara el disfrute del amor sexual en el vínculo del matrimonio a tomar de las aguas de su propia cisterna y pozo. Dice:

> ¡Bendita sea tu fuente!
> ¡Goza con la esposa de tu juventud!
> Es una gacela amorosa,
> Es una cervatilla encantadora.
> ¡Que sus pechos te satisfagan siempre!
> ¡Que su amor te cautive todo el tiempo!
> Nuestros caminos están a la vista del SEÑOR
> Él examina todas nuestras sendas.
> *Proverbios 5:18-19, 21*

Así cuando Cantares 4:12, 15 repite:

> Jardín cerrado eres tú, hermana y novia mía;
> ¡jardín cerrado, sellado manantial!

---

[31] Jim A. Sanders, «Suffering As Divine Discipline in the Old Testament and Post-Biblical Judaism» [Sufrir como disciplina divina en el Antiguo Testamento y el Judaísmo post-bíblico], *Colgate Rochester Divinity School Bulletin* [Boletín de la Escuela de Divinidad Colgate Rochester], 28, 1955, 28-31.

Eres fuente de los jardines, manantial de aguas vivas,

continúa mucho de las mismas metáforas y teología. Sin embargo, el propósito del libro se declara en Cantares 8:6-7. El amor era una «llama de parte de Yah[vé]» que no podían extinguir, cambiar ni tentar otros dioses tales como las riquezas, la posición o el honor. En realidad, Salomón trató de separar a la doncella sulamita de su novio pastor, pero sin éxito. Salomón podía quedarse con «viña de confusión» (8:11), en realidad «sus mil» esposas (v. 12). Aunque, el pastor tenía su «propia viña» (esposa) para sí mismo (v. 12). Entonces, el libro pretendió ser como un comentario sobre Génesis 2:24 y un manual sobre las bendiciones y recompensas del amor matrimonial íntimo una vez que Yahvé encendió la llama y dio la capacidad del disfrute. De otra manera no podría comprarse ni por amor ni por dinero, como Salomón aprendió de manera dura y escribió bajo la dirección divina.

Y, ¿qué de ese bien sobre todos los bienes: inmortalidad o aun la resurrección del cuerpo? Ningún texto aclara más el asunto, ni fue más candentemente cuestionado textual o hermenéuticamente que Job 19:23-27. Sin duda, Job perdió toda esperanza en esta vida (17:1, 11-16), de ahí que grite por su vindicación después de la muerte, no antes de ella. ¿Creyó Job que esto incluía la resurrección del cuerpo? Job 19:26 es difícil: ¿«desde mi carne» significa aparte de su cuerpo o desde dentro de su cuerpo que confiaba en ver a Dios? Que decida el versículo 27: «Y mis ojos lo verán, y no otro.»

Tal exégesis aún se recibe con profundo resentimiento. La idea es muy avanzada, es lo que se protesta aun para la Era Salomónica, mucho menos para los tiempos patriarcales donde podría situarse bien. No importa, desde luego, la preocupación del hombre antiguo por la muerte y la inmortalidad. No importa que Egipto ya había dirigido toda la economía del estado para encarar esta sola cuestión de la existencia corporal del hombre después de la muerte. Olvidemos también, si podemos, el mito babilónico de Adapa y la narración de Enoc en la Era Prepatriarcal. Aunque, si descontamos toda esta gran evidencia, enfrentémonos a Job 14:7:

Si a un árbol se le derriba,

queda al menos la esperanza de que retoñe *(yaḥᵃlîp)*.

Esto se debe a que con frecuencia alrededor de la base de un árbol caído, brota un retoño detrás del otro como continuación del de otro modo árbol muerto. Así es con el hombre en Job 14:14 (RVR):

Si el hombre muere, ¿volverá a vivir?
Todos los días de mi vida esperaré,
Hasta que venga mi liberación *(ḥᵃlîpātî)*.

¡Ahí está! ¡Job 14:14 declara en forma análoga lo que le pasa al árbol caído! Muy pocos comentaristas relacionarán los dos versículos, pero el escritor quería que su audiencia lo hiciera. Él lo hizo usando la misma raíz hebrea en el mismo contexto en Job 14:7, 14.

Asimismo, Eclesiastés 3:17 sostiene que Dios se encontrará con el hombre como su juez en ese futuro día del juicio establecido (cf. 12:14); porque el espíritu del hombre va para arriba (nótese el artículo en el participio y no el interrogativo) mientras que la vida de las bestias va a la tierra (3:21-22). Por lo tanto, mejor es que el hombre haga algo mientras tiene aliento y que lo haga para la gloria de Dios. Sin embargo, cualquier hecho de alguna significación tendría que empezar en la atmósfera de confianza en el prometido orden divino de cosas, es decir, en el temor de Dios.

Capítulo 11

Día de la promesa: Siglo noveno

Ahora que se establecieron la «casa» de David y el templo de Salomón, la promesa de Dios alcanzó una estabilidad provisional en su desarrollo. Así la narrativa de Éxodo, que declara que Israel es hijo de Dios, su propio pueblo, un reino de sacerdotes y una nación santa, se continuó y renovó en la promesa de una simiente davídica que poseería una dinastía eterna, trono y reino, todo lo cual sería un contrato para la humanidad. El futuro gobernante de Dios era ahora visible en la línea de David.

Los profetas y la promesa

Los profetas ahora podían enfocarse en el plan y reino mundial de Dios. Es lamentable, sin embargo, que el pecado de Israel fue una significante porción del tiempo de los profetas. No obstante, mezcladas con estas palabras de juicio estaba la brillante esperanza del eterno reino de Dios por largo tiempo prometido.

Aun así, aquí reside el genio de la doctrina de la promesa. Tiene, como Willis J. Beecher señala, un doble carácter: «Era una firme predicción del tiempo venidero y una doctrina religiosa al alcance del tiempo presente.»[1]

De modo que la promesa profética no era un grupo de dispersas predicciones que solo más tarde tuvieron sentido después que Cristo apareció y reinterpretó muchas de las antiguas palabras proféticas. Dado que si los profetas solo estuvieron pronosticando o anticipando el futuro, el foco de su mensaje habría caído nada más

---

[1] Willis J. Beecher, *The Prophets and the Promise* [Los profetas y la Promesa], 1905, ed. reimpr, Baker Book House, Grand Rapids, MI, 1975, p. 242.

que en dos cosas: la palabra hablada antes del hecho y el cumplimiento del hecho mismo. Aunque esta manera de ver la profecía puede ser propia y legítima en sí misma, deja de captar precisamente ese aspecto que más cautivó el corazón de los escritores y santos del AT. Otra vez Beecher describe lo que era esa diferencia. Para él, la palabra *promesa* debiera preferirse a la simple predicción porque la promesa de los profetas también abarcaba:

> Los medios empleados para ese propósito. La promesa y los medios y el resultado están todos presentes al mismo tiempo ... Si la promesa involucraba una serie de resultados, podríamos enlazar cualquier resultado con la cláusula vaticinadora como una predicción cumplida. Hasta aquí nuestra manera de pensar estaría en lo cierto. Pero si confinamos para siempre nuestro pensamiento a estos renglones en la promesa cumplida, esto nos conduciría a una inadecuada y muy probable falsa idea de la promesa y de su cumplimiento. Para entender bien los elementos que predicen, tenemos que verlos a la luz de los otros elementos. Cada promesa cumplida es una predicción cumplida, pero es de suma importancia verla como una promesa y no una simple predicción.[2]

De igual importancia era la inseparable relación entre la palabra profética y la historia y geografía en que esa palabra se localizaba. Los mensajes de los profetas no eran predicciones heterogéneas ni sin relación, que se anunciaron al azar a través de lo que de otro modo hubiera sido una monotonía de severas censuras. Tampoco era la predicción la principal característica de la profecía. Más bien los profetas eran pregoneros de justicia que predicaban la ley y la promesa, para motivar a la gente al arrepentimiento y a una vida de obediencia en la voluntad y el plan de Dios. A menudo, sus predicciones se dieron como incentivos a sus contemporáneos para una vida santa en ese día, viendo que el futuro pertenecía a su Dios y a su justo reino.

Había que encontrar en estas predicciones, desde luego, más que novedosos vislumbres del futuro esparcidos como pedacitos de caramelo para estimular el apetito de una mentalidad sensorial o dada al ocultismo. En lugar de tales propósitos fantásticos como

---

[2] *Ibid.* p. 383.

estos, con frecuencia los profetas vertían a propósito sus palabras acerca del futuro en la fraseología y los patrones conceptuales de profecías pasadas. Con toda intención, la promesa abrahámica-davídica tomaron prestado y la complementaron. Por eso, para ellos el futuro era parte de la promesa singular y acumulativa de Dios. Así los llamados pasajes mesiánicos en los escritos de los profetas fueron en su mayoría repeticiones, suplementos, implicaciones homiléticas y amplificaciones de la promesa como en un principio se dio a Abraham, Israel o David. Por consiguiente, estas predicciones no estaban desconectadas ni esparcidas, sino que eran ramas salidas del mismo tronco de la doctrina de la promesa.

Sin embargo, no cabe duda que algunos objetarán a las persistentes inclusiones en ese único plan de la promesa sobre la carrera nacional de Israel con su asentamiento geográfico. Por cierto, algunos judíos y eruditos racionalistas concluyeron que puesto que la carrera política y asentamiento geográfico que Israel ocupaba era un énfasis tan obvio en las predicciones de la promesa que esto era todo lo que significaba: estas predicciones fueron simplemente las aspiraciones demográficas y políticas de la nación de Israel como la visión de algunos trovadores proféticos de Israel. Por consiguiente, todos los demás intentos de aplicar esta promesa a la iglesia o a Jesucristo eran falsos y muy lejos de cualquier cosa que los profetas jamás intentaron. No obstante, tal conclusión no toma en serio el AT ni mucho menos las realidades históricas.

Por otro lado, muchos intérpretes cristianos yerran en la misma manera, lo único que en el lado opuesto de la promesa. Negaron que en la promesa quedara algo para el Israel nacional ahora que llegó la Era Cristiana. Sin embargo, Willis J. Beecher, de la facultad de Princeton, a principio del siglo veinte comentó:

> Si el intérprete cristiano insiste en excluir al Israel étnico en su concepción del cumplimiento o con relación a la parte de Israel en el asunto como simplemente preparatorio y no eterno, viene a entrar en conflicto con el claro testimonio de ambos testamentos [y ahora podemos añadir: «con la historia también»] ... Interpretadas como es debido, las declaraciones bíblicas incluyen ambas cosas: Israel, la raza con la que el pacto es eterno, y también el Cristo personal y su misión con el Israel espiritual de los

redimidos de todas las épocas. El Nuevo Testamento enseña esto como una doctrina cristiana, llevando a los hombres al arrepentimiento y edificación; y el Antiguo Testamento lo enseña como una doctrina mesiánica llevando a los hombres al arrepentimiento y la edificación ... La exclusiva interpretación judía y la exclusiva interpretación cristiana son igualmente falsas. Cada una acertada en lo que afirma y equivocada en lo que niega.[3]

La promesa entonces fue nacional y cosmopolita. Israel todavía recibiría lo que Dios incondicionalmente prometió: ser una nación, reino davídico, tierra y riqueza. Aunque también las naciones de la tierra recibirían la bendición prometida en la simiente de Abraham. En realidad, el mismo fin de la tierra se tornaría al Señor (Sal 72:11, 17). Tal implicación cosmopolita de esta promesa sería más tarde el asunto a tratar en el concilio de Jerusalén en Hechos 15 y Pablo lo haría parte de su discusión del plan redentor de Dios en Romanos 9–11.

Por lo tanto, concluimos que la promesa de Dios en los profetas fue un plan único y unificado que era eterno en su alcance y cumplimiento aunque hubo estancamientos decadentes a través del camino de la historia de su desarrollo. En su constitución fue acumulativa. En su alcance fue tanto nacional como cosmopolita al estar Israel y todas las tribus, pueblos y naciones vinculados por fe en un solo programa. Tal doctrina del Mesías y las características que le acompañaban era, según E. Jenni,[4] sin ninguna contrapartida real en la antigua literatura o ideología del Oriente Próximo.

La promesa en el noveno siglo

La división del reino después de los días de David y Salomón fue la primera en una serie de crisis que Israel enfrentaría como resultado de los efectos destructivos del pecado. Las tormentosas nubes del juicio divino continuarían juntándose, mientras un ejército de videntes proféticos suplicaba a las diez tribus del norte («Efraín» y con más frecuencia solo «Israel») y las dos tribus del

---

[3] *Íbid.* p. 383.

[4] E. Jenni, «Messiah» [Mesías], *Interpreter's Dictionary of the Bible,* 4 tomos, Abingdon, Nashville, TN, 1962, tomo 3, p. 361.

sur («Benjamín» y más frecuentemente solo «Judá» representando a ambas) que se arrepintieran y abandonaran el ruinoso curso que tomaron. Sin embargo, como la nación seguía endurecida y resuelta en su preferencia por la maldad idolátrica y rebelión en contra de Dios, los profetas declararon con creciente precisión que el pueblo de Dios debe una vez más experimentar primero el crisol del juicio divino antes de recibir libertad y que al final se le permitiera cumplir su verdadero destino. Así la presente forma de la divina institución de la nación tenía que juzgarse, pero a esto le seguiría otro nuevo día, nuevo siervo, nuevo pacto y nuevo triunfo de Dios.

La primera señal de este nuevo desarrollo apareció en Elías y Eliseo (1 R 17–2 R 9), cuyas participaciones directas en la arena política del reino del norte fueron más prominentes en sus acciones que en sus palabras. En sus personas simbolizaron dos aspectos del poder divino hacia el pueblo: Elías fue el divino poder judicial que se opone a un pueblo rebelde y contiene la violencia al por mayor; Elías fue el dispensador de la bendición divina cuando el pueblo se arrepentía.[5] Sin embargo, la extendida palabra de Dios a través de una larga línea de profetas escritores también vino poco después, primero, quizá, en los ministerios de Abdías y Joel.

Ahora, sin pretender establecerlo como final, se puede argumentar con un razonable grado de seguridad que Abdías y Joel fueron los primeros de los profetas escritores.[6] Y para ambos profetas, un futuro día del Señor *(yôm YHWH)* fue el centro de su mensaje. Este día se señaló ya por su presencia parcial en los trágicos hechos del malicioso gozo de Edom sobre su rival testigo, Jerusalén, siendo

---

[5]   Estos simbolismos los debo a C. von Orelli, *The Old Testament Prophecy of the Consummation of God's Kingdom Traced in Its Historical Development* [Estudio del desarrollo histórico de la profecía del Antiguo Testamento en la consumación del reino de Dios], trad. J.J. Banks, T.&T. Clark, Edimburgo, 1889, p. 194.

[6]   Para una discusión de la historia de esta cronología, véase a Leslie Allen, *The Books of Joel, Obadiah, Jonah and Micah* [Los libros de Joel, Abdías, Jonás y Miqueas], Eerdmans, Grand Rapids, MI, 1976, pp. 129-33. Las detalladas pruebas propuestas por Caspari en 1842 todavía parecen ser preferibles a una fecha de 586 a.C. o post-exílica. Así el libro puede ser situado en el reino de Joram (2Cr 21:8-10, 16-17), 848-841 a.C. Cf. G. L. Archer, Jr., *Reseña crítica de una introducción al Antiguo Testamento*, Editorial Portavoz, Grand Rapids, MI, 1982, (pp. 299-303 del original en inglés).

humillada por un invasor (Abdías) y también en la devastadora plaga de langostas y sequía (Joel) en Israel.

Aun así, independientemente de cualquier efecto *presente* de ese día inminente, su final aparición sería un tiempo de divino arreglo de cuentas con Israel y todas las naciones cuando el Señor personalmente regresara y revelara su justo carácter. Este será un tiempo marcado más por su contenido que por el período o duración de ese «día». Como los «últimos días» o «última era» *('aḥ°rît̲ hayyāmîn)* que empezó a discutirse en Génesis 49:1 y Números 24:14, el día del Señor es ese tiempo de juicio universal cuando Dios dará a conocer su supremacía sobre todas las naciones y la naturaleza misma.[7] Yahvé se vindicará a sí mismo por sus grandes obras las cuales todos los hombres reconocerán como divinas en origen. El juicio sería universal, ineludible y retributivo.

Edom y la promesa: Abdías

Por primera vez en la literatura profética encontramos la frase «día del Señor» en Abdías. Debido al orgullo de Edom (1-9) y su violenta acción contra su hermano Jacob (10-14), en ese día del Señor recibirá el mismo trato que las naciones paganas (15-21). Así como los amalecitas representaron la contrapartida del reino de Dios por las salvajes acciones de retaguardia contra los israelitas dispersos, enfermos y envejecidos cuando peregrinaban por el desierto (Éx 17:8-15; Dt 25:17-19), Edom también vino a representar el reino del hombre. Edom ahora era la «quintaesencia» del paganismo[8] (Abd 15-16; cf. Is 34:2, 5 y Ez 35:14; 36:5). Marten Woudstra lo expresa claramente a continuación:

> Por mandato y aprobación divina esta enemistad [y podemos añadir, nótese esa vieja palabra de Gn 3:15 «enemistad»] existió entre el pueblo de Dios y las naciones, las últimas vistas como representantes de las fuerzas de la incredulidad ... Una

[7] Aunque las dos expresiones nunca van formalmente unidas ni «últimos días» contiene la idea de juicio, Deuteronomio 31:17, 18 conecta el juicio de Dios con «ese día» venidero.

[8] Patrick Fairbairn, *The Interpretation of Prophecy*, Banner of Truth Trust, Londres, 1964, p 222.

mirada a Éxodo 23:32 («Seré enemigo de tus enemigos») debe aclarar que esta enemistad era real ...

Esto explica la nota de esencial seriedad que corre a través de algunos salmos como el 137 y el 139:21-22. En estos salmos el creyente Israel se identifica con la causa de Dios. Esa causa no puede triunfar a menos que lo que se opone se venga abajo.[9]

En este caso burlarse y regocijarse por la «herencia» de Yahvé, la casa de Israel (p.ej., Ez 35:15), era burlarse y desafiar al mismo Yahvé porque él se adhirió a sí mismo a un pueblo, a una nación (Dt 4:33ss.), a fin de salvarlos a todos. Además, de todos modos, era el Soberano sobre todas las naciones (Dt 32:8-9), por eso toda burla por su obra de bendición o juicio en medio de Israel estaba estrictamente fuera de lugar. Así que Edom no escaparía al inminente juicio divino que también caería sobre todas las naciones.

Sin embargo, en contraste con la destrucción de estas naciones, habría un remanente, un «grupo de escapados» *(peḻêṭâh;* cf. Jl 2:32 [3:5] e Is 37:32 donde es paralela a la palabra más común para «remanente» *šeʾêrît),* en el monte de Sión (Abd 17), quienes otra vez emergerían victoriosos bajo el ímpetu de la energía divina que se les confiere una vez más. Entonces Israel extendería de nuevo su gobierno sobre la antigua Canaán y los territorios a su alrededor incluyendo el Néguev, el país filisteo, Galaad al este del Jordán y Siria y tan lejos al norte como Sarepta en el Líbano: todo esto como se le prometió a los patriarcas Jacob y José (Abd 18-20). David y Salomón gobernaron en parte a estas tierras, pero más tarde las perdieron. Sin embargo, se les devolverían en aquel día.

El método que Dios usaría para restablecer su gobierno sería a través de «salvadores» humanos *(môšiʿîm* v. 2) desempeñando el oficio de jueces y gobernadores *(šōpeṭîm),* tal como lo tuvieron en los días de los jueces (Jue 2:16, 18). Sión, es decir, Jerusalén, sería su centro y «el reino pertenecería al Señor» (Abd 21).

Para el cumplimiento de esta profecía, Abdías combinó en un retrato lo que la historia dividió en diferentes tiempos y hechos. En realidad, Judas Macabeo, Juan Hircano, Alejandro Janea y la oposi-

---

9 Marten Woudstra, «Edom and Israel in Ezequiel» [Edom e Israel en Ezequiel], *Calvin Theological Journal* 3, 1968, pp. 24-25.

ción zelote al gobierno romano produjo el final de los edomitas e idumeos.[10] Aunque eso fue solo una muestra del triunfo final de Dios contra todas las naciones hostiles. Por lo tanto, el día del Señor corría a través de la historia del reino de Dios así que esto ocurrió en cada juicio en particular como evidencia de su total cumplimiento que estaba cerca y se aproximaba.

El día del Señor: Joel

La ocasión[11] para la profecía de Joel fue una terrible plaga de langostas seguida de una angustiosa sequía, ambas precursoras del grande y terrible día del Señor. Aunque ya era tarde, aún había oportunidad para arrepentirse. Sin embargo, debía ser una genuina tristeza de corazón por sus pecados y un viraje en la vida (Jl 2:12-13).

Cuando el pueblo respondió con ayuno, llanto y oración (2:15-17), «el SEÑOR mostró amor por su tierra y perdonó a su pueblo. Y les respondió» sus oraciones (vv. 18-19). Con el versículo 18 el tono de este libro se invierte. Mientras que el juicio prevaleció de 1:1−2:17, ahora bendición y esperanza dominarán el resto del libro. Tal cambio podría atribuirse a dos hechos: (1) el Señor su Dios «es bondadoso y compasivo, lento para la ira y lleno de amor» (2:13b); y (2) el pueblo se arrepintió y «[rasgó] el corazón y no las vestiduras» (v. 13a). En respuesta a su arrepentimiento, Dios prometió bendecirlos. Los dones de Dios cayeron en dos grupos: (1) la inmediata bendición de una tierra productiva (vv. 19-27); y (2) la promesa de un futuro derramamiento del Espíritu Santo sobre toda carne (2:28-32 [3:1-5]). Bendición, entonces, venía a ser parte del contenido de ese «día».

Entretanto, el resto del relato del día del Señor era muy similar al de Abdías. Fue «como devastación de parte del Todopoderoso»

---

[10] Flavio Josefo, *Antigüedades de los Judíos*, Editorial CLIE, Terrasa, España, 3 tomos, 12. 8:1, 13. 9:1, 13. 15:4, *Guerra de los Judíos,* Editorial CLIE, Terrasa, España, 2 tomos, 4. 9:7.

[11] Los eruditos más conservadores fechan a Joel hacia 830 a.C., durante la menoría del rey Joás y la regencia Joyadá, el sumo sacerdote; cf. Archer, *Reseña*, (pp. 304-7 del original en inglés) y A. F. Kirkpatrick, *The Doctrine of the Prophets* [La doctrina de los profetas], Macmillan, Londres, 1897.

(1:15-16), «día de tinieblas y oscuridad», «nubes y densos nubarrones» (2:2), «grande y terrible. ¿Quién lo podrá resistir?» (v. 11).

Sin embargo, el día del Señor era más que juicio. Era un tiempo de liberación para todos los que invocaran el nombre del Señor (2:32, acompañado por señales cósmicas proclamando su llegada (vv. 30-31). Y como ya se indicó, estaba caracterizado por el derramamiento del Espíritu de Dios sobre toda carne (vv. 28-29).

El tiempo para el derramamiento del Espíritu se dejó indefinido «después de esto» *('aḥ^arê ḵēn)*. Desde luego, el «después de esto» podría referirse hacia atrás a 2:23b, donde la lluvia temprana y tardía vendría «como en tiempos pasados» *(bāri'šôn);* entonces algo más tarde «después de esto» se derramaría el Espíritu. Nótese, sin embargo, que en 2:29 [3:2] se repite la frase inicial de 2:28 (derramaré mi Espíritu) con solo un mínimo cambio: «en esos días» *(bayāmîm hāhēmâh).* Por lo tanto, el significado escatológico que el apóstol Pedro da a estos versículos en el día de Pentecostés debe encontrarse en 2:29 en lugar de 2:28. Este derramamiento no podría ser en un futuro inmediato ya que el versículo 26 presenta el cuadro de un período de pacífica prosperidad que precede a alguna crisis mundial presentada en el versículo 28.[12] Cuando Pedro cita este pasaje en el día de Pentecostés, sitúa esta bendición «en los últimos días» *(en tais eschatais hēmerais,* Hch 2:17). Tal visión de la duración del tiempo escatológico empezando con la era cristiana y extendiéndose hasta la segunda venida de Cristo se encuentra en pasajes del NT (p.ej, Heb 1:1-2; 1P 1:20; 2P 3:3). Además, el mismo fenómeno de tener hechos cercanos y distantes, o múltiples cumplimientos siendo todos parte de la única verdadera intención del autor, aparece en la visión de Abdías del día del Señor con su más inmediata victoria sobre Edom y la distante victoria total del reino de Dios. Así que Pentecostés fue parte del día del Señor. Habría, sin embargo, todavía otro día final, si no muchos en el medio, cuando Dios derramaría su Espíritu como lluvia «sobre toda carne» (cf. Jl 2:23).

Entonces, ¿qué tan extensiva sería esta sobrenatural bendición de su Espíritu? Por lo general, cuando el AT usa «toda carne» *(kol*

---

[12] Von Orelli, *Old Testament Prophecy,* p. 205, n.

bāsār), significa toda la humanidad (Gn 6:12-13; Sal 145:21, *passim*, RVR). En este contexto presente la frase «*tus* hijos y *tus* hijas», según algunos, definitivamente lo limitaría a todos los judíos.[13] Esto no es del todo cierto. Lo que sí es cierto es que la diferencia de edad (joven y anciano), sexo (hijos e hijas), de posición (siervos y siervas) no afectaría la universalidad de este don del Espíritu. De modo que, lo que Moisés mencionó una vez como solo un deseado ideal para cada israelita en Números 11:29, sería ahora visto en realidad. En aquel día Israel no solo serviría al Señor como un reino de sacerdotes (Éx 19:6), sino también como profetas. Sin duda, este beneficio iría más allá de los judíos, aun como más tarde el apóstol Pablo vio su aplicación en Romanos 10:12-13, a toda la humanidad.

Además de las lluvias del Espíritu de Dios sobre toda carne, cielos y tierra se convulsionarían con poderosas señales similares a la gran liberación de Egipto cuando Dios envió las plagas de sangre y fuego (Éx 7:17; 9:24) y cuando él apareció en Sinaí en columnas de humo (19:18). Así el mundo natural podría llevarse a una íntima relación con el juicio y la salvación de Dios del mismo modo que él intervino en la historia humana. El día original de juicio de Joel 2:1ss., suspendido por un tiempo debido al arrepentimiento de Judá, debe otra vez aparecer en el futuro. Aun así, cualquiera que «invocara el nombre del Señor» durante esos días «sería librado» *(yimālēt, «ser deslizado afuera»)*. En el monte Sión, cabecera del reino de Dios, estarían «aquellos que escaparon» *(pᵉlêtâh)*, los sobrevivientes *(śᵉrîdîm,* 2:32 [3:5]. Sin embargo, aunque escaparon las naciones, Yahvé las juzgaría y destruiría en el valle de Josafat (3:2 [4:2]).

También hubo una teología previa que informó sobre esta doctrina del día del Señor (Éx 32:34; Dt 31:17-18, 29; cf. Gn 49:1; Nm 24:14; Dt 4:30). Lo que empezó en Éxodo 32:34 como un «día de mi visitación», cuando «mi ángel» «visitará sus pecados», ahora se

---

[13] Como Allen, *Libros*, p. 98, n. 10 comentó, las traducciones [al inglés] de JB y NEB, «toda la humanidad», fueron indebidas, de ahí el asombro en Hechos 10:45 de un pentecostés gentil. En Ezequiel 39:29 Dios específicamente prometió «derramar mi Espíritu sobre Israel». Sin embargo, ¿no son las dos expresiones diferentes sin ser mutuamente exclusivas la una de la otra? Es interesante notar que Pablo aplica nuestro pasaje al llamado universal del evangelio en Romanos 10:12-13.

proyectaba de aquel día y de la nación de Israel a la última era y a todas las naciones. Creció el decretado «día de la visitación de Yahvé» sobre los pecados de su pueblo en juicio. No era solo «un día de su visitación» que podría ser cualquier tiempo de castigo nacional, era «el día de su visitación» uno que sobresalía como supremo cuando se comparaba con otros días. En ese conflicto final en la tierra, el rey Yahvé derrotaría para siempre a las naciones que se juntaron y levantaron en contra de los ejércitos de Dios. De repente, empezarían la hoz del juicio y la cosecha y la trituración del lagar. El cielo y la tierra temblarían y las multitudes se enfrentarían en el campo de la batalla de la decisión.

Joel 3:1-21 [4:1-21] vino a ser el pasaje clásico para el resto del AT acerca del juicio final de Dios sobre todas las naciones. También vino a ser la declaración clásica del bendecido resultado para el pueblo de Dios. Poseerían una tierra fértil en extremo, enriquecida con fuentes de aguas que corren y destilan leche y miel. Y como clímax de todo esto, Yahvé personalmente moraría en Sión.

Este día del Señor se dijo sin cesar que estaba cerca *(qārôḇ,* Abd 15; Jl 1:15; 2:1; 3:14 y más tarde en Is 13:6; Sof 1:7, 14; Ez 30:3, *passim).* Beecher previene:

> Esta representación está hecha por profetas que vivieron generaciones aparte y por lo tanto por profetas que sabían que otros profetas lo habían hecho en generaciones anteriores. Quizás esto indique que los profetas pensaron del día de Yahvé como genérico, no una ocasión que ocurriría solo una vez, pero una que podría repetirse según las circunstancias lo demandaran.[14]

Y, desde luego, ese tiempo final sería la culminación y suma de todo lo demás. Aunque los hechos de sus tiempos se ajustaban al patrón del futuro juicio de Dios, ese día final era, sin embargo, inmensurablemente mayor y más permanente en sus efectos salvíficos y de juicio.

---

[14] Beecher, *Prophets,* p. 311 ídem, «The Day of the Lord in Joel» [El día del Señor en Joel], *Homiletical Review* [Revista homilética], 18, 1889, pp. 355-58, ídem, «The Doctrine of the Day of the Lord Before Joel's Time» [La doctrina del día del Señor antes del tiempo de Joel], *Homiletical Review,* 18, 1889, pp. 440-51, ídem, «The Doctrine of the Day of the Lord in Obadiah and Amós» [La doctrina del día del Señor en Abdías y Amós], *Homiletical Review,* 19, 1890, pp. 157-60.

Capítulo 12

Siervo de la promesa: Siglo octavo

En el siglo octavo a.C., se inauguró una ráfaga divina de actividad profética, sobre todo para alertar al reino del norte de una inminente destrucción si no se arrepentía y cambiaba su estilo de vida. Es triste, pero excepto a respuestas menores similares a las dadas a la predicación de Miqueas, de las que nos informa Jeremías 26:18-19 que tuvieron un efecto momentáneo en el reinado de Ezequías, las diez tribus del norte se precipitaron a la destrucción. Esto finalmente llegó en 722 a.C. cuando su capital, Samaria, cayó poco después que la principal ciudad de Siria, Damasco, cayera en 732 a.C.

Por su gracia Dios proveyó tanto como cuatro décadas de predicación profética antes de esta calamidad del siglo octavo, pero fue todo sin éxito. Incluidos en este grupo de pregoneros estaban Amós, Oseas, Jonás, Miqueas y, el mayor de todos, Isaías. Algunos de ellos empezaron sus advertencias y promesas cuando la nación aún la inundaban los éxitos de Jeroboán II y el expandido territorio, riquezas y lujo que trajo su reinado. El rico perseguía al pobre y favorecía en los tribunales a los culpables de su propia clase. Y todos al igual carecían de credibilidad cuando trataban de caminar sincréticamente con Baal y Yahvé. Las prácticas religiosas vinieron a ser una cubierta para toda clase de pecados de inmoralidad, injusticia y lujurias. juicio o arrepentimiento tenía que ocurrir, o Dios no tendría más credibilidad.

Reconstrucción de la choza caída de David: Amós

Para tiempos como estos Dios preparó un pastor y cosechador de higos silvestres del pueblo de Tecoa, al sudeste de Jerusalén en «la frontera salvaje» de Judá. A este sureño lo enviaron al norte en algún tiempo alrededor de 760–745 a.C. con un urgente mensaje de juicio y salvación.

La historia del ministerio de Amós se expresó con claridad en tres secciones: (1) en 1:1–2:6 rugió en contra de Israel y sus vecinos por la falta de justicia mutua y hacia Dios mismo; (2) en 3:1– 6:14 manda a Israel a buscar a Dios (5:4, 6, 14) o alistarse para encontrarse cara a cara con él (4:12); y (3) en 7:1– 9:15 recibe cinco visiones ofreciendo primero algún escape, pero entonces los endurece en una vía sin escape, excepto por la oferta escatológica de esperanza frente a la segura presente condenación.

Era evidente que Amós veía a Dios como soberano Señor sobre toda la tierra. No solamente era el libertador de Israel de los egipcios y amorreos (Am 2:9-10), sino que dirigió éxodos adicionales (9:7): los filisteos de Caftor, los sirios de Kir, estos juntos con los etíopes fueron singularmente favorecidos por Yahvé. Por consiguiente, todas las naciones tenían que satisfacer sus normas de justicia. Cada nación que no vivió según esa norma estaba condenada, no por sus dioses, sino por el único Dios, Yahvé. Amós señaló la lista de las quejas divinas contra estas naciones: barbarismo en la guerra por parte de Damasco (1:3-5) y Amón (vv. 13-15), ataques para hacer esclavos y tráfico de esclavos por los filisteos (vv. 6-8) y Tiro (vv. 9-10), la hostilidad de Edom contra su hermano Jacob (vv. 11-12), la profanación moabita de los huesos del rey pagano edomita (2:1-3), rechazo de la ley de Dios por parte de Judá (vv. 4-5) y las desviaciones morales de las diez tribus del norte (vv. 6-16). Es mejor que todas las naciones aprendan tan rápido como sea posible que la norma establecida por el carácter y ley de Yahvé marca la norma por la que el justo reino de Dios juzgará universalmente a todas las naciones.

Este Señor de la historia era un soberano gobernador por derecho de creación. En tres himnos, Amós elogia la grandeza de aquel «que forma las montañas, el que crea el viento, el que revela al hombre sus designios» (Am 4:13; cf. 5:8-9; 9:5-6). En verdad, el Señor de los Ejércitos era su nombre. Todavía era más que creador. También era el que controlaba la historia y los destinos del hombre. Si solo escuchaban, su uso del hambre, las sequías, el deterioro, las pestilencias y la guerra podría tener un propósito redentor porque cuando el hombre no atendía a los preceptos de la palabra de sus siervos, los profetas, quizá atenderían a su castigo dejado uno en el otro, no tanto en retribución por sus pecados como por captar su atención. Nótese la serie de cinco castigos en Amós 4:6-11. Caen como las campanadas de la endecha de un funeral, una tras otra, con el aun más triste estribillo después de cada golpe del juicio divino: «Con todo, ustedes no se volvieron a mí, afirma el Señor» (4:6b, 8b, 9b, 10b, 11b). Y entonces vino el final y más devastador golpe de todos: «Por eso ... ¡prepárate, Israel, para encontrarte con tu Dios!» (4:12). Es como si el árbitro contara al luchador en el suelo: uno... dos... tres... cuatro... cinco... y entonces dijera: «¡Fuera!» En realidad, esto fue en realidad ese encuentro con Dios: ¡el fin del reino del norte! A Israel y Judá juntos se les advirtió que tal era el método de Dios en su trato con los hombres. Recibieron las advertencias de tales alternativas en una combinación de juicios o bendiciones, dependiendo de cuáles fueran sus respuestas, tanto tiempo atrás como en el canon en Levítico 26 y Deuteronomio 28. En efecto, parte del vocabulario de Amós se recibió directamente de estos pasajes, como fueron muchas de las expresiones de sus compañeros profetas sobre el asunto.

Dios hizo más que actuar en la historia. ¡Habló! Y cuando hablaba, Amós era impelido a profetizar (3:8). El nexo entre esa recepción de las apreciaciones, significados, interpretaciones o anuncios de Dios y la proclamación de ellos por los profetas se expresó en una serie de declaraciones de causa y efecto en 3:2-8. Por ejemplo, ¿podría sonar la trompeta en una ciudad (como nuestras sirenas de ataques aéreos) y no asustarse el pueblo? ¿Podrían dos personas encontrarse (sobre todo en un lugar con un gentío) si no se hubiesen puesto de acuerdo? Por lo tanto, ¿podría hablar Dios y Amós no profetizar?

Sin cesar, Amós destaca la extraordinaria posición de Israel en la historia: «A vosotros solamente he conocido de todas las familias de la tierra» (3:2, RVR). No exigía un estado favorecido ni un partidismo chauvinista para Israel, solamente les recordaba la elección de Dios. La palabra «conocer» en este contexto de pacto no tiene nada que ver con el reconocimiento de las obras de uno, tiene que ver con la dádiva de elección de Dios: una inmerecida elección como Deuteronomio 7:8, *passim*, lo aclaró constantemente.

Asimismo, todas las arrogantes indulgencias en solemnes asambleas, fiestas, ofrendas y melodías eran ofensivas a Dios, quien escudriña antes el corazón del hombre. Un requisito previo más pertinente de los ritos religiosos con significado eran la rectitud y la justicia (5:21-24). Yahvé despreciaba y rechazaba toda práctica religiosa que carecía de ellas.

A la misma clase pertenecía todo lo que se decía acerca del anhelo por el día del Señor como una panacea para todos los males presentes de la sociedad: como si Israel supiera acerca de lo que hablaba (5:18-20). Se trataba de un día de oscuridad para los que no estaban preparados para el día del Señor. Para hacerlo todavía más gráfico, Amós podría describir la falsedad de estos soñadores religiosos. Ese día sería como un hombre que huye de un león nada más que para encontrarse con un oso, y cuando escapa astutamente de los desastres con el león y el oso, va a su casa y se recuesta a la pared solo para recibir la mordida de una serpiente. Ese día no era para estar jugando con él ni desearlo si los hombres no vivían y caminaban en la verdad.

No menos peligroso era el riesgo de la complacencia en 6:1-8, sin compasión por las necesidades de otros ante el inminente y amenazador desastre que vendría sobre Samaria. Aunque en dos ocasiones la oración de intercesión del profeta rescató a Israel de ciertos problemas (7:1-3; 4-6), cuando la plomada de justicia se colgó al lado de la nación, se encontró que estaba fuera de las reglas morales (7:7-9) y la calamidad nacional era ahora una conclusión predeterminada (8:1-3; 9:1-4).

No obstante, había esperanza más allá del desastre de la caída de Samaria. Con un gran clímax teológico para el libro en 9:11-15, Dios prometió reconstruir la casa de David que en su actual dilapidada condición solo se podía comparar a una «choza *(sukâh)* caída». Lo que casi siempre se nombraba era «la casa *(bêt)* de David» (2S 7:5, 11; 1R 11:38; Is 7:2, 13) o la dinastía de David, en poco tiempo llegaría el colapso con «grietas» y «ruinas» en ella. El participio activo hebreo recalca o el presente estado, la casa «cayendo», o su inminente estado de ruinas, la casa «a punto de caer». Así sufriría la dinastía de David, pero Dios la restauraría de su condición porque le prometió a David que la suya era una casa eterna.

Los sufijos en las palabras en 9:11 tienen especial interés para el teólogo. Sobre este pasaje, C.F. Keil comentó que el sufijo femenino plural «sus grietas» *(pirşêhen)* podría solo referirse a la trágica división de la casa davídica (la cual simboliza el reino de Dios) en dos reinos: norte y sur (cf. 6:2, «estos reinos»).[1] Dios, sin embargo, «[repararía] sus grietas». Así que aun antes de que Ezequiel (37:15-28) tuviera un cuadro de la unificación de las diez tribus del norte con las dos del sur, Amós visualizó el mismo resultado. El sufijo masculino singular en «*sus* ruinas» *(hᵃrisoṯāyw)* se refirió a David mismo y no a la «choza» que es femenino. Así bajo una nueva venida David, la destruida casa de ese prometido Mesías se levantaría de las cenizas. Dios también la «reconstruiría» *(bᵉnîṯîhā)* como en los días antiguos. Esta vez el sufijo naturalmente se refiere a la choza caída que sería reconstruida. Sin embargo, la frase «como era en días pasados» sin duda apunta hacia atrás a la teología anterior de 2 Samuel 7:11-12, 16 donde Dios prometió que levantaría la simiente de David después de él y le daría un trono, una dinastía y un reino que duraría para siempre.

La interpretación de la promesa davídica en 2 Samuel 7 como «contrato para la humanidad» (2 S 7:19), Amós (9:12) lo repite aquí: «Para que ellos posean el remanente de Edom y todas las naciones que llevan mi nombre.» Para muchos el versículo 12 es aun más problemático que el 11, sobre todo con su «ofensiva» referencia al «remanente de Edom» *(šᵉ'ērṯᵉdôm)*. Gerhard Hasel[2] observa que Amós empleó el asunto del remanente con un triple uso: (1) para contrarrestar la orgullosa exigencia de que todo Israel era el remanente (3:12; 4:1-3; 5:3; 6:9-10; 9:1-4); (2) para describir un verdadero remanente de Israel (5:4, 6, 15), un sentido escatológico; y (3) para incluir el «remanente de Edom» junto a las otras naciones

---

[1]   Carl Friedrich Keil, *The Twelve Minor Prophets* [Los doce profetas menores], 2 tomos, de C. F. Keil y F Delitzsch, *Biblical Commentary on the Old Testament*, 25 tomos, trad. James Martin, Eerdmans, Grand Rapids, MI, 1949, tomo 1, p. 303.

[2]   Gerhard Hasel, *The Remnant* [El remanente], Andrews University Press, Berrien Springs, MI, 1972, pp. 393-94.

vecinas como benefactoras de la promesa davídica (9:12). Fue este papel representativo de Edom, que vimos en Abdías, que se distingue aquí otra vez. Para la nota exegética en el versículo 12, «y todas las naciones [gentiles] que llevan mi nombre», sorprendentemente no pusieron a Edom en el papel de conquistados por la maquinaria militar de David o Israel, más bien habla de su incorporación espiritual en el reino de David junto con todos esos gentiles a lo que también se les «llamó por su nombre».

El uso de la frase «llamados por mi nombre» en el AT siempre pone cada uno de los objetos así designados bajo propiedad divina.[3] Lo que Dios o el hombre nombra se posee y protege, ya bien fueran ciudades (2S 12:28; Jer 25:29; Dn 9:18-19) o personas (Is 4:1; Jer 14:9; 15:16; 2Cr 7:14). Así cuando Israel caminó por fe, Moisés prometió: «Y verán todos los pueblos de la tierra que el nombre de Jehová es invocado sobre ti» (Dt 28:10, RVR). Sin embargo, cuando se negaron a creer, era «como si nunca hubiéramos llevado tu nombre» (Is 63:19). La frase entonces es muy parecida a Joel 2:32 [3:5]: «Todo el que invoque el nombre del SEÑOR.»

El verbo «tomar posesión de» *(yîršû)* fue de igual manera escogido debido al antecedente de la teología de la profecía de Balaam en Números 24:17-18 que predijo que una «estrella» y un «rey surgirá en Israel» porque «Edom será conquistado ... mientras que Israel hará proezas». El reino de Jacob ejercerá dominio sobre todos, predijo Balaam, porque se esparcirá sobre los representantes de los reinos de los hombres presentes ya en ese día del principio: Moab, Set, Edom, Amalec y Asiria. Sin embargo, ¿no añade Amós ahora a la divina revelación antigua que Dios podría por su plan tomar posesión de un «remanente» justo y creyente de todas las naciones incluyendo aun al amargado Edom? Así algunos edomitas creyentes junto a otros que invocaron el nombre del Señor serán, para usar el término de Pablo, «injertados» en Israel como parte del pueblo de Dios.[4]

---

[3] Para un estudio completo, véase W. C. Kaiser, Jr., «Name», *Zondervan Pictorial Encyclopedia of the Bible,* 5 tomos, ed. M. C. Tenney, Zondervan, Grand Rapids, MI, 1975, tomo 4, pp. 360-70.

[4] Véase mi artículo «The Davidic Promise and the Inclusion of the Gentiles (Amós 9:1-5 and Acts 15:13-18, A Test Passaje for theological Systems» [La promesa

Amar libremente a Israel: Oseas

En ningún profeta está el amor de Dios más claramente demarcado e ilustrado que en Oseas. Su experiencia matrimonial fue la clave para su ministerio y teología. Fue un cuadro de la santidad de Dios que se mantuvo con justa firmeza mientras el corazón de Dios amó con ternura lo que era del todo aborrecible. Oseas llevó este mensaje del amor de Dios en su vida y en su palabra. Al principio de su ministerio se le mandó que contrajera matrimonio con Gómer, hija de Diblayin, porque eso es lo que significa[5] la expresión «ve y toma por esposa una prostituta» (1:2). Dado que el nombre de ella y del padre parecen no tener especial significado y puesto que todo parece estar en estricta prosa narrativa rechazamos la interpretación alegórica o de visión. Más bien en nuestra comprensión de la gramática del pasaje, Gómer no era una prostituta cuando Oseas se casó con ella así como sus hijos no nacidos no eran «hijos de prostitución» hasta después que nacieron y recibieron un estigma en sus nombres debido al estilo libertino de la madre. A causa de que los únicos hijos mencionados son los que ella le dio a Oseas (observe sobre todo 1:3 «le dio a luz un hijo») y como les dio nombre a los hijos (1:4, 6, 9), era muy posible que fueran suyos.

La construcción de Oseas 1:2b demuestra ser problemática para muchos: «Ve y toma por esposa una prostituta, y ten con ella hijos de prostitución.» Esto puede significar resultado más bien que propósito, como ocurre en Isaías 6:9-12 y en Éxodo 10:1; 11:10; 14:4. Así que esta fue una manera de declarar de una vez el mandamiento divino y el posterior resultado y experiencia. Y así fue en Oseas 2:2, 5, 7 que Gómer, al igual que Israel, dejó la seguridad del matrimonio y persiguió otros amantes. Ese patrón de fidelidad conyugal seguido de promiscuidad espiritual fue exactamente lo que

---

davídica y la inclusión de los gentiles (Am 9:1-5 y Hch 15:13-18, un pasaje de prueba para sistemas teológicos], *Journal of the Evangelical Theological Society* 20, 1977, pp. 97-111.

[5] Cf. en otras partes: Génesis 4:19; 6:2; 19:14; Éxodo 21:10; 34:16; 1 Samuel 25:43. Observe también la figura retórica, zeugma, donde un verbo une dos objetos aunque en rigor va con solamente uno de ellos: «Tómate una mujer ... e hijos.» (RVR). Cf. Génesis 4:20 «Los que habitan en tiendas de campaña y crían ganados», también 1 Timoteo 4:3.

Jeremías 2:2 recordaría más tarde a Israel: «Recuerdo el amor de tu juventud, tu cariño de novia, cuando me seguías por el desierto.» Por lo tanto, Dios dice una vez más: «Voy a seducirla: me la llevaré al desierto y le hablaré con ternura» (2:14 [16]). Asimismo Dios mandó a Oseas: «Ve y ama a esa mujer [Gómer] adúltera» (3:1). Todo esto fue simultáneamente dirigido a la prostitución física y espiritual de Israel porque, como Dios mandó, Oseas nombró a sus hijos Jezreel, «Dios dispersará», Lo-ruama «no compadecida» y Lo-ammi «no pueblo mío». Solo el inflexible amor de Yahvé podría revertir el juicio de esa generación porque vendría un día cuando de acuerdo a la antigua promesa, el pueblo sería tan innumerable como la arena del mar (Os 1:10 [2:1]; cf. Gn 22:17; 32:12). En ese día, Israel «sería sembrada por Dios» (Jezreel) y sería llamado «mi pueblo» *('ammî)*, «hijos del Dios viviente» (Oseas 1:10-11[2:1- 2], 2:23[25]). Este vocabulario evoca la revelación mosaica (Éx 4:22; 34:15-16; Dt 31:16), aunque Oseas lo desarrolla más ampliamente. El amor de Yahvé se mantendría verdadero a pesar de la infidelidad de Israel (3:1) porque, aun después de la apropiada disciplina, la desposaría de nuevo con él (2:19)[21]. Tal amor se remontaba a la liberación de la nación de Egipto por Dios (12:9[10]; 13:4). La amenaza de devolverla simbólicamente a Egipto (8:13; 9:3; 11:5) es otro recordatorio de la advertencia mosaica en Deuteronomio 28:68. No obstante, aún triunfará su amor. Oseas presenta a Yahvé como un padre mirando a su hijo dar los primeros pasos (11:1ss.), un médico ayudando a Israel (7:1; 11:3; 14:4) y un pastor (13:5).

Así que hay un énfasis dual en Oseas: la justicia y el amor de Dios. Dado que él es justo (2:19[21]; 10:12), los hombres debieran «tornarse» *(šûḇ)* al Señor (5:4; 6:1; 7:10; 11:5; 12:6[7]; 14:2) y «buscar» *(bāqaš* en 3:5; 5:6, 15; 7:10, también *šāḥar* en 5:15, *dāraš* en 10:12). Algunos de los llamados más llenos de gracia al arrepentimiento en toda la Escritura se encuentran en 6:1-3 y 14:1-3. Así que el juicio no podría tener la última palabra, sino la gracia de Dios. «Después los israelitas buscarán nuevamente al SEÑOR, su Dios, y a David su rey ... en los últimos días» (3:5). Este no será el desterrado rey davídico, sino ese prometido descendiente mesiánico de David (2S 7; Amós 9:11s.)

El *ḥeseḏ* de Dios, la única palabra que tenía el profeta para describir «las riquezas de la gracia de Dios en el corazón de Dios»,[6] sería evidente cuando de nuevo desposara a Israel (2:19 [21]). De este modo, «guardaría el pacto y el amor del pacto» como prometieron los textos más antiguos (Dt 7:9, 12; 1R 8:23; cf. Neh 1:5; 9:32; Dn 9:4; 2Cr 6:14). Haría esto «por cuanto amó a tus antepasados y escogió a la descendencia de ellos» (Dt 4:37). Por su parte, Israel debía el mismo «leal amor» *(ḥeseḏ)* a Yahvé (Os 4:1; 6:4, 6; 10:12; 12:6[7]). Esta es una de las tres palabras clave que guía la «controversia» de Dios *(rîḇ)* o caso de tribunal con Israel (4:1). Ella no tenía «fidelidad» («verdad», RVR), *('emeṯ),* ni «tierno amor», ni «amor leal» *(ḥeseḏ),* ni «conocimiento de Dios» *(da'aṯ 'lohîm).*

Cada una de estas tres acusaciones se tomó, entonces, en orden inverso y cada sección terminaba con un brillante cuadro de un futuro día mejor cuando el amor de Dios atravesaría la barrera del persistente pecado de Israel. Su falta del «conocimiento de Dios» (4:1, 6; 5:4) era evidente por su prostitución física y espiritual. Por lo general, la expresión «conocimiento de Dios» significaba teología o doctrina, lo que no tenía Israel era respeto por la ley de Dios, por ejemplo, en 4:2 se dan como muestra cinco de los Diez Mandamientos. Aunque el conocimiento también significaba una experiencia personal (cf. 5:4; 6:2; 13:4) y relación con el único Dios verdadero.

Por lo tanto, «volveré [Dios] luego a mi morada hasta que ... buscarán ganarse mi favor» (5:15). La primera sección (4:2–5:15) terminó con la bella promesa en 6:1-3 de un día cuando Dios sanaría al pueblo después que él los desgarró. Los hombres entonces conocerían al Señor porque él los levantaría de nuevo.

Se presentó la segunda acusación de no *ḥeseḏ* en 6:4–10:15 con la resplandeciente promesa del amor de Dios en 11:1-11 para concluir esa sección. El corazón de Yahvé *retrocedió* dentro de él cuando pensó en entregar las tribus del norte (11:8; cf. Dt 29:23 donde el mismo verbo «destruir» se usa con relación a las ciudades de Sodoma y Gomorra, Admá y Zeboyín) y su compasión se estremeció profundamente.

La tercera sección en 11:12 [12:1] a 13:16 [14:1] toma la acusa-

6   George Farr, «The Concept of Grace in the Book of Hosea» [El concepto de la gracia en el libro de Oseas], *Zeitschrift fur alttestamentliche Wissenschaft* 70, 1958, p. 102.

ción de una falta de «verdad» (ʾ*met*), o «fidelidad» (ʾ*mûnâh*) y termina con una muy excelente apelación y promesa en 14:1-9 [2-10]. Las palabras y el libre amor de Dios serían todo lo que Israel necesitaría. La prometida bendición se restauraría si Israel regresaba al Señor y ofrecía el sacrificio de sus labios. Por cierto, «¿habré de rescatarlos del poder del sepulcro? ¿Los redimiré de la muerte? ¿Dónde están, oh muerte, tus plagas? ¿Dónde está, oh sepulcro, tu destrucción?» (13:14). Así que por fin Dios redimiría su pueblo porque sería inconcebible cualquier cambio de idea en este aspecto (13:14b).

Misión a los gentiles: Jonás

La gracia de Dios se extendió a los más hostiles y agresivos vecinos de Israel: los asirios. Es sorprendente, pero fueron más receptivos al mensajero de Dios que Israel, para disgusto de Jonás. Él disfrutó cuando profetizó sobre la expansión de las fronteras nacionales de Israel (2 R 14:25) durante el reinado de Jeroboán II. Sin embargo, anunciar el juicio de Dios a Nínive, dentro de solo cuarenta días, era darle una oportunidad para el arrepentimiento y para que por la misericordia de Dios se suspendiera el castigo. Esto disgustó apasionadamente a Jonás.

La teología del libro[7] se mueve en torno a la extensión de la gracia de Dios a los gentiles. Es otra ampliación de Génesis 12:3. Mucha de su enseñanza se centra en el carácter de Dios como se reveló en Éxodo 34:6. Como se le recuerda a Jonás en Jonás 4:2, el Señor es misericordioso, lento para la ira y abundante en gracia (*ḥesed*). Yahvé es el creador de todo (1:9) y el rector de todos los asuntos de la vida, como se demuestra en su control del mar (v. 15) y en su especial designación de un enorme pez (v. 17), una planta (4:6), un gusano (v. 7), un viento oriental abrasador (v. 8). Su poder no lo limitaba nada, era el Juez de la tierra (Gn 18:25). Era el principal actor en este libro y la suya era la primera palabra, según Jonás 1:2, y la última palabra (4:11).

---

[7]   Para una buena evaluación completa del libro, véase John H. Stek, «The Message of the Book of Jonah» [El mensaje del libro de Jonás], *Calvin Theological Journal* 4, 1969, pp. 23-50.

Nínive le costó al único Dios viviente pena y esfuerzo sin fin. Por lo tanto, ¿por qué no tendría lástima de ella como Jonás tuvo de la calabacera *(qîqāyôn)*, la que en contraste no le costó ni esfuerzo ni labor? La forma elíptica de estos dos versículos es mucho más gráfica cuando se ve frente a la clara teología del libro: Dios hará que los gentiles también tengan su gracia. Por consiguiente, igual que Jonás afirma en su confesión de fe en 1:9: «Yo temo a Yahvé», también los marineros politeístas «temieron al Señor extremadamente» y «ofrecieron un sacrificio a Yahvé e hicieron votos» (1:16).

Asimismo afirmaron los ninivitas la soberanía de Dios en 3:9, diciendo: «¡Quién sabe! Tal vez Dios cambie de parecer y aplaque el ardor de su ira.» Nínive recibió perdón del mismo modo que Jonás se salvó de ahogarse: el argumento de su oración de acción de gracias en Jonás 2, la cual se llenó de citas del Salterio.

En el plan divino no era nuevo salvar gentiles. Dios lo estuvo haciendo por mucho tiempo, en el caso de Melquisedec, la multitud de Egipto, Rajab, Rut y otros de su clase. También eran objeto de su misericordia como dijo Amós 9:7. Ahora Nínive podría también pretender esa misma distinción.

Gobernador de Israel: Miqueas

Igual que su contemporáneo Isaías, Miqueas enfatizó lo incomparable de Dios. Como para anticipar su ministerio, su nombre significa: «¿Quién es igual a Yah[vé]?» Su mensaje también concluye con la misma pregunta: «¿Qué Dios hay como tú que perdone la maldad?» (7:18). Yahvé era «el Señor de toda la tierra» (4:13) y esto era evidente, como con la mayoría de los profetas, en la combinación dual de obras divinas: juicio y salvación. En tres mensajes, cada uno empezando con «escuchen» (1:2; 3:1; 6:1), Miqueas censuró fuertemente el pecado de Israel y Jacob. Sus pecados recorrieron la gama de iniquidades incluyendo idolatría (1:7a), prostitución (v. 7b), avaricia (2:1-2), perversión de la verdadera doctrina y religión (2:6-9; 6:2-7), falsos profetas (3:5-6), ocultismo (v. 7) y presunción (vv. 9-11). Quebrantaron sin cesar los Diez Mandamientos: la llamada segunda tabla (6:10-12) y la primera tabla (vv. 13-15).

Sin embargo, Dios intervendrá. El vocabulario de teofanía, completo con los ahora familiares asuntos de temblores de tierra y fuego, abrió la profecía en 1:2-4. Yahvé vendría a destruir el reino del norte y su capital, Samaria. Esta intervención local fue el principio del juicio de Dios, el cual siempre empezó en su casa, pero la misma cólera e ira obrarían en todas «las naciones que no me obedecieron» (5:15).

Con todo, Miqueas no fue más capaz de establecer allá su caso que cualquier otro profeta de juicio y condenación. También terminó cada una de sus tres secciones con esas vislumbres de resplandeciente esperanza que destellaban con los antiguos hilos de la promesa. De este modo Miqueas 2:12-13 fue la primera palabra de tal esperanza. Tan súbito fue este viraje de ciento ochenta grados, que la mayoría no puede ver cómo el mismo profeta podía cambiar tan rápido de sus palabras de destrucción. Aunque Leslie Allen[8] mostró que esta palabra es similar a una acreditada a Isaías en 2 Reyes 19:31. También señala que la palabra «puerta» en el versículo 13 mira atrás a «la puerta de Jerusalén» en 1:12 y a «la puerta de mi pueblo» en el versículo 9, RVR-95. Por lo tanto, se ajusta al esquema interno y contexto del escritor.

Su significado fue doble: Yahvé reagruparía sus ovejas, el «remanente» de Israel, en algún día futuro no específico y los dirigiría a través de la puerta como su «Cabeza» y «Rey». En el versículo 12, a Israel y Jacob se les prometió tres veces la misma liberación que obtuvieron de Egipto (Éx 13:21; Dt 1:30, 33). A todos ustedes, prometió Miqueas, los reunirán y dirigirán por un «abre brecha» *(hapōrēṣ)*, el que lleva el cencerro, el carnero guía a través de las puertas de las ciudades de sus enemigos. Tal como el sitio de Senaquerib a Ezequías se barrió de repente durante la noche dentro de Jerusalén y de una manera muy decisiva, así sería en ese maravilloso día cuando el Rey Yahvé dirija la procesión de su pueblo en su nuevo regreso.

El corazón del mensaje de esperanza de Miqueas se asentó en los capítulos 4–5. Aquí se movió en tres etapas. Primero, le asegu-

8   Leslie Allen, *The Books of Joel, Obadiah, Jonah and Micah*, Eerdmans, Grand Rapids, MI, 1976, p. 301.

ró a Jerusalén que a pesar de que «Jerusalén quedará en ruinas» (3:12), sin embargo, como Isaías dijo (Is 2:2-4): «el monte del templo del SEÑOR será puesto sobre la cumbre de las montañas» (Mi 4:1-5). La segunda etapa (Mi 4:6-13), pareciéndose a Amós 9:11ss., le asegura a Sión que al final triunfaría sobre todas las naciones aunque la «torre» de David perdería por breve tiempo su «anterior dominio» y «la hija de Sión» experimentaría por un tiempo los dolores de parto. Aun así, la grandiosa predicción vio la agonía de los años cambiada por un gobernador llamado «Paz», quien nacería en el pueblecito de Belén en cumplimiento de la antigua promesa (5:1-15).

Estos hechos vendrían a pasar «en los últimos días» (4:1), una frase cuyo significado estableció muy bien la teología anterior: Esto era para ser parte del día del Señor. Jerusalén misma tendría sus fortunas invertidas. Ello ahora sería central en los pensamientos, importancia y jornadas de las naciones. Desde ese centro no solamente saldría la enseñanza ética y doctrinal, sino también arbitraje para todas las naciones. (4:3a). El resultado del reino del Mesías en Sión sería una era de paz y prosperidad segura sin precedente e ininterrumpida. (vv. 3b-4).

Una vez más Miqueas promete que se formaría un «remanente» (4:7a) cuando el Señor reine sobre ellos en el monte Sión (v. 7). Quizá la «torre del rebaño» (v. 8, *migdal 'ēder)* era un lugar cerca de Jerusalén (Gn 35:21) que, según Jerónimo,[9] estaba a casi dos kilómetros de Belén. Por lo tanto, se tomaba como el lugar de nacimiento de David por metonimia. La «colina» (4:8, *ōpel),* u Ofel, era el nombre convencional para la cuesta al sudeste de la colina del templo en Jerusalén, donde gobernó el rey David. Ambos lugares se restaurarían a su «anterior dominio» (v. 8). Dios hacía todas las cosas, incluyendo la cesación temporal de gloria y los sufrimientos de la nación de acuerdo a lo que «piensa» y sus «designios» (v. 12). Al final, el poder militar de Sión sería como si ella tuviera un «cuerno de hierro» y sus cascos de bronce a medida que triunfa sobre

---

[9] Charles L. Feinberg, *Jonah, Micah, Nahum* [Jonás, Miqueas, Nahúm], American Board of Missions to Jews, Nueva York, NY, 1951, p. 87. Otros se refieren a la «torre de la oveja» en el extremo sur de la colina del templo.

sus enemigos (4:13, cf. el probable tocayo de Miqueas, Micaías hijo de Imla en 1R 22:9).

De estos dolores de parto vendría fruto. De Belén, o según su nombre antiguo, Efrata (cf. Rut 1:2), vendría el «Gobernador» *(môšēl)* davídico. Como von Orelli comentó:

De Belén, con escasamente el rango de aldea, saldría Uno cuyo nombre se suprime misteriosamente aquí, solo se menciona la dignidad que le espera ... Más aun, la siguiente característica misteriosa forma un significativo contraste con el desconocido lugar de nacimiento del Mesías: «Su procedencia de un oscuro pasado, de días inmemorables.» ¿Significa esto que solo su extracción puede relacionarse con la época más remota y que él es de buena raza, como en efecto (Rt 4:11ss.) los antepasados de David pueden ser hasta Fares, hijo de Judá? Aunque debe concederse que *'ōlām* no siempre tiene un alcance ilimitado en la disertación poética y profética (cf. Am 9:11), produciría aquí un sentido demasiado simple, sobre todo al hebreo, pensar solamente en descendencia física de Isaí, el humilde antepasado, o de Judá. Se entendía muy bien que cada genuino israelita descendía de Jacob y Abraham. O, ¿enseña esta crítica descripción, que contiene una definición de tiempo doble y de largo alcance, la existencia pretemporal del Mesías, de modo que tendríamos aquí como en Juan 1:1ss., 8:58, un irrefutable testimonio de la preexistencia de Cristo? Las expresiones *qeḏem, 'ōlām* y las concepciones generales de los israelitas tienen muy poca importancia metafísica para garantizar tal derivación. Más aun, hablando estrictamente, no se afirma una existencia antes del mundo, sino una procedencia de tiempo inmemorial. En Miqueas 7:20, *qeḏem* se usa en referencia a las promesas patriarcales. Nosotros, por lo tanto, hacemos más justicia a la declaración tomándola como que el futuro gobernante procedente de Belén es quien ha estado a la vista de Dios en el desarrollo de las cosas ... Sus principios están enraizados en el primitivo plan redentor de Dios.[10]

El alcance de los poderes de este nuevo gobernante davídico sería mundial. Defendería a Israel (5:5-6), los capacitaría para que vencieran a sus enemigos (vv. 7-9) y personalmente destruiría todas las armas de guerra (vv. 10-15). Los «asirios» del versículo 5

---

[10] C von Orelli, *The Old Testament Prophecy of the Consummation of God's Kingdom Traced in its Historical Development,* trad. J.J. Banks, T.&T. Clark, Edimburgo, 1889, pp. 307-8.

son típicos y representativos de todos los enemigos de Israel en ese futuro día cuando las naciones intenten pactar de una vez por todas con la «cuestión judía». El resultado aquí es el mismo que el trazado en Joel 3. Sin embargo, habrán príncipes idóneos («siete» y aun «ocho», v. 5) para hacer frente a cada ataque del enemigo. El «remanente de Jacob» sería como rocío y aguaceros (v. 7), como un león o un joven león (v. 8), a saber una fuente de bendición para el justo y conquista contra el impío.

Entretanto, lo que Dios requería de los hombres (6:6) era: (1) trato justo con los otros hombres; y (2) una diligente vida de fe vivida en íntima comunión con Dios (v. 8). Ese era el epítome y quintaesencia de la ley. La exactitud ceremonial como un fin en sí mismo fue tan despreciado por Dios como inservible para los participantes.

Miqueas concluye su mensaje con expectante confianza del futuro y sus oraciones por Israel (7:7-20). «Yo espero en el Dios de mi salvación» (v. 7), oró en un salmo de confianza (vv. 7-10). Y después de orar por el cumplimiento del propósito de Dios para su tierra y pueblo (vv. 14-17; cf. vv. 11-13), entona un canto de alabanza a Dios (vv. 18-20) por su incomparable perdón y «amor constante» *(hesed)* (v. 18), lo que una vez más ha demostrado lo que juró[11] a sus padres Jacob y Abraham. Sus pecados e iniquidades, no sus personas, «arroja al fondo del mar» (v. 19). En realidad, la teología de Miqueas exclama la pregunta de Isaías 40: «¿Con quién compararán a Dios?»

El teólogo de la promesa: Isaías

Más allá de toda cuestión, Isaías fue el más celebre profeta de todo el AT porque su pensamiento y doctrina abarca una amplia gama de asuntos, así como a través de su ministerio. Aunque sus escritos pueden dividirse en dos partes, capítulos 1–39 dirigidos sobre todo al juicio y los capítulos 40–66 dando énfasis principalmente

---

[11] El juramento de Dios recibe un trato especial en el Salmo 105:8-11. Allí y en todos los otros casos (Gn 22:16; 26:3; 50:24; Éx 13:5; 11; 33:1; Nm 11:12; 14:16, 23; 32:11 en Dt, Jos, Jue y Jer 32:22) «el contenido de este juramento es la dádiva de la tierra» según James L. Mays, *Micah: A Commentary,* [Miqueas: un comentario], Westminster Press, Filadelfia, PA, 1976, pp. 168-69.

a consolar, el libro tiene el carácter de una unidad con su propio rasgo de continuidad tal como la singular y distintiva frase «el Santo de Israel», que aparece doce veces en la primera parte y catorce en la segunda parte.[12]

La segunda parte del trabajo de Isaías es en sí misma una genuina teología bíblica del AT. Bien puede llamarse «El libro de Romanos del Antiguo Testamento» o el «Nuevo Testamento dentro del Antiguo Testamento». Sus veintisiete capítulos abarcan el mismo punto de vista que los veintisiete libros del Nuevo Testamento. El capítulo cuarenta empieza con la profetizada voz de Juan el Bautista clamando en el desierto como lo hacen los Evangelios: los capítulos 65–66 cierran con el mismo cuadro del Apocalipsis de Juan en Apocalipsis 21–22 de los cielos nuevos y la tierra nueva. Entre estos dos extremos está el punto medio, Isaías 52:13–53:12, que constituye la mayor declaración teológica sobre la expiación en toda la Escritura.

No menos importante, sin embargo, es la primera parte de los escritos de Isaías. En sucesivos «libros», para usar el término de Franz Delitzsch,[13] están los libros de Endurecimiento (1–6), Emanuel (7–12), Naciones (13–23), el Pequeño Apocalipsis (24–27; 34–35), la Principal Piedra Angular y Ayes (28–33) y Ezequías (36–39).

En nuestro punto de vista, a Isaías se le debe llamar el teólogo de los teólogos. Y cuando se consideraba la permanente promesa de Dios, Isaías sobresale en su uso de la previa teología de la promesa abrahámica-mosaica-davídica y en sus nuevas contribuciones y desarrollo de esa doctrina.

El Santo de Israel

En el corazón de la teología de Isaías estaba su llamado en el capítulo 6. Mientras adoraba en el templo tuvo una visión del Señor exaltado en su trono con su   gloria (sus faldas) que llenaba el

---

[12] Los conservadores han señalado unas cuarenta frases o párrafos adicionales que aparecen en ambas partes de Isaías como evidencia de su unidad, cf. Gleason L. Archer, Jr., *Reseña crítica de una introducción al Antiguo Testamento*, Editorial Portavoz, Grand Rapids, MI, 1982, (pp. 345ss. del original en inglés).

[13] Franz Delitzsch, *The Prophecies of Isaiah*, [las profecías de Isaías], 2 tomos de C. F. Keil y F. Delitzsch, *Biblical Commentary on the Old Testament*, 25 tomos, trad. James Martin, Eerdmans, Grand Rapids, MI, 1969, tomo 1, pp. v-vii, 2:v.

templo. Entonces oyó a los serafines cantar la suprema santidad de Dios y vio la gloria de él que llena la tierra.

Esta visión con su lenguaje antropomórfico, pero altamente teológico, es la clave a la teología de Isaías. En estos dos conceptos centrales, santidad y gloria, Isaías puso delante de sí los asuntos para su profecía y ministerio.

Yahvé era el tres veces santo Dios cuya singularidad, separación y trascendencia fue tan inmediatamente aparente al profeta que clamó: «¡Ay de mí, que estoy perdido! Soy un hombre de labios impuros» (Is 6:5). Como el Moisés de antaño, Isaías supo que por ser el Señor Dios santo, Israel también debía ser santo. La santidad de Dios tenía que verse en su perfección moral, su rectitud y su conducta pura.

Sin embargo, no solamente era Isaías inepto en comparación con la santidad de Dios, también lo era Israel: «Vivo en medio de un pueblo de labios blasfemos» (v. 5). Ese era el punto para poner los capítulos 1-5 delante del llamado de Isaías en el capítulo 6. Expresaba la necesidad del mensaje de Isaías a Israel de arrepentirse o enfrentar el juicio. Israel era más el rebelde (1:2, 4), hipócrita (vv. 10-15) y soberbio violador de los mandamientos de Dios (5:8-23) que la «nación santa» de Dios o su «real sacerdocio».

Yahvé era santo o separado de su pueblo tanto en su ser como en su moralidad. Los ídolos, «la obra de sus manos» (2:8, 20), eran «nada» y «nulidad» (*'lîlîm*, 2:8, 18, 20 bis). Fuera de Dios no hay otro. Tal trascendencia y majestuosa soberanía hace la enseñanza de lo incomparable de Dios una de las grandes doctrinas de Isaías, sobre todo en la a menudo repetida pregunta de Isaías: «¿Con quién compararán a Dios?»

Por lo tanto, el juicio de Dios tenía que caer cuando un terco populacho endureció su corazón como resultado del ministerio de Isaías con esta palabra de santidad. (6:9-12). Al parecer, muchos en Judá confundieron la verdadera teología de su incondicional promesa a David, con una aprobación general de todo lo que el pueblo hacía, bueno o malo. El pueblo por error dio por sentado que Dios nunca visitaría a Sión con destrucción, que solo eliminaría su promesa y eterno plan. Por consiguiente, según su mal aconsejado razonamiento, Dios no podía salir de ellos, para mejor o peor, y por el momento era definitivamente peor. Sin embargo, la sorpresa iba a ser de ellos. Isaías anunció que predicaría «hasta que las ciudades queden destruidas y sin habitante alguno; hasta que las casas queden deshabitadas, y los campos, asolados y en ruinas; hasta que el SEÑOR haya enviado lejos a todo el pueblo» (Is 6:11-12).

Tal mensaje sonaba traicionero. Definitivamente sonaba como un rechazo de la promesa patriarcal de la tierra y de la elección mosaica del pueblo. Aquí es donde el segundo tema de la visión que Isaías tuvo del Señor en el templo, juega su parte: la gloria de Dios. La gloria de Dios todavía llenaría toda la tierra. Habría en verdad un remanente llamado «una décima» (*ᵃśîrîyyâh*, 6:13) que permanecería como un tocón después que el árbol está caído. Y «queda parte del tronco [tocón], esa parte es la simiente santa», dice Isaías con una triunfante y obvia mirada hacia atrás a la abrahámica y edénica palabra sobre la «simiente» de promesa. Este aspecto lo desarrolla en el Pequeño Apocalipsis de Isaías 24–27 y en 40–66. En el glorioso estado final, «al final de los días» del plan de Dios, se vería a Jerusalén exaltada como el centro de las naciones y el centro de instrucción en el camino del Señor (2:2-4, cf. la discusión en Miqueas). Sión sería el centro desde el cual el nuevo reconstituido pueblo vendría después del catastrófico juicio (30:15). Así, intérpretes imparciales que toman en serio este capítulo (6), no encuentran que el triunfo y la gloria no son más que una intromisión o una detracción, que demanda tal santidad con su acompañante amenaza de juicio. Los dos son auténticos motivos en Isaías.

La rama de Yahvé

¿Quién es el «retoño» o «rama» (*ṣemaḥ*) de Isaías 4:2-6? Muy pocos dudan que a quien se le llama más tarde «el retoño» es el Mesías. Tampoco dudan que profetas posteriores dependieran directamente de Isaías 4:2 para ese título. Estos profetas que usan este título para el Mesías son:

«Retoño de Yahvé» (Is 4:2)
«Vástago justo» (Jer 23:5-6)
«Mi siervo ... [e]l Renuevo» (Zac 3:8)
«Renuevo» (Zac 6:12)

En Isaías 4:2 el «Retoño de Yahvé» es tanto la dinastía davídica en su naturaleza humana («fruto de la tierra») como en su naturaleza divina («de Yahvé»). En este caso «Retoño» sería un término equivalente para «Ungido» o «Santo». Aun así, muchos objetan que «Renuevo» no era aún una designación fija para el Mesías. Además, su paralelismo con «el fruto de la tierra» (4:2) favorecía una referencia al retoñar de la tierra bajo la influencia benéfica de Yahvé. Sin embargo, como demuestran los siguientes capítulos de Isaías, el Mesías fue el Mediador de estos beneficios y el mayor de ellos.

Entonces, ¿es alguna maravilla que los profetas posteriores aplicaran este título a la fuente personal viviente de todos estos beneficios de los últimos días? Algunos de esos dones encontrados ya en este pasaje son: (1) la promesa de la fructificación de la tierra; (2) la certidumbre de un remanente de «sobrevivientes»; (3) la santidad del remanente; (4) la limpieza y purificación de la suciedad moral del pueblo; y (5) la radiante gloria de la presencia de Yahvé habitando con su pueblo en Sión para siempre. Al final, la «nación santa» de Éxodo 19:6 se realizaría por completo como la permanente «habitación» de Yahvé en sus medios. Aun se renovaría la «nube de día» y el «fuego de noche» (4:5). A causa de que ellos fueron las pruebas visibles de la presencia de Dios en el desierto (Éx 14:19ss.), serían una sombra de día e iluminarían la noche para proteger la ciudad de Dios de toda violencia.

Emanuel

Lo que el pasaje anterior dejó indefinido sobre «Retoño del Señor», ahora se le da forma personal y definición en las profecías de Isaías 7–11. Esta palabra viene contra el fondo de la guerra sirio-efratea en la que Pecaj, rey de Israel, hizo una alianza con Rezín, rey de Siria, para avanzar contra Acaz, rey de Judá, con el fin de instalar a Tabeel como rey en el trono de David. Esta amenaza contra Jerusalén y Judá se enfrentó por la invitación de Isaías a Acaz a «creer» a Dios para que Acaz mismo pudiera ser «creíble» esto es, establecido (7:9). Dios validaría su buena oferta en tal improbable situación produciendo una señal (esto es, un milagro) en la que, Acaz podría escoger entre el infierno y el cielo.

Sin embargo, Acaz, un verdadero incrédulo, piadosamente rechazó la ayuda de Yahvé con una torcida referencia a Deuteronomio 6:16 acerca de no tentar al Señor su Dios. La verdad del asunto era que esperaba poco de Yahvé, más aun, ya en secreto quizá buscó el respaldo de Tiglat-Pileser, rey de Asiria (2 R 16:7ss.). Aun así, el Señor procedió a dar una señal. Esta fue: «la joven [virgen, RVR] concebirá y dará a luz un hijo, y lo llamará Emanuel» (7:14). Ahora es importante notar varias cosas: (1) la palabra *'almâh* denota una virgen en cada caso donde su significado puede determinarse;[14] (2) tiene el artículo definido «la joven»; (3) el verbo «llamar» está en segunda persona del femenino y no tercera persona del femenino; y (4) el vocabulario de este versículo hace uso de una fraseología bíblica más vieja: al nacimiento de Ismael (Gn 16:11); al nacimiento de Isaac (Gn 17:19); y al nacimiento de Sansón (Jue 13:5, 7). De este modo, la señal dada a Acaz consistió en repetirle las frases familiares usadas en la promesa del nacimiento de un hijo.

Aunque este pasaje tiene que ver con el nacimiento de tres niños, los tres fueron señales en Israel (8:17-18). Se presentó a cada uno de ellos y después fueron el objeto de una profecía ampliada como sigue:

1. Sear Yasub: «un remanente volverá»
   (7:3→ 10:20-22; 11:11, 16)
2. Emanuel: «Dios está con nosotros»
   (7:14→ 8:8, 10)
3. Maher Salal Jasbaz: «el despojo se apresura, la presa se precipita»
   (8:1, 3-4→ 10:2, 6)

En cada uno de estos pasajes tenemos la mención del nacimiento de un niño en cumplimiento de la promesa que se le dio a David, a los efectos de que su simiente sería eterna ... En la segunda parte de su disertación sobre los tres niños, Isaías reitera la

---

14 Además de este texto, la palabra aparece en el relato de Rebeca (Gn 24:43), la hermana de Moisés (Éx 2:8), la frase «el rastro del hombre en la doncella» (Pr 30:19), y en el plural en el Salmo 68:25[26], Cantares 1:3; 6:8 y en los títulos del Salmo 46 y 1 Crónicas 15:20.

promesa hecha a David e insiste en ello. Hace de ella la base de su reprensión al pueblo por su corrupción.

Los que le oyeron entendieron que cuando Acaz se negó a pedir la señal ofrecida, el profeta le repitió, en una nueva forma, la promesa del Señor concerniente a la simiente de David y lo hizo que fuera una señal de que Dios mantendría la presente promesa y también castigaría a Acaz por su falta de fe. Se puede dudar si alguno de ellos tuvo en mente la idea de tal persona como Jesús, nacido de una virgen, en algún siglo futuro, pero tenían en mente algún nacimiento en la interminable línea de David que haría la verdad, «Dios con nosotros», sobre todo significativa.[15]

Más aun, antes de este hijo, el más reciente nacimiento en la línea davídica, fue capaz de diferenciar el bien del mal (7:16-17), una revolución política de grandes proporciones podría quitar el poder a Pecaj y Rezín. Sin embargo, otros factores deben tenerse presente de una vez para estar en lo cierto en la identificación de este hijo. Según 8:8, 10, se le llama príncipe de la tierra («¡oh Emanuel!, cubrirán la anchura de tu tierra») y como el esperado ungido de la casa de David en 9:6-7[5-6] («se extenderán su soberanía y su paz, y no tendrán fin»). También Isaías, como su contemporáneo Miqueas, presupone en todas partes que un período de juicio debe preceder la gloriosa Era Mesiánica. Así que cualquiera que sea esta señal y el nacimiento, no puede ser la culminación de los «últimos días».

¿Quién entonces era este niño? Su dignidad mesiánica excluye por completo la idea de que podría ser hijo de Isaías nacido de alguna doncella recién casada con el profeta después que la madre de Sear-jasub al parecer murió. Todavía menos probable es una referencia a cualquier doncella casadera o alguna doncella en particular en el tiempo de la proclamación de esta profecía, ya que el profeta definitivamente dijo «la virgen». Es preferible entender que sea hijo de Acaz mismo, cuya madre Abí, hija de Zacarías, se menciona en 2 Reyes 18:2, a saber, su hijo Ezequías. Es bien sabido que esta era la interpretación judía más vieja, pero también se supone que Ezequías no podría ser la señal profetizada de 7:14 ya

---

[15] Willis J. Beecher, «The Prophecy of the Virgin Mother: Is vii:14» [La profecía de la madre virgen: Is 7:14], *Homiletical Review* 17, 1889, pp. 357-58.

que en las presentes cronologías ya debía tener nueve años de edad en ese tiempo (alrededor de 734 a.C.). Ese último punto debe estudiarse en detalles antes de adoptarse. La cronología de Israel y Judá se aseguró muy bien con una excepción menor: una dificultad de diez años en el gobierno de Ezequías. Sin argumentar el punto en este momento, me gustaría con audacia sugerir que solo Ezequías satisface todas las demandas del texto de Isaías y, además, demuestra cómo podría ser parte de esa culminante persona mesiánica que podría completar todo lo que se predijo en esta profecía de Emanuel. Solamente en esta, la más reciente porción en la promesa abrahámica-davídica, podría verse cómo Dios aún estaba «con» Israel en todo su poder y presencia.

En Isaías 9:6, a este recién nacido hijo, quien viene a ser el clímax de la línea de David, se le da una serie de descriptivos epítetos. Es «Admirable», «Consejero», «Dios fuerte», «Padre Eterno»[16] y «Príncipe de Paz». Estos cuatro nombres representan, respectivamente: (1) la victoria debida a sus sabios planes y gran destreza en batalla; (2) el irresistible conquistador (cf. 10:21); (3) el paternal gobierno del Mesías y su divino atributo de eternidad; y (4) el eterno y pacífico reino del Mesías. Su gobierno y la paz durante su régimen no conocerían fronteras porque establecería su reino en justicia y rectitud para siempre jamás (Is 9:7). Único entre las descripciones de paz que se observarán durante esa era es el cuadro de toda la naturaleza en descanso y libre de hostilidad (11:6-9). Una vez más, hay una gráfica predicción de restauración a la tierra de ambos, el norte y el sur «en ese día» (vv. 10-16). Y del tocón del padre de David, Isaí, saldría aquel «retoño» una «rama» *(nēzer)* sobre quien el séptuplo don del Espíritu del Señor reposaría mientras gobierne y reine recta y sublimemente (vv. 1-5). Todo el cuadro de la futura persona y obra del Mesías se vertió en términos de la promesa davídica como un resplandeciente estímulo a Israel.

El Señor de la historia

El plan y propósito de Yahvé incluía toda la tierra con sus nacio-

---

[16] No es «Padre de botín» que no correspondería con el permanente atributo de «Príncipe de Paz», más bien, el hebreo *'aḇ 'aḏ* es «Padre de Eternidad» como *'aḏ* significa en Génesis 49:26, Isaías 57:15 y Habacuc 3:6.

nes. Estas surgían y caían según ese plan (Is 14:24-27). Sin embargo, el orgullo nacional se exaltó y motivó por una agresión imperialista, de modo que pronto se les recordó a estas naciones que no podrían continuar con su crueldad. Aunque eran instrumentos de juicio que Dios ordenó y dirigió a Israel, no podían quemar, matar ni destruir a voluntad a quienes quisieran porque, en ese caso, Yahvé les recordaría otra vez que eran sus simples hachas. El hacha no debía pretender ser igual al que la utilizaba, como la sierra tampoco era mayor que el que la usaba (Is 10:15). Así Asiria aprendería que servía a la complacencia del Dios vivo, no a la suya propia.

Las profecías sobre unas diez naciones se compilaron en Isaías 13:23. La más impresionante de todas es Isaías 19. Es una carga contra Egipto donde el Señor mismo enjuiciará al gobierno de Egipto (2–4), su economía (5–10) y sus sabios (11–13). Como para subrayar el origen de estos juicios, el versículo 14 otra vez destaca que Yahvé es el que mezcló un espíritu de confusión en Egipto.

Sin embargo, habría otro «día», parte de ese gran «día» futuro. «En ese día», Judá aterrorizaría a Egipto según el plan del Señor de los Ejércitos (19:16-17). Y un rudo gobernante oprimiría sus súbditos egipcios (v. 20), pero Yahvé milagrosamente liberaría a Egipto para que junto a Israel y Asiria fueran un trío adorando al Señor y heredando del Señor (vv. 24-25). Así, aunque el Señor golpeara a Egipto, lo sanaría enviando un juez o «salvador» como hizo por Israel en el período de los jueces. Entonces Egipto adoraría al Dios viviente junto con Israel (vv. 18-19, 21-22).

Como Yahvé enfrentó a Samaria y Damasco en la guerra siroefratea, también lo haría con todas las naciones. Sería el único soberano a pesar de todos sus señoríos. Además, al final triunfaría sobre ellos. Este proceso de sacudir las naciones se narra de manera extraordinaria en el «Pequeño Apocalipsis» de Isaías 24–27.

La principal Piedra Angular

La orgullosa Samaria aún estaba en pie en la profecía de Isaías 28 que anunciaba el fin de esta «flor marchita» de Efraín. Sin embargo, también hubo una represión para Jerusalén porque, según el capítulo 7, Judá se volvió a Asiria y no al Señor para pedir ayuda. La palabra de los profetas se descartó como algo trivial porque el pueblo se consideraba muy seguro contra la muerte y el infierno. Aun así, estaban condenados también. Sus mentiras y engaños no los protegerían: los sorprendería la abrumadora inundación.

Mientras tanto, Adonai, el soberano Señor, ponía en Sión la piedra angular. El pasaje básico que brinda la teología de este texto es Génesis 49:24 donde al «poderoso de Jacob» se le llamó la «piedra de Israel». Asimismo, Deuteronomio 32:4 identifica a Dios como una Roca *(şûr)* e Isaías 8:14 identifica a Dios como roca y como piedra. En contraste con el inestable refugio ofrecido por las mentiras, la piedra estaba firme e inmóvil.

Desde que se inauguró la dinastía davídica, esta piedra estuvo en Sión. Era, por lo tanto, una «piedra de toque» porque se probaría con ella a los hombres. Mientras que en Isaías 8:14 al Señor mismo se le llama piedra de tropiezo y ofensa, aquí la piedra es su revelación y obra en el mundo. La piedra estaría fija en su lugar y preciosa en valor para que todo el que creyera en él estuviera en paz. Estarían quietos y tranquilos en contraste con el inquieto, agitado y falso refugio que se les ofreció antes por sus mentiras.

Se ha dicho de Abraham «creyó» *(he'mîn,* Gn 15:6) y Dios se lo contó como «justicia» *(ş'dāqâh).* Esa fe fue una completa rendición interna al Señor, era una confianza en la promesa divina que más tarde se repitió a los otros patriarcas y a David, Salomón y a su línea genealógica. La promesa davídica fue el objeto y contenido de su fe. La demanda de fe de Isaías aparece por primera vez usando el verbo *he'mîn* en 7:9, de ahí en adelante en 11:5 y 28:16. Fue una confianza de fe, una consideración de Dios como un firme objeto de confianza. En Isaías 30:15, la raíz *bāṭaḥ* se usa para fe en Dios, pero se usa para falsa confianza en Isaías 30:12; 31:1; 32:9-11. Otras grandes palabras para fe o creencia en Isaías son «esperanza» *(qiwwâh* 8:17; 40:31), «esperar por» *(ḥikâh,* 8:17; 30:18) y «descanso» *(nûaḥ,* 28:12 bis 30:15).

Breve teologia del Antiguo Testamento

Una de las más sobresalientes secciones del AT es Isaías 40–66. En su plan general, se expone en tres novenas: capítulos 40–48, 49–57 y 58–66. En cada uno de estos tres juegos de nueve mensajes el foco está dirigido al aspecto particular de la persona y obra de Dios. Está tan cercano a ser una declaración de teología sistemática del AT, como el libro de Romanos en el NT. Su majestuoso movimiento empieza con el anuncio de la persona y obra de Juan el Bautista y gira hasta las alturas de vértigo del sufrido y triunfante Siervo del Señor para el tiempo en que se alcanza la mitad de la segunda novena. Sin embargo, este clímax lo supera de nuevo el mensaje final de cielos nuevos y tierra nueva.

En cada una de las tres secciones hay una figura central. En Isaías 40–48 la figura clave es un héroe que vendría del oriente para redimir a Israel del cautiverio, a saber, «Ciro». La revelación de este héroe, que vino en medio de la disertación (44:28–45:10), sirvió como un gran reto a los ídolos y deidades aceptadas en aquel día para hacer lo mismo por el pueblo. Sin embargo, su incapacidad para predecir el futuro podría conducir a una sola conclusión: Yahvé era en realidad el único Dios y ellos eran totalmente nada.

En Isaías 49–57 la figura central es el «siervo del Señor», quien combinaba en su persona todo el pueblo de Israel, el profeta, la institución profética y el Mesías en su papel de Siervo. De nuevo la descripción culminante y su más importante obra se encuentran en el punto medio de esta segunda novena: 52:13–53:12. En realidad, la salvación efectuada por este siervo tiene aspectos objetivos y subjetivos (54:1–56:9), y su final y concluyente obra involucraría la glorificación de toda la naturaleza.

La tercera novena, 58–66, triunfalmente anuncia el amanecer de un nuevo día de salvación para la naturaleza, las naciones y los individuos. En el centro de la misma se encuentra un nuevo principio de vida: el Mesías lleno del Espíritu (61:1–63:6), quien llevaba los poderes y dignidades de los oficios profético, sacerdotal y real.

De esta manera, en cada novena sucesiva se alababa otro aspecto de la divinidad y del obrar de Dios. En orden, los énfasis en las personas de la divinidad son: Padre, «Siervo» (Hijo) y Espíritu Santo. En obra son: Creador, Señor de la historia, Redentor y soberano Gobernador sobre todo en las postrimerías. Las cinco fuerzas principales en el mensaje de Isaías son: Dios, el pueblo de Israel, los hechos de salvación, el profeta y la palabra de Dios. Finalmente, este mensaje aún tiene varias características distintivas de estilo. Tiene una plétora de divinas autoafirmaciones tales como «Yo soy el primero y el

último», o «Yo soy Yahvé», una larga serie de frases participales se-
guidas a la fórmula «Así dice el Señor», o «Yo soy el Señor» que continúan a detallar su especial carácter y un profuso número de palabras aposicionales que aparecen después de los nombres de Yahvé
o Israel, así como una gran abundancia de verbos para describir la
obra de juicio o salvación de Yahvé. Tal es el estilo de esta magnífica
sección del AT. Sin embargo, analicemos cada una de estas novenas
por turno para examinar esa teología más de cerca.

1. *El Dios de todos (Is 40–48).* El tema del llamado de Isaías re-
gresa en esta sección mientras que la santidad y justicia de Dios se
alaban constantemente. Dios es «el Santo» (40:25; 41:14, 16, 20;
43:3, 14; 47:4; 48:17, y continúa en secciones posteriores en
49:7 bis, 54:5; 55:5). También es justo *(sedeq),* esto es recto, justo
y fiel a una norma, su propia naturaleza y carácter. Su justicia podría verse mejor en su obra de salvación porque a menudo el profeta une su justicia y su actuación en la promesa del pacto (p.ej.,
41:2; 42:6-7; 46:12-13, note más adelante 51:1, 5-6, 8; 54:10;
55:3; 62:1-2). Solamente de Dios podría decirse: «Él es recto»
(41:26) o él es «un justo Dios y Salvador» (45:21), quien declara
«lo que es recto» (v. 19) y quien acerca a los hombres a su justicia
(46:13).

Su naturaleza se ve sobre todo en su singularidad y autosufi-
ciencia. En el famoso juego de seis variaciones que hace Isaías de
la fórmula de autoafirmación, presenta lo incomparable[17] que es
Yahvé: Al lado de él no hay otro Dios (44:6, 8; 45:5-6, 21). Así la
pregunta se mantiene: «¿A quién me compararéis?» (40:18, 25;
46:5). Las formas de autoafirmación[18] son:

> «Yo soy Yahvé» o «Yo soy Yahvé tu Dios»
> (41:13; 42:6, 8; 43:3, 11; 45:5-6, 18)
> «Yo soy el primero y Yo soy el último»
> (41:4; 44:6; 48:12)

---

[17] Para un excelente estudio de este concepto véase C. J. Labuschagne, *The Incomparability of Yahveh in the Old Testament,* E. J. Brill, Leiden, Países Bajos, 1966, esp. pp.
111-12, 123ss., 142-53.

[18] Vea la discusión de Morgan L. Phillips, «Divine Self-Predication in Deutero-Isaiah»
[Autopredicción divino en el Deutero-Isaías], *Biblical Research* [Investigación bíbli-
ca], 16, 1971, pp. 32-51.

«Yo soy Él»
(41:4; 43:10, 25; 46:4; 48:12)
«Yo soy Dios»
(43:13; 46:9)
«Yo soy tu Dios»
(41:10)

Sin embargo, las obras de Dios fueron igualmente enumeradas en la primera novena. Fue Creador, Redentor de los suyos, Señor de la historia, rey de todos y Declarador del futuro.

Una vez tras otra Isaías destaca que Dios «ha creado» *(bārā');* «hizo» *('āśâh* o *pā'al);* «extiende» *(nāṭâh),* «despliega» *(rāqa'),* «establece» *(kûn)* y «funde» *(yāsad)* los cielos y la tierra. Con este vocabulario tan evocador de Génesis 1–2, establece la habilidad de Dios de crear como parte de sus credenciales y como legítimo Señor de la presente historia del hombre y de su destino final (40:15, 17, 23-34; 42:5; 43:1-7 y más adelante 54:15-16).

Yahvé era también un Redentor de los suyos *(gô'el)* como Booz fue de Rut. El verbo redimir *(gā'al)* y sus derivados aparecen veintidós veces. Aquí Isaías usa el motivo del éxodo como su fuente (cf. Éx 6:6, 15:13, Is 45:15, 21). Involucrados en esta redención: (1) liberación física de la esclavitud (43:5-7; 45:13; 48:20 y más adelante 49:9, 11, 14; 52:2-3; 55:12-13); (2) liberación interna, personal y espiritual con la remoción del pecado personal de Israel (43:25; 44:22; 54:8) y gentiles (45:20-23; 49:6; 51:4-5); y (3) la redención escatológica cuando se reconstruyeran a Jerusalén y la tierra (40:9-10; 43:20; 44:26; 45:13; 49:16-17; 51:3; 52:1, 9; 53:11-12). Yahvé era un Redentor sin igual de los suyos.[19]

En verdad, Yahvé tenía el dominio de la historia misma y las naciones no lo intimidaban en lo más mínimo (40:15, 17). Es más, los líderes extranjeros se levantaron para cumplir sus órdenes en la historia (como está tan aptamente ilustrado por Ciro en 41:1-4) y se les redimían o conquistaban en su autoridad (33:3-14; 44:24–45:8; 47:5-9). No es de extrañar que en cuatro ocasiones le llamaran

---

[19] Vea F. Holmgren, «The Concept of Yahveh as *Gô'el* in Second Isaiah» [El concepto de Yahvé como *Gô'el* en el Segundo Isaías], Tesis, Union Theological Seminary, University Microfilms, Nueva York, NY, 1963. También, Carroll Stuhlmueller, *Creative Redemption in Deutero-Isaiah* [Redención creativa en el Deutero-Isaías], Biblical Institute Press, Roma, 1970.

«rey». Era «Rey de Jacob» (41:21), «su Rey, el creador de Israel» (43:15), «Rey y redentor de Israel» (44:6) y en resumen 52:7, «Su Dios reina». Isaías también usó los reales títulos adicionales de «Pastor» (40:9-11), «Testigo», «Jefe», «Maestro» en Isaías 55:4 (RVR).[20]

Una palabra más debe añadirse antes de dejar la teología de esta novena: Yahvé era el declarador del futuro. Antes de que ocurrieran las cosas, se las decía al profeta (41:22, 23-26; 42:9; 43:9-10; 44:7-8; 45:21; 46:10-11; 48:5). El desafío a los dioses, quienes eran pobres rivales e inexistentes era para declarar lo que habría de pasar en el futuro, ya sea bueno o malo. La más gráfica de todas las predicciones fue el nombramiento de Ciro y dos de sus grandes obras para Israel, casi dos siglos antes de que ocurrieran (44:28). Sobre tales obras como estas basaba Isaías su caso. Yahvé era Dios de dioses, Señor de señores, Rey de reyes y más allá de toda comparación. Era el Dios de todo.

2. *El Salvador de todos (Is 49–57).* Dos palabras resumirían el segundo asunto en el libro miniteológico de Isaías: siervo y salvación. Sin embargo, fue la figura del siervo del Señor lo que captó el centro de atención de esta sección.

Los anticipos en la representación de esta figura corporativa de «siervo» ya se observan en el uso de la forma singular veinte veces en Isaías 40–53 y en la forma plural diez veces en Isaías 54–66.[21] La demostración de que el siervo es un término colectivo así como individual representando a todo el grupo puede hacerse partiendo de dos juegos de información: (1) el siervo es todo Israel en doce de las veinte referencias singulares (41:8-10; 43:8-13; 43:14–44:5; 44:6-8; 21-23; 44:24–45:13; 48:1, 7, 10-12, 17); (2) los cuatro grandes cánticos del siervo de Isaías 42:1-7; 49:1-6; 50:4-9; y 52:13–53:12 representan al siervo como un individuo que ministra a Israel. Ahí yace uno de los grandes rompecabezas para esos eruditos que rechazan la solidaridad corporativa del siervo.

Israel, el siervo, es la «simiente de Abraham», el patriarcal «amigo» de Dios (41:8). «Abraham ... fue llamado y bendecido» cuando

---

[20] Carroll Stuhlmueller, «Yahveh-King and Deutero-Isaiah» [Yahvé-rey y Deuteroisaías], *Biblical Research* 11, 1970, pp. 32-45.

[21] Isaías 54:17; 56:6; 63:17; 65:8-9, 13 ter, 14-15; 66:14.

«él era sino uno» y, por consiguiente fue «hecho ... muchos» (51:2; cf. 63:16). Ahora Dios ya llamó a Abraham su siervo en Génesis 26:24, y así se ha referido Moisés a Abraham, Isaac y Jacob como siervos del Señor (Éx 32:13; Dt 9:27). En efecto, a todo Israel se le consideraba como sus siervos en Levítico 25:42, 55. De ese modo la simiente era aún el centro de la bendición de Dios (43:5; 44:3; 45:19, 25; 48:19; 53:10; 54:3; 59:21; 61:9). «Tanto ellos como su descendencia serán simiente bendecida del SEÑOR» (65:9, 23; 66:22). Esa simiente era el «siervo» de Dios o, como aparece a menudo en Isaías 54–66, sus «siervos». Como observa John Bright:

> La figura del siervo oscila entre el individuo y el grupo ... Es el venidero Redentor del verdadero Israel, quien en su sufrimiento hace posible el cumplimiento de la obra de Israel, es el actor central en la «nueva cosa» que está a punto de tomar lugar.[22]

En los cuatro cánticos del siervo, muchos de los títulos individuales o descripciones se les iguala con idénticas imputaciones hechas de Israel en los poemas de Isaías:

Un individuo		Todo Israel
42:1	«mi escogido»	41:8, 9
49:3	«mi siervo»	44:21
49:6	«una luz para las naciones»	42:6; 51:4
49:1	«me llamó antes que yo naciera»	44:2, 24; 43:1
49:1	«pronunció mi nombre»	43:1b

Con todo, a pesar de lo impresionante que sea esta evidencia, el siervo de los cánticos tiene la labor y misión de «hacer que Jacob se vuelva a él»; hacer «que Israel se reúna a su alrededor» y «que restaures a las tribus de Jacob» y «hagas volver a los de Israel, a quienes he preservado» (49:5-6). Por lo tanto, el siervo del Señor no puede equipararse con Israel como el siervo en todos los aspectos. La aparente ambivalencia es el mismo tipo de oscilación encontrado en todos los términos colectivos antes observados en la doctrina de la promesa. Todos incluidos en todo Israel, pero eran también a la vez enfocados en un representante que describía la fortuna del grupo para ese tiempo presente y para el culminante futuro. La

---

22 John Bright, *Kingdom of God,* Abingdon, Nashville, TN, 1953, p. 150ss.

relación no se encontraba en alguna teoría sicológica, sino en el «eterno pacto» aun el «constante amor por David» (Is 55:3; 61:8; cf. 2S 7). El siervo del Señor era la persona mesiánica en la línea davídica entonces y finalmente ese último nuevo David que vendría y se le conocía como la Simiente, el Santo *(hāsîd)*, el Renuevo, etc.

La segunda novena también detalla la salvación que ganó el Siervo. En un real viraje de acontecimientos, el profeta Isaías representa cómo Dios retira la copa de su ira de los labios de Israel y la pone en la boca de su opresor (51:22-23; cf. el profeta Nahúm del séptimo siglo (1:11-14). Más aun, se visualizaron un nuevo éxodo y una nueva redención para el futuro (52:1-6). Estas eran «buenas nuevas» *(mᵉḇaśśēr)* para Sión. Entonces todos los fines de la tierra verían la salvación de Dios (52:9-10; cf. 40:9).

Este Siervo que gobernaría personalmente, un hecho que espantaría a los reyes de la tierra (52:15), sería también el que sufriría en el lugar de toda la humanidad para que estuviera al alcance la propiciación de Dios. El primer advenimiento de este Siervo asombraría a muchos (vv. 13-14), pero su segundo venida quitaría el aliento aun a los reyes de la tierra (52:15). Ahí residía el misterio del Siervo. Su rechazamiento siguió: los hombres rechazaron su mensaje (53:1), su persona (v. 2) y su misión (v. 3). Sin embargo, su sufrimiento vicario efectuaría la propiciación entre Dios y el hombre (vv. 4-6) y aunque se sometería al sufrimiento (v. 7), la muerte (v. 8) y sepultura (v. 9), más tarde sería exaltado y ricamente recompensado (vv. 10-12). Sobre el Siervo del Señor, entonces, se puso la iniquidad de toda la humanidad.

El resultado del sufrimiento del Siervo fue que la «simiente» «poseería las naciones» porque sus tiendas se ensancharían, las cuerdas se alargarían y las estacas se enterrarían más profundamente (54:2-3). Por tanto, Yahvé sería «Dios de toda la tierra» (54:5; 49:6). Así será «como en los días de Noé», cuando Yahvé regrese como «tu esposo» y extienda su «fiel amor» *(hesed)* y «pacto de paz» (54:5; 9-10). Entretanto, la libre oferta de salvación se daría a todas las naciones a través del hijo de David (55:3-5; cf. 55:1-2, 6-9; 49:6 y el comentario del NT en Hechos 13:45-49; 26:22-23).

3. *El final de toda la historia (Is 58–66)*, la inauguración de las

postrimerías fue bien demarcada por el final de las «primeras cosas».[23] Habría un «nuevo» y sincero arrepentimiento (58–59), una «nueva» Jerusalén (60), y unos «nuevos» cielos y «nueva» tierra (65:17-25; 66:10-24; cf. 2P 3:13; Ap 21:1-4).

Esta sería la era del Espíritu Santo según 63:7-14. Un llamado saldría para un nuevo Moisés a fin de que dirigiera el nuevo éxodo (vv. 11-14) y les diera ese «descanso» *(nuah)* prometido mucho antes a Josué. Como el Espíritu de Dios dotó al siervo de poder (42:10), así también se «ungió» esta Persona. En verdad, se le consideró el siervo en Isaías 61:1: «El Espíritu del SEÑOR omnipotente está sobre mí por cuanto me ha ungido.» Allí describe el gozo de su misión (vv. 1-3) y el contenido de su mensaje (vv. 4-9) incluyendo:

1. «Pero a ustedes los llamarán "sacerdotes del Señor"; les dirán ministros de nuestro Dios» (v. 6; cf. Éx 19:6).

2. El «pacto eterno» se llevaría a cabo (v. 8).

3. Serán conocida entre las naciones por ser «descendencia bendecida del SEÑOR» (v. 9).

Hasta el equipo y carácter de este Siervo mesiánico lleno del Espíritu Santo se observaron en 61:10-11. Se vestirá con «ropas de salvación» y «hará que broten la justicia y la alabanza ante todas las naciones».

El Redentor vendría en el último día «por amor de Sión» (Is 59:20). Estaría ataviado como un guerrero (59:15b-19) y haría guerra a todo mal y pecado, sobre todo al estilo de vida hipócrita descrito en Isaías 57–59:15a. Lo investirían las palabras de Dios y su Espíritu (59:21). Entonces Jerusalén no sufriría más violencia porque el Señor de gloria sería su más grande posesión (60). Las riquezas de las naciones se derramarían en Jerusalén mientras toda la humanidad llegaba a alabar al Señor (60:4-16). Luego la exaltada ciudad de Jerusalén estaría en paz para siempre y la presencia del Señor de eterna luz haría obsoleta la necesidad de sol o luna.

Mientras el «día de venganza» (63:4-6) y «año de redención»

---

23 C. R. North, «The Former Things and the "New Things" in deutero-Isaiah» [Las cosas interiores y las «cosas nuevas» en Deutero-Isaías], *Studies in Old Testament Prophecy* [Estudios en la profecía del Antiguo Testamento], ed. H. H. Rowley, T.&T. Clark, Edimburgo, 1950, pp. 111-26.

trajo juicio sobre las naciones cuando Dios pisoteó las naciones en su lagar como proclamaron Abdías y Joel, se realizaría el propósito irrevocable de Dios para una ciudad de Jerusalén reconstruida y habitada por el «pueblo santo» de Dios (62). Aunque los vestidos del héroe se salpicaron con la sangre del lagar (63:1-6; cf. Is 34; Jl 3:9-16; y más tarde Zac 14; Ez 38–39), sería vindicado al cierre de esta era y el principio de la venidera.

Parte de ese mundo renovado (porque así debe entenderse la palabra «nuevo»), donde mora la justicia, incluía nuevos cielos y nueva tierra. Una vez más el cuadro paradisíaco de Isaías de paz en la naturaleza viene al frente (cf. Is 11 y 65:17-25; 66:10-23). La muerte se aboliría (cf. Is 25:8), y empezaría el gobierno y reino eterno del nuevo y último rey davídico. Solo el juicio de eterno tormento sobre los impíos y finalmente impenitentes interrumpe este cuadro porque estaban en perpetua agonía y para siempre separados de Dios.

Así termina Isaías su excelente teología breve. Su dependencia en teología anterior era evidente en casi cada vuelta. Al relacionar el «siervo» a la primera enseñanza sobre la «simiente» (Is 41:8; 43:5; 44:3; 45:19, 25; 48:19; 53:10; 54:3; 59:21; 61:9; 65:9, 23; 66:22) y al pacto ya dado (Is 42:6; 49:8; 54:10; 55:3; 56:4, 6; 59:21; 61:8), para no mencionar a «Abraham» (41:8; 51:2; 63:16) o «Jacob» (41:21; 44:5; 49:26; 60:16) o «David» y el «eterno pacto» (55:3; 61:8), Isaías cuidadosamente sistematizó en gran medida el plan total, persona y obra de Dios en el corto espacio de veintisiete capítulos. No nos sorprende que su teología haya impactado de manera tan profunda a hombres a través de los siglos.

Capítulo 13

Renovación de la promesa: Siglo séptimo

El siglo séptimo marcó uno de los más críticos períodos en toda la historia de la nación de Israel, para entonces se tambaleaba en el umbral de la destrucción nacional y de la cautividad babilónica profetizada por largo tiempo. Ya la nación de las diez tribus del norte, hermana de Judá, había encontrado el desastre en el siglo previo, después de negarse a arrepentirse de su pecado a pesar del grupo de profetas que por gracia se les enviaron y le advirtieron del inminente peligro. Especialmente terrible fue la introducción en el reino del norte de la idolátrica adoración del becerro con las formas de apostasía que la acompañaban. Por último, en 722 a.C., Samaria cayó ante los invasores asirios (2 R 17), el final vino de repente y de nuevo la tierra estuvo tranquila.

Sin embargo, Judá no fue más sabia con la lección. También se lanzó de cabeza al desastre, cortejando el juicio de Dios en cada vuelta y pocas veces en breves respiros volviendo a la justicia y bondad para con Dios o el hombre.

Una vez más Dios envió profetas, en esta oportunidad para advertir a Judá. Su mensaje era el inminente juicio divino. Nahúm advirtió del juicio de Dios sobre Nínive debido a la impiedad de esa ciudad y a su cruel destrucción de Samaria en 722 a.C., que excedió el método y extensión del juicio divinamente autorizado sobre Samaria. Sofonías reintrodujo el mensaje de Joel y de Abdías. Sin embargo, creía que el día del Señor era de juicio mundial y un día en el que se castigaría a Judá. El mensaje de Habacuc llevaba la reprensión de Dios por los pecados de Judá y por los arrogantes excesos de Babilonia al administrar esa reprensión. Aun así, el mayor de todos estos voceros de Dios fue Jeremías. Ningún profeta agonizó más con

273

el anuncio de las amargas palabras del inminente juicio que este hombre. No obstante, a él también se le dio una palabra muy sorprendente sobre otro día futuro cuando Dios satisfaría su antigua promesa hecha a los padres y a David. Las palabras de los profetas eran tan notables como los tiempos. En lugar de concluir que la antigua promesa falló y el eterno plan de Dios terminó prematuramente, proyectan su continuidad hacia el futuro.

Reconsideración de la misión a los gentiles: Nahúm

La profecía de Nahúm era el complemento a Jonás porque mientras este alaba la misericordia de Dios, Nahúm marcó la inexorable marcha del juicio de Dios contra los pecadores del mundo entero. Jonás 3:10 se centra en el Dios misericordioso y perdonador, pero Nahúm 3:1-8 demuestra la ira del juicio de Dios contra toda impiedad.

Sin embargo, aun en este libro de juicio, la misericordia de Dios no estaba del todo ausente. Triunfantemente Nahúm anuncia que Yahvé era «lento para la ira» (1:3a), «bueno» y «refugio en el día de la angustia» (v. 7). De modo que aunque no pasará por alto ni absolverá al impío (v. 3b) porque es «un Dios celoso» *('ēl qanô)* y un vengador de injusticias (v. 2), tampoco carece de amor o perdón.

«El SEÑOR es un Dios celoso y vengador.» Así empieza Nahúm, con una simple, pero formidable introducción. Las falsas ideas populares sobre este adjetivo *qanô'* o el sustantivo relacionado *quin'âh* no deben unirse al significado[1] de Nahúm, a saber, un Dios suspicaz, receloso y temeroso de rivalidad. Cuando se usaba para Dios, denotaba: (1) ese atributo que demandaba exclusiva devoción (Éx 20:5; 34:14; Dt 4:24; 5:9; 6:15); (2) esa actitud de ira dirigida contra todos los que persistían en oponerse a él (Nm 25:11; Dt 29:20; Sal 79:5; Ez 5:13; 16:38, 42; 25:11; Sof 1:18); y (3) la

---

[1] Walter A. Maier aportó la sustancia principal de nuestra definición aquí, *The Book of Nahúm* [El libro de Nahúm], Concordia Publishing House, St. Louis, MO, 1959, pp. 149-50. Su defensa de las doctrinas de Nahúm en las pp. 70-87 es excelente y no igualada en otras obras acerca de Nahúm.

energía que usaba en defender a su pueblo (2 R 19:31; Is 9:7; 37:32; Jl 2:18; Zac 1:14; 8:2). Así su celo era el precursor de su vindicación o inminente castigo (Dt 4:24; Jos 24:19). Era el Juez, el «Vindicador» *(nōqēm[2]* no el «vengador»), porque después de años de aflicción infligida por los asirios Yahvé procedería a vindicar. Aun los asirios se verían obligados a reconocer la universal soberanía del Señor.

Se mencionan tres tipos de transgresiones cometidas por Asiria. La primera en Nahúm 1:11 es quizá una referencia al fracasado ataque de Senaquerib a Jerusalén (2 R 18), cuando sus generales se mofaron del pueblo del Dios del pacto, los judíos, menospreciaron la impotencia de Yahvé (2 R 18:22ss.). Esta transgresión era del mismo tipo de la falta religiosa que cometió el faraón del Éxodo. El segundo grupo de pecados está en 3:1: la culpa de sangre de Nínive mientras llevaba a cabo algunas de las más criminales y brutales guerras conocidas en el Próximo Oriente antiguo.[3] Más aun, estaba llena de engaños y mentiras, no se podía contar con ella en ninguno de sus tratos. Incluso su saqueo era un inmediato testigo en su contra por haber pasado por alto los derechos de propiedad de otros. El tercer grupo de pecados aparece en 3:4 y consistía de fornicaciones que en este caso era la venta de naciones en las que los diplomáticos disputaban la suerte de otras naciones. Por consiguiente, Nahúm no era un orgulloso nacionalista que daba evidencias de un altivo desprecio por los paganos. Por el contrario, una de sus quejas era que Nínive vendía «naciones a través de sus fornicaciones y pueblos a través de sus brujerías» (v. 4, RVR), de modo que sus pecados pasaban continuamente sobre todas las naciones (v. 19). Más aun, cuando viniera la caída de Nínive, esta sería tanto un alivio como una advertencia a las otras naciones porque el Señor dijo: «Para que las naciones vean tu desnudez,

---

[2] George Mendenhall, «The "Vengeance" of Yahveh» [La «venganza» de Yahvé], *The Tenth Generation* [La décima generación], Johns Hopkins Press, Baltimore, MD, 1973, pp. 69-104.

[3] Véase las jactancias de Ashurbanipal y Shalmaneser coleccionadas en D. D. Luckenbill, *Ancient Records of Assyria and Babylon* [Registros antiguos de Asiria y Babilonia], 1:146-48, 213, 2:319, 304, citadas en Hobart Freeman, *Nahum, Zephaniah, and Habakkuk* [Nahúm, Sofonías y Habacuc], Moody Press, Chicago, IL, 1973, pp. 36-38.

y los reinos descubran tus vergüenzas» (v. 5). Todos los robos, saqueos, fornicaciones, crímenes y provocaciones de guerra de Nínive, además de ser pecados básicos, eran también contra Yahvé y su plan para las naciones (1:11).

También aparece en Nahúm una palabra de bendición o promesa. Dios aún «conocía aquellos que tomaron refugio en él», y él sería su «fortaleza en el día de la angustia» (1:7). F.C. Fensham,[4] siguiendo la guía de W.L. Moran, identificó la palabra «bueno» *(ṭôḇ)* como un término de pacto en Nahúm 1:7. Y siguiendo el estudio de H.W. Wolff sobre Oseas y Herbert B. Huffmon sobre materiales del Próximo Oriente, Fensham también conecta la palabra «conocer» *(yāḏa')* con el pacto que Dios hizo entre él y su pueblo (v. 7). Así, mientras los enemigos de Dios sufrirían el fuego de su ira (vv. 6, 8), su propio pueblo del pacto estaría seguro en su fortaleza.

Las «buenas nuevas» *(mᵉḇaśśār)* de que Nínive sería destruida (Nah 1:15[2:1]) era un recordatorio de la justicia y fidelidad de Dios, así como lo fue en el vocabulario paralelo de Isaías 52:7. Senaquerib salió de Nínive planeando y hablando mal de Yahvé y del pueblo del pacto. Sin embargo, las cosas cambiaron y Dios retiró la copa de aflicción de Israel dándosela a las naciones que la atormentaban (véase Is 51:22-23). Isaías 52:10-13 señala la obra de salvación universal de Dios y a su Siervo, quien sería instrumento por el cual se instauraría su reino total sobre la humanidad. Aunque así también sitúa Nahúm (2:1-2[2-3]) las «buenas nuevas» sobre la destrucción de Nínive al lado de la labor de restauración de Yahvé de «la majestad de Jacob y del esplendor de Israel». Todo Israel («Jacob» e «Israel») se restauraría *(šûḇ)*, mientras que los que despojaron y saquearon las ramas de su parra (cf. Sal 80:8-16) caerían derrotados.

El día del Señor: Sofonías

Sofonías ministró durante los días del notable rey Josías (1:1). De

---

4   F. C. Fensham, «Legal Activities of the Lord According to Nahum», *Biblical Essays: Proceedings of the 12th Meeting of Die ou-Testamentiese Werkgemeenskap in Suid-Africa* [Ensayos bíblicos: Procedimientos de la duodécima reunión de «el taller del Antiguo Testamento en Sur-África»], ed. A. H. van Zyl, Potchefstroom, 1969, p. 18.

repente, comienza su profecía con un anuncio de un juicio universal sobre toda la «tierra» (v. 2) y la humanidad (v. 3). Los términos y alcance de este inminente juicio divino fueron precisamente los que Dios indicó antes del diluvio de Noé (Gn 6:7). El día del Señor estaba «cercano» (Sof 1:7). Sería «el día del sacrificio de Yahvé» (v. 7), «el gran día de Yahvé», «día de ira», «día de acoso y angustia», «día de devastación y ruina», «día de tinieblas y penumbra», «día de niebla y densos nubarrones», «día de trompeta y grito de batalla» (vv. 14-16).

Abdías, Joel, Amós e Isaías hablaron de este día, pero solo Sofonías recalcó con más fuerza que ellos sobre toda la universalidad del juicio aunque, también, sorpresivamente predice la conversión de las naciones como uno de sus frutos. Por lo tanto, instaba: «¡Silencio ante el SEÑOR omnipotente, porque cercano está el día del Señor; ha preparado el SEÑOR un sacrificio y ha purificado a sus invitados!» (1:7). Isaías 13:3 ya se refirió a esa fiesta de sacrificio y a los invitados, quienes eran los fieros enemigos a los que el SEÑOR convocaría contra su pueblo. El juicio empezaría primero contra Judá (Sof 1:4) porque tales juicios siempre empiezan en la casa de Dios. Sería una reprensión divina contra Judá por haber introducido la adoración a Baal, las estrellas del cielo y Moloc (vv. 4-6).

En su lugar, Judá debiera «buscar» *(biqqeš)* y «consultar» *(dāraš)* a Yahvé (1:6). Podría definirse esa búsqueda: era una actitud de humildad *(ʿnāwâh)* que les haría volver a confiar en Yahvé y acercarse a él (2:3; 3:12). Tal humilde pueblo de la tierra observaría y cumpliría los mandamientos de Yahvé porque la voluntad de Dios era la misma de ellos (2:3). También se les conocía como los que lo temían y aceptaban «corrección» *(mûsār)* en Sofonías 3:7.[5]

Estos tres términos relacionan el mensaje del profeta a la literatura sapiencial: el humilde, el temeroso de Dios y los que aceptan disciplina. Serían parte de ese futuro «remanente» *(šʾrît,* 2:7, 9; cf. 3:13) o «corral» *(šōʾn,* 2:6) que gozarían la prometida bendición de Dios después que Yahvé triunfara sobre las naciones.

5   Véase la discusión excelente sobre la terminología de Sofonías en Arvid S. Kapelrud, *The Message of the Prophet Zephaniah* [El mensaje del profeta Sofonías], Universitetsforlaget, Oslo, Noruega, 1975, pp. 55-102.

Más allá de ese terrible y horroroso día del Señor, Sofonías vio el amanecer de una nueva era. Los dioses de la tierra desaparecerían y desde los distantes países de la tierra («costas» [RVR-95], es decir, los países que rodean el Mediterráneo) orarían a Yahvé (2:11). Tal significado pedagógico del juicio de las naciones lo enseñó antes Isaías 24-27. Ahora «cada cual en su propia tierra» (Sof 2:11), donde estuvieran en casa, rendirían homenaje al Señor.

Kapelrud resume el orden de las promesas[6] como sigue: (1) se guardaría a los creyentes del día de la ira (2:3); (2) se asentaría en paz el remanente a lo largo de la costa (v. 7); (3) Israel tendría su venganza sobre sus enemigos (v. 9); (4) los extranjeros invocarían el nombre del Señor (3:9); (5) la vergüenza y la impiedad vendrían a un final y cesarían para siempre (vv. 11-13). A estas promesas le siguió un final y triunfante grito: «El SEÑOR, rey de Israel, está en medio de ti: nunca más temerás mal alguno» (v. 15).

La purificación del lenguaje (labio) de las naciones, antes contaminado con el nombre de los dioses extraños, era tal y como lo prometió Isaías a Etiopía (Is 18:7) y a Egipto (Is 19:18). Entonces los pobres y los más necesitados se regocijarían como Isaías prometió en 29:19 y como von Orelli con tanta certeza advirtió:

> Si Sofonías no hablaba del mediador humano de los días de la redención, quien saldría del tronco de David, sí testificaba mucho más con todo poder del objetivo divino, el cual aun el Mesías debe servir, que es el futuro bendecido gobierno de Dios. Este, de acuerdo a él, también tendrá su centro en Sión, mientras dispensa vida y bendición a través del mundo ... Sofonías recalca con especial énfasis el alcance del plan divino, la universalidad del juicio que debe servir ese plan [y] la universalidad de la redención a la que se llegó ... Sus visiones se mueven alrededor de la cumbre de la profecía de Isaías, iluminándolas desde una conciencia más completa del alcance que dominan.[7]

---

6   *Ibid.*, p. 91.
7   C. von Orelli, *The Old Testament Prophecy of the Consumation of God's Kingdom Traced in Its Historical Development,* trad. J. J. Banks, T.&T. Clark, Edimburgo, 1889, p. 322.

El justo vivirá por su fe: Habacuc

Si Sofonías da importancia a la humildad y pobreza de espíritu como requisitos previos para entrar a los beneficios de la compañía de los creyentes, Habacuc demandaba fe como el requisito previo más indispensable. Sin embargo, estos son todos parte del mismo cuadro.

Mientras Sofonías da importancia a la idolatría y sincretismo religioso de Judá, Habacuc se alarmaba por el incremento del libertinaje, la injusticia, la impiedad y la rebelión. Tan sensible era su corazón a estas cosas, que clamó a Dios pidiendo alivio; o cambiaba o el pecado del pueblo debía atenderse con juicio (1:2-4).

La solución divina fue tan directa como perturbadora para el profeta: los babilonios invadirían a Judá y la castigarían (1:5-11). Esto solo aumentó la agonía del profeta porque, ¿cómo podría Dios usar un agente más impío para castigar a un pueblo menos impío (vv. 12:17)?

La respuesta a esa última pregunta se retrasó hasta que se da el quinto ay en 2:6-20. Aquí Habacuc recordó a Babilonia, como se le advirtió a Asiria en Isaías 10, que Dios es el que manejaba el hacha del juicio. Por lo tanto, era mejor que las naciones tuvieran especial cuidado en los métodos y personas que involucrarían en sus guerra.

No es de maravillar que Habacuc llamara su mensaje una «carga» (RVR 1909) *(maśśā', 1:1). Maśśā'*, aparece sesenta y siete veces en el AT,[8] derivándose quizá de la raíz *nś'*, «levantar». La primera referencia donde se usó esta palabra es en una profecía cuyo contenido se detallaba en 2 Reyes 9:25-26. Allí Jehú le recuerda a Bidcar, su oficial, cómo el Señor expresó esta *maśśā'* contra Acab, su padre: «Ayer vi aquí la sangre de Nabot y de sus hijos. Por lo tanto, juro que en este mismo terreno te haré pagar por ese crimen. Yo, el SEÑOR, lo afirmo.» Así se refirió Jehú a la profecía de Elías en 1Reyes 21:19, 29 y la llamó una carga. De este modo *maśśā'* no

---

[8] El estudio más reciente es por J. A. Naudé, «*Maśśā'* in the Old Testament with special reference to the Prophets», [*Maśśā'* en el Antiguo Testamento con referencias especiales a los profetas], *Biblical Essays* [Ensayos bíblicos], pp. 91-100. Nótese también el estudio por P.A.H. de Boer, «The Meaning of *Maśśā'*», Oudtestamentische Studiën [Estudios del Antiguo Testamento], E. J. Brill, Leiden, Países Bajos, 1948, p. 214ss.

podría ser nada menos que la sentencia de Dios (como la traduce muy bien la Biblia Nueva Jerusalén [y la NVI y RVR]) dictada contra Acab y su hijo por asesinar a Nabot para quedarse con su viña. En Isaías, nueve de sus once oráculos contra las naciones extranjeras se designaron *maśśā'* (Is 13:1; 14:28; 15:1; 17:1; 19:1; 21:1, 11, 13; 23:1). Nahúm (1:1) y Habacuc (1:1) clasificaron sus mensajes con este nombre (cf. más tarde Jer 23:33-40 para el uso burlón que hizo el pueblo de *maśśā'* y Zac 9 y 12). Todas estas profecías enfatizaron la grave y solemne nota de sus contenidos. Las versiones modernas que traducen *maśśā'* como «proferir» u «oráculo» pierden el aspecto de «veredicto» o «sentencia». Habacuc obtuvo el veredicto de Dios por los pecados de Judá y la excesiva crueldad de Babilonia al llevar a cabo el juicio divinamente decretado contra Judá.

Sin embargo, hubo más que juicio divino en una *maśśā'*. El oráculo central encontrado en Habacuc 2:4 fue una palabra de esperanza y salvación. La importancia de esta sobresaliente palabra se indicó con las instrucciones dadas con ella de grabarla en tablas de piedra en palabras sencillas para que todos los que pasaran pudieran leerlas con facilidad (v. 2). Sería testigo en los últimos días después que se viera que Dios fue fiel a su palabra.

Sin embargo, esta palabra no desencadenó una condenación inmediata a Babilonia como Habacuc quizá esperaba. Eso ya se dio, en cierto modo, en Habacuc 1:11: «Su pecado es hacer de su fuerza un dios.» Lo que había que mostrarle a Judá, a Habacuc y a las futuras generaciones era el impresionante contraste entre el carácter de los impíos y el pueblo justo de Dios. Señalar el carácter de uno fue determinar el destino final de uno.

Habacuc 2:4a describió el carácter de Babilonia: «El insolente no tiene el alma recta.» Su inflada opinión de sí mismo y de sus logros eran exactamente lo opuesto al creyente humilde y pobre en espíritu de Sofonías. En contraste a la arrogancia y presunción de este soberbio líder del reino de impiedad, se erguía la descripción del creyente en el versículo 4b: «El justo vivirá por su fe.» De esta manera, el justo «no morirá» así como prometió Habacuc 1:12b, sino que «vivirá» (2:4) a pesar del horror del inminente juicio.

¿Qué significaba para Habacuc y sus oyentes «por su fe»

(be^emûnāṯô)?[9] Cuando se usa en cosas físicas, significa «firmeza» (Éx 17:1). Sin embargo, en el ámbito moral significa «firmeza moral» o «confiabilidad» como en la vida diaria o el comercio (Pr 12:17). También significaba, cuando se usaba para Dios, que podía confiarse en su fidelidad a su palabra (Dt 32:4). Aunque en Habacuc 2:4, fe era simplemente una confianza sin vacilación en la Palabra de Dios. En contraste a la despótica disposición del impío, el creyente, como Abraham en Génesis 15:6 e Isaías en Isaías 28:16 y 30:15, pone una inamovible confianza en el Dios que prometió su salvación y la venida del Hombre de la promesa. Era una entrega firme, monolítica, a Yahvé, «una confianza de niño, humilde y sincera, en la credibilidad del mensaje divino de salvación».[10]

Por lo tanto, a pesar de las aspiraciones de Babilonia de crear un imperio, otro poder poseería la tierra: «Porque así como las aguas cubren los mares, así también se llenará la tierra del conocimiento de la gloria del SEÑOR» (Hab 2:14). Este es un claro uso del previo Isaías 11:9 con pequeños cambios.

Con este valiente anuncio, Habacuc oró que la venida triunfante de Dios llegará pronto. Lo que tuviera que ocurrir a modo de juicio por manos de los babilonios, oró que tuviera un efecto ventajoso en la obra de Dios, que el antiguo plan se renovara y así la misericordia se mezclara con la ira que también tendría que venir.

Habacuc describe otra teofanía futura, tomando el lenguaje prestado de la aparición de Dios en Sinaí (3:3ss.) y su victoria bajo Josué cuando el sol dejó de brillar y se reprendió a la luna durante una tormenta de granizo (Jos 10:12-14). Estaba francamente asustado por lo sobrecogedor de la gloria de Dios como apareció en este «día de prueba», pero todavía su gozo se encontraba en el mismo Señor en quien aprendió a poner su fe. La salvación de Dios de su pueblo (3:13) incluiría la salvación de su Mesías que «aplastaría la cabeza [a saber, reino o dinastía] del impío» (3:13). Debido a que se aplastó el reino del impío, este no podría nunca más proteger a sus habitantes. Sin embargo, la redención del pueblo de Dios

---

[9] Estoy en deuda con von Orelli, *Old Testament Prophecy*, p. 325 por su análisis de la palabra *^emûnâh.*

[10] *Íbid.*, p. 326.

estaba asegurada. Con eso el profeta estaba confiado y lleno de gozo (3:16, 18-19).

La palabra del Señor: Jeremías

Jeremías fue el profeta de la «palabra del Señor» (1:2). De acuerdo a J.G.S.S. Thomson,[11] Jeremías usó «Así dice el Señor» o frases similares ciento cincuenta y siete veces de las trescientas cuarenta y nueve veces que tales frases se usan en el AT.

«He puesto en tu boca mis palabras» (Jer 1:9; 5:14), diría Jeremías como base de su autoridad para hablar por Dios. Aunque si presionamos más la mecánica de esta recepción de la revelación divina, describiría cómo no solo habló, sino también escribió por mandato de Dios (36:1-2). Baruc, secretario de Jeremías, dice que el profeta tenía el hábito de dictar (36:18 hebreo imperfecto) mientras Baruc escribía (participio activo). Esto ocurrió durante un largo tiempo. Lo que Baruc escribió fue «de la boca [de Jeremías]» y lo que Jeremías habló fue del Señor.

Esa palabra fue más que una revelación objetiva hablada en beneficio de otros. Era alimento para el alma del profeta (15:16; cf. 1:4ss.): «Mi gozo y la alegría de mi corazón.» En otro sentido la palabra del Señor vino a ser un reproche para él (20:8) porque el ministerio de la palabra a menudo parecía no tener frutos (v. 7s.) y sin ningún buen resultado. Sin embargo, una compulsión interna llevaba a Jeremías a persistir aunque él había determinado dejar de hablar en el nombre del Señor. Dios puso esa palabra en su corazón y ella quemaba como un fuego en sus huesos hasta que la comunicaba. La mayoría de las llamadas confesiones (11:18-23; 12:1-6; 15:10-20; 17:14-18; 18:18-23; 20:7-11) fueron conflictos como este. En su comunión personal con Dios, desnudó las profundidades de su agonía del alma al exclamar: «¡Violencia! ¡Violencia!» (20:8). El pueblo, en respuesta, se burló de él. Jeremías presentó su caso delante del Señor y buscó la vindicación de Dios.

Las profecías de Jeremías pueden dividirse en tres partes, sin

---

[11] James G.S.S. Thomson, *The Old Testament View of Revelation* [La perspectiva del Antiguo Testamento acerca de la revelación], Eerdmans, Grand Rapids, 1960, pp. 60-61.

incluir un capítulo preliminar y un capítulo de una conclusión histórica: (1) sus primeros mensajes a Judá (2–24); (2) sus profecías de juicio y consuelo (25–45); y (3) sus mensajes a las naciones (46–51). Cada una tenía su propia aportación distintiva a la teología del Antiguo Testamento.

La vanidad de la religión externa

En su celebrado mensaje a la entrada de la casa del Señor (Jer 7–10; cf. 26), Jeremías demostró su estilo y la esencia de su llamado a profetizar en Judá. Mientras el pueblo se dirigía a la casa de Dios, Jeremías anunció tres principales proposiciones. (1) La asistencia a la casa de Dios no sustituía el verdadero arrepentimiento (7:4ss.). (2) La observancia de actos religiosos no sustituía la obediencia al Señor (7:21ss.). (3) La posesión de la Palabra de Dios no sustituía la obediencia a lo que esa palabra decía (8:8ss.).

El pueblo fue a poner una confianza impía en la forma externa de la ley ceremonial y la teocracia. Sentía que no lo alcanzaría ninguno de los amenazadores juicios de Dios mientras repitieran el lema: «¡Éste es el templo del SEÑOR, el templo del SEÑOR, el templo del SEÑOR!» (7:4). ¡Judá pensó que Dios no podría ni atacaría su propio santuario, su lugar de habitación! Entretanto, Judá continuaba robando, asesinando, cometiendo adulterio, jurando en falso, quemando incienso a Baal y caminando detrás de otros dioses para luego ir con descaro a pararse ante la presencia de Dios y decir: «"Estamos a salvo", para luego seguir cometiendo todas esta abominaciones» (v. 10).

Por el contrario, Jeremías clamó que Judá vería las consecuencias. No era que Dios buscara en sí los sacrificios como una obediencia que precediera al sacrificio. No habló «por amor de» *('al d̊bar)* las ofrendas quemadas, sino por lo mismo que Moisés destacó en Deuteronomio: «Condúzcanse conforme a todo lo que yo les ordené, a fin de que les vaya bien» (Jer 7:22-23).

Asimismo, esa palabra debería haber hecho que Judá se ruborizara, pero ella lo convirtió en un ungüento para sanar superficialmente la herida del pueblo. Hubo un abierto rechazo de esa palabra. Sin embargo, todas estas farsas no llevarían a Judá a ninguna parte. El vacío de tal religión sin compromiso, sin corazón, llevaría directo al día de la ira de Dios contra Judá y por último en contra de las naciones.

Jerusalén el trono de Yahvé

En una predicción sumamente asombrosa, Jeremías hace el siguiente anuncio en 3:16-17:

«En aquellos días, cuando ustedes se hayan multiplicado y sean numerosos en el país, ya no se dirá más: "Arca del pacto del Señor." Nadie pensará más en ella ni la recordará; nadie la echará de menos ni volverá a fabricarla —afirma el Señor—.
»En aquel tiempo llamarán a Jerusalén: "Trono del Señor." Todas las naciones se reunirán en Jerusalén para honrar el nombre del Señor, y ya no volverá a obedecer ciegamente a su malvado corazón.»

Las antiguas bendiciones de Génesis 1:28 se siguieron recordando al acercarse la promesa de Dios a una conclusión en aquel día final. Es asombroso, pero ese objeto central en la adoración de Israel dejaría de ser importante en cuanto le viniera a la mente de alguien, pues ya la presencia de Dios no necesitaría de un símbolo ya que él mismo sería bien visible.

Hablando así, Jeremías claramente pasaba sentencia sobre las instituciones ceremoniales de la legislación mosaica que cayeron en el desuso propio del sistema. Estas se modelaron usando la real que existía aparte de estas copias temporales. Sin cesar Moisés advertía que el tabernáculo debía construirse siguiendo un «patrón» (Éx 25:9, 40; 26:30; 27:8) o «plan» que le mostraron en el monte. A esa idea, Jeremías añade que un día no se necesitaría más. En lugar de Dios estar simbólicamente entronizado entre los querubines, lo entronizarían en Jerusalén. Esta palabra no podría superarse como una declaración de intimidad, libre acceso a Dios y autorrevelación de Dios.

Entonces, la gloria de Dios atraería a las naciones (3:17; cf. Is 2:2-3; Mi 4:1-2) y se habría enfrentado al terco corazón de Judá e Israel y cambiado por una obra que aún no ha descrito Jeremías.

Yahvé nuestra justicia

El «justo Retoño», anunciado ya en Isaías 4:2 es el mismo davídico previsto en Jeremías 23:5-7 y 33:14-22. El nombre especial dado a esta mesiánica «rama» o «retoño» *(şemah)* es «Yahvé nuestra justicia» *(YHWH şidgēnû),* un nombre evocador del Emanuel de Isaías, «Dios con nosotros». Este nombre se compartía con Jerusalén, pues iba a ser el trono de Yahvé. De este modo el gobierno y reino de este nuevo final davídico serviría a los intereses de la justicia. Procedería sabiamente y se fundaría la justicia del pueblo de Dios, no en cualquier institución exterior, ley o acción, sino en el carácter de Yahvé. En ese día Yahvé establecería y protegería la justicia de su pueblo.

En Jeremías 33:14-22 era de especial significado la labor del «Retoño» que culminaría varias promesas antiguas: (1) el pacto con Noé sobre la perpetuidad de las épocas; (2) el pacto con Abraham sobre lo innumerable de la simiente; (3) el pacto con Finés sobre la perpetuidad del sacerdocio; y (4) el pacto davídico sobre el reinado para siempre de su simiente. En cada caso estos se declararon «para siempre» o «eternos», así fueron en las proyecciones de Jeremías.

El nuevo pacto

El corazón de la teología del AT y del mensaje de Jeremías fue su enseñanza sobre el nuevo pacto en Jeremías 31:31-34. Puesto en el contexto del «Libro de Consuelo» (30—33), el mensaje de Jeremías se elevó a las altas cumbres de un Isaías (40—46). Muy importantes fueron las seis estrofas de los capítulos 30—31: (1) 30:1-11, la gran angustia de Jacob en el día del Señor; (2) 30:12—31:6 la sanidad de la herida incurable de Israel; (3) 31:7-14, el primogénito de Dios restaurado a la tierra; (4) 31:15-22, Raquel llora por sus hijos en el exilio; (5) 31:23-34 el nuevo pacto; y (6) 31:35-40 el pacto inviolable dado a Israel.[12] Nótese que en todo el contexto, capítulos 30—33, con esmero se conecta esta estrofa sobre el nuevo pacto con la restauración de la nación judía.

---

[12] Este bosquejo fue sugerido por Charles A. Briggs, *Messianic Prophecy* [Profecía mesiánica], Scribners, Nueva York, NY, 1889, pp. 246-47. Lo que es esencialmente el mismo bosquejo aparece en «Messianic Hope in Jeremiah» [La esperanza mesiánica en Jeremías], *Bibliotheca Sacra,* 1958, pp. 237-46.

La quinta de estas seis estrofas es la que constituye el pasaje más importante de enseñanza sobre el problema de continuidad y discontinuidad entre el Antiguo y el Nuevo Testamento. Con todo, es precisamente en este punto donde la perplejidad del teólogo bíblico se eleva a su mayor altura: ¿Por qué llamar a este un «*nuevo pacto*», sobre todo porque la mayor parte del contenido que se cita en el «nuevo» no es sino una repetición de esas promesas ya conocidas en el pacto abrahámico-davídico ya en existencia? ¿Cuáles eran en esencia los nuevos asuntos que eran «no iguales» (31:32) y «no más» similares al antiguo pacto (v. 34bis)?

1. *Su nombre.* Este es el único lugar en el AT donde aparece la expresión «nuevo pacto» (31:31). Sin embargo, parecería que el concepto era mucho más generalizado. Basadas en contenidos y contextos similares, las siguientes expresiones pueden igualarse a las del nuevo pacto: el «pacto eterno» en siete pasajes (Is 24:5; 55:3; 61:8; Jer 32:40; 50:5, y luego en Ez 16:60; 37:26), un «nuevo corazón» y un «nuevo espíritu» en tres o cuatro textos (Jer 32:39 [LXX] y luego en Ez 11:19; 18:31; 36:26) un «pacto de paz» en tres pasajes (Is 54:10, y luego en Ez 34:25; 37:26) y «un pacto» o «mi pacto» que se pone en el contexto de «en ese día» en tres pasajes (Is 42:6; 49:8; 59:21; Os 2:18-20). Eso hace un total de dieciséis o diecisiete pasajes importantes sobre el «nuevo pacto».

Aun así, Jeremías aún era el *locus classicus* del asunto, como puede verse por varias líneas de evidencia. Este pasaje fue el que estimuló a Orígenes a nombrar los últimos veintisiete libros de la Biblia «el Nuevo Testamento».[13] Sin embargo, también fue la pieza más larga del texto citada *in extenso* en el NT, es decir, Hebreos 8:8-12 y citada en parte más adelante en Hebreos 10:16-17. Más aun, fue el tema de nueve otros textos del NT: de ellos, cuatro tratan de la Santa Cena (Mt 26:28; Mr 14:24; Lc 22:20; 1Co 11:25), dos referencias paulinas a «servidores a un nuevo pacto» y el futuro perdón de los pecados de Israel (2Co 3:6; Ro 11:27) y tres

---

[13] T.H. Horne, *Introduction to the Critical Study and Knowledge of the Holy Scriptures* [Introducción al estudio y conocimiento crítico de las Sagradas Escrituras], 2 tomos, R. Carter and Brothers, Nueva York, NY, 1858, tomo 1 p. 37. También Geerhardus Vos, *Biblical Theology*, Eerdmans, Grand Rapids, MI, 1954, p. 321. Albertus Pieters tuvo la misma evalución en *The Seed of Abraham* [La simiente de Abraham], Eerdmans, Grand Rapids, MI, 1950, p. 61.

referencias adicionales en Hebreos (9:15; 10:16; 12:24, cf. los dos pasajes largos de enseñanza mencionados arriba).

2. *Sus contrastes.* Jeremías 31:32 explícitamente contrasta este nuevo pacto con un antiguo pacto concertado con Israel durante la era del éxodo. En varias ocasiones Jeremías enfatizó este tipo de antítesis en su mensaje: «Ellos no dirán más esto ... pero ... no como esto ... pero esto (Jer 3:16; 23:7-8; 31:29; cf. 16:14-15). De esta manera Jeremías intentaba revisar los valores torcidos y las muletillas religiosas de Israel. Más tarde Ezequiel usa la misma fórmula: «Ellos no dirán más» (18:2ss.), para presentar máximas de moda que el pueblo usaba como una forma de juramento o declaración religiosa que necesitaba balance y corrección debido a un exagerado énfasis en un solo aspecto de toda la enseñanza.[14]

La verdad del asunto era que Jeremías no encontró falta al pacto sinaítico. Jeremías, y más tarde el escritor de Hebreos, fueron enérgicos en su evaluación de los problemas con el pacto hecho en el tiempo de Moisés. El problema era con la gente, no con el Dios que hizo el pacto, ni con la ley moral o las promesas reafirmadas de los patriarcas e incluidas en ese viejo pacto. El texto de Jeremías 31:32 (RVR) explícitamente apunta el dedo cuando dice: «El pacto mío ellos rompieron.» Así también hace Hebreos 8:8-9: «Pero Dios reprochándoles *sus* defectos ... ya que ellos no permanecieron fieles a mi pacto» (cursivas del autor).

El verbo *hēpērû* (ellos rompen) no era único al sinaítico ni a los tipos obligatorios de pactos en oposición a los de tipo promisorio como el abrahámico-davídico porque el mismo verbo aparece en el pacto abrahámico (Gn 17:14, «el varón incircunciso ... será eliminado de su pueblo por quebrantar *[hēpēr]* mi pacto»).[15] Aun el

---

[14] También nótese Ezequiel 12:22, cf. 12:27 y Jeremías 12:23. Para una discusión con otras conclusiones, véase Moshe Weinfeld, «Jeremias and the Spiritual Metamorphosis of Israel» [Jeremías y la metomorfosis espiritual de Israel», *Zeitschrift fur alttestamentliche Wissenschaft*, 88, 1976, pp. 17-55.

[15] Nótese la crucial importancia hecha entre los pactos condicional e incondicional en Charles Ryrie, *Dispensacionalismo hoy*, Editorial Portavoz, Grand Rapids, MI, 1975, (pp. 52-61 del original en inglés), y el fuerte rechazamiento en O. T. Allis, *Prophecy and the Church* [Profecía y la iglesia], Presbyterian and Reformed Publishing House, Filadelfia, PA, 1945, pp. 31-48. Véase D. F. Payne, «The Everlasting Covenant» [El Pacto Eterno], *Tyndale Bulletin* [Boletín Tyndale], 7-8, 1961, pp. 10-17: «¿Un pacto nuevo? Sí, pero solo los detalles sin importancia del «antiguo» estaban obsoletos, e

eterno e irrevocable pacto de David contenía algunas calificaciones que suplían la invalidación *individual*, frustración o destrucción de los beneficios del pacto (1Cr 22:13; 28:7; Sal 132:12). En realidad, Jeremías 31:35-37 explicó que las estrellas caerían del cielo y los planetas saldrían de sus órbitas antes que Dios abandonara su promesa a la nación de Israel.

3. *Su continuidad*. El que mejor analizó la estructura de Jeremías 31:31-34 fue Bernard W. Anderson.[16] La expresión *n^{e}um YHWH* («dice el Señor») aparece cuatro veces: dos en la primera sección, indicando su principio (v. 31a), su conclusión (v. 32b), y dos en la segunda sección, una vez más marcando su principio (v. 33a) y su fin (v. 34b). En la segunda sección (v. 34) también había dos cláusulas de clímax *kî* («en realidad»).

Cuando los asuntos de continuidad encontrados en el nuevo pacto se tabulan en este pasaje, son: (1) el mismo Dios es el que hace el pacto, «mi pacto»; (2) la misma ley, mi Torá (nótese que no otra diferente a la de Sinaí); (3) la misma fraternidad divina prometida en la antigua fórmula tripartita: «Yo seré tu Dios»; (4) la misma «simiente» y «pueblo»: «Tú serás mi pueblo»; y (5) el mismo perdón: «Yo perdonaré tus iniquidades.»

Aun las características de intimidad, fraternidad, individualismo y perdón se insinúan o se conocen por completo en el pacto hecho con los padres. Deuteronomio 6:6-7; 10:12 y 30:6 instó a que Israel pusiera las palabras de la ley sinaítica en su corazón. En realidad, el Salmo 37:31 y el 40:8 indican que esto era ya así para algunos: «Tu ley está en mi corazón.» El perdón del Señor también se alabó en esa fórmula que se repite a menudo: «El Señor, Dios clemente y compasivo, lento para la ira y grande en amor y fidelidad, que mantiene su amor hasta mil generaciones después, y que perdona la iniquidad, la rebelión y el pecado» (Éx 34:6-7; Nm 14:18; Dt 5:9-10; Sal 86:15; Jl 2:13; Jon 4:2 y más tarde Neh 9:17, 31).

---

incluso aparentemente el autor de Hebreos no pudo declarar que el Antiguo Pacto fuera "obsoleto"».

[16] Bernard W. Anderson, «The New Covenant and the Old» [El pacto nuevo y antiguo], *The Old Testament and the Christian Faith* [El Antiguo Testamento y la fe cristiana], ed. Bernard W. Anderson, Harper and Row, Nueva York, NY, 1963, p. 230, n. 11.

En efecto, removió la transgresión «como lejos del oriente está el occidente» (Sal 103:8-12).

Así, la palabra «nuevo» en este contexto sería pacto «renovado» o restaurado (cf. acádico *edêšu* «restaurar» templos en ruinas, altares o ciudades, hebreo *ḥdš* conectado con la nueva luna y ugarítico *ḥdt*, «renovar la luna»). Concluimos entonces que este pacto fue el viejo abrahámico-davídico prometido, renovado y ampliado.

4. *Sus nuevas características*. También hubo cierta discontinuidad. Si usáramos los diecisiete pasajes citados arriba, algunos de estos serían: (1) un universal conocimiento de Dios (Jer 31:34); (2) una paz universal en la naturaleza y la ausencia de artefactos militares (Is 2:4; Os 2:18; Ez 34:25; 37:26); (3) una prosperidad material universal (Is 61:8; Os 2:22; Jer 32:41; Ez 34:26-27); (4) un santuario en medio de Israel que duraría para siempre (Ez 37:26-28); y (5) una posesión universal del Espíritu de Dios (Jl 2:32ss.).

En esta lista, el nuevo pacto trasciende los previos anuncios de la bendición de Dios. Así, el nuevo es más inclusivo, eficaz, espiritual y glorioso que el viejo. Es más, tanto fue así, que *en comparación* parecería totalmente distinto al anterior. Sin embargo, en verdad no era nada menos que el progreso de la revelación.

El «nuevo» empieza con la antigua promesa hecha a Abraham, Moisés y David; y su renovación perpetúa todas esas promesas y más.

5. *Sus discursos*. Tal como las promesas abrahámicas y davídicas se hicieron directamente a estos hombres, así el nuevo pacto se hizo con toda la casa de Israel y de Judá. Ahora, si este discurso de Jeremías 31:31 parece muy restringido y, por lo tanto, de uso limitado en los tiempos precristianos, también lo fue la promesa a Abraham y a David.

Sin embargo, ahí reside la solución para todos estos pasajes porque la «simiente» que se beneficiaría de la promesa abrahámica y davídica incluía a los creyentes de todas las épocas. Así los beneficios del nuevo pacto se aplicaban a todos los creyentes por las mismas razones. George N.H Peters demostró lo siguiente:

Hemos decidido que referencias a ... [a] el renovado pacto abrahámico unido con el davídico [como] que es una característica distintiva y fundamental del período mesiánico. Por ejemplo: Miqueas 7:19-20; Ezequiel 16:60-63; Isaías 55:3.[17]

¡Solo se necesita notar que el nuevo pacto era parte de la Era Mesiánica! Aquí entonces había una nueva base para un arcaico estancamiento. En verdad, el nuevo pacto iba dirigido a un renacido Israel nacional del futuro. Sin embargo, en virtud de su específica relación con las promesas abrahámica y davídica en todos ellos, era propio hablar de la participación gentil entonces y en el futuro. Los gentiles se adoptarían e injertarían en el pacto de Dios con el Israel nacional.[18]

El séptimo siglo fue el momento más grande de inminente destrucción para la nación, pero en medio de las fieles advertencias de los siervos de Dios vino una de las más espectaculares series de promesas de esperanza.

---

[17] George N.H. Peters, *The Theocratic Kingdom* [El reino teocrático], 3 tomos, Kregel, Grand Rapids, MI, 1957, tomo 1, p. 322. Véase también Francis Goode, «God's Better Covenant with Israel in the Latter Day» [El pacto mejor de Dios con Israel en el día postrero], *The Better Covenant* [El pacto mejor], 5ª edición, Smith, English & Co., Londres, Filadelfia, PA, 1868, pp. 239-71.

[18] Para más análisis de las implicaciones neotestamentarias, véase W.C. Kaiser, Jr., «The Old Promise and the New Covenant» [La promesa antigua y el pacto nuevo], *Journal of the Evangelical Theological Society,* 15, 1972, pp. 11-23.

Capítulo 14

Reino de la promesa: Profetas del exilio

Lo peor pasó. Jerusalén cayó en 586 a.C. y la mayoría de sus ciudadanos comenzaron una cautividad de setenta años en Babilonia. Ahora las notas ominosas de amenazas pronto vendrían a una conclusión y el nuevo énfasis de la teología profética sería la liberación y nuevo nacimiento del pueblo de Israel, el pueblo de Dios. Al joven contemporáneo de Jeremías, Ezequiel, lo deportaron con el rey Joaquín en 597 a.C., cerca de una década antes de la caída de Jerusalén por Babilonia. Desde el exilio, continuó advirtiendo a Judá en la primera sección de su libro (Ez 3:22; 24:27). En sus meticulosamente fechadas profecías, procede a advertir a las naciones durante las oscuras horas del asalto y caída de Jerusalén (Ez 25:32). (Nótese la predicción de la caída en 24:21-23 y el informe cuando ocurrió en 33:21 como un tipo de apuntalamiento de los mensajes a las naciones.) De ahí en adelante, los oráculos de esperanza y promesa empiezan en Ezequiel 33-48. Con el viejo orden davídico llegando al final, solo había un lugar para ir: al nuevo David, su trono y su reino. Esto vino a ser la esperanza sustentadora para un pueblo que perdió todo símbolo externo de esperanza, también era el foco todo consumidor de Ezequiel y Daniel.

El reino del buen pastor: Ezequiel

Ezequiel, un sacerdote por ascendencia, fue llamado a ser un centinela para Israel. Su ministerio estuvo lleno de todas las más exóticas acciones simbólicas llevadas a cabo por los profetas. Era un apasionado de las alegorías y parábolas, y las usaba con más libertad que sus colegas. En sus manos, el uso del lenguaje apocalíptico recibió nuevo ímpetu, sobre todo en la tercera sección de su libro.

Pero sobre todo, fue su visión inaugural la que explicó su trabajo: la gloria de Dios. El lenguaje de Ezequiel también fue a menudo repetitivo en estilo. Una de las más frecuentes frases era: «Sabrán que yo soy el SEÑOR.» Esta frase aparece cincuenta y cuatro veces, sin contar las dieciocho derivadas de la misma frase. La santidad de Dios también se puso en contraste con la pecaminosidad de Israel, en especial en la parábola de la mimada (16:1-63), la parábola de las dos hermanas (23:1-49) y la histórica revisión de 20:1-31 con su repetida frase «Decidí actuar en honor a mi nombre, para que no fuera profanado ante las naciones entre las cuales vivían los israelitas» (20:9, 14, 22).

Sin embargo, desde el mismo principio, Ezequiel aclaró que a pesar del profundo pecado de Israel, Yahvé se acordaría de su pacto con la nación tal y como lo prometió hacer en los días de su juventud (Ez 16:60):

> Sin embargo, yo sí me acordaré de la alianza que hice contigo en los días de tu infancia, y *estableceré (hēqîm:* [1] para establecer lo que aún no está en pie o [2] hacer quedar en pie, ratificar, estabilizar, resucitar lo que ya está allí) contigo una alianza eterna.

En este caso «estableceré» se entiende mejor por el significado del número 2 que era una ratificación de lo que ya estaba allí. Como es natural, haría falta juzgar la nación por su pecado como Ezequiel 16:59 nota:

> Te daré tu merecido, porque haz menospreciado el juramento *(l' hāpēr,* el *l'* de circunstancias concomitantes) y quebrantado la alianza.

A pesar de todo, continuarán las promesas y las bendiciones.

La gloria de Yahvé

El trono de Dios domina cada escena y palabra del libro de Ezequiel (1:4-28). La visión de este trono constituye el llamado de Ezequiel mientras estaba sentado por el «río» Quebar y su magnificencia era suficiente para asegurar al profeta que al igual que el carro celestial del trono de Dios podría fácilmente traer su presencia al este, oeste, norte o sur, esa misma presencia de Dios estaría con él.

La escena era muy similar a la que Juan experimentaría en la isla de Patmos mientras escribía el libro de Apocalipsis (4–5). Para Ezequiel había una bóveda de cristal sosteniendo un trono de zafiro en el que estaba entronizado teniendo la «semejanza» y «apariencia de un hombre» (1:26). La bóveda la sostenían cuatro seres vivientes que en turno los asociaron con ruedas que al parecer eran muy parecidas a las de un escritorio moderno. También eran capaces de doblar en cualquier dirección sin necesidad del mecanismo de un timón. Todo esto lo acentuaban ruidos de relámpagos, estruendos de truenos y los colores del arco iris rodeando toda la escena. Es obvio que la figura central no era otra que el que estaba entronizado, un personaje sobrecogedor cuya apariencia irradiaba fuego y resplandor.

En cuanto al significado de todo esto, a Ezequiel se le dijo que esto era «el aspecto de la gloria del SEÑOR» (1:28). Israel conocía bien la relación entre el fuego y la presencia del Señor. Moisés la experimentó en su llamamiento en la zarza ardiendo, Israel vio la columna de fuego en el desierto, Elías experimentó en el monte Carmelo la poderosa y consumidora presencia de Dios. Es más, solamente Daniel (7:9ss.) describiría en detalle su encuentro con el «Anciano de días». Aun así, una cosa era cierta, el puro peso, gravedad *(kābēd*, ser «pesado», por consiguiente, glorificar) de su presencia evocaba una actitud de adoración en Ezequiel (1:28b) porque sintió que estaba en la inmediata presencia de Dios. Este encuentro con Yahvé confortaría y dirigiría al profeta así como le daría forma a todo su mensaje. Dios triunfaría a pesar de las más trágicas fallas de Israel. Su promesa no moriría, seguiría adelante.

La presencia de Dios continuaría con su profeta, con su promesa, con el remanente y con su reino venidero. Sin embargo, su presencia dejaría su lugar de residencia donde habitó desde los días de la peregrinación de Israel. Cuando a Ezequiel lo transportaron en una visión al templo de Jerusalén (8:2-4) y allí fue testigo presencial de los horribles pecados de Judá llevados a cabo en la misma casa de Dios, se hizo evidente que la gloria de Dios no podría permanecer más allí. Había allí tales indecibles desatinos como «la imagen del celo» (¿postes de la diosa Asera? Cf. 2Cr 33:7, 15) erigida en el templo (8:3b), adoración de animales (vv. 7-13), mujeres llorando en mágica simpatía por Tamuz el dios sumerio de la vegetación (vv. 14-15), adoración del sol (vv. 16-18).

La única posible secuela a tal confusión fue esa de Ezequiel 10:18: «La gloria del Señor se elevó por encima del umbral del templo.» En realidad, para Judá, su gobierno, su pretensión religiosa y sus instituciones religiosas, era Icabod: «La gloria se ha retirado.»

Yahvé, el santuario

Durante esos días de exilio, Yahvé mismo sería el legítimo templo de los verdaderos creyentes (Ez 11:16-20): «Los desterré a naciones lejanas y los dispersé por países extraños, por un tiempo les he servido de santuario en las tierras adonde han ido.»

Los hombres aprenderían que Yahvé mismo era más importante que los edificios y todas las decoraciones. Pero aun más, un día restauraría el pueblo a la tierra sacándolos de cada país en los que habían sido dispersados (11:17). Solamente en aquel futuro día las viejas abominaciones se removerían y una nueva capacidad interna se implantaría en el pueblo. El hombre interior cambiaría de tal manera que Ezequiel podría únicamente referirse a él como a un «un espíritu renovado», «un corazón íntegro» y un «corazón de carne» (11:19). Tal era la vieja visión de Isaías 4:2-6 y Jeremías 30:31.

El nuevo reinado davídico

Ezequiel 17 es una alegoría de los cedros del Líbano (es decir, la casa de David) con sus acusaciones del último davídico, Sedequías, quien dependió más de Egipto que de Yahvé. No obstante, todo no estaba perdido porque esta historia concluye en 17:22-24 con la promesa de un tierno brote de la copa de este majestuoso cedro, que crecerá para tomar a todos los otros árboles (reinos).

El águila de Babilonia se llevaría la corona de este árbol de cedro en cautividad, pero Dios exaltaría al humilde. Una vez más Yahvé rompería otra ramita, esta vez el renuevo trasplantado, y este nuevo pedazo de cedro lo volvería a plantar en las alturas del cerro de Israel. Allá lo que parecería insignificante crecería hasta ser un poderoso árbol bajo el cual todas las aves del cielo buscarían refugio. A ese nuevo árbol vendrían todos los reinos de la tierra y reconocerían su inferioridad y la superioridad del árbol.

Una vez más el nuevo gobernador mundial de Dios de origen humilde era el punto (cf. Is 7:14ss.; 9:6ss.; 11:1ss.; Mi 4:1ss.). Aunque Zorobabel era la próxima persona davídica a gobernar, y lo transplantaron del exilio de Babilonia de regreso a Sión, está claro que no agotó los términos universales de este pasaje.

El remanente heredaría todas las antiguas promesas dadas a David y Abraham. Y el reino de Dios triunfaría sobre todas las naciones (o como gustaba a la figura oriental ponerlo, todas las aves del cielo y bestias de todo tipo buscarían su refugio).

El rey legitimo

La última parte en el desarrollo de la doctrina de la promesa se encuentra en la primera sección de Ezequiel: 21:26-27 [31-32]. Al descargar el profeta su mensaje de destrucción contra Jerusalén, el templo y la tierra de Israel (cf. Ez 20:45–21:17), le instruyeron a marcar la encrucijada en que el rey de Babilonia en su avanzada necesitaba determinar si tomaba el camino al sudeste hacia los amonitas o el camino a Jerusalén. Aunque Nabucodonosor usaría adivinación (sacudir saetas, necromancia, adivinanza por los hígados de animales, 21:21) Yahvé había ya (!) determinado que la suerte para él era dirigirse a Jerusalén (v. 22).

Y en lo que se refiere al impío príncipe davídico, Sedequías, deberá quitarse la «corona» *(miṣnepet)* y el sumo sacerdote su «mitra» (tiara o turbante, *ᵃṭārâh,* cf. Éx 28:4, 37, 39; 29:6; 39:28, 31; Lv 8:9; 16:4). Puesto que el reino y el sacerdocio, como se experimentó hasta ese momento en la historia de Israel, se aboliría, se interrumpiría por un tiempo. Permanecerían en ruinas hasta que la venida de Uno nombrado por Yahvé los reclamara (21:27 [32]; *'aḏ bô' ᵃašer lô hammišpāṭ,* «hasta que él venga cuyo derecho es).

Este pasaje es extraordinariamente similar a Génesis 49:10. No cabe duda que Ezequiel a propósito regresaba a la promesa mesiánica dada a Judá, como la única esperanza para Judá en su hora de tragedia. Cuando las líneas de David y Aarón no llevaron a cabo su divina misión, las arras de la promesa debían cesar hasta que Aquel a quien pertenecían el reino y el sacerdocio las reclamara.

Cuando apareciera, se darían la corona y la mitra a este nuevo y final rey Sacerdote, el Mesías.

Entretanto, su homólogo seguiría manifestándose a sí mismo en una serie de oposiciones al Mesías. En Isaías 14:12ss. estaba el rey de Babilonia y ahora en Ezequiel 28:11ss. estaba el rey de Tiro. Cada mensaje no se dirigía tanto a una figura histórica, sino a uno que resumía al final representante (anticristo) de la simiente de la serpiente como se prometió en Génesis 3:15. La historia no era una competencia entre simples mortales, era simultáneamente una batalla sobrenatural por dominio[1] y Satán tenía su propia sucesión de tiranos que correspondía a la línea davídica de Dios así como su persona clímax, el tirano de todos los tiranos.

El buen Pastor

Si algún pasaje estaba en el corazón de la contribución de Ezequiel a la promesa en desarrollo era Ezequiel 34:11-31: «Yo, yo mismo me encargaré de buscar y de cuidar a mi rebaño ... las pastorearé con justicia.» Sin duda, este pasaje le sirvió a Jesús como fondo para su mensaje sobre el Buen Samaritano en Juan 10.

El cuadro del pastor, desde luego, señala al benévolo gobernante en el que se puede confiar en su papel de líder. Viniendo como viene, en los talones de la caída de Jerusalén, en realidad, eran buenas nuevas saber que había algún líder que uniría la afligida y esparcida nación. Esta misma figura del tierno pastor aparece en Salmos 78:52-53; 79:13; 80:1; Isaías 40:11; 49:9-10; Jer 31:10 y más tarde en Zac 11.

Se le prometió alivio a este abatido rebaño en una era escatológica, en «un día oscuro y de nubarrones» (34:12; cf. Joel 2:2; Sof 1:15). Entonces Yahvé destruiría a los opresores («gordas y robustas») que se ensañaron en los débiles (34:16).

Tal como Jeremías 30:9 apuntó a un nuevo David que vendría, así ahora Ezequiel 34:23-24 promete:

Entonces les daré un pastor, mi siervo David, que las apacentará

---

[1] Anthony Williams, «The Mythological Background to Ezekiel 28:12-19» [Los antecedentes mitológicos de Ezequiel 28:12-19], *Biblical Theology Bulletin*, 6, 1976, pp. 49-61.

y será su único pastor. Yo, el SEÑOR, seré su Dios, y mi siervo David será su príncipe. Yo, el SEÑOR, lo he dicho.

Los temas ya ahora son bien familiares. El Siervo de Dios es esa persona representativa prometida para encabezar todo el grupo conocido como la simiente de Abraham, Isaac, Jacob y David. Parte de la fórmula tripartita aparece aquí también: «Yo seré su Dios.» Esto también fue un pedazo de la antigua promesa (nótese 34:30 para una repetición más completa de la fórmula). Y cuando Dios señala a David, la predicción de una dinastía eterna, el reino y el trono vienen fácilmente a la mente una vez más. A Ezequiel le fascinaba llamar a ese futuro rey davídico un «príncipe» *(nāśî')*. Es más, veinte de sus treinta y ocho usos de esta palabra «príncipe» se refieren a la venida del Rey davídico, el Mesías.

Como para estar seguro que los que leerían y escucharían este mensaje relacionaran esta nueva palabra sobre el Buen Pastor con la antigua promesa, se instruyó a Ezequiel que llamara esta promesa, acerca de un futuro «príncipe» davídico y sus paradisíacos efectos sobre la naturaleza, «pacto de paz» de Dios (34:25). Ese es solamente un nombre alternativo para el nuevo pacto porque el destierro de las bestias salvajes y el cuadro de paz, fertilidad y productividad son similares a la esperanza que Isaías (11:6-9) y otros profetas tenían (Os 2:22; Jl 3:18; Am 9:13-14 y más tarde Zac 8:12). La paz de ese pacto es la *armonía* restaurada que existe en un mundo donde las cosas *marchan* según lo esperado, sin las negativas intromisiones ni el desperdicio de la frustración.

La nueva limpieza y el nuevo nacimiento

Hay un pasaje que está cerca de igualar la majestad y alcance del pasaje de Jeremías sobre el nuevo pacto, es Ezequiel 36:25-35. Aquí Ezequiel promete que Yahvé, «por causa de mi santo nombre» («pero no por [causa de Israel]», 36:22a; 32a; cf. 36:22b, 32b), vindicaría a Israel reagrupándolo en su tierra desde todos los países a donde se les esparció. Así, a «través» de Israel todas las naciones de la tierra reconocerían que Dios llevó a cabo lo que prometió y así su santa reputación y carácter permanecerían inmaculados.

Aunque eso no era ni la mitad. Más importante aun era que los que vinieran bajo el nuevo pacto por creencia personal experimentarían lo que Orelli con claridad declaró como:

Limpieza y justificación (v. 25), y nuevo nacimiento positivo a través del Espíritu de Dios (v. 26ss.) en consecuencia de lo cual el pueblo de aquí en adelante sería capaz y estaría dispuesto a guardar los mandamientos divinos ... El Señor mismo debe rociar este pueblo impuro ... El corazón humano, la fuente de toda voluntad e inclinación (Dt 30:6), de todo deseo y esfuerzo no es apto para el servicio a Dios (Gn 8:21), como toda la historia de Israel demuestra ... Dios dará a su aceptado pueblo un nuevo corazón, con relación al anterior como carne a piedra. Es decir, en lugar de un corazón duro, terco, no receptivo, uno sensible a la Palabra y voluntad de Dios, receptivo a todo lo bueno, o como dice Jeremías, igual a una tabla suave sobre la que Dios pueda escribir su santa ley. Y el nuevo Espíritu que llene estos receptivos corazones será el Espíritu de Dios, quien impele a guardar los mandamientos divinos ... Cada miembro en particular de él *nace de nuevo* del agua y el espíritu ... Aunque la gloria exterior, que es el fruto de esta obra interior de gracia, se presenta bajo limitaciones del AT (36:28s.), el acto de gracia mismo, del cual surge la paz de Dios, se ve con divina claridad.[2]

No es extraño que Cristo se maravillara de que Nicodemo no supiera sobre el nuevo nacimiento y la obra del Espíritu Santo (Jn 3:10). Como un maestro de los judíos, debió haber estado familiarizado con este pasaje y, por lo tanto, con su enseñanza. El Señor mismo Señor podría limpiar a los hombres. Así que por medio del Espíritu Santo hizo un trasplante de corazón en ellos y les dio un nuevo nacimiento. Las actividades relacionadas con el Espíritu se enumeraron ya en Joel 2:28-32 e Isaías 42:1; 44:3; 59:21. Por consiguiente, un pueblo purificado habitará una vez más en una tierra purificada, igual al jardín de Edén (36:35), donde la bendición edénica reinará otra vez sin reto (vv. 37-38).

Un Israel restaurado y reunificado

Es muy probable que el valle donde Ezequiel recibió la visión

---

[2] C. von Orelli, *The Old Testament Prophecy of the Consummantion of God's Kingdom Traced in its Historical Development*, trad. J. J. Banks, T.&T. Clark, Edimburgo, 1889, p. 322 (itálicas suyas).

de los huesos secos en Ezequiel 37:1 fuera el mismo lugar en que recibió su primera revelación de la inminente destrucción de Jerusalén (3:22). Si es así, el libro comienza y termina de una manera singular. Los huesos secos esparcidos eran toda la casa de Israel (37:11), a quien Ezequiel se le dio el frustrante mandamiento de «profetizar» (v. 4). Cuando obedeció, el milagro de la reorganización ocurrió mediante la predicación de la palabra de Dios y la poderosa obra de Dios.

Sin embargo, a pesar de la restauración, estos hombres aún no tenían vida, ¡estaban muertos! Por lo tanto, se le dijo a Ezequiel que «profetizara» otra vez, y el aliento y la vida vino a los muertos (37:9). La enseñanza se dio expresamente por Ezequiel 37:12-14:

Pueblo mío, abriré tus tumbas y te sacaré de ellas, y te haré regresar a la tierra de Israel ... Pondré en ti mi aliento de vida, y volverás a vivir. Y te estableceré en tu propia tierra.

Así que, como a Adán se le sopló el hálito de vida en su nariz y se convirtió en un «ser viviente», así sería restaurado Israel. Este pasaje, por lo tanto, no analiza la doctrina de resurrección personal corporal, sino la resurrección nacional.

Más aun, los dos hermanos separados, las diez tribus del norte de José y Efraín y las dos tribus del sur de Judá y Benjamín, se reunificarían bajo un nuevo David en aquel día de resurrección nacional de acuerdo a Ezequiel 37:15-28. En ese pasaje se le dijo a Ezequiel que uniera dos varas, marcadas con Judá y José respectivamente, en una (vv. 16, 19). Entonces de nuevo, por primera vez desde 931 a.C., serán «*una* sola nación» (v. 22a), bajo «*un* solo rey» (v. 22b), con *un* solo Dios (v. 23) y «*un* solo pastor», «mi siervo David» (v. 24). Y este estado duraría «para siempre» (v. 25) como parte del «pacto eterno» de Dios (v. 26). El lugar de habitación de Yahvé será con ellos (cf. las disertaciones del «descanso» y «lugar» de la historia profética de la era de Josué), y «yo seré su Dios y ellos serán mi pueblo. Y cuando mi santuario esté para siempre en medio de ellos, las naciones sabrán que yo, el SEÑOR, he hecho de Israel un pueblo santo» (vv. 27-28).

Con ese asunto principal, Ezequiel procede a dar una detallada descripción de la restaurada tierra de Israel después que analizó la batalla de Gog y Magog en los capítulos 38–39. En esa tierra, un nuevo templo volverá otra vez a ser la pieza dominante de arquitectura. De este templo saldría un manantial de vida que incrementaría en profundidad y poder a medida que se acercaba a lo que antes se conocía como Mar Muerto (cf. Sal 46:4-5; Is 33:13-24; Jl 3:9-21). En sus riberas estaban los árboles de la vida dando sus hojas sanadoras y sus frutos mensuales en un cuadro del paraíso restaurado de la nueva Jerusalén.

Sin embargo, ¿es Ezequiel 40–48 un simple ideal, una descripción simbólica o una realidad profética? A lo mejor cada una de estas categorías es un poquito simplista para la profundidad de la idea que aparece aquí. En nuestro punto de vista tiene que haber un templo real reconstruido en medio de la tierra. La adoración del Dios viviente continuará como está escrito aquí, bajo las características concomitantes de la adoración conocida en los días en que escribía Ezequiel. (Compare esto con la manera en que los profetas describían los armamentos de las futuras batallas escatológicas en términos de los implementos de guerra conocidos en aquellos días, es decir, arcos y flechas, lanzas y caballos.)

Sin duda, cuando Ezequiel describe el río de vida y el fruto, se movía más hacia la terminología apocalíptica similar a la que encontramos más tarde en el Apocalipsis de Juan. Sin embargo, la realidad de un cielo y una tierra restaurados donde el «Señor está» (Ez 48:35) en la nueva Jerusalén de Israel, está asegurado. La conclusión de la profecía de Ezequiel, por lo tanto, es una expansión y mayor elaboración de Isaías 65 y 66 que habla de nuevos cielos y nueva tierra. Lo único que aquí el acento cae en el Señor habitando en el tabernáculo en medio de su pueblo adorador, donde se sana la naturaleza y se restaura a su propósito y productividad original.

El éxito del reino prometido: Daniel

La teología de Daniel es la antítesis de los sucesivos reinos de la humanidad. En contraste con esos reinos está el permanente pero finalmente triunfante reino de Dios. Daniel, otro exiliado junto a

Ezequiel,[3] miró más allá de la catástrofe del colapso de Jerusalén y la línea davídica al prometido reino permanente de Dios.

La piedra y el reino de Dios

El sueño de Nabucodonosor registrado en Daniel 2 brinda el escenario para su profecía. Allí se describe una colosal imagen compuesta de cuatro metales que van disminuyendo en valor con creciente debilidad y división mientras uno procede de la cabeza a los dedos de los pies. Esta imagen representa la alternativa humana a esta «Roca» que cae a los pies del coloso y reducirá a pedazos la imagen. Después de esto la «Roca» viene a ser un gran reino que llena la tierra. Esto trae a la mente la «Piedra Angular» de Isaías (28:16), mientras que los metales se identifican con claridad como los cuatro reinos empezando con Babilonia, seguido por el dominio dividido Medo-Persa, Greco-Macedonio y el Imperio Romano u occidental.

La interpretación dada en Daniel 2:44 fue clara como cristal:

En los días de estos reyes, el Dios del cielo establecerá un reino que jamás será destruido, ni entregado a otro pueblo, sino que permanecerá para siempre y hará pedazos a todos estos reinos.

Como en Abdías 21, el reino era de Yahvé y así será aquí.

El venerable Anciano

El capítulo paralelo del sueño de Nabucodonosor en Daniel 2 es la visión de Daniel del capítulo 7. Otra vez había cuatro reinos y la cabeza de oro de Nabucodonosor, identificada como Babilonia en el capítulo 2, era el «león» de Daniel (7:4). El pecho y los brazos de plata del monarca terrenal eran el «oso» de Daniel (v. 5) y, más tarde, el carnero con dos cuernos en Daniel 8:20 se identificó como Media y Persia. El vientre y las caderas de bronce y cobre en Daniel 2 era un leopardo con cuatro cabezas y cuatro alas en

---

[3] No vacilamos en defender un Daniel del siglo sexto. La defensa para esta fecha, aunque extremadamente impopular entre los eruditos bíblicos, debe ser sostenida en el terreno de evidencias, no de doctrina. Véase los argumentos de mi colega Gleason L. Archer Jr., *Reseña crítica de una introducción al Antiguo Testamento*, Editorial Portavoz, Grand Rapids, MI, 1982, (pp. 377-403 del original en inglés) y la bibliografía que él cita allí.

Daniel 7:6. Este es el mismo tosco macho cabrío de Daniel a quien le salen cuatro pequeños cuernos en Daniel 8:21-22, el cual es Alejandro el Grande de Grecia y los cuatro generales que le sucederían. La imagen de piernas de hierro y barro de Nabucodonosor se convierte en una terrible e indescriptiblemente horrible bestia en Daniel 7:7. Este es un cuadro de un Imperio Romano que al final se dividió entre diez reyes y un altivo anticristo (vv. 24-25) que someterá a tres de los diez reyes y gritará contra el Altísimo y hará daño a los santos de Dios durante un período designado hasta que llegue el reino eterno de Dios (vv. 25b-27).

Por consiguiente, en Daniel 7 aparecen los mismos cuatro imperios, solo que esta vez salen en sucesión del mar azotado por la tormenta. Sin embargo, otra vez, cuando su tiempo expiró y el gobernante procedente de los diez cuernos de las cuatro bestias había hecho lo peor contra el Dios del cielo y sus santos, el «venerable Anciano» se acercó en juicio. En los versículos 13 y 14, Daniel dice:

En esa visión nocturna, vi que alguien con aspecto humano venía entre las nubes del cielo. Se acercó al venerable Anciano y fue llevado a su presencia, y se le dio autoridad, poder y majestad. ¡Todos los pueblos, naciones y lenguas lo adoraron! ¡Su dominio es un dominio eterno, que no pasará, y su reino jamás será destruido!

En contraste a la naturaleza bestial de los imperios de los hombres, un Mediador humano viene del Altísimo Dios cuyo aspecto y persona enseguida recuerdan a uno de las visiones de Ezequiel y de Isaías. Así, la venida del Mesías no sería solo el verdadero David, sino que también sería el verdadero Hijo del hombre,[4] combinando en su persona el alto llamado de humanidad y la posición reservada solo para Dios. Su origen celestial se destaca en que vino «con las nubes del cielo» (7:13, que es más explícito que la roca que vino de 2:34) y su divinidad subrayó el permanente e indestructible reino y dominio que se le dio a él (7:14).

---

[4] Véase E.J. Young, «Daniel's Vision of the Son of Man» [La visión de Daniel del hijo del hombre], *The Law and the Prophets* [La Ley y los profetas], ed. J. Skilton, Presbyterian and Reformed Publishing House, Nutley, NJ, 1974, pp. 425-51.

Esos poderes gobernados por una horrenda mezcla de impulsos salvajes, sensuales y egoístas, con distorsionadas características, cuernos, dientes y apetitos carnívoros enfrentarían ahora el juicio de Dios cuando el venerable Anciano se sienta en su trono. Su resplandeciente ropa era blanca y pura como nieve, su cabello era blanco como la lana y su trono centelleaba como el fuego. El juicio era según lo que estaba escrito en los libros (7:10) y los tronos de juicio se pusieron en la tierra (v. 9). La comitiva del venerable Anciano era inmensa: miles y millares lo servían y estaban de pie ante él (cf. la comitiva celestial del juez en Zac 14:5).

Los santos del Altísimo

A los «santos del Altísimo» (7:18, 22, 27 en la frase aramea *qadîšê 'elyônîn*)[5] se les dio el reino y el dominio después del juicio de las naciones. Estaban en la misma línea de descendientes que la «nación santa» *(gôy qāḏôš*, Éx 19:6) o el «pueblo santo» *('am qāḏôš*, Dt 7:6; 26:19) de la Era Mosaica o la «simiente» prometida a Eva y los patriarcas. En el AT ya le prometieron un gran reino a Israel (Nm 24:7; Is 60:12; Mi 4:8) y este reino lo gobernaría el futuro rey davídico. Es más que un interés pasajero que «los santos» pertenecieran a Dios (nótese el genitivo posesivo) y que formaran un remanente al que incluso Isaías habló de «simiente santa» *(zera' qāḏôš*, Is 6:13)[6] que permanecería después de las continuas destrucciones.

Las setenta semanas

Daniel bosquejó el futuro de Jerusalén y de la nación de Israel cuando se dio cuenta que los setenta años de cautividad que Jeremías profetizó (29:10) estaban casi terminados. Ese futuro involucraba setenta sietes o semanas (Dn 9:20-27) ordenadas en tres grupos: (1) uno de siete semanas; (2) otro de sesenta y dos semanas; y (3) uno final de una semana. Por consiguiente, se dividirían cuatro-

---

5   Para los más recientes defensores del punto de vista israelita y para la bibliografía masiva, véase V. S. Poythress, «The Holy Ones of the Most High in Daniel vii» [Los santos del altísimo en Daniel 7], *Vetus Testamentun* 26, 1976, pp. 208-13; y Gerhard F. Hasel, «The Identity of the Saints of the Most High in Daniel 7» [La identidad de los santos del altísimo en Daniel 7], *Biblica* 56, 1976, pp. 173-92.

6   Un hecho notado por G. Hasel, *Ibid.,* p. 191.

cientas noventa semanas (a saber, años) en cuarenta y nueve, cuatrocientos treinta y cuatro, y siete años respectivamente. El propósito de esta extensión adicional de tiempo antes que la esperada consumación se produzca se describió en los seis infinitivos del versículo 24:

> poner fin a sus transgresiones
> abolir pecados
> expiar la maldad
> establecer para siempre la justicia
> sellar la visión y la profecía
> consagrar [ungir] el lugar santísimo

El orden de sucesos antes que llegara la total redención incluía toda la liberación del pecado y la culpa, la conclusión de la actividad profética y la introducción del reino justo con su ungido santuario en Sión como se predijo en Ezequiel 40–48, Zacarías 3:9ss. y sus predecesores.

La mayoría de los comentaristas están de acuerdo en que los cuatrocientos noventa años empezaron con el decreto de Artajerjes en el vigésimo año de su reinado en 445 a.C. (Neh 2:1-8),[7] que permitiría que la ciudad de Jerusalén se reconstruyera y continuara a través de cuatrocientos ochenta y tres de esos cuatrocientos noventa años, hasta la primera venida del Mesías. Sin embargo, los comentaristas difieren ampliamente en si hay un lapso indeterminado entre las primeras sesenta y nueve semanas, o cuatrocientos ochenta y tres años, y la última semana de siete años, o si esa semana también no expiró en el primer siglo cristiano durante la persecución de la iglesia primitiva simbolizada por el martirio de Esteban. La posición anterior señala la importancia temporal de «después de las sesenta y dos semanas [período]» (9:26) y la muerte del Mesías (aproximadamente 30 d.C.) y la destrucción del templo (70 d.C.) mientras que el último grupo tiende a igualar el «ungido» con el

---

7　La palabra para «decreto» es literalmente la «palabra». De acuerdo a un reciente ensayo leído por el Dr. A. MacRae en la reunión anual de 1976 de la Evangelical Theological Society [Sociedad teológica evangélica], esa «palabra» fue la dada por Jeremías. Por eso, él favorecería dos intervalos de duración no especificada entre la séptima semana y la sexagésima segunda y entre la sexagésima novena y la septuagésima respectivamente.

«príncipe» del versículo 26 para apoyar el final de la septuagésima semana durante el primer siglo d.C.

En nuestra opinión, el «ungido» *(Māšîaḥ,* 9:2) «el principesco, majestuoso, Ungido» *(māšîaḥ nāgîd,* v. 25) es el mismo que el «alguien con aspecto humano» de 7:13, quien regresará a la tierra triunfalmente después que sufra la muerte en la tierra.

El jactancioso cuerno pequeño

En el día final el «cuerno pequeño» estará en contra del santo remanente de Dios (7:8), «príncipe» (9:26b-27) o «el rey» que «hará lo que mejor le parezca. Se exaltará a sí mismo, se creerá superior a todos los dioses, y dirá cosas que nadie antes se atrevió a decir» (11:36).

Tal como el rey de Babilonia en Isaías 14 y el rey de Tiro en Ezequiel 28 sustituyeron al maligno en su desafío contra Dios y su pueblo, así que Daniel visualizó la apariencia de uno que vino a ser Antíoco (Epífanes) IV. Su profanación del altar al sacrificar en él a un cerdo (11:31) y el rompimiento de su pacto fueron uña y carne con ese anticristo final que vendría como la bestia (Ap 13), el «hombre de pecado» (2 Ts 2), o el «cuerno pequeño» y «príncipe» de Daniel. Esto no significa que Daniel estuviera indeciso entre un personaje histórico o escatológico en cuanto a su significado. Más bien el significado siempre fue uno y solamente uno. Sin embargo, como la más tarde escuela antionquena de interpretación lo explicó por su principio de «Theoria», al profeta se le dio una visión del futuro en la que no vio solamente el cumplimiento final como la conclusión a la palabra proferida, sino que a menudo también vio y habló de uno o más de los significados y personajes relacionados que estaban tan a tono con uno o más aspectos de ese cumplimiento final que vinieron a ser parte colectiva de una sola predicción. Del mismo modo, el apóstol Juan describe su comprensión de esta persona: «El anticristo viene, así ahora han surgido muchos anticristos» (1Jn 2:18, RVR-95). Juntos incorporan una «simiente» total (Gn 3:15). Sin embargo, tienen de tiempo en tiempo sus representantes que solo fueron arras y precursores del anticristo final, así como cada niño escogido de los sucesivos patriarcas y reyes davídicos fueron representantes, pero uno con el singular significado acerca de la verdadera Simiente, Siervo y David venidero.

La resurrección final

En ese tiempo, «un período de angustia, como no lo hubo jamás desde que las naciones existen», Dios libraría a su pueblo y presentaría su reino eterno (12:1). Se realizaría el proyectado reino, trono y reinado de la promesa.

Como en Isaías 26:19, Dios restauraría a la vida ese piadoso grupo de creyentes mediante una resurrección corporal de los muertos. Una clase disfrutaría vida eterna porque sus nombres estaban escritos en el libro (12:1-2). La otra clase resucitaría a eterna vergüenza y desprecio. Es decir, su condenación (cf. Is 24:22; 66:24). A Job se le aseguró que tal como un árbol retoñaría aunque estuviera cortado, un hombre viviría otra vez (Job 14:7, 14). En verdad, anhelaba la oportunidad de mirar a su Redentor con sus propios ojos aun después que los gusanos destruyeran su cuerpo (19:25-27).

Así como el colosal intento humano de tiranizar al hombre vino a un fin con la irrupción del reino de Dios y su rey de acuerdo a la antigua pero renovada promesa, allí apareció un final y todopoderoso rey que fue la suma de todos los poderes y reinos de hombres, el antimesías. Sin embargo, el Mesías de Dios vencerá con facilidad a ese maligno, introduciría su reino y daría ese nuevo, justo y eterno dominio a sus «santos», a muchos de ellos los resucitaría corporalmente del polvo de la tierra y ellos brillarían como estrellas para siempre jamás.

Capítulo 15

Triunfo de la promesa: Tiempos postexílicos

Con la predicción divina, sin embargo, el sorprendente permiso del rey persa, Ciro, una porción pequeña de la nación en el exilio volvió a Jerusalén bajo un representante de la casa real davídica, Zorobabel y el sumo sacerdote Josué. Aunque por dondequiera los persistentes recuerdos de sus abismales derrotas bajo los babilonios eran demasiado evidentes.

Aunque querían echar el cimiento del más importante símbolo de la presencia de Dios, su santuario, el desánimo se apoderó de ellos y todo el proyecto se paralizó por completo durante dieciséis largos años (Esd 4:24). Todo andaba mal: no tenían ni los medios ni la inclinación y finalmente hasta faltó la disposición de construir el templo. Cada intento encaraba una oposición constante tanto dentro como fuera del pequeño grupo (Esd 3:12-13; 4:1- 22). Así se hubiera quedado si Dios en su bondad no hubiera mandado a los profetas Hageo y Zacarías (Esd 5:1).

El anillo de sello de Dios: Hageo

El problema teológico de este tiempo era: ¿Dónde hallar la actividad y presencia de Dios? Sin duda, no descansaba en el estado político destrozado ni en el templo destruido. Así que las circunstancias de la vida obligaron a los hombres a ampliar su forma de pensar sobre las promesas internas de Dios mientras que las fortunas externas parecían hundirse.

Sin embargo, los dieciséis años de indiferencia con la construcción de la casa de Dios probó ser costoso, no solo en cuanto al desarrollo espiritual de Israel, sino también en cuanto a sus recientes reveses materiales.

En el año 520 a.c., Hageo encaró el débil pretexto del pueblo de que no era el momento adecuado (un modo de culpar a Dios por no prosperarlos adecuadamente como para edificar el templo) al pedirles que se aplicara la misma lógica a sus moradas lujosas (1:2-4). El hecho de la «ruina» *(hārēḇ)* del templo llegó a molestar tanto a Yahvé que envió una sequía sobre sus campos (v. 11). Una vez más, donde no hicieron caso al *precepto* de Dios, se usó la *penalidad* de él para llamar la atención del pueblo. Así que el pequeño grupo de exiliados que regresó, sembraba más y cosechaba menos, comía y bebía más y lo disfrutaba menos, se abrigaba más, pero se sentía menos abrigado y ganaba más, pero podía comprar menos (v. 6). Esto era lo que debían reflexionar con mucho cuidado (1:5, 7; cf. 2:15, 18). No se debía tomar cada revés en particular como evidencia de la disciplina de Dios contra la nación. Aun así, cuando estas calamidades comenzaron a llegar en serie y la severidad se incrementó de tal modo que se afectó el prestigio y bienestar de toda la nación, el país debía saber que provenía de la mano de Dios y los hombres debían volver a él. Este principio se anunció por primera vez en Levítico 26:3-33 y luego por medio de la mayoría de los profetas, especialmente en Amós 4:6-12.

Para asombro de todos, el pueblo respondió y «obedeció» a la palabra del Señor y la voz de Hageo, el profeta (1:12). Dios añadió su antiguo nombre y promesa en relación con las palabras: «Yo estoy con ustedes» (1:13; 2:4), a medida que su Espíritu inquietó a los líderes y al pueblo para trabajar en la casa del Señor (1:14).

La prueba de que Dios moraba aún en Israel, según la antigua promesa dada en relación al tabernáculo (Éx 29:45-46) y la fórmula tripartita, era evidente que morara su Espíritu entre ellos (2:5). Además, los pequeños comienzos del segundo templo se vincularon de forma con las fortunas, glorias y honras que se recibirían en los futuros templos de Dios y que describen Ezequiel y otros. De manera inequívoca, Hageo preguntó en 2:3: «¿Queda alguien entre ustedes que haya visto *esta* casa [el segundo templo] en su antiguo esplendor [el templo de Salomón]? Entonces con audacia proclamó: «¡Haré temblar a todas las naciones! Sus riquezas[1] llegarán

---

[1] La palabra «el Deseado [tesoro] de todas las gentes» (RVR 1909 *ḥemdāṯ kol hagôyîm*,

aquí, así llenaré de esplendor esta casa –dice el Señor Todopoderoso.» Los tres templos eran uno y tenían la misma parte en el esplendor del reconocimiento universal dado al templo de Yahvé en ese día final. Incluso, las naciones echarán sus riquezas en esa casa en reconocimiento de la soberanía de Yahvé, como lo anunciaron en Isaías 54:11-14; 60; Jeremías 3:14-18; y Ezequías 40–48. Por eso los hombres no debían depreciar el día de comenzar cosas pequeñas emprendidas en el nombre, poder y plan de Dios.

Sin embargo, antes que dicho día llegara, habría una convulsión mundial en las esferas físicas, políticas y sociales (2:7, 21-22). Esto estaba muy de acuerdo con el tema ya conocido del día del Señor. Para describir los juicios de Dios y su triunfo indiscutible, Hageo utilizó términos de las conquistas pasadas cuando Dios actuó decisivamente a favor de Israel como en el caso del Mar Rojo en que cayeron «caballos y jinetes», o en la liberación de Gedeón cuando todos se mataron «a espada unos a otros». Así Yahvé sacudirá los cielos y la tierra y «volcaré» (cf. Sodoma y Gomorra) los tronos reales y destruirá el poderío de los reinos del mundo (2:22).

El significado de esta sacudida para la casa real de David se aclara en 2:23 cuando Hageo declara que «en aquel día» Yahvé tomará a Zorobabel del linaje de David y siervo de Dios y lo hará un «anillo de sello» *(hôṭām)*. Así, la derrota de los reinos fue para exaltar la persona davídica venidera. De modo que Zorobabel, el heredero en ese tiempo del trono de David, tenía en su puesto y persona un valor que aumentaría a un nivel excepcionalmente glorioso cuando la proyectada catástrofe mundial echara todos los imperios competidores hacia su abolición final.

Este «anillo de sello» era el sello de autoridad que le quitaron con brusquedad a Jeconías (también conocido como Conías y Joaquín) en Jeremías 22:24 porque Dios rechazó su liderazgo. El uso de sellos para señalar propiedades y documentos era bien conocido en el Oriente Próximo antiguo; por lo tanto, el anillo de sello sin duda fue

2:7) está claramente en plural y por lo tanto no es una referencia al Mesías. Sin embargo, Herbert Wolf: «The Desire of All Nation in Haggai 2:7: Messianic or Not?» [El deseo de todas las naciones en Hageo 2:7: ¿Mesiánico o no?] *Journal of the Evangelical Theological Society* 19, 1976, pp. 97-102, señaló otros pasajes del AT donde el verbo plural y el sujeto se refieren con claridad a un individuo; así que la referencia pudiera ser mesiánica.

la insignia real que se usaba para las autorizaciones y autenticidad del poder y prestigio de aquel gobierno (cf. anillo de sello en Cnt 8:6). Este nuevo hijo de David será la señal de Dios para el mundo de que seguirá cumpliendo su antigua promesa. Las «misericordias de David» estaban «firmes» o «inmutables» (Is 55:3, RVR). Aun el título de «mi siervo» fue más que una expresión final de la corte. En labios de Yahvé fue una referencia transparente a la entidad real como grupo y también después de todo al individuo que incorporara todo el grupo como lo anunció Isaías durante el siglo ocho (p.ej. Is 42:1).

El héroe conquistador de Dios: Zacarías

Con ocho visiones de noche (1:7–6:8) y dos mensajes proféticos de carga (9-11; 12-14, véanse RVR 1909), el sacerdote-profeta Zacarías bosquejó el crecimiento del reino de Dios desde sus humildes comienzos hasta la victoria triunfante sobre toda la fuerza de la oposición. Al trabajar mano a mano con Hageo, Zacarías entregó el llamado más intenso al arrepentimiento jamás dado por un profeta del Antiguo Testamento (Zac 1:1-6) en noviembre de 520 a.C. El mal que había «alcanzado» *(hiśśîgû,* v. 6, RVR) la nación en la catástrofe de 586 a.C. y los setenta años de exilio fueron precisamente lo que Moisés advirtió con el mismo vocabulario en Deuteronomio 28:15, 45.

En las ocho visiones complementarias entre sí, Zacarías recibió un cuadro completo de cómo Dios respondió a los que dudaban de la validez de la promesa antigua y el futuro de Sión. En la primera visión el informe de los cuatro jinetes fue desalentador porque las naciones del mundo quedaron tranquilas y cómodas (1:11) a pesar de las continuas amenazas de destrucción inminente. Aunque llegada la octava visión, los cuatro carros de guerra terminaron su encargo de llevar a cabo el juicio de Dios en cada dirección (6:1-8). La segunda visión detalló cómo esto sucedió en el cuadro de los cuatro cuernos (1:18-21 [2:1-4]) y los cuatro herreros que Dios levantó y que humillaron y rompieron los cuatro cuernos. Sin duda, los cuernos representan los mismos cuatro poderes mundiales sucesivos de Daniel. Al mismo tiempo que se ordenaron juicio sobre las naciones, se iba a reedificar, ensanchar y exaltar a Jerusalén

(2:1ss. [2:5ss.]). La característica más importante era: «En torno suyo —afirma el Señor— seré un muro de fuego, y dentro de ella seré su gloria» (2:5[9]; cf. Is 60:19; Ap 21:23); y «¡Yo vengo a habitar en medio de ti! —afirma el SEÑOR—. En aquel día, muchas naciones se unirán el SEÑOR. Ellos serán mi pueblo, y yo habitaré entre ellas. Así sabrán que el SEÑOR Todopoderoso es quien me ha enviado a ustedes» (2:10-11 [14-15]).

Mi siervo el Renuevo, la Piedra

El establecimiento exterior de la ciudad de Dios como residencia personal de Yahvé tenía que esperar la obra divina de una limpieza interior. En su cuarta visión, Zacarías vio al sumo sacerdote Josué vestido con ropas sucias y parado en presencia del ángel del Señor y convertido en blanco de las acusaciones de Satanás. En cuanto al adversario, el Señor ordenó silencio; pero con relación al sumo sacerdote ordenó que le quitaran las ropas sucias y que le vistieran de ropas espléndidas. La culpa de toda la nación descansaba sobre el sumo sacerdote y, por lo tanto, hacía a todos inmundos (cf. Hageo 2:11-14). Sin embargo, también les prometió restablecer el oficio del sumo sacerdote luego de una larga interrupción (Zac 3:7). «¡En un solo día borraré el pecado de esta tierra!» (v. 9). Así Josué como un representante del «reino de sacerdotes» (Éx 19:6) fue una «señal» *(môpēû*, 3:8).

Era «asombroso» que luego de tan largo exilio aún existiera el sumo sacerdocio. No obstante, era una señal para el futuro. El advenimiento del único representante verdadero y adecuado fue el Mesías que aquí lleva tres títulos.

El «Renuevo» de 3:8 y 6:12 fue otro apellido ya conocido en Isaías 4:2 y Jeremías 6:12 para el último del linaje de David y que surgiría de la oscuridad. Que él aparezca como el «Siervo» con relación al sacerdocio no puede ser una simple coincidencia. Aquí se aclara que el «Renuevo» o «Siervo» no solamente será el sucesor de David, sino también de Josué. Como Isaías declaró que el Siervo daría su vida en expiación de otros y así quitaría su iniquidad, así Zacarías 3:9 prometió que el Mesías lo haría «en un solo día».

Sin embargo, si el «Siervo-Renuevo» representaba el primer advenimiento, la «Roca» de Daniel 2:34-35 representó la segunda venida del Mesías. De modo que en el pasaje más detallado de Zacarías 6:9-15, Dios guió a Zacarías a elaborar «coronas» del oro y la plata que trajeron de Babilonia. Este suceso resumió las ocho visiones de noche y su alcance en un hecho: los regalos reales de la lejana Babilonia no eran más que un presagio de las riquezas de las naciones que entrarían a raudales en Jerusalén cuando recibieran al Mesías el Renuevo como rey de reyes y Señor de señores. De estos regalos se hicieron una corona para el Rey-Sacerdote, el «Hombre» cuyo nombre es «Renuevo» y quien «edificará el templo de Jehová ... se sentará y dominará en su trono, y habrá sacerdote a su lado» (Zac 6:12-13, RVR-1909). El mismo Señor que ayudó a terminar la construcción del segundo templo gobernará como Sacerdote y Rey: ¡ambos oficios en una sola persona! Zacarías 8:20-23 bosqueja un futuro en el que mucha gente buscaría al Señor residente en Jerusalén en ese día y que diez hombres «tomarán a un judío por el borde de su capa y le dirán: ¡Déjanos acompañarte! ¡Hemos sabido que Dios está con ustedes!»

El mismo Sacerdote-Rey fue el tema del Salmo 110, aunque en este Salmo era un Rey conquistador; en Zacarías 6 está entronizado sobre un dominio pacífico.

El Rey de humildad y justicia

Cuando Zacarías comenzó el primero de sus dos mensajes de carga, profetizó el progreso victorioso de Alejandro Magno (Zac 9:1ss.). El asunto ya estaba hecho: habrá un juicio venidero en el cual Dios destruiría los poderes gentiles mundiales que también dominaban a Israel. El verdadero Rey de Israel ya venía y lo haría montado en un asno como símbolo de su presentación (9:9, cf. Jue 5:10; 10:4; 12:14).

Su carácter era «justo», lo mismo que decía Isaías 9:7; 11:4-5; 32:1. Aun así, también lo «libraron» y como señal de la gracia de Dios salió victorioso. Fue «humilde» o incluso «afligido», el mismo concepto que Isaías 53:7 atribuía al «siervo del Señor». Sin embargo, este fue el nuevo rey de Israel. Fue humilde, pero victorioso; destruirá los implementos de guerra (Zac 9:10a), pero reinará en paz sobre toda la tierra (v. 10b). Este último retrato fue idéntico al de Isaías 9:1-7; 11:1-9; y Miqueas 5:2-5. Al igual que proclamó el Salmo

72:8, «su dominio se extenderá de mar a mar, ¡desde el río Éufrates hasta los confines de la tierra!» (Zac 9:10).

Aun después de la restauración de Israel a su tierra, luego del exilio en Babilonia, apareció de nuevo en Zacarías 10:9-12 la esperanza de la nación recogida y reunida. Los que interpreten la promesa de la tierra de manera espiritual o como una bendición temporal que perdió la nación rebelde por no guardar su parte del pacto condicional (?), no deben perder de vista la importancia de este pasaje y la fecha de su tardío postexilio. Por el contrario, esta esperanza ardía con más fuerza a medida que la dispersión de Israel fue cada vez más irremediable.

El Pastor herido

Israel tuvo gobernantes (pastores) malvados que se aprovecharon de su rebaño, pero al Buen Pastor al principio lo aceptaron y luego lo vendieron por treinta piezas de plata (Zac 11:7-14). A medida que los gobernaba, en el pasado usó dos varas con el nombre «gracia» y «unión» *(no'am, hoblîm);* pero cuando estas dos varas se quebraron, también se quebró el poder que este reino hermano tenía en el nombre de Dios. Los representantes davídicos despidieron al Señor del país. Entonces, como un premio o como su estimado al valor de los servicios, pusieron la suma que se paga por un esclavo (Éx 21:32): ¡treinta piezas de plata! De este modo el Pastor se convirtió en el Pastor-Mártir (Zac 13:7-9) de las ovejas que rechazaron su liderazgo.

Sin embargo, en otra sección (Zac 12:10–13:1), el pueblo haría lamentación por Aquel que traspasaron, del mismo modo que se lamenta la pérdida de su único hijo. En realidad, el pastor no merecía este sufrimiento, pero lo sufrió a favor del pueblo.

Aun así, el Espíritu se derramaría sobre el pueblo, el Espíritu divino de gracia y súplica, por misericordia y el llanto de penitencia y tristeza genuina de corazón por rechazar el Mesías. Como Ezequiel profetizó que el Espíritu de Dios daría conocimiento del Yahvé y del Salvador, así el mismo Espíritu pondría convicción y arrepentimiento en los corazones de Israel.

El día final de la victoria

A Yahvé le quedaba una batalla decisiva por emprender. En aquel día, reuniría las naciones de la tierra mientras se trata de tomar medidas decisivas y concluyentes en cuanto al «problema judío» (Zac 14:1-2). Sin embargo, este será el mismo día que eligió el Señor de las huestes para salir y pelear contra estas naciones (v. 3). Con una gran convulsión en la naturaleza, el Dios de gloria descenderá en las nubes (Dn 7:13) con sus santos (Zac 14:5) y plantará sus pies sobre el Monte de los Olivos (vv. 4-5). Entonces la historia y el primer aspecto del gran plan de la promesa salvadora de Dios estará envuelto en el triunfo más decisivo jamás visto. Él tendrá la victoria sobre todos los hombres, las naciones y la naturaleza (vv. 9ss.). La consagración al Señor será el aspecto dominante en la adoración al rey, «la simiente» prometida (vv. 14ss.). Durante el curso del segundo mensaje de «carga», Zacarías proclamó diecisiete veces: «En aquel día»; veintidós veces señaló hacia «Jerusalén» y trece veces a las naciones. Con solo estas estadísticas se puede identificar bien el tiempo, los temas y los participantes que se recalcan en estos capítulos: la hora más brillante de la tierra cuando vuelve su Creador, Redentor y ahora Rey para completar lo que prometió comenzar desde hacía tanto tiempo.

El mensajero del pacto: Malaquías

Un profeta más, ahora en el siglo cinco, contestó las mofas incrédulas y blasfemias de un pueblo sumergido en sus miserias. Quejándose, dijo: «¿Dónde está el Dios de la justicia?» (Mal 2:17).

La repuesta de Malaquías fue simple: «Pronto vendrá a su templo el Señor a quien ustedes buscan» (3:1). Sin embargo, antes que llegue, Yahvé mandará un precursor que prepare el camino delante de él (v. 1), igual que Isaías profetizó (40:1ss.) porque era necesario preparar moralmente a la humanidad para tal acontecimiento. No obstante, cuando el mensajero del pacto *(mal'ak habbᵉrît,* 3:1) llegue a su templo, será nada menos que el Mesías prometido porque el día de su llegada también era el día del Señor que los profetas mencionaron tan a menudo (v. 2).

«El Señor» *(hā'āḏn,* nótese el artículo y la forma singular) vendrá a «su templo» y, por lo tanto, fue Yahvé (cf. Is 1:24; 3:1; 10:16, 33). Este «mensajero (o ángel) del pacto» fue el mediador por el cual el mismo Señor habitará en su templo. Esta nueva residencia en el templo se realizó en parte con la presencia de la gracia de Dios en el templo que se construyó en reacción a la predicación de Hageo y Zacarías, y así terminó la ausencia autoimpuesta de la gloria de Dios que se menciona en Ezequiel 11:23.

Sin embargo, Malaquías también vio en el templo una morado personal del «mensajero del pacto», el Mesías venidero. Además, su presencia sería tan intensa que albergaría un peligro para todos los pecadores. Malaquías preguntó: «¿Quién podrá mantenerse en pie cuando él aparezca?» (3:2). Esto no era más que una repetición de la promesa del tiempo del éxodo: Yahvé se manifestaría en la persona de un ángel que era una aparición de la deidad. Esto es lo que prometió en Éxodo 23:20-21:

Yo envío mi ángel delante de ti ...
porque va en representación mía

(cf. Éx 23:23; 32:34; 33:2).

Por lo tanto, la generación de Malaquías y la audiencia del siglo ocho de Amós (Amós 5:18, 20), se equivocaron al anhelar el día del Señor como el remedio para un pueblo espiritualmente no preparado. La presencia del Señor significaba que todos serían consumidos porque no se podían mezclar la santidad de Dios con la terquedad del pueblo (cf. Éx 33:3).

Era necesario depurar los corazones de los hombres como en un horno o con jabón para purgarlos de la suciedad y escoria del pecado. Esta clase de juicio caería en especial sobre los sacerdotes (3:3) que necesitaban purificarse antes de entrar en el servicio.

El precursor se presenta primero como «mensajero» (3:1) y más tarde como Elías el profeta (4:5). Quizá no debemos pensar en Elías de Tisbe, un hecho que alimenta el traslado de Elías a los cielos sin experimentar la muerte. Aunque después de la analogía de un nuevo o segundo David, así debía haber un nuevo o segundo Elías. Sería un hombre del «espíritu y poder» de Elías como Cristo que, al señalar a Juan el Bautista, dijo que era Elías porque venía con el «espíritu y el poder de Elías» (Mt 11:14; 17:11; Lc 1:17). De modo que la obra del segundo Elías era volver los corazones de los padres a sus hijos y de los hijos a sus padres en reconciliación. De modo que si los hombres no se dedicaban libremente y de todo corazón al Señor, se vería obligado a llegar y visitar la tierra con una «maldición» *(ḥērem,* 4:6 [3:24]). Esta «maldición» fue una «prohibición» o una «dedicación involuntaria» al Señor de todo; al final, el Señor toma lo que por derecho le pertenece como un reproche a los que resistieron darle siquiera una porción.

Sin embargo, Malaquías estaba seguro que todo no terminaría en tinieblas y tristezas:

> Porque desde donde nace el sol hasta donde se pone, grande es mi nombre entre las naciones. En todo lugar se ofrece incienso y ofrendas puras a mi nombre, porque grande es mi nombre entre las naciones —dice el SEÑOR Todopoderoso.
>
> *Malaquías 1:11*

El éxito de Yahvé sería tan amplio geográficamente como era el círculo del sol. Sus lugares de adoración no estarían solo en Jerusalén, sino «en *todo* lugar» hombres y mujeres ofrecerían «ofrendas puras», es decir, adoración sin las manchas de manos o corazones. El nombre de Dios sería «grande» y exaltado entre los gentiles. De modo que la discusión mosaica en cuanto al «lugar» y las ofrendas culmina en una universalidad y pureza desconocida en la historia pasada y presente, pero sin duda una parte real del futuro.

El reino es del Señor: Crónicas, Esdras-Nehemías, Ester

Al final del largo camino histórico cuesta arriba de Israel, de no existir hasta llegar a ser una nación y desde la destrucción hacia un estado debilitado durante la época postexílica, el cronista (quizá uno o más escritores de Esdras, Nehemías, Ester, 1 y 2 Crónicas) seleccionó los hechos y las palabras históricas del reino davídico y salomónico que pudieran emplearse para proyectar la imagen de la consumación escatológica de la promesa del nuevo David. Su reino esperado serviría como clímax a la antigua promesa y esto volvería a encender la esperanza en medio del pesimismo que brotaba del escaso crecimiento durante el período postexílico.

El pueblo de la promesa

El cronista tuvo una visión de un Israel reunido en un día futuro con la capital en Jerusalén, como en los días gloriosos de David y Salomón. Cuarenta y una veces en las Crónicas y ocho veces en Esdras-Nehemías, se refiere a «todos los de Israel» [todo Israel], junto con frases adicionales como «todas las tribus de Israel». Este aspecto, «todo Israel», destaca la descripción de los profetas de la reunificación futura del reino dividido en un solo reino unido (p.ej.: Is 11:13; Os 1:11 [2:2]; Jer 3:18; Ez 37:15).

El pueblo será el pueblo de Dios, una congregación *('ēḏâh)* unida de Israel en que vivirán, amarán y adorarán a Yahvé «de todo [o perfecto] corazón» *(lᵉḇaḇ šālēm)*. De treinta veces en todo el AT, esta expresión aparece nueve veces en las Crónicas, pero en total hay treinta referencias en Crónicas al «corazón» en el sentido de una relación buena o mala. Como dijo el profeta Jananí al rey Asa:

> Porque los ojos de Jehová contemplan toda la tierra, para mostrar su poder a favor de los que tienen corazón perfecto para con él.
>
> *2 Crónicas 16:9, RVR*

Vida en la promesa

La Torá o ley de Dios era la norma por la que el pueblo de Dios recibía sus instrucciones. Treinta y una veces el cronista se refiere al nombre de Moisés comparándolo con las doce veces en Samuel-Reyes; y casi cuarenta veces se usó «Torá» [ley] en las Crónicas en comparación con solo doce veces en Samuel-Reyes. Catorce veces designó la ley como «la Torá del Señor» o «de Dios» o «del Señor Dios».[2]

---

[2] Estas estadísticas provienen de Jacob M. Myers, «The Theology of the Chronicler» [La teología del cronista], *The Anchor Bible: 1 Chronicles* [La Biblia ancla: 1 Crónicas], Doubleday, Garden City, NY, 1974, pp lxxviiiss. Hoy en día, la bibliografía de la teología del cronista se desarrolla sin cesar. Algunos de los aportes recientes con buenas bibliografías son Roddy L. Braun, «The Message of Chronicles: Rally Round the Temple» [El mensaje de las Crónicas: Únase en torno al templo], *Concordia Theological Monthly*, 42, 1971, pp. 502-14; P. Ackroyd, «The theology of the Chronicler» [La teología del cronista], *Lexington Theological Quarterly* [Teológico de Lexington Trimestral], 8, 1973, pp. 108-116; Phillip Roberts, «An Evaluation of the Chronicler's Theology of Eschatology Based on Synoptic Studies Between Samuel-Kings and Chronicles» [Una evaluación de la teología escatológica del cronista basada en

Nehemías 8 narra cómo Esdras llevó la Palabra de Dios ante la asamblea y la leyó al pueblo que escuchaba atentamente (vv. 8-9). Mientras leía, Esdras ponía «el sentido» (v. 8, RVR, *šôm šekel*). Del mismo modo que el rey Josafat mandó con anterioridad a un grupo de hombres para instruir al pueblo de Judá sobre la Torá del Señor (2Cr 17:9), Esdras ahora, en el tiempo postexílico:

> Se había dedicado por completo a estudiar la ley del SEÑOR, a ponerla en práctica y a enseñar sus preceptos y normas a los israelitas.
>
> *Esdras 7:10*

Tal y como Salomón recibió la promesa de la bendición de los beneficios que Dios prometió de manera incondicional a la casa de David «si» tenía el cuidado de cumplir con todo lo que el Señor había mandado a Moisés (1Cr 22:12; 28:7), así se instaba a «todo Israel» a caminar con «corazón íntegro» de acuerdo a todo lo que Dios mandó en la ley de Moisés. Esto sería el camino de vida y bendición. El plan eterno de Dios fue parte esencial de este balance entre la soberanía divina y la responsabilidad humana.

Si bien es cierto que el cronista destaca con más frecuencia el aspecto divino, tocante a los sucesos humanos en contraste con el relato paralelo de Samuel-Reyes que recalca la agencia humana, había en las Crónicas un mensaje que acentuaba ambos aspectos: la soberanía divina y la responsabilidad humana. En casos donde el hombre sin duda tenía culpa, Dios con todo no alteraba el resultado: «Porque es mi voluntad que esto haya sucedido», dijo Yahvé. Por ejemplo, en el caso del rechazo de Roboán al sabio consejo de reducir los impuestos, trajo como resultado la división del reino, pero «las cosas tomaron este rumbo por voluntad de Dios. Así se cumplió la palabra que el SEÑOR le había comunicado a Jeroboán hijo de Nabat por medio de Ahías el silonita» (2Cr 10:15; cf. 11:4).[3]

estudios sinópticos entre Samuel-Reyes y Crónicas], (Tesis M.A., Trinity Evangelical Divinity School, 1974); John Goldingay, «The Chronicler as a Theologian» [El cronista como teólogo], *Biblical Theology Bulletin*, 5, 1975, pp. 99-126; H.G.M. Williamson, «The Accession of Solomon in the Books of Chronicles» [El ascenso de Salomón en los libros de las Crónicas], *Vetus Testamentum*, 26, 1976, pp. 351-61.

[3]   Para pasajes adicionales, véanse 1 Crónicas 10:13; 11:9; 21:7; 2 Crónicas 12:2; 13:18; 14:11-12; 16:7; 17:3, 5; 18:31; 20:30; 21:10; 22:7; 24:18, 24; 25:20; 26:5, 7, 20; 27:6.

Esta presentación dual de los hechos de la historia de Israel durante los días postexílicos también condujo a la técnica de referencias indirectas a Dios en el escrito de historias como la de Ester. Ronald M. Hals[4] presenta un excelente argumento de la causalidad total de Dios aunque su nombre estaba ausente: las referencias indirectas pero eficaces a «de otra parte» (māqôm, Est 4:14), la voz pasiva de Ester 9:22, «como el mes en que su aflicción *se convirtió en alegría*» y las coincidencias (?) oportunas del insomnio del Rey (6:1) o la lectura de los favores anteriores de Mardoqueo (v. 2). Incluso la cuestión de «¡quién sabe!» de Ester 4:14b no es de desespero ni frustración, sino un recurso retórico que tiene una respuesta propia para cualquiera que desee reflexionar en los sucesos.

El reino de la promesa

La promesa de Dios a David se repitió en 1 Crónicas 17:14. «Para siempre lo estableceré en mi casa y en mi reino, y su trono será firme para siempre.» Así que David bendijo a Yahvé en la oración de acción de gracias por las ofrendas voluntarias que Israel dio debido a las necesidades que enfrentaría Salomón con la construcción del templo.

> Tuyos son, SEÑOR,
> la grandeza y el poder,
> la gloria, la victoria y la majestad.
> Tuyo es todo cuanto hay en el cielo y en la tierra.
> *Tuyo también es el reino*, y tú estás por encima de todo.
> De ti proceden la riqueza y el honor;
> *tú lo gobiernas todo.*
> En tus manos están la fuerza y el poder,
> y eres tú quien engrandece y fortalece a todos.
> *1 Crónicas 29:11-12*

Este «reino de Yahvé» que «ha entregado a los hijos de David» (2Cr 13:8) pertenecía al Señor. El rey de Israel fue el subadministrador que debía su puesto a Dios y que de manera simbólica continuaba el reino como prenda de la triunfal ocupación de ese trono.

---

[4] Ronald M. Hals, «Comparison with the Book of Esther» [Comparación con el libro de Ester], *The Theology of the Book of Ruth* [La teología del libro de Rut], Fortress Press, Filadelfia, PA, 1969, pp. 47-53.

De ese modo el cronista, para alentar los espíritus caídos del pueblo oprimido, revive la imagen del reino en la cumbre de su poder exponiendo las glorias del reino mesiánico.

Por lo tanto, el enfoque sobre el templo, las ordenanzas con relación a el templo y la música y oración en tiempos de avivamiento y adoración servían como una doxología apropiada a quien pertenecía el reino. Este reino ya comenzó en los creyentes, pero todavía no tiene el dominio total de los cielos y la tierra. Sin embargo, la antigua palabra de promesa no falló ni fallará.

El mensaje tenía en mente una audiencia mayor que los israelitas. Todo el propósito de las listas genealógicas en 1 Crónicas 1–9 no se satisface al limitarse solamente a probar la autenticidad de los que estuvieron dudosos en cuanto a su linaje y que querían estar incluidos en el sacerdocio durante el tiempo de Zorobabel. La lista, además, mostró la relación entre la nación y todo el género humano y así se dirige a todos los descendientes de «Adán». La palabra no fue tan directa como en Génesis 12:3: «¡Por medio de ti [Abraham] serán bendecidas todas las familias de la tierra!» Sin embargo, la inferencia de la genealogía y la declaración explícita de la promesa hecha a David como lo desplegaba en la teología del reino del cronista, puso en claro que toda la humanidad se afectó por la enormidad de la obra escatológica de Dios.

Tercera Parte

La conexión con la teología del Nuevo Testamento

Capítulo 16

El Antiguo Testamento y el Nuevo Testamento

No existe mejor resumen de la relación entre el Antiguo y Nuevo Testamento que el de Willis J. Beecher en sus discursos *Stone* al principio de la década de 1900 en Princeton.

La aseveración de que el Antiguo Testamento contiene un gran número de predicciones sobre el Mesías venidero y que estos se cumplieron en Jesucristo, puede que tenga algo de la sustancia de las Escrituras, pero muy poco en cuanto a la forma. La Biblia ofrece muy pocas predicciones salvo en forma de promesas y amenazas. Difiere de las teologías sistemáticas por [no desvincular] la predicción de la promesa o amenaza ... [y] en recalcar una promesa en vez de muchas predicciones. Esta es la nota predominante en ambos testamentos: una multitud de especificaciones que brotan de una sola promesa: la que sirve como una doctrina central religiosa.

Esta generalización bíblica se puede expresar como sigue: *Dios le dio una promesa a Abraham y mediante él a toda la humanidad; una promesa eternamente cumplida y en el proceso de cumplirse en la historia de Israel; y principalmente cumplida en Jesucristo, siendo aquel que fue principal en la historia de Israel* (cursivas de Beecher).[1]

La palabra clave del Nuevo Testamento para el tema del Antiguo Testamento

Los escritores del NT dieron el nombre «promesa» *(epangelia)* a este plan o desarrollo singular. Se pueden citar unos cuarenta

---

[1] Willis J. Beecher, *The Prophets and the Promise* [Los profetas y la promesa], 1905; ed. reimpresa, Baker Book House, Grand Rapids, MI, 1975, p. 178. Nota: estoy muy endeudado a Beecher por el bosquejo y mucho de la sustancia siguiente en la definición de la promesa.

pasajes de casi todas las secciones del NT que contienen la palabra «promesa» como quintaesencia de la enseñanza del AT. Además, hay una sola promesa; es un plan singular. Pablo en el banquillo de juicio declaró:

> Y ahora me juzgan por la esperanza que tengo en *la promesa* que Dios hizo a nuestros antepasados. Esta es la promesa que nuestras doce tribus esperan alcanzar.
>
> *Hechos 26:6-7*

Su confianza descansaba en una promesa singular, no en una predicción, ni en un sinnúmero de pronósticos regados. En definitiva, fue un plan singular de Dios para beneficiar a un hombre y mediante él bendecir a todo el mundo.

Esta sola promesa se puede identificar con la que le dieron a Abraham y que le repitieron a Isaac, Jacob y David. El escritor de Hebreos dijo que «Dios hizo la promesa a Abraham». Y Abraham «habiendo esperado con paciencia alcanzó la promesa» (Heb 6:13-15, 17, RVR). Además, Isaac y Jacob eran «coherederos [con Abraham] de la misma promesa», pero ellos «no recibieron lo prometido; proveyendo Dios alguna cosa mejor para nosotros» (11:9, 39-40, RVR). El texto distingue entre recibir la *palabra* de la promesa, sus muestras de cumplimiento parcial y recibir el *cumplimiento* climático en todos sus aspectos. Es obvio que no recibieron aquel último aspecto, pero sí tuvieron la promesa y junto a ello las arras; «alcanzaron promesas», «no recibieron lo prometido» (vv. 33, 39). Asimismo, Pablo identificó «la promesa» que «Abraham y su descendencia recibieron» como una fundada sobre la gracia y «garantizada para toda la descendencia de Abraham» que «sería heredero del mundo» (Ro 4:13, 16).

La promesa singular está compuesta de muchas especificaciones; así fue posible para los escritores del NT hablar de promesas en plural. Con frecuencia los escritores usaron el artículo con el plural: «a fin de confirmar las promesas hechas a los patriarcas» (Ro 15:8-9; cf. 9:4); «hereden las promesas» (Heb 6:12) o Abraham «que tenía las promesas» (Heb 7:6; cf. 11:13, 17). Sin embargo, el uso del plural no debilita el concepto de una sola doctrina de promesa que lo abarca todo, incluso amenazas y bendición, Israel y las naciones y el Mesías y la comunidad de creyentes de todos los tiempos. El plural hace referencia a la naturaleza y envergadura multifacética de la promesa.

Para los escritores del NT, esta sola promesa de Dios comprendía todo lo que Dios comenzó a hacer y a decir en el AT, además de lo que seguía haciendo durante su época. Entre los aspectos que abarcó esta sola promesa estaba la palabra de bendición del evangelio para los gentiles (Gá 3:8, 14, 29; Ef 1:13; 2:12; 3:6-7); la doctrina de la resurrección de los muertos (Hch 26:6-8; 2Ti 1:1; Heb 9:15; 10:36; 2P 3:4, 9; 1Jn 2:24-25); la promesa del Espíritu Santo con una nueva plenitud (Lc 24:49; Hch 2:33-39; Gá 3:14); la doctrina de la redención del pecado y sus consecuencias (Ro 4:2-5, 9-10: Stg 2:21-23); y la mayor de todas, la promesa de Jesús, el Mesías (Lc 1:69-70, 72-73; Hch 2:38-39; 3:25-26; 7:2, 17-18; 13:23, 32-33; Gá 3:12).

La promesa se cumplió sin cesar en el AT; pero estaba en espera de algunos hechos climáticos con relación a las dos venidas del Siervo-Mesías. Con todo, la promesa fue más allá de estas dos venidas y sigue siendo eternamente operativa e irrevocable (Gá 3:15-18; Heb 6:13, 17-18). Según Hebreos 6:18 (nótense los «nosotros» y los «nos»), la generación de creyentes del primer siglo (y por lo tanto las generaciones posteriores) recibió las mismas señales firmes e inmutables que los patriarcas: la palabra divina de promesa (Gn 12; 15) y el juramento divino (Gn 22). Estas señales firmes e inmutables mostraron que la promesa era tan irrevocable e inalterable para ellos como lo era para los patriarcas. Por lo tanto, Dios se obligó eternamente.

La fraseología que los escritores del NT adoptaron demuestra una predilección fuerte por el empleo de términos técnicos y metáforas idénticas a las que se emplearon en el AT. Por ejemplo, hay numerosas referencias a mi Hijo, el Santo de Israel (RVR), Siervo, Escogido o elegido, Mesías, Reino, Vástago, Retoño, Lámpara de David, Simiente, Raíz de Isaí, Cuerno, León, Estrella, etc.[2] Según su perspectiva, aportaban a una sola doctrina continua.

---

[2] Para una lista detallada de las referencias davídicas en el Nuevo Testamento, véanse a Dennis Duling, «The Promises to David and Their Entrance into Christianity—Nailing down a Likely Hypothesis», *New Testament Studies*, 20, 1974, pp. 55-77.

La unidad del Antiguo Testamento y el Nuevo Testamento

Los contrastes de mala calidad y fáciles entre los dos testamentos son tan abundantes como obstinados.[3] Sin duda, el famoso intento de Marción de eliminar el Antiguo Testamento del canon de la iglesia fracasó. El problema, como Marción bien reconoció, es que tal ejercicio requiere el corolario de una buena porción del texto del NT también se tiene que eliminar porque muy a menudo retrata a Dios de la misma manera que el AT y utiliza mucho de la doctrina y cultura judía. A mayor o menor grado, otros siguieron la pauta de Marción. Para Schleiermacher, Harnack, Kierkegaard y el más joven Delitzsch, el AT fue una pérdida o solo una religión pagana.

La solución de Orígenes tampoco fue mejor. Su forma de huir del problema de la cantidad y de la clase de continuidad y discontinuidad entre los dos testamentos, fue cambiar por alegorías el significado obvio de muchos pasajes del Antiguo Testamento. En su *De Principus*, 4:9 propuso este remedio:

> Ahora, la razón de la falsa aprensión de todos estos puntos ... no es más que esta: que las Sagradas Escrituras no se entienden de acuerdo a su significado espiritual, sino según su significado literal ... Todas las narraciones, que se relacionen con los matrimonios, el nacimiento de hijos, diversas batallas o cualquier historia de cualquier clase, ¿qué más pueden ser, salvo las formas de cosas escondidas y sagradas?

Recientemente, David Leslie Baker intentó clasificar las soluciones modernas a los problemas de la relación entre los testamentos.[4] En concreto, descubrió tres soluciones: (1) Arnold A. van

---

3   Robert Gordis, *Judaism in a Christian World* [El judaísmo en un mundo cristiano], McGraw Hill, Nueva York, NY, 1966, pp. 136-37, cita la respuesta brillante a los contrastes artificiales por Claude G. Montefiore, *Synoptic Gospels* [Los Evangelios sinópticos], tomo 2, p. 326. Montefiore da una seria de retrotracciones inventadas del Antiguo al Nuevo Testamento como respuesta apropiada a los que tediosa y artificialmente hacen lo opuesto.

4   David L. Baker, «The Theological Problem of the Relationship Between the Old Testament and the New Testament: A study of Some Modern Solutions» [El problema teológico de la relación entre el Antiguo y Nuevo Testamentos: Un estudio de algunas soluciones modernas], Tesis doctoral, Universidad de Sheffield, agosto, 1975, ahora publicado como: *Two Testaments: One Bible* [Dos Testamentos, una Biblia], InterVarsity Press, Downers Grove, IL, 1976.

Ruler y Kornelis H. Miskotte presentan una solución en la que el AT era la Biblia esencial y verdadera y el NT era una secuela o simplemente servía como glosario de términos. (2) Por otro lado, Rudolf Bultmann y Friedrich Baugartel tomaron el NT como la Biblia esencial para la iglesia y consideraron el AT como una presuposición cristiana o un testigo preliminar. (3) Hay una variedad de soluciones que Baker unió bajo la rúbrica de «soluciones bíblicas». Estos incluían el enfoque cristológico de Wilhelm Vischer que hacía que cada (!) texto del AT apuntara a algún aspecto de la persona, obra o ministerio de Cristo. También incluía el método tipológico donde se estudia el AT buscando similitudes o correspondencias históricas y teológicas con el NT; el método salvación-historia donde se encuentra el AT actualizado en el NT. Otros, dentro de este grupo de «soluciones bíblicas», sugirieron una tensión continua en las líneas de continuidad y discontinuidad entre los testamentos, ejemplo: Th.C. Vriezen, H.H. Rowley, C.H. Dodd, John Bright y Brevard S. Childs.

Nuestra solución no encaja con facilidad en ninguna de estas tres categorías. Siempre se debe rechazar cualquier red externa impuesta a los materiales bíblicos. Así que la selección de una parte del canon sobre otra es tan arbitraria y deducida por lo ajeno del texto, del mismo modo que lo es la aplicación al texto de algunos principios como son los cristológicos, tipológicos o salvación-historia. Donde el texto, como existe hoy, no convalida un principio para organizarlo, se debe poner este principio a un lado en favor de uno que se puede convalidar por inducción. El objeto de la disciplina de la teología bíblica es discernir la corriente, si tiene alguna, de la continuidad que los escritores delatan en sus obras. ¿Fueron conscientes de algunas aportaciones anteriores a su tema o a temas relacionados? ¿Alguna vez indicaron que estas se podían agrupar o que se debían diferenciar de los temas que oyeron las generaciones anteriores?

La evidencia ya sacada del canon del AT, en la Segunda Parte de nuestra obra, sin duda sostiene que los hombres del AT firmemente creyeron participar en una sola tradición. Asimismo, las relaciones del NT eran más que continuidades históricas y cronológicas, citas textuales de escritores previos o herencias culturales o étnicas. La relación de temas y terminología fue aun más obvia que la de la historia, literatura y cultura. Fue imposible describir el mensaje de un escritor del NT sin referirse a la Simiente, el pueblo de Dios, el reino de Dios, la bendición de Dios para todas las naciones y el día del Señor, etc. Además, estos temas en común prepararon el camino para un vocabulario común que a su vez tenía la tendencia de convertirse en términos técnicos porque aparecieron con frecuencia en los puntos críticos del argumento.

Asimismo, la historia tenía una fuerza interna apremiante porque, como expresaron los escritores: el Mesías debía *(dei)*[5] sufrir y después resucitar triunfante. También, en los tiempos de persecución contra la iglesia primitiva, los apóstoles se consolaron porque más o menos esto no era nada de lo que anunciaron los escritores del AT y la antipatía esperada, y que ya había sucedido, contra el Ungido de Dios (Hch 4:25-30). Si empleamos las palabras que usaron Pedro y Juan: todo fue predestinado en el «plan» de Dios.

Esto no fue un uso «casual» ni «libre» del AT. En contraste con las opiniones de la mayoría en las evaluaciones modernas del uso del NT o del AT, los escritores acuden al AT de un modo sobrio y mesurado. En raras ocasiones citaron el AT solo con propósitos ilustrativos (p.ej., «Ese relato [*hatina*] puede interpretarse en sentido figurado [*alêgoroumena*]», Gá 4:24). Sin embargo, cuando usaban el AT para doctrina o disquisición con el propósito de impresionar la parte judía de su audiencia con las continuidades obvias en esta nueva religión, no se podían desviar del blanco que estableció la verdadera intención de los escritores del AT. Y en nuestra opinión no se desviaron.

El mejor pacto

La clave para entender el «pacto superior» de Hebreos 8:6 es observar la ecuación hecha entre la promesa abrahámica (Heb 6:13; 7:19, 22) y el nuevo pacto (8:6-13). Puesto que el pacto mosaico fue el primero que la nación realizó y experimentó por completo,

---

[5]   Marcos 8:31; Lucas 17:25; 22:37; 24:7, 26; Hechos 17:3. Véanse W. Grundmann, «*Dei*», *Theological Dictionary of the New Testament* [«*Dei*», Diccionario teológico del Nuevo Testamento], 9 tomos, Gerdard Kittel, ed., y G.W. Bromily, trad., Eerdmans, Grand Rapids, MI, 1965, tomo 2, pp. 21ss.

el autor no coloca el pacto abrahámico como el primero. El pacto mosaico tenía sus desperfectos (v. 7), pero el Dios que hizo el pacto no tiene la culpa, sino que se planeó que muchas de las cláusulas fueran temporales. Esto se indicó desde el principio, cuando precisamente llamaron «copias», «patrones» o «modelos» a las ceremonias e instituciones civiles, hechos que copiaron de la realidad (Éx 25:9; Heb 9:23). Muchas eran herramientas provisionales de enseñanza hasta que llegara la «garantía» del «pacto superior» (Heb 7:22). La superioridad era el resultado del progreso de la revelación y no el resultado de errores o información intencionadamente falsa de los pactos anteriores.

Claro, el pacto sinaítico o mosaico brotó, como lo dijimos antes, del abrahámico y muchas de sus cláusulas eran solo preparatorias. Así que, cuando Dios *renovó* la antigua promesa patriarcal que siguió apareciendo en los pactos sinaíticos y davídicos, nada se tachó, abrogó, quitó ni reemplazó con excepción de lo que sin duda se limitó desde su primera aparición. Con su muerte, Jesús renovó el pacto, pero con esto no instituyó uno completamente «nuevo».

Nuestro argumento no es que el nuevo pacto solamente cumpla con las promesas hechas a la simiente de Abraham. Es verdad que el muro de enemistad entre los judíos y los gentiles se derribó (Ef 2:13-18); pero esto no fue para implicar o explícitamente enseñar que las identidades o promesas nacionales se eliminaran, como tampoco se destruyó la identidad de los géneros varón y hembra. Pablo sostiene que los creyentes gentiles fueron «injertados» en el olivo judío (Ro 11:17-25)[6] y hechos «coherederos y miembros del mismo cuerpo y copartícipes de *la promesa* en Cristo Jesús por medio del evangelio» (Ef 3:6; RVR-1960). Puesto que «la salvación proviene de los judíos» (Jn 4:22) y que hay solamente un redil, un pastor y, sin embargo, «otras ovejas que no son de este redil» (Jn 10:16), no sería muy sorprendente ver que los escritores del NT añadan la tesis del AT, que desde mucho antes viene formándose, de que hay un solo pueblo y un programa de Dios, aunque hay varios aspectos de este pueblo y programa únicos.

6 Véanse el análisis magnífico de este pasaje por Bruce Corley, «The Jews, the Future and God: Romans 9–11» [Los judíos, el futuro y Dios: Romanos 9–11], *Southwestern Journal of Theology* [Revista teológica del suroeste], 19, 1976, pp. 42-56.

Pablo hizo a los creyentes gentiles «miembros de la familia de Dios» (Ef 2:19) y parte de «la simiente» de Abraham (Gá 3:16-19; RVR-1960). Además, los llamó «herederos según la promesa» (Gá 3:29). Aquella «herencia» fue parte de la «la esperanza a que él os ha llamado» (Ef 1:18, RVR) y parte de «la herencia eterna» (Heb 9:15). Así que, los gentiles que estaban «excluidos de la ciudadanía de Israel» (Ef 2:12) y «extraños y extranjeros» (v. 19) «y ajenos a los pactos de la promesa» (v. 12), son hechos partícipes de la bendición de Dios para Israel.

Sin embargo, en medio de esta unidad del «pueblo de Dios» y «familia de la fe», todavía queda una expectativa para una herencia futura que concluirá la promesa de Dios con una nación de Israel revivida, el reino de Dios, y cielos nuevos y tierra nueva. Una vez más es evidente que ya somos partícipes de algunos de los beneficios venideros, pero la mayor parte de aquel plan que nos une todavía espera un cumplimiento futuro y eterno.

Bibliografía

I. Obras importantes desde 1787 hasta 1963

Denton, Robert C., *Preface to Old Testament Theology* [Prefacio a la teología del Antiguo Testamento], Seabury, New York, NY, 1963, (en especial, véase la bibliografía acerca de la teología del Antiguo Testamento desde antes de 1787 hasta el 1963 en las pp. 126-44).

II. Una bibliografía breve desde 1963 hasta 1977.

Alonso-Schökel, Luis, «Old Testament Theology» [Teología del Antiguo Testamento], *Sacramentum Mundi,* Karl Rahner, editor, Herder and Herder, Londres, 1969, tomo 4, pp. 286-90.

Anderson, B.W., «Crisis in Biblical Theology» [Crisis en la teología bíblica], *Theology Today* [La teología hoy], 28, 1971, pp. 321-27.

Baird, William, «The Significance of Biblical Theology for the Life of the Church» [La significancia de la teología bíblica para la vida de la iglesia], *Lexington Theological Quarterly* [Revista trimestral de Lexington], 11, 1976, pp. 37-48.

Baker, D. L., *Two Testaments, One Bible* [Dos testamentos, una Biblia], InterVarsity, Downers Grove, IL, 1976, (véase la bibliografía extensiva, pp. 393-535).

Barr, James, «Story and History in Biblical Theology» [Narración e historia en la teología bíblica], *Journal of Religion* [Revista de la religión], 56, 1976, pp. 1-17.

_____, «Trends and Prospects in Biblical Theology» [Tendencias y perspectivas en la teología bíblica], *Journal of Theological Studies* [Revista de estudios teológicos], 25, 1974, pp. 265-82.

Becker, J.C., «Biblical Theology in a Time of Confusion» [Teología bíblica en un tiempo de confusión], *Theology Today* 25, 1968, pp. 185-94.

_____, «Biblical Theology Today» [Teología bíblica hoy], *Princeton Seminary Bulletin* [Boletín del Seminario Princeton], 61, 1968, pp. 13-18.

_____, «Reflections on Biblical Theology» [Reflexiones sobre la teología bíblica], *Interpretation* [Interpretación], 24, 1970, pp. 303-20.

Childs, Brevard S., *Biblical Theology in Crisis* [Teología bíblica en crisis], Westminster, Philadelphia, PA, 1970.

_____, «The Canonical Shape of the Prophetic Literature» [La forma canónica de la literatura profética], *Interpretation* 32, 1978, pp. 46-55.

Clavies, H., «Remarques sur la méthode en théologie biblique» [Comentarios acerca de la metodología en la teología bíblica], *Novum Testamentum* 14, 1972, pp. 161-90.

Clements, R.E., «Problem of Old Testament Theology» [El problema de la teología del Antiguo Testamento], *Londres Quarterly and Holborn Review* [Trimestral de Londres y la revista Holborn], 190, 1965, pp. 11-17.

331

Deissler, Alfons, *Die Grundbotschaft des alten Testaments* [El mensaje básico del Antiguo Testamento], Herder, Freiburg i Breisgau, 1972.

Fohrer, Georg, *Theologische Grundstrukturen des alten Testaments* [La estructura básica teológica del Antiguo Testamento], Walter de Gruyter, Berlin, 1972.

Gaffin, Richard B., Jr., «Systematic Theology and Biblical Theology» [La teología sistemática y bíblica], *Westminster Theological Journal* [Revista teológica de Westminster], 38, 1976, pp. 281-99.

Harvey, Julien, «The New Diachronic Biblical Theology of the Old Testament» [La teología nueva diacrónica del Antiguo Testamento], *Biblical Theology Bulletin* [Boletín teológico bíblico], 1, 1971, pp. 7-29.

Hasel, Gerhard, *Old Testament Theology, Basic Issues in the Current Debate,* [Asuntos básicos en el debate actual acerca de la teología del Antiguo Testamento], edición revisada, Eerdmans, Grand Rapids, MI, 1975, (véase la bibliografía que Hasel seleccionó, pp. 145-55).

Hefner, P., «Theology's Task in a Time of Change, The Limitations of Biblical Theology» [La tarea de la teología en tiempos de cambio, las limitaciones de la teología bíblica], *Una Sancta* 24, 1967, pp. 39-44.

Hughes, Dale, «Salvation-History as Hermeneutics» [La historia de la salvación como hermenéutica], *Evangelical Quarterly* [Revista trimestral evangélico], 48, 1976, pp. 79-89.

Jansen, John F., «The Biblical Theology of Geerhardus Vos» [La teología bíblica de Geerhadus Vos], *Princeton Seminary Bulletin* 66, 1974, pp. 23-34.

_____, «The Old Testament in "Process" Perspective, Proposal for a Way Forward in Biblical Theology» [El Antiguo Testamento en la perspectiva del «Proceso», una propuesta para un camino hacia adelante en la teología bíblica], *Magnalia Dei, The Mighty Acts of God* [*Magnalia Dei,* los hechos poderosos de Dios], Frank Cross *et alii,* editores, Doubleday, Garden City, NY, 1976, pp. 480-509.

Jasper, F.N., «The Relation of the Old Testament to the New» [La relación del Antiguo Testamento a la Nueva], *Expository Times* [El Tiempo expositorio], 78, 1967-68, pp. 228-32, 267-70.

Landes, G.M., «Biblical Exegesis in Crisis, What Is the Exegetical Task in a Theological Context?»[La crisis en el exégesis bíblico, ¿qué es la tarea exegética en un contexto teológico], *Union Seminary Quarterly Review* [Revista trimestral del Union Seminary], 26, 1971, pp. 273-98.

Laurin, Robert B., *Contemporary Old Testament Theologians* [Teólogos contemporáneos antiguotestamentarios], Judson, Valley Forge, PA, 1970.

Lehman, Chester K., *Biblical Theology, Old Testament* [Teología bíblica: Antiguo Testamento], tomo 1, Herald, Scottdale, PA, 1971.

McCullagh, C.B., «Possibility of an Historical Basis for Christian Theology» [La posibilidad de una base histórica para la teología cristiana], *Theology* 74, 1971, pp. 513-22.

McKenzie, John, *A Theology of the Old Testament* [Una teología del Antiguo Testamento], Doubleday, Garden City, NY, 1974.

Martens, Elmer, «Motivations for the Promise of Israel's Restoration to the Land in Jeremiah and Ezekiel» [Motivos para la promesa de la restauración de la tierra en Jeremías y Ezequiel], University Microfilms, Ann Arbor, 1972.

_____, «Tackling Old Testament Theology» [Echar mano a la teología del Antiguo

Testamento], *Journal of Evangelical Theological Society* [Revista de la sociedad teológica evangélica], 20, 1977, pp. 123-32.

Martin-Achard, Robert, «La Théologie de l'ancien Testament après les travaux de G. von Rad» [La teología del Antiguo Testamento después del trabajo de G. von Rad], *Études théologiques et religieuses* [Estudios teológicos y religiosos], 47, 1972, pp. 219-26.

Murphy, R.E., «Christian Understanding of the Old Testament» [Comprensión cristiana del Antiguo Testamento], *Theology Digest* [Resumen de la teología], 18, 1970, pp. 321-32.

Ogden, Schubert, «The Authority of Scripture for Theology» [La autoridad de las Escrituras para la teología], *Interpretation* 30, 1976, pp. 242-61.

Polley, Max E., «H. Wheeler Robinson and the Problem of Organizing Old Testament Theology» [H. Wheeler Robinson y el problema de organizar la teología del Antiguo Testamento], *The Use of the Old Testament in the New and Other Essays* [El uso del Antiguo Testamento en el Nuevo y otros ensayos], James M. Efird, editor, Duke University Press, Durham, NC, 1972, pp. 149-69.

Robertson, Palmer, «The Outlook for Biblical Theology» [La perspectiva de la teología bíblica], *Toward a Theology For the Future* [Hacia una teología para el futuro], David F. Wells and Clark H. Pinnock, editores, Creation, Carol Stream, IL, 1971, pp. 65-91.

Ruler, A.A. van, *The Christian Church and the Old Testament* [La iglesia cristiana y el Antiguo Testamento], Eerdmans, Grand Rapids, MI, 1971.

Rylaarsdam, J.C., «Of Old Testament Theology» [Acerca de la teología del Antiguo Testamento], *Criterion* [Criteria], 11, 1971, pp. 24-31.

Sanders, J.A., «Major Book Review, *Biblical Theology in Crisis* by Brevard Childs» [Una reseña crítica de libro importante: *Teología bíblica en crisis* por Brevard Childs], *Union Seminary Quarterly Review*, 26, 1970, pp, 299-304,

Scullion, John J., «Recent Old Testament Theology, Three Contributions» [Teología del Antiguo Testamento reciente, tres aportaciones], *Australian Biblical Review* [Revista bíblica de Australia], 24, 1976, pp, 6-17,

Tate, Marvin E., «Old Testament Theology, The Current Situation» [La teología del Antiguo Testamento, la situación actual], *Review and Expositor* [Revista y espositor], 74, 1977, pp, 279-300, (véase el número entero con artículos por Terence E, Fretheim [sobre la teología de Gen-Numb, pp. 301-20]; John D.W. Watts [acerca de la teología deuteronómico, pp. 321-53]; James L. Crenshaw [acerca de la teología sapiencial, pp. 353-69]; and Wayne Ward («Towards a Biblical Theology» [Hacia una teología bíblica], pp. 37 1-87).

Vaux, Roland de, «Is It Possible to Write a "Theology" of the Old Testament?» [¿Será posible escribir una «teología» del Antiguo Testamento?] *The Bible and the Ancient Near East* [La Biblia y el antiguo Cercano Oriente], traducción al inglés por Damian McHugh, Darton, Longman and Todd, Londres, 1971, pp. 47-62.

Verhoef, P.A., «Some Thoughts on the Present-Day Situation in Biblical Theology» [Algunos pensamientos acerca de la situación actual de la teología bíblica], *Westminster Theological Journal* [Revista teológica Westminster], 33, 1970, pp. 1-19.

Walther, James Arthur, «The Significance of Methodology for Biblical Theology» [El significado de la metodología para la teología bíblica], *Perspective* [Perspectiva], 10, 1969, pp. 217-33.

Wright, George Ernest, *The Old Testament and Theology* [El Antiguo Testamento y la teología], Harper and Row, New York, NY, 1970.

_____, «Reflections Concerning Old Testament Theology» [Reflexiones tocante a la teología del Antiguo Testamento], *Studia Biblica et Semitica, Festschrift Th.C. Vriezen* [*Studia Biblica et Semetica*, publicación conmemorativa Th.C. Vriezen], Wageningen, 1966, pp. 376-88.

Youngblood, Ronald, *The Heart of the Old Testament* [El corazón del Antiguo Testamento], Baker, Grand Rapids, MI, 1971.

Zimmerli, W., *Grundriß der alttestamentlichen Theologe,* [Bosquejo de la teología del Antiguo Testamento], W. Kohlhammer, Stuttgart, 1972, (en breve disponible en inglés con el título: *An Outline of Old Testament Theology*).

Zyl, A.A. van, «The Relation Between Old Testament and New Testament» [La relación entre el Antiguo y Nuevo Testamentos], *Hermeneutica* [Hermenéutica], 1970, pp. 9-22.

Índice de autores

Índice de temas

Índice de referencias bíblicas

ANTIGUO TESTAMENTO

Índice de palabras hebreas

wā'erā' 140
we'ettenâh 124
wezō't tôraṯ hā'āḏām 196
weheyēh berāḵâh 49, 116
wayyērā' 114

zera' 56
zera' qōḏēš 303
heḇel 164
hoḇlîm 313
ḥîdôṯ 210
ḥôṯām 309
ḥōṯer 92
ḥikâh 264
ḥoḵmâh 93, 222
ḥalôm 114
ḥalîpāṯî 228
ḥēleq 164
ḥemdāṯ kol hagôyîm 308n
ḥēnîaḥ le 166
ḥāsîd 270
ḥeseḏ 138, 248-50, 255, 270
ḥaseḏê Dāwiḏ 181
ḥārēḇ 308
ḥērem 174, 316

ṭōḇ 178-79, 276

yāḇô' 128n
YHWH 140
YHWH ṣiḏqēnû 284
yaḥalîp 227
yōm 101
yōm YHWH 233
ymālēṯ 238
yāsaḏ 267
yāṣar 100
yēṣer lēḇ 109
yārâh 197
yir'eh 119
yir'at YHWH 93
yîršû 246

yerûššâh 162
yāšaḏ 155, 267
yiškōn 58,
yešû'aṯ YHWH 138
yšḇ 172

kî 288
kāḇēḏ 293
kāḇaš 103
kî ya'an 'ašer 124
kî lî kol 143
kol bāsār 237
kol hā'āḏām 218
kol zera' hamamlāḵâh 192
kûn 100, 267
kipper 152
kāraṯ 117

lî 143
leḇāḇ šālēm 317
liḇenê yiśrā'ēl 142
lehāpēr 198, 292
lema'an 125, 145

mî 140
meḇaśśēr 270, 276
migdal 'ēḏer 253
mâh 140
mehûmâh 174
maḥa šāḇâh 47
maḥazeh 114
meḥōqēq 127
mikkōl 104n
mekôn šeḇeṯ 172
mālaḵ 181
mal'aḵ habberîṯ 314
mal'aḵ YHWH 156
mamleḵeṯ kōhanîm 142
min 55n
menûḥâh 165-66, 168
môpēṯ 311
mûsār 92, 277
me'ôn qōḏeš 172

Nos agradaría recibir noticias suyas.

Por favor, envíe sus comentarios sobre este libro

a la dirección que aparece a continuación.

Muchas gracias.

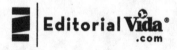

Vida@zondervan.com

www.editorialvida.com

Printed in the USA
CPSIA information can be obtained
at www.ICGtesting.com
LVHW051531210724
785408LV00008B/59

9 780829 722086